Andreas Kuntz

Dienstbasierte Kommunikation über unzuverlässige drahtlose Verbindungen für selbstorganisierende Sensor-Aktor-Netze

Dienstbasierte Kommunikation über unzuverlässige drahtlose Verbindungen für selbstorganisierende Sensor-Aktor-Netze

von
Andreas Kuntz

Dissertation, Karlsruher Institut für Technologie
Fakultät für Informatik
Tag der mündlichen Prüfung: 21. Januar 2011

Impressum

Karlsruher Institut für Technologie (KIT)
KIT Scientific Publishing
Straße am Forum 2
D-76131 Karlsruhe
www.ksp.kit.edu

KIT – Universität des Landes Baden-Württemberg und nationales
Forschungszentrum in der Helmholtz-Gemeinschaft

KIT Scientific Publishing 2011
Print on Demand

ISBN 978-3-86644-698-4

Dienstbasierte Kommunikation
über unzuverlässige drahtlose Verbindungen
für selbstorganisierende Sensor-Aktor-Netze

zur Erlangung des akademischen Grades eines

Doktors der Ingenieurwissenschaften

der Fakultät für Informatik
des Karlsruher Instituts für Technologie (KIT)

genehmigte

Dissertation

von

Dipl.-Inform. Andreas Kuntz

aus Heidelberg

Tag der mündlichen Prüfung: 21. Januar 2011

Erster Gutachter: Prof. Dr. Martina Zitterbart
Karlsruher Institut für Technologie (KIT)

Zweiter Gutachter: Prof. Dr. Holger Karl
Universität Paderborn

Vorwort

Die vorliegende Arbeit entstand während meiner Tätigkeit als wissenschaftlicher Mitarbeiter am Institut für Telematik des Karlsruher Instituts für Technologie (KIT) sowie als Kollegiat des ebenfalls am KIT angesiedelten DFG-Graduiertenkollegs 1194 „Selbstorganisierende Sensor-Aktor-Netzwerke".

An erster Stelle gilt mein Dank Frau Prof. Dr. Martina Zitterbart, die mir durch die Anstellung am ITM die Möglichkeit zur Promotion gab und mir während dieser Zeit stets mit hilfreichen Fragen und Diskussionen zur Seite stand. Sehr herzlich bedanken möchte ich mich ebenfalls bei Herrn Prof. Dr. Holger Karl, der sich trotz zahlreicher Verpflichtungen in Forschung und Lehre sofort bereit erklärt hat, das Korreferat für meine Promotion zu übernehmen.

All meinen Kollegen am ITM gilt mein Dank für die Unterstützung in den alltäglichen Unwegsamkeiten des Forschungs- und Lehrbetriebes, für viele fachliche Diskussionen und für die einmalige Atmosphäre am Institut. Bei meinen Kollegen vom Graduiertenkolleg möchte ich mich bedanken für die interdisziplinäre Zusammenarbeit und die Erweiterung meines Blickes über den Tellerrand der Telematik hinaus. Mein besonderer Dank gilt Herrn Prof. Per Gunningberg und der gesamten Communication Research Gruppe für die offene und ausgesprochen freundliche Aufnahme während meines Forschungsaufenthaltes an der Universität Uppsala sowie dem Karlsruhe House of Young Scientists und dem Graduiertenkolleg für die Förderung des Aufenthaltes. Weiterhin möchte ich meinen Studierenden danken, die sich als Hiwis, Studien- und Diplomarbeiter an vielen Stellen engagiert und unterstützend eingebracht haben.

Abschließend gilt mein Dank meiner Familie und meinen Freunden, die vor allem in der Endphase der Arbeit häufig auf meine Anwesenheit verzichten mussten. Ganz besonders möchte ich mich bei meiner Lebensgefährtin Carola bedanken, die während dieser herausfordernden Lebensphase viel Geduld aufgebracht hat, ohne dabei den Glauben an mich zu verlieren. Es ist geschafft!

Euch allen gilt mein tiefster Dank! Ohne Eure Unterstützung wäre die Arbeit nicht möglich gewesen.

Andreas Kuntz   Karlsruhe, im Juni 2011

Inhaltsverzeichnis

Inhaltsverzeichnis

Abbildungsverzeichnis

Tabellenverzeichnis

Tabellenverzeichnis

Abkürzungsverzeichnis

Abkürzung	Bedeutung
Abb.	Abbildung
AC	Anycast
ACK	Dateneinheit zur Empfangsbestätigung (engl: acknowledgement)
ARQ	Automatische Übertragungswiederholung (engl: automated repeat request)
BC	Broadcast
bzgl.	bezüglich
bzw.	beziehungsweise
ca.	circa
CTS	Clear to Send
DE	Dateneinheit
d. h.	das heißt
engl.	englisch
ggf.	gegebenenfalls
i. A.	im Allgemeinen
MAC	Media Access Control
MC	Multicast
Nb	Nachbar
OARQ	Overhearing-ARQ
PHY	Physical
RTS	Request to Send
sog.	sogenannt
TSS	Trans Service Set
u. a.	unter anderem
UC	Unicast
usw.	und so weiter
u. U.	unter Umständen
vgl.	vergleiche
vs.	versus
WSAN	drahtloses Sensor-Aktor-Netz (engl: wireless sensor actuator network)
WSN	drahtloses Sensornetz (engl: wireless sensor network)
z. B.	zum Beispiel
z. T.	zum Teil

Abkürzungsverzeichnis

1. Einleitung

Die moderne Messtechnik macht Phänomene der Welt durch immer kompaktere, günstigere und exaktere Sensorik digital erfassbar. Die Palette verfügbarer Sensoren ist breit: Angefangen bei einfachen Sensoren zur Erfassung einzelner physikalischer Phänomene wie Temperatur, Helligkeit oder Beschleunigung reicht sie bis hin zu biomedizinischen Sensoren zum Nachweis komplexer chemischer Verbindungen wie Aromastoffe [86], Süßstoffe [85] oder Biosensoren zum Nachweis von Krankheitserregern oder Sprengstoffen [84]. Einzelne Messungen erfassen jedoch nur einen winzigen Ausschnitt der Gegebenheiten für jeweils einen kurzen Augenblick. Sie bieten damit nur eine Momentaufnahme der Realität. Bei der Beobachtung komplexer Systeme, wie beispielsweise des Sozialverhaltens von Herdentieren, sind Momentaufnahmen nicht ausreichend. Erst der Blick auf das „Ganze" führt in vielen Anwendungsgebieten zu neuen Erkenntnissen [95]. In der Klimaforschung ist beispielsweise die Kenntnis einer Vielzahl von Einflüssen notwendig, um die Folgen und die Geschwindigkeit des Klimawandels abschätzen zu können. Daher wird die gleichzeitige Beobachtung und Korrelation mehrerer Phänomene über eine lange Zeitdauer und ggf. an vielen unterschiedlichen Orten benötigt. Diese Möglichkeiten bieten Sensornetze. Sensornetze sind Netze aus autonomen, kommunikationsfähigen Sensorsystemen. Sie ermöglichen die automatisierte Beobachtung ihrer Umwelt und erlauben damit den geforderten, digitalen Blick auf das „Ganze": die gleichzeitige Erfassung unterschiedlicher und ggf. räumlich verteilter physikalischer Phänomene über einen langen Zeitraum. Sensornetze sind ein vielversprechendes Werkzeug zur Erlangung neuer Erkenntnisse, mit zahlreichen Anwendungsfeldern in den Bereichen Forschung, Medizin, Landwirtschaft, Logistik, Gebäudeautomatisierung sowie vielen weiteren Gebieten.

Während die Vernetzung von Sensorik rein auf die multidimensionale digitale Beobachtung und Erfassung der analogen Welt abzielt, ermöglicht die Integration von Aktorik darüber hinaus die aktive Interaktion des Netzes mit der Umwelt. Der Begriff Aktorik steht allgemein für beliebige technische Geräte, welche eine aktive und gezielte Einflussnahme auf ihre Umgebung erlauben. Dabei kann es sich beispielsweise um ein Ventil handeln, welches eine Leitung zur Bewässerung öffnet bzw. verschließt. Es wird eine aktive Reaktion auf die Beobachtungen möglich. Ein solches drahtloses Netz, welches sowohl Sensorik als auch Aktorik enthält, wird drahtloses Sensor-Aktor-Netz bzw. englisch „Wireless Sensor-Actuator-Network" genannt und in dieser Arbeit mit „WSAN" abgekürzt. WSANs erweitern das Anwendungsspektrum reiner Sensornetze um Anwendungen, welche die Möglichkeit der Interaktion mit der Umwelt erfordern. Insbesondere ermöglichen WSANs die Erledigung abgeschlossener Anwendungen. Ein Beispiel ist die autonome Bewachung eines Grundstücks. Beim Erkennen von Eindringlingen auf dem Grundstück werden Türen und Fenster – welche beispielsweise zur Belüftung geöffnet waren – automatisch verschlossen. Ein weiteres Beispiel ist die autonome Pflege von Pflanzen in einem Gewächshaus. Dieses ist in Abbildung 1.1(a) schematisch dargestellt. Das WSAN überwacht die klimatischen Bedingungen im Inneren des Gewächshauses, passt die Bedingungen exakt an die Bedürfnisse der jeweiligen Pflanzen an und hält sie in einem für die Pflanzenentwicklung optimalen Bereich. Das autonome Gewächshaus überwacht und manipuliert in diesem Beispiel die drei Phänomene Helligkeit, Temperatur sowie die Feuchtigkeit der Erde. Dazu regelt es die Licht-, Wärme- und Wasserzufuhr der Pflanzen. Für jedes der drei Phänomene verfügt das Gewächshaus daher jeweils über Sensoren, Aktoren und Regler (vgl. Abb. 1.1(b)), welche für jedes überwachte Phänomen einen eigenen Regelkreis bilden. Die Vorgabe der Bedürfnisse stammt von einem Instruktor, welcher spezifisch für die im Gewächshaus befindliche Pflanzenart konfiguriert ist und gemeinsam mit den Pflanzen in das Gewächshaus eingebracht wird. Die Regelkreise der Phänomene Licht, Wärme und Wasser sowie die Kommunikationsbeziehungen zwischen den Komponenten sind in Abbildung 1.1(c) angedeutet. Die Regler übernehmen den Soll-Ist-Abgleich, d. h. sie erhalten die Vorgaben der Pflanzen durch ihren Instruktor (1) und melden daraufhin ein Daten-Interesse gegenüber der entsprechenden Sensorik an (2). Verletzen die von der Sensorik ermittelten Messwerte die vorgegebenen Rahmenbedingungen, überträgt der Sensor den Wert an den Regler (3), welcher daraufhin die zuständige Aktorik instruiert (4). Durch den korrigierenden Eingriff der Aktorik kehrt das Phänomen in den vorgegebenen Wertebereich zurück (5). Durch ihre Fähigkeit zur Interaktion mit der Umwelt unterscheiden sich WSANs wesentlich von herkömmlichen Kommunikationsnetzen. Sie sind in der Lage selbständig und kooperativ komplexe Anwendungen zu erfüllen. So sind WSANs nicht mehr nur rein Daten transportierende Kommunikationsnetze, sondern müssen als kooperierende Einheit gesehen werden, welche abgeschlossene Anwendungen autonom erbringen.

Die Systeme eines WSANs verfügen über nur sehr beschränkte Ressourcen. Unter anderem müssen sie mit einem sehr beschränkten Energievorrat sowie mit beschränkten Kapazitäten zur Verarbeitung und Kommunikation der Messwerte auskommen. Aufgrund dieser Ressourcen-Beschränkung und den in Relation zur Leistungsfähigkeit der einzelnen Systeme sehr komplexen Anwendungen ist eine genaue Anpassung der Soft- und Hardware des WSANs an die zu erfüllende Aufgabe notwendig. Eine dienstbasierte Modellierung der Anwendung ermöglicht die Wiederverwendung einmal entwickelter Dienste als Bausteine zur Konstruktion angepasster Lösungen für neue Anwendungen. Dazu wird die Anwendung in eine Menge von Diensten dekomponiert. Jeder Dienst erfüllt eine in sich abgeschlosse-

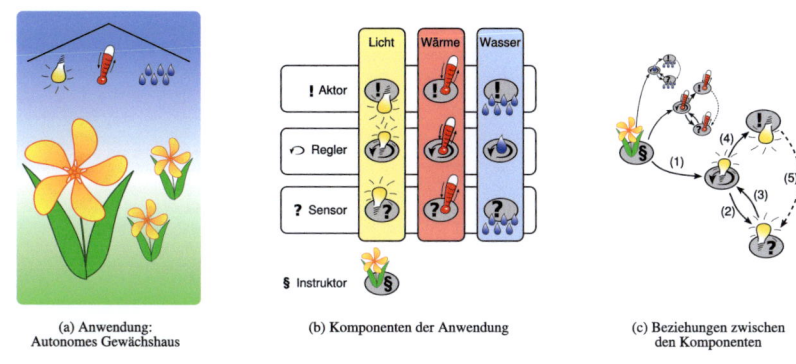

(a) Anwendung:
Autonomes Gewächshaus

(b) Komponenten der Anwendung

(c) Beziehungen zwischen
den Komponenten

Abbildung 1.1 Szenario Autonomes Gewächshaus

ne Funktionalität. Beispiele für Dienste sind das Bereitstellen von Messdaten eines Temperatur-Sensors, das Ansprechen eines Aktors zur Bewässerung oder der Soll-Ist-Vergleich zwischen Vorgabe und Messwert der aktuellen Helligkeit. In obigem Szenario entspricht die Dekomposition in Dienste der in Abbildung 1.1(b) dargestellten Zerlegung der Anwendung in den Instruktor sowie in die Komponenten Sensor, Aktor und Regler der Phänomene Helligkeit, Temperatur und Feuchtigkeit der Erde. Für jede dieser Komponenten verfügt die Anwendung über einen Dienst, der die entsprechende Funktionalität zur Verfügung stellt. Jedes System des Netzes instanziiert eine Menge von unterschiedlichen Diensten, sodass die gesamte Anwendung von allen Systemen gemeinsam erbracht wird.

Je nach Anwendung ergeben sich charakteristische Dienstgeber-Dienstnehmer-Beziehungen zwischen den Diensten der Anwendung. Im WSAN manifestieren sich diese in den resultierenden Kommunikationsbeziehungen zwischen den verteilten Dienst-Instanzen. Im Beispiel sind das genau die in Abbildung 1.1(c) für das Phänomen Helligkeit exemplarisch dargestellten Beziehungen (1) – (4). D. h. sobald die Pflanze – repräsentiert durch den Instruktor – den Helligkeitsregler instruiert, überträgt sie eine entsprechende Dateneinheit an den Regler. Letzterer kündigt sein Dateninteresse ebenfalls durch eine Dateneinheit an den Helligkeitssensor an. An diesem Beispiel wird deutlich, dass sich die Dienstgeber-Dienstnehmer-Beziehungen der Anwendung direkt in Kommunikationsbeziehungen im WSAN übersetzen lassen.

Die Kommunikationsbeziehungen der Anwendung werden durch die Adressierung der Kommunikationspartner zum Ausdruck gebracht. Existierende Adressierungsschemata sind bisher nicht in der Lage die durch die Anwendung fest definierten Dienstgeber-Dienstnehmer-Beziehungen direkt und effizient in Adressen abzubilden. Basiert das Adressierungsschema auf netzweit gültigen *System-Identifikatoren*, ist zunächst eine Abbildung der adressierten Funktionalität auf die Identifikatoren der Systeme notwendig, welche in der Lage sind die jeweils gewünschte Funktionalität zu erbringen. Zur Durchführung der Abbildung ist Kommunikation notwendig, welche die knappen Ressourcen des WSANs zusätzlich belastet. Zudem geht bei der

3

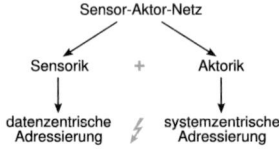

Abbildung 1.2 Problem der Adressierung in Sensor-Aktor-Netzen

Abbildung der Funktionalität auf einen System-Identifikator die ursprünglich vorhandene Semantik der Adresse verloren. Unter Verwendung eines *datenzentrischen* Adressierungsschemas – beispielsweise [18] – bleibt die Semantik der Adresse bis zum Adressat erhalten. Ein solches Schema sieht jedoch nicht vor, die Adressaten der Dateneinheit eindeutig zu spezifizieren. Im Allgemeinen ist bei Verwendung datenzentrischer Adressierung dem Sender einer Dateneinheit ihr Empfänger nicht exakt bekannt. Insbesondere ist auch die Anzahl der Empfänger nicht bekannt oder definierbar. Diese Eigenschaft kann jedoch zur Adressierung von Aktorik sowie zur Adressierung zustandsbehafteter Dienste notwendig sein. Daher ist ein solches datenzentrisches Adressierungsschema zwar zur Adressierung von Sensorik, nicht aber zur Adressierung von Aktorik oder zustandsbehafteten Diensten geeignet. Das folgende Beispiel dient zur Illustration:

Der Temperatur-Regler aus obigem Gewächshaus-Beispiel hat aufgrund der letzten Temperatur-Messungen berechnet, dass eine zusätzliche Heizleistung von 36 Watt notwendig ist. Zur Erhöhung der Heizleistung hat der Regler die folgenden Optionen:

- Ist die Adressierung eines einzelnen Systems möglich, kann der Regler dieses anweisen die Heizleistung um die benötigte Leistung von 36 Watt zu steigern.

- Ist die Anzahl der Empfänger bekannt oder bestimmbar, kann der Regler die Anforderung entsprechend anpassen. Im Falle von drei Empfängern reduziert der Regler die Steigerung der Heizleistung auf dreimal 12 Watt, wodurch ebenfalls eine Steigerung von insgesamt 36 Watt erreicht wird.

Abbildung 1.2 veranschaulicht das für die Adressierung in Sensor-Aktor-Netzen resultierende Problem: Sensor-Aktor-Netze beinhalten sowohl Sensorik als auch Aktorik. Diese haben unterschiedliche Anforderungen an das Adressierungsschema. Zur Adressierung von Sensorik ist die datenzentrische Adressierung besonders geeignet. Sie ermöglicht die indirekte Spezifikation des Kommunikationspartners anhand von Eigenschaften, welche die Daten erfüllen sollen. Da der Initiator einer Anfrage primär Interesse an den in der Antwort enthaltenen Daten – hier den Messwerten der Sensoren – hat, ist es von Vorteil, wenn dieser sein Dateninteresse abstrakt und rein auf lokaler Information basierend formulieren kann. Da datenzentrische Adressierungsschemata weder die explizite Adressierung ausgewählter einzelner Systeme vorsehen, noch die Anzahl der Adressaten bestimmbar ist, sind sie zur Adressierung von Aktorik oder zustandsbehafteter Dienste nicht geeignet. Eine systemzentrische Adressierung ermöglicht sowohl eindeutige Adressierung als auch die Spezifikation der Anzahl der Adressaten. Zur Adressierung von Aktorik ist daher die systemzentrische Adressierung das Mittel der Wahl.

WSANs profitieren daher in ihrer Eigenschaft als Sensornetz von nicht-eindeutiger, datenzentrischer Adressierung. Die Ansteuerung von Aktorik erfordert jedoch die Möglichkeit sowohl die Identität als auch die Anzahl der Kommunikationspartner exakt spezifizieren zu können. WSANs vereinigen damit Eigenschaften, welche gegensätzliche Anforderungen an die Adressierung stellen. Bisherige Adressierungsschemata sind nicht in der Lage diese Anforderungen zufriedenstellend zu lösen.

Ein weiterer wichtiger Aspekt zur Beschreibung eines gewünschten Kommunikationspartners in WSANs ist dessen Lokation. Diese spielt in WSANs eine besondere Rolle, da sie für viele Messwerte zur sinnvollen Interpretation und zur möglichen Reaktion auf diese unabdingbar ist. Beispielsweise kann auf die Meldung einer zu geringen Bodenfeuchte in einem Gewächshaus nur dann zielgerichtet durch Bewässerung reagiert werden, wenn die Lokation der Messung innerhalb des Gewächshauses bekannt ist. Analog dazu muss in diesem Beispiel auch zur sinnvollen Ansteuerung von Aktorik deren geographische Lokation bekannt sein. Hierbei wird angenommen, dass die Lokation des Aktors identisch ist mit der Lokation seiner Wirkung. Diese Voraussetzung ist in WSANs typischerweise erfüllt. Denn ein Aktor zur Beleuchtung eines Gewächshauses wird die größte Leuchtwirkung in seiner direkten Umgebung zeigen; die Lokation des Aktors stimmt also mit der Lokation seiner Wirkung überein. Gleiches gilt für die Bewässerung, wenn sie durch eine baumartig verzweigte Struktur von Wasserleitungen realisiert ist und ein Aktor zur Bewässerung jeweils in Form eines Ventils an einem Auslass angebracht ist. Dieser zeigt vornehmlich lokale Bewässerungswirkung am Ort des Aktors.

1.1 Zielsetzung und Beiträge

Ziel der Arbeit ist die Entwicklung einer *modularen Architektur zur dienstbasierten Kommunikation in WSANs,* welche Aspekte der datenzentrischen und systemzentrischen Adressierung miteinander vereint. Ein Kommunikationspartner soll aufgrund von Attributen, wie die von ihm erbrachte Funktionalität, sowie dessen Lokation, adressiert und aufgefunden werden können. Bei Bedarf muss jedoch auch eine eindeutige Adressierung des Kommunikationspartners möglich sein. Ein Schwerpunkt liegt auf der Handhabung unzuverlässiger Kommunikationsverbindungen, welche beim Entwurf und in der Evaluation der Protokolle besondere Beachtung finden. Die Arbeit verfolgt die Zielsetzung, sowohl die Integration von Aktorik als auch die Verarbeitung von Daten innerhalb des Netzes effizient zu unterstützen.

Die Arbeit umfasst die folgenden Beiträge:

- Den Entwurf und die Evaluierung der *ServiceCast-Architektur,* einer modularen Architektur zur dienstbasierten Kommunikation in WSANs. Die ServiceCast-Architektur basiert auf einem *hybriden Adressierungsschema* und ermöglicht dadurch die direkte Adressierung von Funktionalität und Lokation. Bei Bedarf ist jede Instanz eines Dienstes auch eindeutig adressierbar, wodurch die speziellen Anforderungen der Aktorik erfüllt werden. Die Architektur ist zuständig für die Zustellung von Dateneinheiten an die Instanzen

5

eines Dienstes. Daher implementiert die ServiceCast-Architektur angepasste Routing-Strategien zur lokations- und dienstbasierten Zustellung von Anycast und Unicast-Dateneinheiten über unzuverlässige Drahtlosverbindungen.

- Mit dem *Somecast* wird eine neue Strategie zur Verteilung von Anfragen mit abstufbarer Abdeckung in großflächig ausgebrachten WSANs über unzuverlässige Drahtlosverbindungen vorgestellt. Der Somecast ermöglicht der WSAN-Anwendung die Erhebung einer repräsentativen Stichprobe wahlweise innerhalb einer definierbaren Region oder dem gesamten Netz. Der Somecast ist ebenfalls Bestandteil der ServiceCast-Architektur.

- Ein weiterer Beitrag umfasst die Konzeption und Realisierung von Komponenten zur *realitätsnahen Simulation von WSANs*. Dazu wird das OMNeT++ Mobility Framework, ein Rahmenwerk zur Simulation drahtloser Netze, um sensornetzspezifische Protokolle zum Medienzugriff, sowie um flexible Modelle des drahtlosen Kanals erweitert. Weiter wird eine *Methode zur realitätsnahen Parametrisierung* probabilistischer Kanalmodelle entwickelt und vorgestellt. Die Methode ermöglicht die Charakteristik des Umfeldes, in dem das WSAN ausgebracht ist, sowie die Charakteristik der verwendeten Hardware zu erfassen. Die Methode zur Parametrisierung zeichnet sich unter anderem dadurch aus, dass sie neben den Systemen des WSANs keinerlei zusätzliche Messgeräte benötigt. Die Methode wird herangezogen, um eine geeignete Parametrisierung der Kanalmodelle für die Leistungsbewertung der ServiceCast-Architektur zu finden.

1.2 Annahmen

Der Arbeit liegen die folgenden Annahmen zugrunde:

- *Skalierbarkeit und Topologie:* Es werden Netzgrößen zwischen wenigen hundert Systemen bis mehrere tausend Systeme betrachtet. Dabei werden großflächig ausgebrachte WSANs untersucht, d. h. die Systeme des WSANs sind i. A. gleichmäßig, aber zufällig auf einer großen Fläche verteilt. Ebenso sind die Instanzen eines Dienstes gleichmäßig auf das WSAN verteilt.

- *Lokation:* In großflächig ausgebrachten WSANs ist zur sinnvollen Interpretation der Messwerte eine Information über den Ort der Messung notwendig. Daher wird Lokationsbewusstsein der Systeme vorausgesetzt, d. h. jedes System kennt die jeweils eigene Lokation. Weiter wird davon ausgegangen, dass sowohl für Sensorik als auch für Aktorik der Ort der Wirkung mit der Lokation der Sensorik bzw. Aktorik übereinstimmt. Letztere Annahme ist in WSANs typischerweise erfüllt.

- *Kommunikation:* Die ServiceCast-Architektur setzt zur Kommunikation auf Funktionalität der Sicherungsschicht auf. D. h. es wird vorausgesetzt, dass Dateneinheiten zwischen benachbarten Systemen sowohl per 1-Hop Broadcast als auch per 1-Hop Unicast übertragen werden können.

- *Größe der Dateneinheiten:* In WSANs werden vornehmlich kleine Dateneinheiten versandt, welche einzelne oder wenige Messergebnisse oder andere Nutzdaten kleiner Größe enthalten. Segmentierung und Reassemblierung großer

Dateneinheiten spielt in WSANs nur eine untergeordnete Rolle und wird daher nicht betrachtet.

- *Drahtloser Kanal:* Die Arbeit bezieht sich auf drahtlose Sensor- und Sensor-Aktor-Netze. Daher spielt die Unzuverlässigkeit und der Indeterminismus des drahtlosen Kanals eine bedeutende Rolle. Eine mögliche Asymmetrie des Kanals wird nur insoweit berücksichtigt, als eine erfolgreiche Übertragung in eine Richtung nicht zwangsläufig die erfolgreiche Übertragung in die Rückrichtung impliziert. Es wird angenommen, dass beide Übertragungen einem Zufallsprozess unterworfen sind, welcher lediglich im statistischen Mittel zu einem symmetrischen Kanal führt.

- *Dynamik des Netzes:* Da ein Großteil der WSAN-Anwendungsszenarien nicht auf mobile Systeme angewiesen ist, wird Mobilität der Systeme in dieser Arbeit nicht betrachtet. Stattdessen wird der unzuverlässige, drahtlose Kanal, welcher häufig wechselnde Nachbarschaftsbeziehungen verursacht, als wichtigste Quelle von Dynamik in der Topologie des WSANs angesehen. Während die durch Mobilität der Systeme eingebrachte Dynamik nur in einer Teilmenge der WSAN-Szenarien relevant ist, betrifft die Dynamik, welche aus dem indeterministischen Verhalten des drahtlosen Kanals resultiert, alle WSAN Szenarien.

- *Redundanz von Systemen:* Die Systeme des WSANs sind aufgrund ihrer einfachen Verarbeitung und ihrer beschränkten Ressourcen anfällig gegen Ausfälle. Daher wird davon ausgegangen, dass mehr Systeme im Netz ausgebracht sind als zur Erledigung der Anwendung minimal notwendig wären. Es kann also davon ausgegangen werden, dass Systeme – und damit auch die von ihnen erbrachte Funktionalität – typischerweise mehrfach redundant im WSAN vorhanden sind.

- *Kooperation:* Die Systeme des WSANs verhalten sich kooperativ und erfüllen gemeinsam die zu erbringende Aufgabe. Fehlverhalten einzelner Systeme, wie beispielsweise nicht protokollkonformes Verhalten sowie Angriffe auf das Netz durch böswillige Eindringlinge, wird nicht untersucht.

- *Spontane Zustellung von Dateneinheiten:* Eine spontane Zustellung von Dateneinheiten an die Instanzen eines Dienstes ist nur per dienstbasiertem Anycast, Somecast oder Broadcast möglich. Die Zustellung per dienstbasiertem Unicast setzt eine bereits etablierte Spur zwischen den beteiligten Dienst-Instanzen voraus und ist daher spontan nicht möglich.

- *Eindeutigkeit der Adressierung von Dienst-Instanzen:* Falls die Anwendung eine garantiert eindeutige Adressierung einzelner Dienst-Instanzen benötigt, müssen die Systeme des WSANs mit garantiert eindeutigen Identifikatoren ausgestattet sein. Andernfalls wird zur Unterscheidung der Dienst-Instanzen ein probabilistischer Mechanismus herangezogen, welcher die eindeutige Adressierung von Dienst-Instanzen nur mit beschränkter Wahrscheinlichkeit ermöglicht.

1.3 Gliederung

Die Arbeit ist wie folgt gegliedert. Kapitel 2 vermittelt ein grundlegendes Verständnis für den Aufbau und die Besonderheiten drahtloser Sensor- und Sensor-Aktor-Netze. Insbesondere wird auf Besonderheiten eingegangen, welche sich in Bezug auf die Kommunikation ergeben. Weiter wird darin auf wesentliche Charakteristika des drahtlosen Kanals und dessen Modellierung eingegangen. Damit legt das Kapitel wichtige Grundlagen zum Verständnis des Entwurfs der ServiceCast-Architektur sowie der Untersuchungen zur realitätsnahen Simulation drahtloser Sensornetze. Daran schließt sich in Kapitel 3 ein Überblick über den Stand der Forschung zu Adressierung in WSANs an. Es wird insbesondere auf daten- und systemzentrische Adressierung eingegangen. Kapitel 4 geht auf dienstbasierte Adressierung in WSANs ein. Es wird die Struktur eines dienstbasierten Sensornetzes, sowie die Komponenten der hybriden ServiceCast-Adressierung, basierend auf Lokation und Funktionalität, vorgestellt. Kapitel 5 stellt die ServiceCast-Architektur vor, welche die Adressierung implementiert und für die Multi-Hop Zustellung der Dateneinheiten zuständig ist. Um die Leistungsfähigkeit der ServiceCast-Architektur und der zugehörigen Protokolle in realitätsnahen Szenarien untersuchen zu können, ist ein Rahmenwerk zur Simulation notwendig. Die Konzeption und Umsetzung des Rahmenwerks wird in Kapitel 6 vorgestellt. Dabei wird insbesondere auf die realitätsnahe Modellierung des drahtlosen Kanals und dessen Parametrisierung Wert gelegt. Es wird eine Methode zur Parametrisierung probabilistischer Kanalmodelle vorgestellt sowie die Eignung ausgewählter Kanalmodelle zur Repräsentation des Drahtloskanals in Simulationen anhand einer empirischen Studie untersucht und bewertet. Eine ausführliche Leistungsbewertung der ServiceCast-Architektur findet in Kapitel 7 anhand von einem Beispielszenario statt. Abschließend werden in Kapitel 8 die Ergebnisse der Arbeit zusammengefasst und ein Ausblick gegeben.

An dieser Stelle sei darauf hingewiesen, dass ein Überblick über alle kapitelübergreifend verwendeten Notationen und mathematischen Symbole in Anhang A zu finden ist.

2. Drahtlose Sensor- und Sensor-Aktor-Netze

Die vorliegende Arbeit befasst sich mit der dienstbasierten Kommunikation in drahtlosen Sensor-Aktor-Netzen. In diesem Kapitel werden die zum Verständnis der Arbeit notwendigen Grundlagen erläutert. Abschnitt 2.1 vermittelt die grundlegende Vision, welche die Entwicklung drahtloser Sensor- und Sensor-Aktor-Netze vorangetrieben hat. Dazu wird eine Reihe von Anwendungsbeispielen aus unterschiedlichen Anwendungsgebieten aufgeführt. In Abschnitt 2.2 wird der grundlegende Aufbau von Sensor- und Sensor-Aktor-Netzen vorgestellt. Dabei wird ebenfalls auf besondere Anforderungen an die Komponenten des Netzes und die Kommunikation eingegangen. Abschnitt 2.3 gibt einen Überblick über Kennzahlen typischer Hardware und geht dabei insbesondere auf MICAz-Systeme ein, welche in Kapitel 6 verwendet werden. Für die weitere Arbeit spielt der adäquate Umgang mit unzuverlässigen drahtlosen Verbindungen eine besondere Rolle. Daher werden in Abschnitt 2.4 Eigenschaften und Modelle des Drahtloskanals vorgestellt, bevor in Abschnitt 2.5 auf die Modellierung der Empfangswahrscheinlichkeit für die Kanalmodelle eingegangen wird.

2.1 Die Sensornetz-Vision

Der großflächige Einsatz vernetzter, „intelligenter" Sensorik eröffnet eine breite Palette neuer Anwendungsgebiete. Dies ermöglicht die langfristige, verteilte Beobachtung vielfältiger physikalischer Phänomene wie beispielsweise der Temperaturverteilung in einer bestimmten Region oder der Entwicklung der Schadstoffkonzentration in einem Gewässer. Die Möglichkeit zur langfristigen und großflächigen Beobachtung erweitert das primär beobachtete Phänomen um die zusätzlichen Dimensionen Raum und Zeit und steigert damit den Wert und die Aussagekraft der erhaltenen Daten. Dies ist insbesondere in Anwendungsfeldern wertvoll, in denen bisher nur räumlich beschränkte und stichprobenartige Untersuchungen möglich waren.

Sensornetze erlauben eine Vorverarbeitung und Auswertung der Messwerte zu höherwertiger Information direkt am Ort der Datenerfassung. In einfachen Fällen kann das die Überwachung von Schwellenwerten oder grundlegende statistische Auswertungen – wie die Berechnung von Mittelwerten, Median, Erfassung der Streuung – umfassen. Durch die Möglichkeit der Auswertung der Messdaten innerhalb des Netzes sind Sensornetze leistungsfähiger als rein „vernetzte Sensorik", welche lediglich in der Lage ist, rohe Messdaten aufzunehmen und zu übermitteln. Aufgrund von Mess- und Auswertungsergebnissen können schon im Netz Entscheidungen getroffen werden, welche weitere Aktionen auslösen. In einem Sensornetz zur Tierbeobachtung können beispielsweise Bewegungssensoren die Aktivität der Tiere anzeigen und damit eine Videoaufzeichnung anstoßen. Die Vorverarbeitung der Bewegungsmessdaten ermöglicht, die Videoaufzeichnung erst nach dem Erkennen eines Bewegungsmusters zu starten.

Durch eine drahtlose Kommunikationsschnittstelle werden die von einem System gewonnenen Informationen anderen Systemen zugänglich gemacht. Gegenüber drahtgebundenen Systemen ermöglicht dies eine einfache und kostengünstige Ausbringung an schwer zugänglichen Orten. Dabei entfallen die Kosten für Installation und Wartung der Kommunikationsverkabelung. In manchen Anwendungsszenarien besteht zudem die Gefahr, dass die Verkabelung der Systeme zu einer Verfälschung der Messungen führen kann [57]. Dieselben Gründe, die für eine drahtlose Kommunikation sprechen, sind auch ausschlaggebend für eine autarke Stromversorgung der Systeme, beispielsweise durch Batterien oder Solarzellen. Die Ausbringung der Systeme wird hierdurch ebenfalls wesentlich erleichtert. Darüber hinaus ist in vielen Anwendungsszenarien eine Verkabelung des Netzes zur Stromversorgung aufgrund der Größe des Netzes oder dessen Einsatzortes nahezu unmöglich. Ein Beispiel ist die flächendeckende Überwachung von Wäldern zur Erkennung von Waldbränden.

Eine kleine und kompakte Bauweise der Systeme ermöglicht die unmittelbare Nähe zum beobachteten Phänomen. In Einzelfällen durchdringt das Sensornetz das beobachtete Phänomen. Dies ist beispielsweise bei der Beobachtung der Fließcharakteristik eines Gletschers der Fall, wenn Sensorsysteme direkt in den Gletscher eingebracht werden. Hier ist das Sensornetz sehr eng mit dem beobachteten Phänomen, dem Gletscher, verwoben. Mit dem Smart Dust Projekt [83] etablierte sich die Vision, miniaturisierte, kommunizierende Sensoren könnten die Umgebung wie „intelligenter Staub" durchsetzen und damit eine Brücke zwischen digitaler und analoger Welt schaffen. Kahn et al. [57] hielten sogar wenige Kubikmillimeter große Systeme für möglich, welche wie Staubkörner von Luftströmungen getragen ihre Umgebung wahrnehmen. Die Systeme eines Sensornetzes sind üblicherweise klein, leise und daher unauffällig. Diese Eigenschaft ist besonders bei der Beobachtung scheuer Tiere vorteilhaft.

Durch die gleichzeitige Erfassung vieler, bisher nur einzeln und temporär beobachtbarer Phänomene sind neue Einblicke in die Zusammenhänge zwischen den beobachteten Phänomenen zu erwarten. Die Korrelation der einzelnen Messungen decken dabei neue Zusammenhänge auf. Daher sind Sensornetze besonders attraktiv in Anwendungsgebieten, in welchen großflächige Langzeitstudien bisher nur schwer durchführbar waren.

Die Bedeutung von Sensornetzen für die Forschung wird allgemein hoch eingeschätzt. Tolle et al. [114] sehen in Sensornetzen nicht nur ein neues Instrument zur wissenschaftlichen Untersuchung, sondern ordnen ihnen die Bedeutung eines wissenschaftlichen Meilensteins wie der Erfindung des Teleskops und des Mikroskops zu. Während Mikroskop und Teleskop der Untersuchung besonders kleiner und besonders großer Objekte dienen, ermöglichen Sensornetze die Untersuchung besonders komplexer Systeme und Zusammenhänge. Tolle et al. bezeichnen Sensornetze daher als *Makroskop*, da es das Verständnis besonders komplexer Systeme ermöglicht. Der Begriff des Makroskops geht in diesem Zusammenhang zurück auf Rosnay [95].

Die Integration von Aktorik in Sensornetze ermöglicht den Übergang von passiven beobachtenden Netzen zu autonomen Systemen, welche in der Lage sind, mit ihrer Umwelt aktiv zu interagieren. Aktorik dient zur direkten und indirekten Manipulation der Umwelt. Beispiele für Aktorik sind Beleuchtungskörper zur direkten Veränderung der Helligkeit und Motoren zum Betrieb einer Wasserpumpe, welche indirekt auf das Phänomen der Bodenfeuchte Einfluss nehmen. Drahtlose Sensornetze, welche über Aktorik verfügen, werden drahtlose Sensor-Aktor-Netze genannt. In Anlehnung an ihre englischsprachige Bezeichnung „wireless sensor-actuator-network" werden sie in dieser Arbeit auch als WSAN abgekürzt.

2.1.1 Anwendungsszenarien

Die Anwendungsmöglichkeiten für Sensor- und Sensor-Aktor-Netze sind vielfältig und nicht abschließend und umfassend klassifizierbar. Einige wichtige Anwendungsfelder und Szenarien werden hier exemplarisch aufgeführt. Diese stammen aus den Bereichen:

- Überwachung, Beobachtung und Exploration
- Landwirtschaftliche Anwendungen
- Intelligente Umgebungen
- Effizienzsteigerung von Maschinen
- Prävention von Katastrophen
- Medizinische Netze

Weitere Szenarien und Anwendungsfelder sind beispielsweise in [10, 59, 96, 125] zu finden.

Überwachung, Beobachtung und Exploration

Sensornetze sind ein mächtiges Werkzeug zur langfristigen und unauffälligen Beobachtung schwer zugänglicher Gebiete und scheuer Tiere. So wurde beispielsweise auf Great Duck Island die Anwendbarkeit drahtloser Sensornetze zur unauffälligen Beobachtung des Brutverhaltens von Vögeln erforscht [71]. Da die Vögel durch die Anwesenheit von Menschen leicht zu stören sind, ermöglichen Sensornetze tiefe Einblicke in das ungestörte Verhalten der Tiere.

Zur Untersuchung des Mikroklimas von Bäumen bringen Tolle et al. [114] ein verteiltes Sensornetz an Redwood Bäumen aus. Die umfassende räumliche und zeitliche Überwachung der Bäume sowie das gleichzeitige Erfassen unterschiedlicher Phänomene wie Temperatur, Luftfeuchte und Lichteinfall ermöglichen neuartige biologische Untersuchungen. Ebenso ermöglichen Sensornetze die langfristige Beobachtung schwer zugänglicher Areale unter unwirtlichen Bedingungen. Martinez [74] verwendet ein Sensornetz in der Klimaforschung zur Untersuchung und Überwachung des Gletscheruntergrundes über einen langen Zeitraum. Zur Untersuchung der Auswirkungen der Klimaveränderung dient PermaSens [13]. PermaSens ist ein Frühwarnsystem zur Überwachung und Erforschung steiler Permafrosthänge in den Alpen. Hier steht die Erforschung des Einflusses des Klimawandels auf die Stabilität der Permafrosthänge im Vordergrund.

Ein weiteres wichtiges Anwendungsfeld ist die Überwachung von Objekten. Beispielsweise wird mit FleGSens [34] ein Sensornetz zur autonomen Überwachung von Grenzen und Liegenschaften vorgestellt. Dabei überwacht ein Netz aus Sensorsystemen, welche mit Bewegungssensoren ausgestattet sind, einen Grenzstreifen und schlägt Alarm, sobald ein Eindringling erkannt wird.

Landwirtschaftliche Anwendungen

In der Landwirtschaft können Sensornetze zur umweltschonenden Ertragssteigerung gewinnbringend eingesetzt werden (Precision Farming). Beckwith et al. [11] untersuchen den Einsatz von Sensornetzen im Weinbau. Die klimatischen Bedingungen großer Areale von Weinreben werden durch ein Sensornetze überwacht, wodurch Wasserzufuhr, Düngemittelbedarf und Schädlingsbekämpfungsmittel zielgerichtet und daher besonders sparsam eingesetzt werden können. Anastasi et al. [3] überwachen neben den Reben im Weinberg, den gesamten Produktionszyklus des Weinbaus bis zur Reifung des Weines unter optimalen Bedingungen im Weinkeller.

Aquino Santos et al. [5] nutzen drahtlose Sensornetze zur Beobachtung der klimatischen Bedingungen in einem Gewächshaus. Die Autoren von [5] präsentieren Messdaten der Umgebungs- und Bodentemperatur sowie der Luft- und Boden-Feuchtigkeit, welche während einer zweitägigen Studie erhoben wurden. Weitere Studien betrachten den Einsatz von Sensornetzen zur Überwachung von Getreidefeldern [118], des Tomaten-Anbaus [72] sowie Chilli-Plantagen [97].

Butler et al. [17] stellen den Einsatz von Sensornetzen als virtuelle Zäune für Viehherden vor. Kühe werden mit Sensoren zur Positionsbestimmung versehen. Ein akustisches Signal soll die Tiere, welche sich der Weidegrenze nähern, davon abhalten die virtuell beschränkte Weide zu verlassen. Die Koordinaten der virtuellen Umzäunung erhalten die Sensorknoten von einer Basisstation. So lassen sich die Weidegrenzen dynamisch und flexibel anpassen.

Intelligente Umgebungen

Vorwerk und Infineon stellen mit dem „Thinking Carpet" [104] den Prototyp eines Teppichbodens vor, welcher zur Steuerung von Alarm-, Klima- oder Wegeleittechnik dienen soll. Winzige in den Teppichboden eingewebte Sensoren ermöglichen die

Detektion von Druckveränderungen. Damit lassen sich beispielsweise Sicherheitszonen in Räumen definieren, bei deren Betreten Alarm an eine Zentrale gemeldet wird. Weiter ist der Einsatz als automatischer Türöffner und Lichtschalter möglich.

Ebenfalls zur Automatisierung in Gebäuden untersuchen Kappler und Riegel [58] den Einsatz von Sensornetzen zur verteilten Überwachung des Energieverbrauchs in großen Bürogebäuden. Ziel der Anwendung ist mögliches Einsparungspotential von Verbrauchern wie PCs, Kopier- und Faxgeräten, Kühlschränken etc. aufzudecken.

Effizienzsteigerung von Maschinen

Bur et al. [16] diskutieren den Einsatz drahtloser Sensor-Aktor-Systeme zur Optimierung der aerodynamischen Eigenschaften von Flugzeug-Tragflächen. Der reduzierte Luftwiderstand führt zu geringerem Treibstoffverbrauch und damit zur Reduktion der Emission und der Kosten. Sensoren messen dabei die Reibung des Luftstroms auf den Tragflächen in Echtzeit und steuern Aktorik in Form von Luftdüsen an, welche durch künstliche Luftströme den Reibungswiderstand des Flügels verringern sollen.

Prävention von Katastrophen

Prävention von Katastrophen ist ein weiteres wichtiges Anwendungsfeld für Sensornetze. Beispielsweise erleichtern Sensornetze die strukturelle Überwachung von Brücken und Gebäuden [73]. Sie erleichtern Routineuntersuchungen und ermöglichen ein frühzeitiges Erkennen von strukturellen Schäden an den überwachten Bauwerken.

Simon et al. [101] stellen ein Sensornetz zur Lokalisierung von Heckenschützen durch Ortung der Schallquelle eines Schusses vor. Ein verteiltes Sensornetz erfasst die Ankunftszeit der Schallwelle mit akustischen Sensoren und berechnet daraus den Ort der Schallquelle.

Medizinische Netze

In [2, 8] wird das „WeCare"-Sensornetz in der Überwachung alter, pflegebedürftiger Menschen eingesetzt. Das Netz erkennt, wenn eine Person nach einem Sturz regungslos am Boden verweilt und Hilfe benötigt.

CodeBlue [77, 100] ermöglicht die medizinische Überwachung eines Patienten durch ein Sensornetz innerhalb eines Krankenhauses, am Arbeitsplatz sowie im privaten häuslichen Umfeld. Medizinische Sensoren wie Pulsoximeter und mobile EKG-Geräte überwachen den Patienten. Bei Bedarf können diese Daten an medizinisches Personal übermittelt werden.

Fazit

Sensornetze zeigen vielerlei Einsatzmöglichkeiten z. B. bei der Überwachung, Beobachtung und Erforschung von wilden Tieren sowie von ausgedehnten und schwer

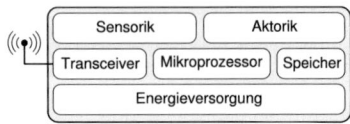

Abbildung 2.1 Komponenten eines Sensor-Aktor-Systems

zugänglichen Arealen. Eine wesentliche Stärke von Sensornetzen für dieses Anwendungsgebiet liegt in der unauffälligen und langfristigen Beobachtung. Die Anwendungen sehen meist eine oder mehrere zentrale Datensenken im Netz vor, welche Empfänger aller Messwerte sind.

Da Sensornetze häufig über große Areale verteilt sind oder bewegliche Systeme erfordern, müssen die Systeme energieautark und unabhängig von Verkabelung oder sonstiger Infrastruktur arbeiten können. Sie werden häufig in großen Stückzahlen ausgebracht, wodurch ein geringer Stückpreis und eine unkomplizierte Ausbringung der Systeme an Wichtigkeit gewinnen.

2.2 Komponenten und Besonderheiten eines WSANs

Drahtlose Sensor- und Sensor-Aktor-Netze bestehen aus einer Menge von drahtlos miteinander kommunizierenden Kleinstcomputern, welche im Folgenden einfach *Systeme des WSANs* oder kurz *Systeme* genannt werden. Wie in Abb. 2.1 dargestellt, bestehen sie jeweils aus einem Transceiver-Modul inklusive Antenne zur drahtlosen Kommunikation per Funk, einem Mikroprozessor zur Verarbeitung von Daten und dem Ausführen von Algorithmen, Speicher und einer autarken Energieversorgung; letztere häufig in Form einer Batterie oder eines Akkumulators.

Daneben verfügt ein System typischerweise über Sensoren, welche zur Wahrnehmung physikalischer Phänomene der Umwelt dienen. Häufig sind Sensoren zum Erfassen der Temperatur, der Helligkeit, der Bechleunigung, des Magnetfeldes oder des Luftdrucks anzufinden. Daneben finden sich aber auch komplexere elektronische Geräte, wie beispielsweise eine Videokamera oder ein GPS-Empfänger, welche zur Sensorik der Systeme zählen. Die Auswahl der zum Einsatz kommenden Sensorik ist abhängig von der Anwendung, welche vom Sensor- bzw. Sensor-Aktor-Netz erbracht werden soll. Ein gemeinsames Merkmal der Sensorik ist, dass sie Daten in Form von Messwerten liefern. Sensoren stellen die primäre Datenquelle in Sensor- und Sensor-Aktor-Netzen dar.

Sensor-Aktor-Netze verfügen – im Gegensatz zu reinen Sensor-Netzen – über Aktorik, mit welcher die Systeme ihre Umwelt aktiv beeinflussen können. Anstatt der reinen Überwachung ermöglichen Sensor-Aktor-Netze zusätzlich die Interaktion mit der Umwelt. Sensorik nimmt den aktuellen Zustand der Umwelt kontinuierlich, periodisch oder bei Bedarf wahr. Die so erhaltenen Messwerte werden innerhalb des WSANs teilweise oder vollständig verarbeitet und können Ereignisse auslösen.

Beispielsweise können sie zur Ansteuerung von Aktorik führen oder die Erhebung weiterer Messdaten auslösen. Findet die Verarbeitung der Messdaten und die Ansteuerung der Aktorik vollständig innerhalb des WSANs statt, kann das WSAN als in sich geschlossene Einheit gesehen werden, welche abgeschlossene Aufgaben autonom erfüllt. Mit Aktorik werden alle Komponenten bezeichnet, welche Phänomene ihrer Umgebung aktiv verändern. Dazu zählen Leuchtmittel, Lautsprecher, aktive Heiz- und Kühlelemente, Ventile, Impulsgeber und motorgetriebene Komponenten wie Pumpen, Räder, etc.

Aus den Anwendungsszenarien lassen sich drei wesentliche Anforderungen an die Systeme des WSANs erkennen:

1. Die Systeme müssen *autark* sein, d. h. sie müssen unabhängig von Infrastruktur arbeiten können. Die Systeme müssen daher ohne drahtgebundene Anbindung an die Umgebung auskommen. Diese Einschränkung wirkt sich wesentlich auf die Energieversorgung und die Art der Kommunikation aus.

2. Die Anwendungen erfordern häufig eine großflächige Ausbringung der Systeme in *großen Stückzahlen*. Die Systeme müssen daher zu einem günstigen Stückpreis produzierbar sein. Weiter ist in vielen Anwendungsszenarien eine einfache Ausbringung der Systeme und daher die Notwendigkeit von Mechanismen zur Autokonfiguration eine essentielle Anforderung.

3. Sensornetze messen Phänomene ihrer Umgebung. Um das Ergebnis der Messung nicht zu beeinflussen müssen sich die Systeme möglichst *unauffällig* und unaufdringlich in die Umgebung integrieren. In vielen Anwendungen – z. B. bei Tierbeobachtungen – ist daher eine kleine, leichte Bauweise erforderlich.

Diese Anforderungen sind in Abbildung 2.2 dargestellt. Sie führen zu einer Reihe von Kompromissen, welche in Sensor- und Sensor-Aktor-Netzen verbreitet sind. Die Kompromisse führen wiederum zu der in diesen Netzen typischen Ressourcenbeschränkung in Bezug auf Energievorrat, Funkreichweite, Datenrate, Rechenleistung und Speicherkapazität:

- Die Anforderung autarke Systeme in großen Stückzahlen und daher zu einem günstigen Preis zu produzieren, beschränkt den verfügbaren *Energievorrat*. Hier kommen derzeit vorwiegend Batterien und Akkumulatoren zum Einsatz. Der Energiewandlung aus der Umgebung, beispielsweise durch Solarzellen, stehen häufig die angestrebte kleine Bauweise der Systeme, die erhöhte Komplexität und vor allem der größere Stückpreis entgegen. Die Systeme müssen daher während des Betriebs mit einem beschränkten Energievorrat auskommen. Die verfügbare Energie ist häufig auf die Menge beschränkt, welche den Systemen bei Ausbringung mitgegeben wurde. Energiegewinnung während des Betriebes aus der Umgebung ist derzeit nur in seltenen Fällen eine realistische Möglichkeit.

- Die Entscheidung zur *drahtlosen Kommunikation* in Sensor- und Sensor-Aktor-Netzen ist in der Anforderung nach unauffälligen, autarken Systemen, welche in großen Stückzahlen einfach und unkompliziert ausbringbar sind, begründet. Drahtgebundene Kommunikation würde die Ausbringung und Wartung des Netzes wesentlich erschweren und damit die Kosten für Installation und Betrieb in die Höhe treiben; in manchen Fällen kann dies den Wert des Gewinns

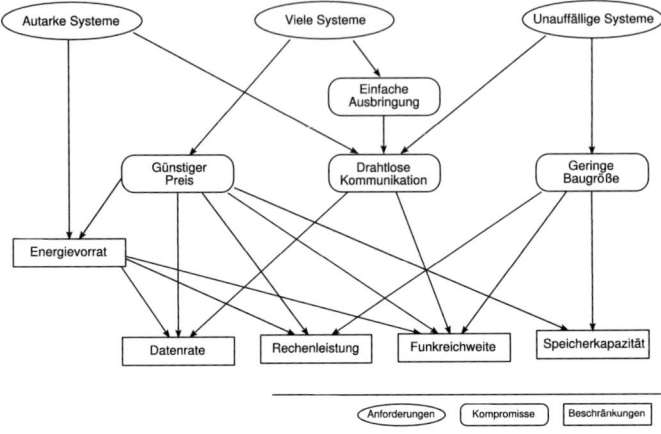

Abbildung 2.2 Überblick über den Zusammenhang zwischen Anforderungen, Kompromissen und Beschränkungen beim Entwurf von Sensor- und Sensor-Aktor-Systemen

durch das Sensornetz sogar übersteigen. Als Beispiel sei hier das oben aufgeführte Anwendungsszenario der Gebäudeüberwachung [58] zur Einsparung von Energie genannt. In einigen Anwendungen wäre eine drahtgebundene Kommunikation nicht praktikabel. Beispiele sind alle Anwendungen mit mobilen Systemen oder großflächiger Ausbringung, wie Great Duck Island [71], Precision Farming [11], PermaSens [13] oder das Szenario der virtuellen Weidezäune [17].

- Die geringe Baugröße drahtloser Systeme erfordert kleine Antennen, welche Kommunikation nur bei kurzen Wellenlängen und daher in hohen Frequenzbereichen effizient ermöglichen. Kurze Wellenlängen führen zu einer größeren Freiraumdämpfung und damit zu einer geringen mittleren *Funkreichweite*[1], als dies bei größeren Wellenlängen zu erwarten wäre. Eine Erhöhung der Sendeleistung ist aufgrund der knappen Energievorräte sowie gesetzlichen Regularien nicht oder nur beschränkt möglich und gehen aufgrund des erhöhten Energiebedarfs mit einer Reduktion der Lebensdauer einher.

- Robuste Codierungsverfahren helfen Bitfehlerraten bei der Übertragung gering zu halten und erhöhen damit die Wahrscheinlichkeit einer erfolgreichen Datenübertragung. Jedoch führen sie auch zu geringen *Datenraten*. Neben der Robustheit sind ebenfalls geringe Kosten für die Herstellung der Funkmodule ausschlaggebend.

- Die Systeme verfügen aufgrund der geringen Baugröße sowie zur Reduktion des Energieverbrauchs und der Herstellungskosten über eine sehr *geringe Re-*

---

[1]Die mittlere erwartete Reichweite in störungsfreier Umgebung verhält sich proportional zur α-ten Wurzel der Wellenlänge (vgl. Gleichung 2.34)

chenleistung und eine sehr *geringe Speicherkapazität*. Typische Kennzahlen werden in Abschnitt 2.3 aufgeführt und besprochen.

Die aufgeführten Kompromisse und Beschränkungen geben einen generellen Trend wieder. Einzelne Anwendungen können in ihren Anforderungen davon abweichen. Beispielsweise ist der Kompromiss zur drahtlosen Kommunikation für den „Thinking Carpet" [104] nicht relevant. Die Forderung nach einem geringen Energieverbrauch und die Beschränkung durch geringe Rechenleistung und Speicherkapazitäten sind dagegen weiterhin zutreffend.

Fazit

Die Systeme in Sensor- und Sensor-Aktor-Netzen bestehen aus Sensorik, (und ggf. Aktorik,) Mikrocontroller, Kommunikationsmodul und Energieversorgung. Sie müssen energieautark und unabhängig von Infrastruktur oder Verkabelung arbeiten, in großen Stückzahlen günstig produzierbar und günstig auszubringen sein. Weiter sollen die Netze „unauffällig" sein, wodurch eine kleine Baugröße notwendig wird.

Eine Besonderheit in Sensor- und Sensor-Aktor-Netzen ist ihre extreme Ressourcenknappheit. Die Systeme verfügen nur über eine geringe Rechenleistung, wenig Speicher, geringe Datenraten und sehr beschränkte Energievorräte.

2.2.1 Besonderheiten der Kommunikation in WSANs

Die Kommunikation in WSANs weist im Vergleich zu anderen Netzen einige Besonderheiten auf. Diese Besonderheiten werden im folgenden Abschnitt aufgezeigt und die daraus resultierenden Konsequenzen erläutert.

Datenzentrische versus systemzentrische Sicht

In Sensornetzen bietet sich häufig eine *datenzentrische* Sichtweise an. Die datenzentrische Sicht ergibt sich aus der Beobachtung, dass in Sensornetzen das eigentliche Interesse den gemessenen und übertragenen Daten, nicht aber den messenden Sensor-Systemen gilt. Das bedeutet, dass es bei datenzentrischer Sicht zweitrangig ist, *welches* System ein Datum liefert. Im Vordergrund steht stattdessen das Interesse an Daten mit bestimmten Eigenschaften. Hat ein System beispielsweise Interesse an der maximalen Temperatur im Netz kann es ein entsprechendes Interesse formulieren und erhält daraufhin die angeforderten Informationen. Die datenzentrische Sicht beschreibt also die Art und Weise, in der Interesse bekundet und der Kommunikationspartner über das Interesse informiert wird.

Die datenzentrische Sicht steht der *systemzentrischen* Sicht gegenüber. Diese stammt aus klassischen Kommunikationsnetzen, und ist beispielsweise aus dem Internet oder aus Telefon-Netzen bekannt. Anstatt Interesse an Inhalten formulieren zu können, muss ein System zunächst feststellen, welches andere System die gewünschten Inhalte liefern kann, um mit diesem anschließend explizit eine Kommunikationsverbindung aufzubauen.

Sensornetz-Anwendungen sind häufig für die datenzentrische Sichtweise geeignet. Eine rein datenzentrische Sicht ist immer dann möglich, wenn die Systeme des Netzes zustandslos und damit gegeneinander austauschbar sind. In Netzen und Anwendungen mit zustandsbehafteten Systemen kann nicht immer von dem System abstrahiert werden, welches eine Information liefert oder eine Aufgabe erfüllt. Beispiele zustandsbehafteter Systeme sind alle Systeme mit Aktoren sowie Sensor-Systeme, welche bei Bedarf aktiviert und deaktiviert werden, wie z. B. eine Videokamera.

Kommunikationsbeziehungen

Eine wichtige Besonderheit der Kommunikation in drahtlosen Sensornetzen betrifft die von der Anwendung geforderten Kommunikationsbeziehungen. Viele Anwendungen gehen von einer weitgehenden Beschränkung der notwendigen Kommunikationsbeziehungen aus. D. h. im Netz existieren ausgezeichnete Senken, welche die einzigen Quellen von Anfrage-Dateneinheiten sind. Jegliche Übertragung von Messwerten ist ebenfalls an eine der Senken gerichtet. Daher bestehen Kommunikationsbeziehungen typischerweise nur zwischen Sensor-Systemen und Senken. Beziehungen zwischen zwei Sensor-Systemen sind selten anzutreffen. Dies hat zur Folge dass die Sensor-Systeme aus Sicht der Kommunikation nicht netzweit eindeutig unterscheidbar sein müssen. Die Senke muss insbesondere keine ausgewählten Systeme eindeutig adressieren.

Sensornetz-Anwendungen weisen typische Kommunikationsmuster auf. Diese sind:

- *Anfrage-Antwort:* Eine Senke sendet eine Daten-Anfrage in das Netz, welche von den Sensor-Systemen beantwortet wird. Die Antwort kann unmittelbar durch Übertragung einer oder mehrerer Dateneinheiten erfolgen, oder sie kann eines der Kommunikationsmuster „periodischer Datenstrom" oder „Ereignis" initiieren.
- *Periodischer Datenstrom:* Ein oder mehrere Sensor-Systeme übertragen periodisch nach Ablauf eines Zeitintervalls Messwerte an eine der Senken. Ein Anwendungsbeispiel ist die kontinuierliche Beobachtung und Aufzeichnung des Mikroklimas im oben aufgeführten Redwood Szenario [114].
- *Ereignis:* Ein oder mehrere Systeme übertragen bei Eintreten eines Ereignisses einzelne Dateneinheiten. Bei dem Ereignis kann es sich beispielsweise um das Überschreiten eines zuvor definierten Schwellenwertes handeln, woraufhin das Sensor-System die Senke über das Eintreten des Ereignisses informiert. Zum Beispiel könnte ein an einem Vogelnest angebrachter Beschleunigungssensor eine Erschütterung feststellen und dieses Ereignis, welches als Anwesenheit des beobachteten Vogels interpretiert wird, der Senke melden oder eine Videoaufzeichnung auslösen. Ein weiteres Beispiel ist das FleGSens Szenario [34].

Fazit

Falls alle Systeme des Netzes zustandslos sind, ist eine datenzentrische Sichtweise des Netzes möglich und sinnvoll. Interesse besteht immer nur an Daten und Inhalten, nicht an Systemen. Von welchem System die Daten stammen, ist nicht relevant; die Systeme sind gegeneinander austauschbar.

Parameter	Wert
Mikrocontroller	ATmega128L [7]
Architektur	8 Bit RISC
Taktfrequenz	16 MHz
RAM	4 kByte
Flash ROM	128 kByte
Datenspeicher (Flash)	512 kByte
Transceiver	CC2420 [25]
Funkstandard	IEEE 802.15.4 [52]
Datenrate	250 kBit/s
Sensitivität	-94 dBm

(a) MICAz Sensorknoten   (b) Technische Daten des MICAz Sensorknoten

Abbildung 2.3 MICAz Sensorknoten und dessen technische Daten

In Gegenwart zustandsbehafteter Systeme kann das Interesse nicht mehr rein basierend auf Daten und Inhalten formuliert werden. Sobald Bezug auf den Zustand des Systems oder auf eine frühere Verbindung genommen werden muss, ist eine inhaltsbasierte Formulierung des Interesses nicht mehr praktikabel. In diesem Fall ist es notwendig zustandsbehaftete Systeme eindeutig adressieren zu können.

Kommunikationsbeziehungen bestehen in Sensornetzen typischerweise zwischen Senken und den Sensor-Systemen. Beziehungen zwischen zwei Sensor-Systemen sind weniger verbreitet. Typische Kommunikationsmusster sind Anfrage-Antwort, die periodische Übertragung von Dateneinheiten in einem Datenstrom sowie die Übertragung einzelner Dateneinheiten bei Eintreten eines Ereignisses.

2.3 Hardware

In Potdar et al. [88] werden kommerziell erhältliche Hardware-Systeme sowie Forschungsprototypen untersucht. Danach haben die verwendeten Mikrocontroller typischerweise eine Taktfrequenz von weniger als 10 MHz, verfügen über bis zu 10 KByte RAM und haben bis zu 128 KByte Programmspeicher. Die vom jeweiligen Hersteller angegebene Kommunikationsreichweite der Funkmodule beträgt meist zwischen 30 m und 100 m, bei Datenraten von 10 kBit/s bis 250 kBit/s. Die Leistungsaufnahme der Systeme bei Aktivität wird zwischen 24 mW und 89 mW angegeben. Die Leistungsaufnahme der Sensorik und Aktorik ist dabei üblicherweise nicht berücksichtigt.

MICAz-Systeme [29] (siehe Abbildung 2.3(a)) sind ein Beispiel verbreiteter Sensor- bzw. Sensor-Aktor-Systeme. Da sie in dieser Arbeit zur Untersuchung des drahtlosen Kanals in Kapitel 6 Verwendung finden, werden sie im Folgenden detaillierter vorgestellt. Eine Zusammenfassung der technischen Daten ist in Tabelle 2.3(b) zu finden.

MICAz-Systeme verfügen über einen Atmel ATmega128L Mikrocontroller [7] mit einer Taktfrequenz von 16 MHz, 4 kByte RAM, 128 kByte Flash ROM und

512 kByte Flash Speicher zum Ablegen von Messdaten. Zur Drahtloskommunikation wird auf den IEEE 802.15.4 Funkstandard [52] aufgesetzt, d. h. es sind Datenraten von bis zu 250 kBit/s möglich. Die Übertragung findet im 2,4 GHz ISM Band statt. Als Funkmodul kommt ein Chipcon CC2420 [25] mit einer Sensitivität von -94 dBm zum Einsatz. Die Sendeleistung ist zwischen 0 dBm und -24 dBm einstellbar. Das System ist mit einer $\lambda/2$ Dipolantenne ausgestattet. Der Hersteller gibt die Kommunikationsreichweite im Freien bei direkter Sichtverbindung zwischen 75 m und 100 m an. Das System hat Abmessungen[2] von ca. 60 mm x 32 mm x 23 mm und wird über zwei AA Batterien mit Energie versorgt. Jedes System verfügt über drei Licht emittierende Dioden (LEDs) und kann über Erweiterungsplatinen mit weiterer Sensorik und Aktorik – wie Temperatursensor, Helligkeitssensor, barometrischem Drucksensor, Beschleunigungssensor, Magnetsensor, Mikrophon bzw. Summer – bestückt werden. Über spezielle Erweiterungsplatinen kann eine Vielzahl von weiteren Sensoren und Aktoren angeschlossen und angesteuert werden.

2.4 Eigenschaften und Modelle des Drahtloskanals

Simulation ist ein wichtiges Werkzeug zur Untersuchung großer Kommunikationsnetze. Schlüssel-Merkmale, welche für die Durchführung simulativer Untersuchungen sprechen, sind die Wiederholbarkeit der Untersuchungen und die Möglichkeit ihrer vollständigen Kontrolle. Glaubwürdige Ergebnisse können jedoch nur erzielt werden, wenn die Simulation die relevanten Einflüsse auf die Kommunikation adäquat berücksichtigt. Da die Einflüsse der physikalischen Welt auf die Kommunikation nur näherungsweise durch Modelle abgebildet werden können, sind diese bei der Konzeption einer Simulation von besonderem Interesse. Ein wichtiger Einfluss der Umgebung auf die Kommunikation in drahtlosen Sensor- und Sensor-Aktor-Netzen ist der Einfluss des drahtlosen Kanals. Dieser wird in der Simulation durch ein Kanalmodell repräsentiert.

Unter dem Begriff *Kanalmodell* ist in der vorliegenden Arbeit ein Modell des drahtlosen Funkkanals verstanden, wie es insbesondere zur Simulation drahtloser Netze zum Einsatz kommt. Das Kanalmodell modelliert dabei die Veränderung des Signalpegels eines ausgesandten Funk-Signals auf dem Weg vom Sender zum Empfänger. Zahlreiche Einflussfaktoren verändern sowohl Intensität als auch Qualität des Signals. Zum besseren Verständnis des in Kapitel 6 vorgestellten Rahmenwerks zur realitätsnahen Simulation drahtloser Sensor-Aktor-Netze werden in Abschnitt 2.4.1 wichtige Einflussfaktoren auf das drahtlos übertragene Signal beschrieben. Anschließend wird in Abschnitt 2.4.2 auf unterschiedliche Abstraktionsgrade der Modellierung sowie in den Abschnitten 2.4.3 und 2.4.4 auf verbreitete deterministische und probabilistische Modelle eingegangen.

---

[2]Die Abmessungen sind ohne Antenne und mit Batteriefach gemessen

2.4.1 Einflussfaktoren auf das drahtlos übertragene Signal

Das drahtlos übertragene Signal ist auf dem Weg vom Sender zu seinen Empfängern zahlreichen Einflüssen ausgesetzt. Durch die Ausbreitung im Raum wird es gedämpft, an Objekten gebeugt, gestreut, reflektiert und absorbiert. Als die den drahtlosen Kanal definierende Charakteristik wird in der Literatur die Variation der Signalstärke in Abhängigkeit von Frequenz, Zeit und Ort genannt [93, 98, 116]. Die Einflüsse auf das Signal lassen sich grob in zwei Gruppen gliedern, welche in [116] wie folgt beschrieben sind:

1. Großräumige Signalschwankungen (engl.: *Large-Scale-Fading*): Die Abschwächung der Signalstärke über lange Strecken, verursacht durch den Pfadverlust (engl.: *path loss*, PL) in Abhängigkeit von der Distanz zwischen Sender und Empfänger sowie Abschattungseffekte durch große Hindernisse. Dieser Einfluss ist typischerweise frequenzunabhängig.

2. Lokale Signalschwankungen (engl.: *Small-Scale-Fading*): Abschwächung der Signalstärke durch konstruktive und destruktive Interferenz, verursacht durch Mehrwegeausbreitung. Diese Interferenzeffekte sind frequenzabhängig. Die räumliche Ausdehnung der Signalschwankungen liegt in der Größenordnung der Wellenlänge des Trägersignals.

Daneben sind Störungen durch überlagerte Funksignale, Dopplerverschiebung bei bewegten Systemen, Einkopplungen durch Elektrogeräte in naher Umgebung sowie thermisches Rauschen weitere wichtige Einflussfaktoren auf das drahtlose Signal.

Large-Scale-Fading

Die Abschwächung des Signals über lange Strecken lässt sich durch die Signalausbreitung im Raum erklären. Das von einer idealen, isotropen Sender-Antenne abgestrahlte Signal breitet sich kugelförmig im Raum aus. Da die gesamte Energie der abgestrahlten Wellenfront konstant bleibt, die Kugeloberfläche aber mit zunehmendem Radius d quadratisch wächst, muss die Energie pro Flächenanteil quadratisch fallen. Sie verhält sich damit proportional zu d^{-2}. Dieser Zusammenhang gilt nur unter idealen, modellhaften Bedingungen. In der Realität strahlen Antennen weder ein sich gleichmäßig kugelförmig ausbreitendes Signal ab, noch ist die Ausbreitung des Signals im freiem Raum ohne Hindernisse als realistisch einzustufen. Vielmehr handelt es sich hierbei um eine Abstraktion zur vereinfachten Modellierung. In hindernisreichen Umgebungen muss daher mit einem weitaus stärkeren Abfall der Signalstärke – eher in der Größenordnung von d^{-3} bis d^{-6} – gerechnet werden [93].

Small-Scale-Fading

Hindernisse auf dem Signalweg führen zu Streuung, Absorption, Reflexion und Beugung des Signals. Streuung an Objekten verursacht Mehrwegeausbreitung: Das Signal erreicht den Empfänger auf mehreren unterschiedlichen und insbesondere auf unterschiedlich langen Pfaden. Abbildung 2.4 zeigt schematisch wie das Signal eines Senders durch Mehrwegeausbreitung auf zwei unterschiedlichen Signalpfaden den

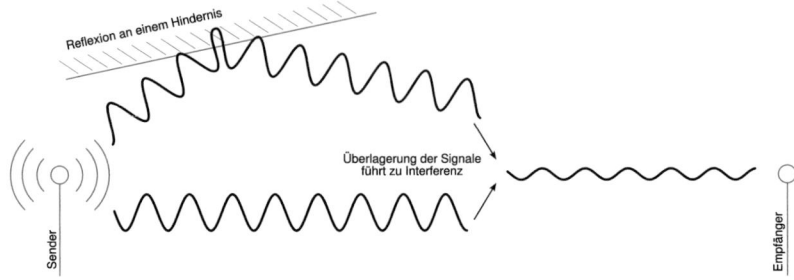

Abbildung 2.4 Signalüberlagerung nach Mehrwegeausbreitung führt zu Interferenz (hier destruktive Interferenz). Die Freiraumdämpfung ist in der Darstellung vernachlässigt.

Empfänger erreicht. Einer der Pfade wird durch ein reflektierendes Hindernis abgelenkt. Die unterschiedlich langen Signalpfade führen zu einem zeitlich versetzten Eintreffen der Signalteile beim Empfänger, wodurch sich eine Phasenverschiebung ergibt. Aus der Überlagerung mehrerer phasenverschobener Signalteile kann sich sowohl konstruktive als auch destruktive Interferenz ergeben. Dadurch sind beim Empfänger von gegenseitiger Verstärkung der Signalteile bis hin zu Auslöschung des Signals sämtliche Interferenzsituationen und Zwischenstufen möglich. Im Beispiel handelt es sich um destruktive Interferenz, welche den Empfänger ein Signal mit deutlich reduzierter Amplitude wahrnehmen lässt.

Zur korrekten Berechnung der genannten Interferenz-Effekte ist offensichtlich exaktes Wissen über Beschaffenheit, Form und Position aller Hindernisse notwendig. Insbesondere die exakte Prognose der Phasenverschiebung stellt hier hohe Anforderungen an eine exakte Modellierung. Unter der Annahme von Trägerfrequenzen aus dem 2,4 GHz ISM Band ergibt sich beispielsweise mit $\lambda = c/f$, $f = 2{,}4\,GHz$, $c = 3 \cdot 10^8\,m/s$ eine Wellenlänge von $\lambda = 0{,}125\,m$, und damit ein notwendiges Positionswissen aller Hindernisse von einem Achtel Meter. Dabei stehen λ für die Wellenlänge, f für die Trägerfrequenz und c für die Lichtgeschwindigkeit.

2.4.2 Abstraktionsgrad der Modellierung

Eine kritische Frage ist die nach dem zulässigen Abstraktionsgrad des verwendeten Kanalmodells. Während eine zu abstrakte Modellierung wichtige Charakteristika des Kanals vernachlässigt, erfordert eine sehr exakte Modellierung viel Detailwissen über die Umgebung des Kanals und erzeugt eine enorme Komplexität. Je nach Ziel der Simulation und Detailgrad der über die Umgebung vorhandenen Informationen lassen sich unterschiedlich stark abstrahierende Modelle des drahtlosen Kanals wählen. Der drahtlose Kanal beeinflusst die Kommunikation zwischen zwei Systemen durch die Veränderung der Signalamplitude auf dem Weg vom Sender zum Empfänger. Large-Scale-Fading modelliert den Einfluss der Freiraumdämpfung auf die Signalamplitude, Small-Scale-Fading modelliert den Einfluss von Signalüberlagerungen, welche beispielsweise durch Mehrwegeausbreitung verursacht werden.

Kanalmodelle prognostizieren die resultierende Veränderung und liefern damit die Grundlage zur Entscheidung, ob ein Signal von einem bestimmten System empfangen werden kann oder nicht. Zur Modellierung des drahtlosen Kanals existieren unterschiedlich detaillierte und unterschiedlich aufwendige Ansätze. Je nach Abstraktionsgrad werden die Eigenschaften des Drahtloskanals unter unterschiedlichen Annahmen und Vereinfachungen vorhergesagt. Während sehr einfache Modelle nur eine Aussage über den mittleren erwarteten Pfadverlust treffen, gibt es eine Reihe speziellerer Modelle, welche beispielsweise Effekte der Mehrwegeausbreitung in unterschiedlichen Ausprägungen berücksichtigen. Im Folgenden werden Möglichkeiten zur Modellierung des drahtlosen Kanals, geordnet nach absteigender Komplexität und Genauigkeit der Modellierung, vorgestellt:

- Zur exakten Prädiktion der elektromagnetischen Welle bei einem Empfänger müssten die *Maxwell'schen Gleichungen* unter Berücksichtigung aller Einflussfaktoren wie Position, Beschaffenheit, Oberfläche von Hindernissen, etc. gelöst werden. Die Komplexität dieses Ansatzes ist bisher nur in wenigen Spezialfällen beherrschbar [121], weshalb er im Folgenden nicht weiter betrachtet wird.

- *Ray-Tracing*-basierte Kanalmodelle berechnen den Einfluss der Umgebung auf das Signal deterministisch durch physikalische Modelle. Diese basieren ebenfalls auf der Theorie der elektromagnetischen Wellenausbreitung und sind von der exakten Kenntnis aller Umgebungsparameter abhängig. Der Ray-Tracing Ansatz geht von der Annahme aus, dass sich hochfrequente Wellen ähnlich der gut erforschten Strahlenoptik im Raum ausbreiten. Indem die Ausbreitung einzelner Strahlen im Raum verfolgt wird, können die Signalstärke sowie deren Überlagerungen beim Empfänger vorhergesagt werden. Dabei finden nach [98] zwei Prinzipien grundlegende Anwendung in der Modellierung: (i) Strahlen folgen dem schnellsten Pfad zwischen Sender und Empfänger (Fermatsches Prinzip). (ii) Hochfrequente Wellen sind Reflexion, Brechung und Beugung ausgesetzt, wenn sie auf Oberflächen treffen (local field principle). Für jede Signalausbreitung muss die Ausbreitung einer Menge von Strahlen im Raum vorhergesagt werden. Dies erfordert eine große Rechenleistung.

Simulationen mit Ray-Tracing Modellen bilden die Ausbreitung des Funksignals in konkreten Umgebungssituationen nach. Daher sind sie ausgesprochen spezifisch für das modellierte Szenario und können kaum verallgemeinert werden. Sie werden häufig eingesetzt, um exakte Modelle für spezielle Umgebungen zu erhalten. Aryanfar et al. [6] untersuchen beispielsweise die Anwendbarkeit Ray-Tracing-basierter Modelle für ein konkretes, urbanes Outdoor-Szenario. Die Untersuchung unterstreicht die Notwendigkeit einer exakten Umgebungsmodellierung sowie die erforderliche hohe Rechenleistung für exakte Vorhersagen. Ray-Tracing Modelle finden ebenfalls zur simulativen Untersuchung spezieller Eigenschaften des Kanals und des Empfängers Verwendung. So setzen Zhang und Brown [128] Ray-Tracing Modelle ein, um die Mehrwegeausbreitung unter Verwendung von Ultra-Breitband-Technologie (UWB) für eine bestimmte Sender-Empfänger-Distanz zu untersuchen. Ein weiteres Einsatzgebiet sind Situationen, in welchen aufgrund besonderer Randbedingungen noch keine anderen Modelle verfügbar sind. Ein Beispiel sind extreme

Frequenzbereiche im Bereich von 60 GHz [78]. Ray-Tracing Modelle erfordern eine exakte Modellierung aller Gegenstände und Hindernisse der Umgebung, steigern enorm den Rechenaufwand der Simulation und führen zu sehr szenariospezifischen Ergebnissen. Diese Modelle werden daher im Folgenden nicht weiter betrachtet.

- Eine stärkere Abstraktion von den Umgebungsbedingungen als bei Verwendung von Ray-Tracing Modellen kann durch *probabilistische Modelle* erreicht werden. Diese ersetzen die exakte Berechnung der durch Small-Scale-Fading verursachten Signalüberlagerungen durch generalisierte statistische Betrachtungen. Für typische, wiederkehrende Situationen wird eine charakteristische Verteilung der Signalamplituden beim Empfänger vorhergesagt. Diese ersetzt die exakte Berechnung der Interferenzeffekte sowie die genaue Modellierung der Umgebung. Dem chaotischen Verhalten des Kanals wird durch einen stochastischen Prozess Rechnung getragen. Probabilistische Kanalmodelle können so wesentliche Teile der Umgebungsmodellierung verstecken und sind daher in der Lage von speziellen Umgebungssituationen zu abstrahieren. Verbreitete probabilistische Modelle werden in Abschnitt 2.4.4 vorgestellt.

- *Deterministische Large-Scale-Fading Modelle* beschränken sich auf die Modellierung von Large-Scale-Fading-Effekten und vernachlässigen den Einfluss des Small-Scale-Fadings. Sie machen daher ausschließlich eine Aussage über die im Mittel erwartete Leistung beim Empfänger, welche deterministisch aufgrund der Distanz zwischen Sender und Empfänger berechnet wird. Je nach Komplexität des Modells wird dabei ausschließlich die Ausbreitung im freien Raum entlang eines einzigen, direkten Signalpfades zwischen Sender und Empfänger berücksichtigt (z. B. das Free-Space Modell). Das Two-Ray-Ground Modell berücksichtigt dagegen zusätzlich einen zweiten Signalpfad entlang einer Reflexion am Boden. Die beiden Modelle werden detailliert in Abschnitt 2.4.3 vorgestellt.

Zur Repräsentation des indeterministischen Drahtloskanals in simulativen Untersuchungen sind von den hier vorgestellten Modellen die probabilistischen Modelle am besten geeignet. Sie spiegeln einerseits den Indeterminismus des Kanals wider und sind gleichzeitig in der Lage von konkreten Umgebungssituationen zu abstrahieren.

Tabelle 2.1 gibt einen Überblick über die in dieser Arbeit betrachteten Kanalmodelle und ihre Klassifikation bezüglich der Modellierung von Large-Scale- und Small-Scale-Fading-Eigenschaften sowie die Einordnung anhand ihres deterministischen oder probabilistischen Charakters. Free-Space und Two-Ray-Ground sind deterministische Large-Scale-Fading Modelle. Beide vernachlässigen die Effekte des Small-Scale-Fadings vollständig. Das probabilistische Log-Normal Shadowing Modell modelliert sowohl Large-Scale- als auch Small-Scale-Fading. Die probabilistischen Modelle Rayleigh, Rice und Nakagami-m bilden nur Small-Scale-Fading-Effekte ab. Zur Prognose des Large-Scale-Fadings muss auf ein zusätzliches deterministisches Modell zurückgegriffen werden.

Im Folgenden werden zunächst die beiden deterministischen und anschließend die probabilistischen Modelle kurz vorgestellt und ihre wesentlichen Eigenschaften besprochen. Da für die Verwendung in einem diskreten Paketsimulator die Empfangs-

Modell	*deterministisch*	*probabilistisch*	*Large-Scale-Fading*	*Small-Scale-Fading*
Free-Space [93, Kap. 3.2]	X		X	
Two-Ray-Ground [93, Kap. 3.6]	X		X	
Log-Normal Shadowing [93, Kap. 3.9.2]		X	X	X
Rayleigh [93, Kap. 4.6.1]		X		X
Rice [93, Kap. 4.6.2]		X		X
Nakagami-m [79]		X		X

Tabelle 2.1 Klassifikation der verwendeten Kanalmodelle

leistung einer Dateneinheit in Abhängigkeit von der Distanz zwischen Sender und Empfänger maßgeblich ist, wird für alle probabilistischen Modelle eine entsprechende Formulierung für die Leistung hergeleitet, falls diese nicht bereits in der Literatur zu finden ist.

2.4.3 Deterministische Large-Scale-Fading Modelle

Free-Space Modell

Das deterministische Free-Space Modell sagt die mittlere erwartete Empfangsleistung für einen hindernisfreien Kanal mit Sichtverbindung vorher [93]. Free-Space modelliert nur den Pfadverlust über große Distanz sowie grundlegende Antenneneffekte. Alle Einflüsse des Small-Scale-Fading bleiben außer Betracht. Das Free-Space Modell ist durch die Friis Gleichung gegeben:

$$P_{rx}^{FreeSpace}(d) = \frac{P_{tx} G_t G_r \lambda^2}{(4\pi)^2 d^2 L} \tag{2.1}$$

P_{tx} und P_{rx} stehen für die Sende- bzw. die Empfangsleistung in Watt, G_t, G_r für die Verstärkungsfaktoren der Sender- bzw. Empfänger-Antenne (antenna gain). Der Verstärkungsfaktor gibt das Abstrahlverhalten im Vergleich zu einem isotropen Punktstrahler wieder, welcher den Verstärkungsfaktor 1 hat. Der System-Loss-Faktor $L \geq 1$ steht für Verluste, welche durch die Hardware verursacht wurden. Ideale, verlustfreie Hardware hat einen System-Loss-Faktor von $L = 1$. G_t, G_r und L haben als Verstärkungs- und Verlustfaktoren keine Einheit. λ ist die Wellenlänge der Trägerfrequenz f in Metern. Mit $\lambda = c/f$ und einer Ausbreitungsgeschwindigkeit von $c = 3 \cdot 10^8\ m/s$ ergibt sich im 2,4 GHz ISM Band die Wellenlänge zu $\lambda = 0,125\ m$. Die Entfernung zwischen Sender und Empfänger ist mit d bezeichnet.

Die Abhängigkeit des Free-Space Modells von der Trägerfrequenz ist nach [89, Kapitel 7.7] durch die Modellierung des Empfängers zu erklären. Unter der Annahme isotroper Antennen ist die vom Sender abgestrahlte Leistungsdichte in der Distanz d unabhängig von der Trägerfrequenz durch $P_{tx} G_t / 4\pi d^2$ gegeben. Die in der Empfänger-Antenne eintreffende Energie ist von der effektiven Fläche der Antenne

25

$A_r = G_r \lambda^2 / 4\pi$ abhängig, in welche die Wellenlänge λ der Trägerfrequenz eingeht. Die Empfangsleistung $P_{rx} = P_{tx} G_t A_r / 4\pi d^2 = P_{tx} G_t G_r \lambda^2 / (4\pi)^2 d^2$ ist somit ebenfalls abhängig von der Trägerfrequenz, wodurch sich Formel 2.1 ergibt.

Das Free-Space Modell kann nach [93] nur für Vorhersagen im Fernfeld bzw. in der Fraunhofer-Region der Sender-Antenne herangezogen werden. In der Fraunhofer-Region befinden sich alle Distanzen $d > d_f$ mit

$$d_f = \frac{2D^2}{\lambda} \tag{2.2}$$
$$d_f \gg D$$
$$d_f \gg \lambda$$

wobei D die Abmessung der Antenne ist. Die Friis Gleichung 2.1 gilt also nicht im Nahfeld der Antenne, insbesondere nicht für $d = 0$.

Das Free-Space Modell wird gelegentlich auch bezogen auf eine Referenzdistanz $d_0 \geq d_f$ angegeben:

$$P_{rx}^{FreeSpace}(d) = \frac{P_{tx} G_t G_r \lambda^2}{(4\pi)^2 d_0^2 L} \cdot \left(\frac{d_0}{d}\right)^2 \tag{2.3}$$

Wie oben gilt diese Formel nur für $d \geq d_0$. Dadurch ergibt sich ein geräte-, frequenz- und kanalabhängiger Teil $P_{rx}(d_0)$ und ein rein von der Distanz abhängiger Teil $(d_0/d)^2$.

Für Umgebungen mit Hindernissen lässt sich dieses einfache Modell generalisieren:

$$P_{rx}^{FreeSpace}(d) = \frac{P_{tx} G_t G_r \lambda^2}{(4\pi)^2 d_0^\alpha L} \cdot \left(\frac{d_0}{d}\right)^\alpha \tag{2.4}$$

wobei der Pfadverlust-Exponent α üblicherweise zwischen 2 (freies Gelände) und 6 (Gebiet mit Abschattungen und Hindernissen) variiert. Typische Werte für α können beispielsweise in [59, 93, 98] gefunden werden.

Abbildung 2.5(a) zeigt beispielhaft die Entwicklung der Empfangsleistung mit zunehmender Entfernung zwischen Sender und Empfänger unter Verwendung des Free-Space Kanalmodells für die Pfadverlust-Exponenten $\alpha = 2$ und $\alpha = 3$. Die Leistung des Senders beträgt $0\,dBm$, und $G_t = G_r = L = 1$.

Pfadverlust

Der Pfadverlust (engl.: path loss, PL) ist ein Maß für die durchschnittliche Signalabschwächung, welche zwischen Sender und Empfänger auf das Signal wirkt. Mit Hilfe des Pfadverlustes ergibt sich neben der aus Gleichung 2.4 bekannten Schreibweise eine weitere, äquivalente Schreibweise des Free-Space Modells. Da in der Literatur beide Schreibweisen gleichermaßen vorzufinden sind, werden hier beide Schreibweisen vorgestellt. Der Pfadverlust wird als positives Maß in Dezibel (dB) angegeben

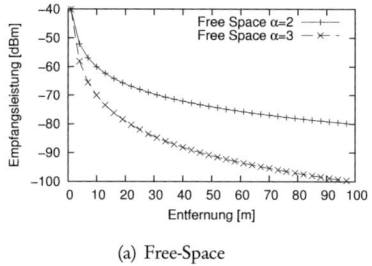

(a) Free-Space

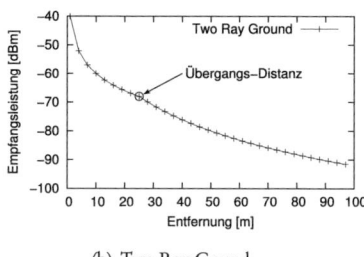

(b) Two Ray Gound

Abbildung 2.5 Entwicklung der Empfangsleistung mit zunehmender Distanz für die deterministischen Modelle (a)Free-Space ($\alpha = 2$, $\alpha = 3$) und (b) Two-Ray-Ground mit $h_t = h_r = 0{,}5\,m$.

und berechnet sich als Logarithmus aus dem Verhältnis der vom Sender abgestrahlten Leistung P_{tx} zu der beim Empfänger eintreffenden Empfangsleistung P_{rx} [98]

$$PL(d)[dB] = 10\log\frac{P_{tx}}{P_{rx}(d)} \tag{2.5}$$

mit log, dem dekadischen Logarithmus. Das der Funktion $PL(d)$ nachgestellte $[dB]$ soll der Eindeutigkeit dienen und weist auf die Einheit Dezibel des Pfadverlustes hin. Die Schreibweise ist [59] entliehen.

Mit der Formel des Free-Space Modells 2.1 lässt sich der Pfadverlust direkt in Abhängigkeit von der Distanz d angeben als:

$$PL(d)[dB] = -10\log\left(\frac{G_t G_r \lambda^2}{(4\pi)^2 d^2 L}\right) \tag{2.6}$$

Bemerkenswert ist hier, dass der Pfadverlust unabhängig von der Sendeleistung P_{tx} ist. Er gibt den Anteil an, welcher vom Signal des Senders beim Empfänger übrig bleibt. Weiter lässt sich, analog zur Umformung in Gleichung 2.3, der Pfadverlust durch einen konstanten Wert $PL(d_0)$ an der Referenzdistanz und einem rein von der Distanz d und α abhängigen Term ausdrücken:

$$PL(d)[dB] = PL(d_0)[dB] + 10\alpha\log\left(\frac{d}{d_0}\right) \tag{2.7}$$

In $PL(d_0)$ gehen alle systemspezifischen Hardwareparameter P_{tx} G_t, G_r L ein. Kann $PL(d_0)$ gemessen werden, so kann auf die differenzierte Bestimmung der Hardwareparameter verzichtet werden. Referenzwerte für $PL(d_0)$ können in [59, 93, 98] gefunden werden.

27

Die Empfangsleistung $P_{rx}(d)$ in der Entfernung d lässt sich nun wie folgt berechnen:

$$P_{rx}(d)[dBm] = P_{tx}[dBm] - PL(d)[dB]$$

$$= P_{tx}[dBm] - PL(d_0)[dB] - 10\alpha \log\left(\frac{d}{d_0}\right) \quad (2.8)$$

$$P_{rx}(d)[mW] = \frac{P_{tx}[mW]}{PL(d_0)}\left(\frac{d_0}{d}\right)^{\alpha} \quad (2.9)$$

Die Einheit Dezibel Milliwatt $[dBm]$ ist analog zur Einheit Dezibel eine logarithmische Einheit. Das endständige m zeigt an, dass es sich um den auf ein Milliwatt normierten Leistungspegel handelt. Die Leistung $P[mW]$ in Milliwatt lässt sich wie folgt in den Leistungspegel $P[dBm]$, also in den logarithmischen Raum umwandeln

$$P[dBm] = 10\log\frac{P[mW]}{1\,mW} \quad (2.10)$$

Two-Ray-Ground Modell

Das deterministische Two-Ray-Ground Modell [93] modelliert ebenso wie Free-Space ausschließlich Large-Scale-Fading-Effekte. Im Unterschied zum Free-Space Modell wird neben dem direkten Pfad zwischen Sender und Empfänger eine Bodenreflexion in die Berechnung einbezogen. Für Distanzen kleiner einer Übergangsdistanz d_c (crossover distance), dominiert der direkte Pfad und die Berechnung der Empfangsleistung stützt sich auf das Free-Space Modell. Für größere Distanzen dominiert der reflektierte Pfad, für welchen eine Abschwächung des Signals reziprok proportional zur vierten Potenz der Distanz angenommen wird. Die Empfangsleistung berechnet sich nun wie folgt:

$$P_{rx}^{TwoRayGround}(d) = \begin{cases} \frac{P_{tx}G_tG_r\lambda^2}{(4\pi)^2 d^2 L} & \text{falls } d \leq d_c \\ \frac{P_{tx}G_tG_r h_t^2 h_r^2}{d^4 L} & \text{falls } d > d_c \end{cases} \quad (2.11)$$

mit P_{tx} der Sendeleistung, G_t, G_r der Antennenverstärkung von Sender bzw. Empfänger, h_t, h_r der Höhe der Sender- bzw. Empfänger-Antenne über dem Grund und der Übergangsdistanz $d_c = 4\pi h_t h_r / \lambda$. Ein Anwendungsbeispiel ist z. B. die Kommunikation zwischen freistehenden Funk-Sendemasten.

Abbildung 2.5(b) zeigt die von Two-Ray-Ground vorhergesagte Empfangsleistung. Die Höhe der Sender- und Empfänger-Antenne wurden dabei auf $h_t = h_r = 0,5\,m$ gesetzt. Deutlich erkennbar ist die unterschiedliche Entwicklung der Leistung für Distanzen kleiner bzw. größer der Übergangsdistanz (hier bei $d_c = 25,13\,m$). Bis zu dieser Distanz deckt sich die Prognose mit der des Free-Space Modells für $\alpha = 2$, darüber hinaus ist der stärkere Signalabfall des Two-Ray-Ground Modells deutlich erkennbar.

2.4.4 Probabilistische Modelle

Die hier vorgestellten Kanalmodelle bilden die – im mathematischen Sinne – chaotischen Einflüsse der Mehrwegeausbreitung auf die Empfangsleistung durch einen stochastischen Prozess ab. Chaotisch bedeutet in diesem Zusammenhang, dass winzige Änderungen der Ausgangssituation zu einer wesentlichen Änderung im Resultat führen. Die Ausgangssituation ist hier die Positionierung von Sender und Empfänger sowie die Modellierung der Umgebung. Das sich ändernde Resultat ist die nach Mehrwegeausbreitung und Überlagerung resultierende Signalamplitude beim Empfänger. Die Amplitude des Signals beim Empfänger wird dabei als Zufallsvariable angenommen. Aus modellspezifischen Annahmen über die Charakteristik der Signalausbreitung wird meist die statistische Verteilung der Signalamplitude abgeleitet, welche die unter den Annahmen des Modells vorherrschende Interferenz-Situation widerspiegelt.

Die mittlere erwartete Leistung des Signals orientiert sich an den Prognosen der oben vorgestellten deterministischen Large-Scale-Fading Modelle. Sie kann beispielsweise durch das Free-Space Modell nach Gleichung 2.4 bestimmt werden. Die deterministisch vorhergesagte mittlere erwartete Leistung wird also entsprechend der modellspezifischen Verteilung gestreut, wodurch sich jeweils die konkrete Empfangsleistung des Modells ergibt.

Log-Normal Shadowing Modell

Das probabilistische Log-Normal Shadowing Modell [93] beruht auf der Annahme, dass der Einfluss der Umgebung an unterschiedlichen Orten in ihrer Charakteristik einander ähnlich ist. Log-Normal Shadowing versieht den erwarteten mittleren Signalpegel mit einer Streuung, um die charakteristischen Einflüsse der unbekannten Umgebung auf das Signal zu erhalten. Untersuchungen in [12, 28] zeigen, dass sich der Pfadverlust für jede feste Sender-Empfänger Distanz d als logarithmisch normalverteilte Zufallsvariable mit dem Mittelwert $PL(d)$ und der Standardabweichung σ ausdrücken lässt. Im logarithmischen Raum gilt:

$$PL(d)[dB] = PL(d_0)[dB] + 10\alpha \log\left(\frac{d}{d_0}\right) + X_\sigma \qquad (2.12)$$

mit $PL(d_0)$ dem mittleren erwarteten Path-Loss an der Referenzdistanz d_0 und X_σ eine normalverteilte Zufallsvariable in [dB] um dem Mittelwert null und der Standardabweichung σ ebenfalls in [dB]. Mit Gleichung 2.9 lässt sich der Pegel der Empfangsleistung in Dezibel Milliwatt [dBm] angeben. Durch die Transformation der Beziehung von Dezibel in Watt wird aus X_σ eine log-normalverteilte Zufallsvariable. Theoretisch lässt sich die Verteilung nach [45] dadurch erklären, dass sich das Phänomen der Signalabschwächung und -überlagerung durch mehrfache Reflexionen als multiplikativer Prozess beschreiben lässt. Die multiplikative Überlagerung der unbekannt verteilten Signalamplituden führt nach dem zentralen Grenzwertsatz zur Log-Normalverteilung. Damit folgt auch die Empfangsleistung nach dem Log-Normal Shadowing Modell $P_{rx}^{LogNormal}(d)$ der Log-Normalverteilung und es gilt:

$$P_{rx}^{LogNormal}(d; \sigma^2) \sim \mathcal{LN}\left(P_{rx}^{avg}(d), \sigma^2\right) \qquad (2.13)$$

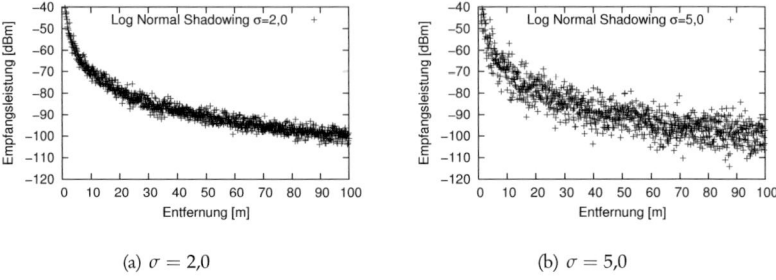

(a) $\sigma = 2{,}0$ (b) $\sigma = 5{,}0$

Abbildung 2.6 Samples der Empfangsleistung nach dem Log-Normal Shadowing Modell mit (a) $\sigma = 2{,}0$ und (b) $\sigma = 5{,}0$.

wobei $\mathcal{LN}$ die Log-Normalverteilung um den Mittelwert $P_{rx}^{avg}(d)$ mit der Varianz σ^2 bezeichnet. $P_{rx}^{avg}(d)$ ist die mittlere Empfangsleistung in der Distanz d und lässt sich beispielsweise nach Gleichung 2.4 und 2.9 bestimmen.

Abbildung 2.6 zeigt exemplarisch Power Samples des probabilistischen Log-Normal Shadowing Modells für die Streubreiten $\sigma = 2{,}0$ und $\sigma = 5{,}0$. Die mittlere Leistung folgt dem Free-Space Modell mit derselben Parametrisierung wie in Abbildung 2.5(a) mit $\alpha = 3$.

Die Verteilung der Empfangsleistung in einer Entfernung von $20\,m$ vom Sender für das Log-Normal Shadowing Modell ($\sigma = 0{,}75$, $\sigma = 2{,}0$, $\sigma = 5{,}0$) zeigt Abbildung 2.7(a). Die Leistung auf der horizontalen Achse ist in Dezibel Milliwatt, also einer logarithmischen Skala, gegeben, wodurch die asymmetrische Log-Normalverteilung der symmetrischen Normalverteilung entspricht. Mit zunehmendem σ wird die Verteilung breiter und flacher.

Rayleigh Modell

Ein anerkanntes und verbreitetes Modell für die Verteilung der Signalamplitude in einem gestreuten Kanal *ohne* dominante Signalkomponente[3] ist das Rayleigh Modell [45]. Wie im Folgenden skizziert, lässt sich die Amplitude des Signals beim Empfänger als rayleighverteilte Zufallsvariable modellieren. Das Rayleigh Modell geht davon aus, dass das gesamte Signal starker Streuung und Mehrwegeausbreitung unterworfen ist. Durch die Überlagerung unabhängiger, sinusförmiger Signalkomponenten $r_i e^{j\theta_i}$, welche den Empfänger über unterschiedliche Pfade erreichen, ergibt sich ein komplexes Summensignal $r e^{j\theta} = \sum_i r_i e^{j\theta_i}$. Eine Modell-Annahme ist, dass die Komponenten eine in etwa gleich große Amplitude $r' = r_i$ aufweisen, insbesondere keine der Amplituden dominant ist ($r_i^2 \ll \sum_i r_i^2$). Da die Phasen der Signale sehr sen-

---

[3]Eine dominante Signalkomponente entsteht beispielsweise durch direkte Sichtverbindung zwischen Sender und Empfänger.

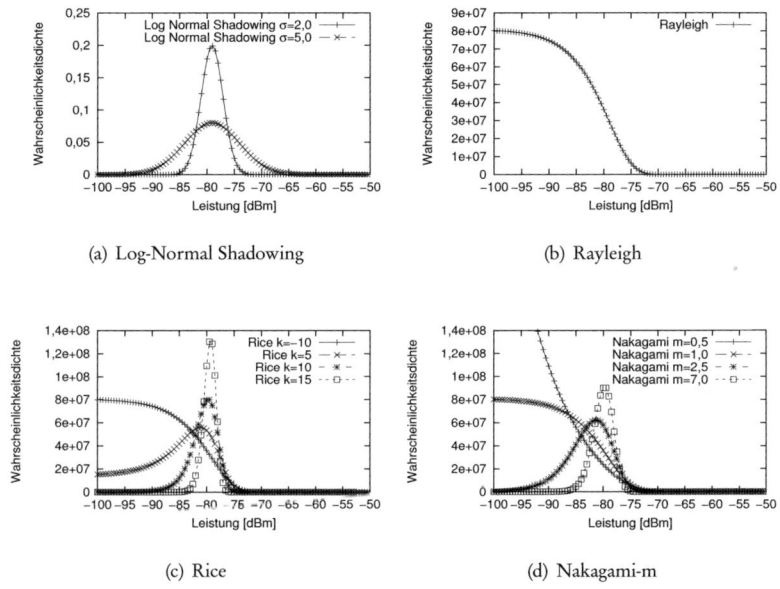

(a) Log-Normal Shadowing (b) Rayleigh

(c) Rice (d) Nakagami-m

Abbildung 2.7 Dichteverteilung der empfangenen Leistung in einer Entfernung von 20 m zum Sender für (a) das Log-Normal Shadowing Modell mit $\sigma \in \{0{,}75; 2{,}0; 5{,}0\}$, (b) das Rayleigh Modell, (c) das Rice Modell mit $k[dB] \in \{-10; 5; 10; 20\}$ sowie (d) das Nakagami-m Modell mit $m \in \{0{,}5; 1{,}0; 2{,}5; 7{,}0\}$

sitiv von der Pfadlänge abhängen (eine Veränderung der Pfadlänge um eine Wellenlänge dreht die Phase um 2π), kann die Verteilung der Phasen als gleichverteilt zwischen $[0; 2\pi]$ angenommen werden. Die Summe gleichverteilt phasenverschobener Signale lässt sich trigonometrisch in die Form $\sqrt{(\sum \cos \theta_i)^2 + (\sum \sin \theta_i)^2}$ bringen, wobei $\sum \cos \theta_i$ und $\sum \sin \theta_i$ nach dem zentralen Grenzwertsatz unabhängige, normalverteilte Zufallsvariablen sind. In dieser Form entspricht die Signalamplitude r exakt der Rayleigh-Verteilung, welche sich mithilfe zweier unabhängiger, normalverteilter Variablen $X, Y \sim N(0, \sigma^2)$ darstellen lässt als $r = \sqrt{X^2 + Y^2}$. Lord Rayleigh wies nach, dass die Phase θ der gemeinsamen Verteilung wieder gleichverteilt im Intervall $[0; 2\pi]$ liegt.

Die Amplitude des überlagerten Signals r folgt also der Rayleigh-Verteilung $r \sim Rayleigh(\sigma)$ mit der Dichtefunktion (pdf)

$$f^{Rayleigh}(r; \sigma) = \frac{r}{\sigma^2} \exp\left(-\frac{r^2}{2\sigma^2}\right) \tag{2.14}$$

31

mit $0 < r < \infty$. Der Erwartungswert der Rayleigh-Verteilung ist $\sigma\sqrt{\pi/2}$, ihre Varianz beträgt $(2 - \pi/2)\sigma^2$. Die erwartete mittlere Leistung des gestreuten Signals ist $2\sigma^2$ [98].

Nach den Ohm'schen Gesetzen ist die Empfangsleistung proportional zum Quadrat der Signalamplitude. Zur weiteren Umformung werden die beiden normalverteilten Variablen X, Y durch zwei standard-normalverteilte Variablen $A, B \sim \mathcal{N}(0, 1)$ ausgedrückt. Nun gilt $X = \sigma A$, $Y = \sigma B$ und $r = \sqrt{(\sigma A)^2 + (\sigma B)^2}$. Die Leistung des Signals ist also proportional zu $r^2 = \sigma^2(A^2 + B^2)$. Die erwartete mittlere Leistung des gestreuten Signals $2\sigma^2$ entspricht jedoch genau der mittleren Empfangsleistung $P_{rx}^{avg}(d)$. Durch Normierung der Rayleigh-gestreuten Empfangsleistung mit der mittleren Empfangsleistung ergibt sich

$$\frac{P_{rx}^{Rayleigh}(d)}{P_{rx}^{avg}(d)} = \frac{r^2}{2\sigma^2} = \frac{A^2 + B^2}{2} \tag{2.15}$$

und es gilt also

$$P_{rx}^{Rayleigh}(d) = P_{rx}^{avg}(d) \cdot \frac{A^2 + B^2}{2} \tag{2.16}$$

Weiter gilt nach [94] folgender Zusammenhang: Sind $R_i \sim \text{Rayleigh}(\sigma)$, $i \in \{1 \cdots \nu\}$ unabhängige, rayleighverteilte Zufallsvariablen mit gemeinsamem Parameter σ, dann folgt $Y = \sum_{i=1}^{\nu} R_i^2$ der Gamma-Verteilung mit $Y \sim \text{Gamma}(\nu, 2\sigma^2)$. Mit $\nu = 1$ und $2\sigma^2 = P_{rx}^{avg}(d)$ der mittleren erwarteten Empfangsleistung, lässt sich die Empfangsleistung des Rayleigh Modells durch die Gamma-Verteilung ausdrücken:

$$P_{rx}^{Rayleigh}(d) \sim \text{Gamma}(1, P_{rx}^{avg}(d)) \tag{2.17}$$

Mit Gleichung 2.16 lässt sich die Empfangsleistung nach dem Rayleigh Modell durch die erwartete mittlere Empfangsleistung und zwei unabhängige standard-normalverteilte Zufallsvariablen berechnen. Gleichung 2.17 stellt den selben Zusammenhang unter Verwendung einer gammaverteilten Zufallsvariablen dar. Beide Darstellungen sind für eine Implementierung in einem Simulationswerkzeug unmittelbar geeignet. Die Dichtefunktion sowie die kumulative Verteilungsfunktion kann mit Gleichung 2.17 direkt angegeben werden. Abbildung 2.7(b) zeigt die Verteilung der Leistung nach dem Rayleigh Modell in einer Entfernung von $20\,m$ zum Sender. Die Sendeleistung beträgt $0\,dBm$, die mittlere Leistung wurde durch das Free-Space Modell mit $\alpha = 3$ bestimmt.

Rice Modell

Das Rice Modell [45, 93] beschreibt ein durch Überlagerung zusammengesetztes Signal aus einem stark durch Mehrwegeausbreitung gestreuten Signalteil und einem zweiten, deutlich weniger stark gestreuten, dominanten Signalteil. Während ersterer die Annahmen des Rayleigh Modells erfüllt, könnte letzterer beispielsweise von einer direkten Sichtverbindung oder einem anderen, wenig gedämpften Signalpfad stammen.

Die Amplitude r der Hüllfunktion des überlagerten Signals folgt der Rice-Verteilung mit der Dichtefunktion

$$f^{Rice}(r;\sigma,A) = \frac{r}{\sigma^2} \exp\left(-\frac{r^2 + A^2}{2\sigma^2}\right) I_0\left(\frac{rA}{\sigma^2}\right) \qquad (2.18)$$

und den Parametern σ und A. A steht für den Betrag der Amplitude des dominanten Signalteils und $2\sigma^2$ für die mittlere erwartete Leistung des gestreuten Mehrwege-Signals. I_0 ist die modifizierte Bessel Funktion erster Art, nullter Ordnung (vgl. [14, Kap. 19.1.2.6]).

Das Rice Modell wird häufig durch einen einzigen Parameter k (in Dezibel) $k[dB] = 10\log\frac{A^2}{2\sigma^2}$ beschrieben. k gibt das Verhältnis der Leistung des dominanten Pfades zur Stärke des gestreuten Signals an [98]. Nimmt das dominante Signal an Stärke ab ($A \to 0$, $k[db] \to -\infty$), so greifen die Annahmen des Rayleigh Modells und die Verteilung der Signalstärke geht in die Rayleigh-Verteilung über. Entsprechend geht für $A \to 0$ Gleichung 2.18 in 2.14 über [4]. Das Rayleigh Modell ist also ein Spezialfall des Rice Modells.

Die Rice-Verteilung kann durch zwei unabhängig normalverteilte Zufallsvariablen X, Y mit $X \sim \mathcal{N}(A\cos\theta, \sigma^2)$ und $Y \sim \mathcal{N}(A\sin\theta, \sigma^2)$ dargestellt werden. $R := \sqrt{X^2 + Y^2}$ folgt der Rice-Verteilung mit $R \sim \text{Rice}(\sigma, A)$. Wieder werden die beiden normalverteilten Variablen X, Y durch zwei standard-normalverteilte Variablen V und W ausgedrückt, mit $V, W \sim \mathcal{N}(0,1)$, wodurch jeweils der Mittelwert und die Varianz hervortreten. Für $\theta = 0$ gilt $X = \sigma V + A$ und $Y = \sigma W$. So kann die riceverteilte Amplitude r geschrieben werden als $r = \sqrt{(\sigma V + A)^2 + \sigma^2 W^2}$ [90]. Sei nun $k' = \frac{A^2}{2\sigma^2}$ das Verhältnis des dominanten zum gestreuten Signal (hier als Faktor, statt in Dezibel). Die Leistung des gestreuten Signals $P_{rx}^{Rice}(d)$ ist proportional zum Quadrat der Amplitude r^2. So muss der mittlere quadratische Wert der Rice-Verteilung $A^2 + 2\sigma^2 = 2\sigma^2(k' + 1)$ genau der mittleren erwarteten Empfangsleistung $P_{rx}^{avg}(d)$ entsprechen. Durch Normierung kann die Empfangsleistung wie folgt angegeben werden:

$$\frac{P_{rx}^{Rice}(d)}{P_{rx}^{avg}(d)} = \frac{r^2}{2\sigma^2(k'+1)} = \frac{1}{2(k'+1)}\left(\left(V + \sqrt{2k'}\right)^2 + W^2\right) \qquad (2.19)$$

$$P_{rx}^{Rice}(d) = \frac{P_{rx}^{avg}(d)}{2(k'+1)}\left(\left(V + \sqrt{2k'}\right)^2 + W^2\right) \qquad (2.20)$$

In obiger Gleichung 2.20 kann man erkennen, dass die Empfangsleistung der Rice-Verteilung durch die dezentrale Chi-Quadrat-Verteilung darstellbar ist. Denn sind

---

[4]Hinweis: $I_0(0) = 0$

33

$X_i \sim \mathcal{N}(\mu_i, 1)$, $i \in \{1 \cdots \nu\}$ unabhängige, normalverteilte Zufallsvariablen um die Mittelwerte μ_i und mit Varianz eins, dann folgt $Y = \sum_{i=1}^{\nu} X_i^2$ der dezentralen Chi-Quadrat-Verteilung mit $Y \sim \chi^2(\nu, \lambda)$ mit dem Dezentralitätsparameter $\lambda = \sum_{i=1}^{\nu} \mu_i$. In diesem Fall ist $\nu = 2$, $\lambda = \sqrt{2k'}$ und die Zufallsvariable $C \cdot \frac{P_{rx}^{avg}(d)}{2(k'+1)}$ folgt der dezentralen Chi-Quadrat-Verteilung

$$P_{rx}^{Rice}(d) = \frac{P_{rx}^{avg}(d)}{2(k'+1)} \cdot Y, \text{ mit } Y \sim \chi^2(2, \sqrt{2k'}) \tag{2.21}$$

Gleichung 2.21 ist geeignet die Dichte und die kumulative Verteilung der Leistung anzugeben. Abbildung 2.7(c) zeigt diese Dichteverteilung für eine Distanz von $20\,m$ zum Sender, welcher mit einer maximalen Leistung von $0\,dBm$ sendet. Die mittlere Leistung wurde mit dem Free-Space Modells mit $\alpha = 3$ bestimmt. Der Rice'sche k-Parameter (in Dezibel) wurde zu $k = -10\,dB$, $k = 5\,dB$, $k = 10\,dB$ und $k = 15\,dB$ gesetzt. Deutlich zu sehen ist, dass sich schon für relativ große k (hier $k = -10\,dB$) eine starke Ähnlichkeit zur Rayleigh-Verteilung (vgl. Abb. 2.7(b)) abzeichnet. Zur Implementierung in einem Simulator eignet sich die Darstellung aus Gleichung 2.20.

Nakagami-m Modell

Nach dem Nakagami-m Modell [79] wird die Amplitude r des Signals beim Empfänger entsprechend der Nakagami-m-Verteilung gestreut. Sie hat die Dichtefunktion

$$f_{amp}^{Nakagami}(r; m, \Omega) = \frac{2m^m r^{2m-1}}{\Gamma(m)\Omega^m} \exp\left(-\frac{mr^2}{\Omega}\right), r \geq 0 \tag{2.22}$$

mit $m \geq 1/2$ und $\Omega = E(r^2)$ der zeitlich gemittelten Leistung des gestreuten Signals. Für $m = 1$ (und $\Omega = 2\sigma^2$) entspricht die Nakagami-m-Verteilung der Rayleigh-Verteilung und Gleichung 2.22 geht in Gleichung 2.14 über. Für die Empfangsleistung $x \propto r^2$ ergibt sich nach [102] die Dichtefunktion

$$f_{power}^{Nakagami}(x; m, \bar{\gamma}) = \frac{m^m x^{m-1}}{\bar{\gamma}^m \Gamma(m)} \exp\left(-\frac{mx}{\bar{\gamma}}\right), x \geq 0 \tag{2.23}$$

mit dem Form-Parameter $m \geq \frac{1}{2}$ und $\bar{\gamma}$ der erwarteten mittleren Leistung.

Die Dichte lässt sich nach [61] mit $k = m$ und $\theta = \frac{\bar{\gamma}}{m}$ durch die Dichtefunktion der Gamma-Verteilung $f^{Gamma}(x; k, \theta)$ ausdrücken:

$$f^{Gamma}(x; k, \theta) = \frac{x^{k-1}}{\theta^k \Gamma(k)} \exp\left(-\frac{x}{\theta}\right) \tag{2.24}$$

Die vom Nakagami-m Modell vorhergesagte Empfangsleistung $P_{rx}^{Nakagami}(d)$ kann also in Abhängigkeit von der mittleren erwarteten Leistung $P_{rx}^{avg}(d)$ und dem Form-Parameter m als gammaverteilte Zufallsvariable dargestellt werden:

$$P_{rx}^{Nakagami}(d; m) \sim \text{Gamma} \left(m, \frac{P_{rx}^{avg}(d)}{m} \right) \tag{2.25}$$

Für ganzzahlige m deckt sich die Gamma-Verteilung mit der Erlang-Verteilung, welche eine geschlossen darstellbare Dichtefunktion und insbesondere auch eine geschlossen darstellbare kumulative Verteilungsfunktion besitzt.

Die Verteilung der Leistung nach dem Nakagami-m Modell für $m = 0{,}5$, $m = 1$, $m = 2{,}5$ und $m = 7$ und einer Distanz zum Sender von 20 Metern ist in Abbildung 2.7(d) zu sehen. Die maximale Leistung des Senders beträgt wieder $0\,dBm$, die mittlere Leistung ist durch das Free-Space Modell mit $\alpha = 3$ bestimmt. Für $m = 1$ ist die Übereinstimmung mit dem Rayleigh Modell offensichtlich.

2.5 Modellierung der Empfangswahrscheinlichkeit

Zur Bestimmung der Parametrisierung der Kanalmodelle in Kapitel 6 wird eine geschlossene Form der Empfangswahrscheinlichkeit benötigt. Eine solche geschlossene Form wird in den folgenden Abschnitten aus den Kanalmodellen und einer Modellierung des Empfangsprozesses analytisch hergeleitet. Dabei steht insbesondere der störungsfreie Empfang einer einzelnen Dateneinheit im Vordergrund.

2.5.1 Modellierung des Empfangsprozesses

Zum erfolgreichen Empfang einer Dateneinheit durch das Transceiver-Modul müssen bezüglich der Leistung des empfangenen Signals P_{rx} zwei Bedingungen erfüllt sein:

1. Die Leistung P_{rx} muss groß genug sein, damit diese vom Transceiver-Modul wahrgenommen werden kann.
2. Die Qualität des wahrgenommenen Signals muss eine erfolgreiche Decodierung erlauben, d. h. das Signal der Dateneinheit muss sich hinreichend gut von Störsignalen abheben.

Das Vorliegen der ersten Bedingung, welche als reines Wahrnehmen der Dateneinheit durch das Transceiver-Modul interpretiert werden kann, wird im Folgenden als *Capture*[5] bezeichnet und durch die Wahrscheinlichkeit $Pr\{Capture\}$ beschrieben. Ein Capture ist möglich, wenn die Empfangsleistung P_{rx} einen minimalen Capture-Schwellenwert P_{cap} überschreitet. Dieser Capture-Schwellenwert ist abhängig von der Sensitivität des Transceivers P_{sens}. Es wird vereinfachend angenommen, dass für

---

[5]Diese Definition des Captures weicht von der gängigen Bezeichnung in der Literatur ab. Dort wird häufig erst die Kombination aus Wahrnehmbarkeit und erfolgreicher Decodierung als Capture bezeichnet.

alle Bits der Dateneinheit dieselbe Empfangsleistung gilt. Die Wahrscheinlichkeit für ein erfolgreiches Capture kann daher angegeben werden als

$$Pr\left\{Capture\right\} := Pr\left\{P_{rx} > P_{cap}\right\} = Pr\left\{P_{rx} > P_{sens}\right\}. \tag{2.26}$$

Das Capture ist der erste notwendige Schritt zum korrekten Empfang einer Dateneinheit und entspricht dem Einschwingen des Transceivers auf das eintreffende Signal. Die Modellierung sieht vor, dass sich der Transceiver immer auf das früheste ankommende Signal einschwingt. Alle später eintreffenden, zeitlich überlappenden Signale werden wie Störungen behandelt.

Die zweite Bedingung beschreibt den Einfluss der Signalqualität auf das Decodieren des wahrgenommenen Signals. Die Wahrscheinlichkeit hierfür wird im Folgenden als bedingte Wahrscheinlichkeit mit $Pr\left\{Decoding \mid Capture\right\}$ bezeichnet. Die Signalqualität wird durch das Signal zu Interferenz und Rausch Verhältnis (engl.: signal to interference and noise ratio, SINR) ρ quantifiziert

$$\rho := \frac{P_{rx}}{P_N + P_I}, \tag{2.27}$$

wobei P_N für das thermische Hintergrundrauschen und P_I für die Summe der Leistung aller interferierenden Signale stehen.

In Abhängigkeit von der Signalqualität und den spezifischen Eigenschaften des Transceiver-Chips, wie beispielsweise dem Modulationsschema und der Codierung, kann für jedes übertragene Bit eine Wahrscheinlichkeit für dessen fehlerhafte Decodierung, die sog. Bitfehler-Wahrscheinlichkeit $Pr\left\{BitError\right\}$ (BER), angegeben werden. Häufig wird diese direkt als Funktion des Modulationsschemas, der Codierung und der Signalqualität ausgedrückt. Unter der Annahme, der Transceiver verwerfe jede Dateneinheit beim ersten fehlerhaft empfangenen Bit, kann aus der Bit- die Paketfehler-Wahrscheinlichkeit $Pr\left\{PacketError\right\}$ (PER), also die Wahrscheinlichkeit der fehlerhaften Decodierung einer Dateneinheit der Länge n-Bit modelliert werden. Dabei gelten die folgenden Zusammenhänge:

$$\begin{aligned} Pr\left\{PacketError\right\} &:= 1 - \left(1 - Pr\left\{BitError\right\}\right)^n \tag{2.28}\\ Pr\left\{Decoding \mid Capture\right\} &:= 1 - Pr\left\{PacketError\right\}\\ &= \left(1 - Pr\left\{BitError\right\}\right)^n \tag{2.29} \end{aligned}$$

Für den erfolgreichen Empfang einer Dateneinheit müssen beide eingangs beschriebenen Bedingungen erfüllt sein. Aus den Gleichungen 2.26 und 2.29 ergibt sich daher die folgende Beziehung für die Wahrscheinlichkeiten eines erfolgreichen Empfangs:

$$Pr\left\{Receive\right\} = Pr\left\{Capture\right\} \cdot Pr\left\{Decoding \mid Capture\right\} \tag{2.30}$$

Da sich die Codierung und das Modulationsschema in einem festen Szenario nicht ändern, ist die Wahrscheinlichkeit einer erfolgreichen Decodierung im wesentlichen abhängig vom vorherrschenden Signal zu Interferenz und Rausch Verhältnis und daher vom anwendungsabhängigen Verkehrsaufkommen. Die Capture-Wahrscheinlichkeit hängt dagegen wesentlich von der Empfangsleistung der übertragenen Dateneinheit ab, und ist damit eine kanalmodellabhängige Funktion der Distanz zwischen Sender und Empfänger.

Da $0 \leq Pr\{Decoding \mid Capture\} \leq 1$, ist die Capture-Wahrscheinlichkeit eine obere Schranke der Empfangswahrscheinlichkeit und es gilt:

$$Pr\{Receive\} \leq Pr\{Capture\}. \tag{2.31}$$

2.5.2 Capture-Wahrscheinlichkeit unter deterministischen Modellen

Im Folgenden wird die Capture-Wahrscheinlichkeit für die in Abschnitt 2.4 vorgestellten deterministischen Kanalmodelle analytisch hergeleitet.

2.5.2.1 Free-Space

Die Empfangsleistung nach dem Free-Space Modell hängt deterministisch von der Distanz zwischen Sender und Empfänger sowie von szenariospezifischen Konstanten ab. Aus Gleichung 2.1 kann daher direkt die maximale Distanz d_{max} abgelesen werden, bis zu welcher die Empfangsleistung den vorgegebenen Schwellenwert P_{cap} überschreitet. Für die Capture-Wahrscheinlichkeit gilt

$$Pr\{P_{cap} < P_{rx}^{FreeSpace}(d)\} = \begin{cases} 1, & \text{falls } d < d_{max}^{FreeSpace} \\ 0, & \text{sonst} \end{cases} \tag{2.32}$$

mit

$$d_{max}^{FreeSpace} = \sqrt{\frac{P_{tx}G_tG_r\lambda^2}{P_{cap}(4\pi)^2 L}} \tag{2.33}$$

wobei d_{max} sich durch Auflösen der Free-Space Gleichung 2.1 nach der Distanz mit

$$P_{rx}^{FreeSpace}(d_{max}) = P_{cap}$$

ergibt.

Für das generalisierte Free-Space Modell nach Gleichung 2.4 mit variablem Pfadverlust-Exponenten α gilt analog:

$$d_{max}^{FreeSpace} = \sqrt[\alpha]{\frac{P_{tx}G_tG_r\lambda^2}{P_{cap}(4\pi)^2 L}} \tag{2.34}$$

Die Konstante d_{max} kann auch als die maximale Kommunikationsreichweite unter Verwendung des Free-Space Modells interpretiert werden. Die Kurve der Capture-Wahrscheinlichkeit beschreibt also eine Stufe, welche in der Entfernung d_{max} von 100% auf 0% fällt. Abbildung 2.8(a) veranschaulicht die Capture-Wahrscheinlichkeit des Free-Space Modells für $\alpha = 2$ und $\alpha = 3$. Die Sendeleistung beträgt $P_t = 0\,dBm$, der Capture-Schwellenwert wurde mit $P_{cap} = -94\,dBm$ angenommen. Für $\alpha = 2$ ergibt sich $d_{max} = 498{,}54\,m$, für $\alpha = 3$ fällt die Capture-Wahrscheinlichkeit schon in der wesentlich kleineren Distanz von $d_{max} = 62{,}87\,m$.

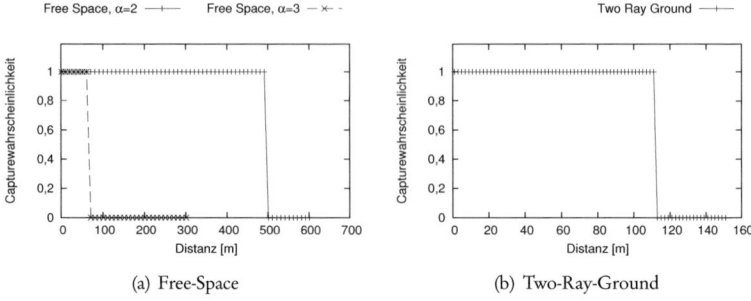

(a) Free-Space   (b) Two-Ray-Ground

Abbildung 2.8   Capture-Wahrscheinlichkeit (a) für das Free-Space Modell sowie (b) für das Two-Ray-Ground Modell.

2.5.2.2 Two-Ray-Ground

Ebenso kann die Capture-Wahrscheinlichkeit durch das Two-Ray-Ground Modell abschnittsweise direkt aus Gleichung 2.11 bestimmt werden. Für Distanzen, welche kleiner als d_c sind, gilt das Free-Space Modell und der Zusammenhang aus den Gleichungen 2.32 und 2.33. Für Distanzen größer d_c wirkt der zu d^{-4} proportionale stärkere Signalabfall und daher eine neue maximale Distanz d_{max}.

$$Pr\{P_{cap} < P_{rx}^{TwoRayGround}(d)\} = \begin{cases} 1, & \text{falls } d \le d_c \text{ und } d < d_{max}^{FreeSpace} \\ 1, & \text{falls } d_c < d \text{ und } d < d_{max}^{TwoRayGround} \\ 0, & \text{sonst} \end{cases} \quad (2.35)$$

mit

$$d_{max}^{TwoRayGround} = \sqrt[4]{\frac{P_{tx}G_tG_rh_t^2h_r^2}{P_{cap}L}} \quad (2.36)$$

Die Capture-Wahrscheinlichkeit für das Two-Ray-Ground Modell ist in Abbildung 2.8(b) dargestellt. Es wurde wieder eine Sendeleistung von $P_t = 0\,dBm$ und ein Capture-Schwellenwert von $P_{cap} = -94\,dBm$ angenommen. Die Höhe der Sender- und Empfänger-Antenne wurden mit $h_t = h_r = 0{,}5\,m$ gewählt. Die durch das Modell vorhergesagte Kommunikationsreichweite ergibt sich in diesem Beispiel zu $d_{max} = 111{,}94\,m$.

2.5.2.3 Bewertung der deterministischen Modelle

In beiden deterministischen Modellen wird jede Übertragung von allen Systemen wahrgenommen, welche sich innerhalb eines Kreises um den Sender mit Radius

d_{max} befinden. Die Modelle sagen daher eine deterministische Kommunikationsreichweite vorher. Innerhalb dieser Reichweite ist Kommunikation immer[6], außerhalb niemals möglich. Dieser Zusammenhang führt zu der in der Literatur als als Unit-Disc Modell bekannten Abstraktion für die Verbundenheit in Kommunikationsnetzen. Wie in den Untersuchungen in Kapitel 6 zu sehen sein wird, ist dieser deterministische Zusammenhang in realen Netzen nicht zutreffend. Er stellt eine zu starke Vereinfachung der Vorgänge dar.

2.5.3 Capture-Wahrscheinlichkeit unter probabilistischen Modellen

Im Folgenden wird die Capture-Wahrscheinlichkeit für die in Abschnitt 2.4 vorgestellten probabilistischen Kanalmodelle analytisch hergeleitet.

2.5.3.1 Allgemeine Modellierung

Wie in Abschnitt 2.4.4 gesehen, folgt die Empfangsleistung unter Verwendung probabilistischer Modelle einer für das Modell charakteristischen Verteilung. Zur Bestimmung der Capture-Wahrscheinlichkeit ist die Verteilung der Empfangsleistung maßgeblich. Die Empfangsleistung P_{rx}^{Modell} lässt sich leicht abstrahiert darstellen in der Form

$$P_{rx}^{Modell}(d) \sim Verteilung(P_{rx}^{avg}; arg*) \tag{2.37}$$

mit $Verteilung(\cdot)$ der jeweiligen Wahrscheinlichkeitsverteilung $P_{rx}^{avg}(d)$ der durchschnittlichen Empfangsleistung in Entfernung d und $arg*$ als informellem Platzhalter für die übrigen Argumente der Verteilung. $P_{rx}^{avg}(d)$ und $arg*$ gehen in den meisten Fällen nicht exakt wie dargestellt in die Verteilung ein, vielmehr soll die Notation die prinzipielle Abhängigkeit von den genannten Parametern aufzeigen.

Abbildung 2.9 zeigt beispielhaft die Streuung der Empfangsleistung für das Log-Normal Shadowing Modell. Dargestellt sind Samples der Empfangsleistung (schwarz) sowie deren Erwartungswert (rot) und die 2σ Grenzen der Verteilung (orange) um den Erwartungswert. Weiter sind der Capture-Schwellenwert bei $-94\,dBm$ (grün) und die resultierende Capture-Wahrscheinlichkeit (blau) eingezeichnet. Ein erfolgreiches Capture ist nun äquivalent dazu, dass ein Power Sample den Schwellenwert der Sensitivität überschreitet. Die Wahrscheinlichkeit eines erfolgreichen Captures entspricht also dem Anteil an Samples, welche in gegebener Distanz oberhalb des Schwellenwertes liegen. Mit zunehmender Distanz sinkt dieser Anteil und mithin die Wahrscheinlichkeit eines erfolgreichen Captures. Abbildung 2.10(a) stellt diesen Zusammenhang in der Empfangsleistungs-Domain dar. Abgebildet sind Querschnitte durch die Verteilung der Empfangsleistung für die Entfernungen $d \in \{40\,m; 50\,m; 60\,m; 70\,m; 80\,m\}$ sowie der Capture-Schwellenwert als senkrechte Linie bei $P_{cap} = -94\,dBm$. Ein erfolgreiches Capture ist für eine Empfangsleistung größer dem Schwellenwert, also in der Abbildung rechts der $-94\,dBm$-Linie möglich. Die Capture-Wahrscheinlichkeit entspricht dem Flächenanteil unter der Kurve

---

[6]Unter Vernachlässigung von Kollisionen und Interferenzen.

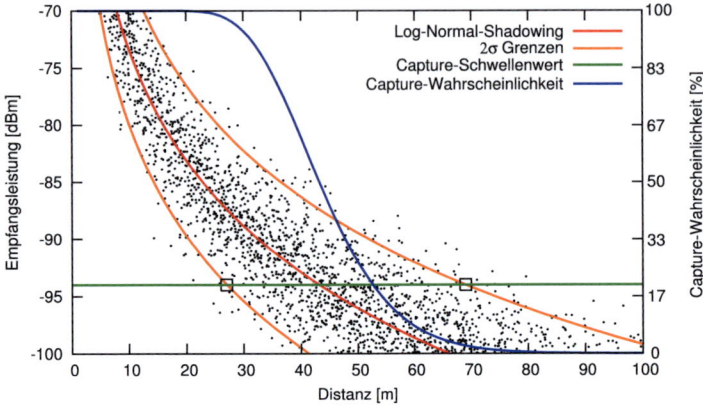

Abbildung 2.9 Samples der empfangenen Leistung mit unterschiedlicher Entfernung zum Sender sowie der Wahrscheinlichkeit den Schwellenwert der Sensitivität zu überschreiten.

rechts des Schwellenwertes. Als Dichtefunktion ist die Fläche unterhalb der Kurven auf eins normiert, wodurch sich die Wahrscheinlichkeit auch als 1−(Flächenanteil *links* des Schwellenwertes) ausdrücken lässt. Letztere ist gerade durch die kumulative Verteilungsfunktion an der Stelle P_{cap} gegeben und in Abbildung 2.10(b) dargestellt.

Sei f die zur jeweiligen Leistungsverteilung gehörende Dichtefunktion und F die jeweilige kumulative Verteilungsfunktion, unabhängig davon, ob sie in geschlossener Form angegeben werden können oder nicht. Beide seien analog zu obiger Schreibweise mit $P_{rx}^{avg}(d)$ und $arg*$ parametrisiert:

$$f(x; P_{rx}^{avg}(d), arg*) \tag{2.38}$$

$$F(x; P_{rx}^{avg}(d), arg*) \tag{2.39}$$

Laut Definition der kumulativen Verteilungsfunktion gibt $F(P_{cap}; P_{rx}^{avg}(d), arg*)$ die Wahrscheinlichkeit einer Empfangsleistung kleiner oder gleich P_{cap} an.

$$Pr\left\{P_{rx}^{Modell}(d) \leq P_{cap}\right\} = F(P_{cap}; P_{rx}^{avg}(d), arg*) \tag{2.40}$$

P_{cap} kann hier als Schwellenwert gesehen werden, welcher von der Empfangsleistung nicht überschritten wird. Die Wahrscheinlichkeit des Gegenereignisses, $P_{rx}^{Modell}(d) > P_{cap}$ kann mit $P_{cap} = P_{sens}$ (der Sensitivität des Empfängers) gerade als Wahrscheinlichkeit für ein Capture gesehen werden.

$$Pr\{capture\} = Pr\left\{P_{sens} < P_{rx}^{Modell}(d)\right\}$$
$$= 1 - F(P_{sens}; P_{rx}^{avg}(d), arg*) \tag{2.41}$$

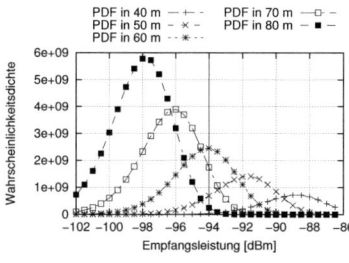
(a) Dichteverteilung der Empfangsleistung

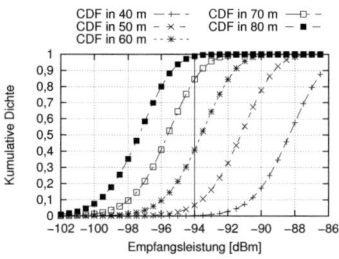
(b) Kumulative Verteilung der Empfangsleistung

Abbildung 2.10 (a) Querschnitt durch die Verteilung der Empfangsleistung sowie (b) kumulative Verteilung der Empfangsleitung für die Entfernungen $d \in \{40\,m; 50\,m; 60\,m; 70\,m; 80\,m\}$

2.5.3.2 Log-Normal Shadowing

Für das Log-Normal Shadowing Modell nach Gleichung 2.13 ergibt sich durch die kumulative Dichte der Log-Normalverteilung folgende Wahrscheinlichkeit dafür, dass die Empfangsleistung P_{rx}^{LNS} den minimalen Pegel P_{cap} überschreitet:

$$Pr\{P_{cap} < P_{rx}^{LNS}(d); \sigma\} = 1 - F^{LogNormal}(P_{cap}, P_{rx}^{avg}(d), \sigma^2)$$

$$= \tfrac{1}{2} - \tfrac{1}{2}\mathrm{erf}\left(\frac{10\log(P_{cap}) - 10\log(P_{rx}^{avg}(d))}{\sqrt{2}\sigma}\right) \quad (2.42)$$

Abbildung 2.11(a) zeigt die Capture-Wahrscheinlichkeit für das Log-Normal Shadowing Modell ($\sigma \in \{0{,}75; 2{,}0; 5{,}0\}$) bei einem Schwellenwert $P_{cap} = -94\,dBm$. Die mittlere Sendeleistung in Entfernung d folgt dem Free-Space Modell mit $\alpha = 3$ und $P_{tx} = 0\,dBm$.

2.5.3.3 Rayleigh

Nach Gleichung 2.17 folgt die durch das Rayleigh Modell vorhergesagte Leistung der Gamma-Verteilung. Die Wahrscheinlichkeit, dass die Empfangsleistung den vorgegebenen Pegel P_{cap} überschreitet, ist daher durch die kumulative Dichte der Gamma-Verteilung gegeben. Es gilt:

$$Pr\left\{P_{cap} < P_{rx}^{Rayleigh}(d)\right\} = 1 - F^{Gamma}(x, 1, P_{rx}^{avg}(d))$$

$$= 1 - \gamma(1, \tfrac{x}{P_{rx}^{avg}(d)}) \quad (2.43)$$

Abbildung 2.11(b) zeigt die Capture-Wahrscheinlichkeit für das Rayleigh Modell und einen Schwellenwert von $P_{cap} = -94\,dBm$. Die mittlere Sendeleistung in Entfernung d folgt dem Free-Space Modell mit $\alpha = 3$ und $P_{tx} = 0\,dBm$.

2.5.3.4 Rice

Nach Gleichung 2.21 enthält die Empfangsleistung des Rice Modells eine χ^2-verteilte Zufallsvariable. Hier noch einmal zur Erinnerung:

$$P_{rx}^{Rice}(d) = \frac{P_{rx}^{avg}(d)}{2(k'+1)} \cdot Y, \text{ mit } Y \sim \chi^2(2, \sqrt{2k'})$$

So gilt für die Wahrscheinlichkeit, dass die Empfangsleistung den vorgegebenen Schwellenwert P_{cap} überschreitet:

$$
\begin{aligned}
Pr\left\{P_{cap} < P_{rx}^{Rice}(d)\right\} &= F\chi^2\left(x \cdot \frac{2(k'+1)}{P_{rx}^{avg}(d)}, 2, \sqrt{2k'}\right) \\
&= \sum_{j=0}^{\infty} \exp\left(\frac{\sqrt{2k'}}{2}\right) \cdot \frac{\left(\frac{\sqrt{2k'}}{2}\right)^j}{j!} \cdot \frac{\gamma\left(j+1, x \cdot \frac{k'+1}{P_{rx}^{avg}(d)}\right)}{\Gamma(j+1)} \quad (2.44)
\end{aligned}
$$

mit $k' = 10^{k/10}$, der Gamma-Funktion $\Gamma(\cdot)$ und der unvollständigen Gamma-Funktion $\gamma(\cdot)$.

Abbildung 2.11(c) zeigt die Capture-Wahrscheinlichkeit für das Rice Modell mit $k \in \{-10\,dB; 5\,dB; 10\,dB; 15\,dB\}$ und einen Schwellenwert von $P_{cap} = -94\,dBm$. Die mittlere Sendeleistung in Entfernung d folgt dem Free-Space Modell mit $\alpha = 3$ und $P_{tx} = 0\,dBm$.

2.5.3.5 Nakagami-m

Die Leistung des Nakagami-m Modells folgt wie oben gezeigt der Gamma-Verteilung. Die kumulative Dichte der Gamma-Verteilung ist nach Definition durch das Integral über ihre Dichte gegeben und als solche nicht geschlossen elementar darstellbar. Eine nicht-elementare Darstellung gelingt mit Hilfe der Gamma Funktion $\Gamma(\cdot)$ und der unvollständigen Gamma Funktion $\gamma(\cdot)$.

$$
\begin{aligned}
F^{Gamma}(x; \nu, \lambda) &= \int_0^x \frac{u^{\nu-1}}{\lambda^\nu \Gamma(\nu)} \exp\left(-\frac{u}{\lambda}\right) du \\
&= \frac{\gamma(\nu, x/\lambda)}{\Gamma(\nu)} \quad (2.45)
\end{aligned}
$$

Für ganzzahlige ν (bzw. ganzzahlige Nakagami-m Parameter) kann sie durch die kumulative Dichte der Erlang-Verteilung mit den Parametern ν und λ angegeben werden.

$$F^{Erlang}(x; \nu, \lambda) = 1 - \sum_{i=0}^{\nu-1} \frac{(x/\lambda)^i}{i!} \exp\left(-x/\lambda\right) \quad (2.46)$$

Daher kann die Wahrscheinlichkeit, dass die Empfangsleistung den Schwellenwert P_{cap} überschreitet für ganzzahlige m, durch die kumulative Verteilungsfunktion der Erlang-Verteilung berechnet werden.

$$
\begin{aligned}
Pr\{P_{cap} < P_{rx}^{Nakagami}(d); m\} &= 1 - F^{Erlang}(P_{cap}, m, P_{rx}^{avg}(d)/m) \\
&= \sum_{i=0}^{m-1} \frac{1}{i!} \left(\frac{P_{cap}\, m}{P_{rx}^{avg}(d)}\right)^i \exp\left(-\frac{P_{cap}\, m}{P_{rx}^{avg}(d)}\right) \quad (2.47)
\end{aligned}
$$

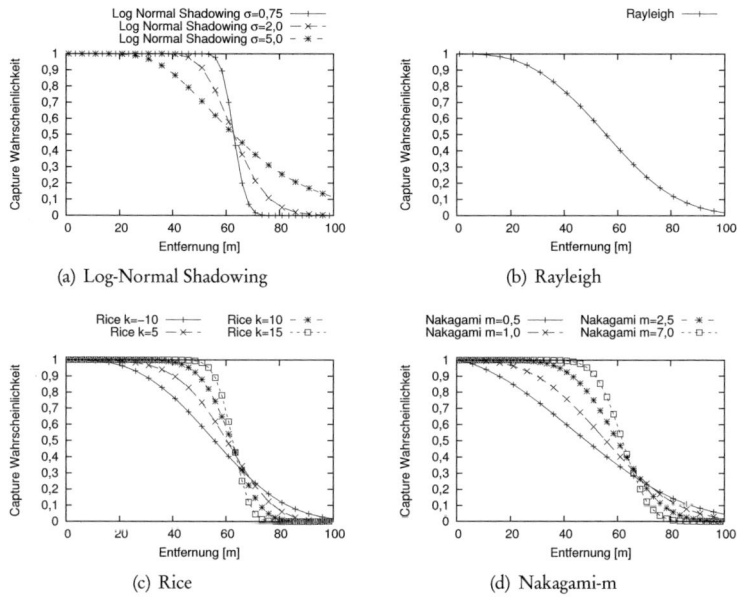

(a) Log-Normal Shadowing

(b) Rayleigh

(c) Rice

(d) Nakagami-m

Abbildung 2.11 Entwicklung der Capture-Wahrscheinlichkeit mit zunehmender Distanz

Für $m \in \mathbb{R}$ muss sie durch die kumulative Dichte der Gamma-Verteilung berechnet werden.

$$
\begin{aligned}
Pr\{P_{cap} < P_{rx}^{Nakagami}(d); m\} &= 1 - F^{Gamma}(P_{cap}, m, P_{rx}^{avg}(d)/m) \\
&= \frac{\gamma(m, xm/P_{rx}^{avg}(d))}{\Gamma(m)}
\end{aligned}
\tag{2.48}
$$

Abbildung 2.11(d) zeigt die Capture-Wahrscheinlichkeit des Nakagami-m Modells für $m \in \{0{,}5; 1{,}0; 2{,}5; 7{,}0\}$ bei einem Schwellenwert $P_{cap} = -94\,dBm$. Die mittlere Leistung $P_{rx}^{avg}(d)$ wurde dabei durch das Free-Space Modell mit $\alpha = 3$ und der maximalen Sendeleistung $P_{tx} = 0\,dBm$ bestimmt. Die Capture-Wahrscheinlichkeit für $m = 1$ entspricht der des Rayleigh Modells. Für größere m-Parameter steigt das größte Gefälle der Kurve und nähert sich mehr und mehr den Vorhersagen des Free-Space Modells an.

2.5.4 Fazit

Die Capture-Wahrscheinlichkeit kann sowohl für deterministische als auch für probabilistische Kanalmodelle analytisch in Abhängigkeit von Sendeleistung und Distanz zwischen Sender und Empfänger modelliert werden. Deterministische Modelle führen zu einem stufenförmigen Verlauf der Capture-Wahrscheinlichkeit. Für jede

Distanz ist ein Capture entweder immer oder nie möglich. Probabilistische Modelle sagen einen kontinuierlichen, graduellen Abfall der Capture-Wahrscheinlichkeit mit zunehmender Distanz zwischen Sender und Empfänger vorher. Der graduelle Abfall der Capture-Wahrscheinlichkeit kommt – wie auch in Kapitel 6 zu sehen sein wird – der Charakteristik realer Netze wesentlich näher.

2.6 Zusammenfassung

Sensor- und Sensor-Aktor-Netze ermöglichen ein breites Feld neuer Anwendungen. Systeme überwachen Phänomene ihrer Umwelt durch Sensorik und sind ggf. durch Aktorik in der Lage mit der Umwelt zu interagieren. Anwendungen erfordern häufig autarke Systeme, welche in großen Stückzahlen günstig und unauffällig räumlich verteilt ausgebracht werden können. Die Systeme zeichnen sich jedoch durch sehr beschränkte Ressourcen aus. Dies bezieht sich insbesondere auf einen beschränkten Energievorrat, geringe Rechenleistung, wenig Speicher, eine geringe Kommunikationsreichweite und eine geringe Datenrate.

In Netzen mit zustandslosen Systemen bietet sich eine rein datenzentrische Adressierung an. Nach Integration von Aktorik sind nicht mehr alle Systeme zustandslos, wodurch die rein datenzentrische Adressierung nicht mehr praktikabel ist. Aktorik erfordert die Möglichkeit zur eindeutigen Adressierung. Je nach Anwendung weisen Sensornetze sehr spezifische Kommunikationsbeziehungen und Kommunikationsmuster auf. Eine Anpassung der Kommunikationsarchitektur an die Bedürfnisse der Anwendung kann daher Ressourcen schonen.

Zur Untersuchung drahtloser Sensor- und Sensor-Aktor-Netze ist Simulation ein wichtiges Werkzeug. Dabei hat die Modellierung des drahtlosen Kanals einen wichtigen Einfluss auf die Realitätsnähe der simulativen Untersuchung. Es wurden unterschiedliche Abstraktionsgrade und Modellierungen vorgestellt und der Empfangsprozess genauer betrachtet. Für relevante Modelle wurde mit der Wahrscheinlichkeit des Paket-Captures eine obere Schranke für die Empfangswahrscheinlichkeit analytisch hergeleitet.

3. Adressierung und Routing in WSANs

Das vorliegende Kapitel klassifiziert Verfahren zur Adressierung in WSANs. Dabei gibt es einen Überblick über den Stand der Forschung, indem ausgewählte Verfahren zur Adressierung, zum Routing sowie zur Vergabe von Adressen vorgestellt werden.

Kommunikation dient dem Austausch von Informationen zwischen zwei oder mehreren Kommunikationspartnern. In dieser Arbeit bezieht sich der Begriff *Kommunikation* immer auf den elektronischen Austausch von Informationen zwischen Maschinen, insbesondere zwischen Sensor-Aktor-Systemen unter Nutzung eines drahtlosen Mediums. Informationen werden immer in Form von einer oder mehreren Dateneinheiten ausgetauscht, welche sequentiell zwischen den Kommunikationspartnern übertragen werden. Um den Austausch der Informationen zielgerichtet gestalten zu können, müssen jeweils ein oder mehrere Kommunikationspartner als Empfänger der Dateneinheiten spezifiziert werden. Ein Empfänger wird *Adressat*, die Spezifikation des Empfängers wird *Adresse* genannt. Eine Adresse ist hier immer eine netzweit gültige Spezifikation eines oder mehrerer Kommunikationspartner. Da die Adresse festlegt, an welche Empfänger eine bestimmte Informationen gerichtet ist und an welche nicht, kommt ihr in der elektronischen Kommunikation eine zentrale Bedeutung zu.

Bevor einzelne Verfahren zur Adressierung und zum Routing vorgestellt werden, werden zunächst vier Formen der Adressierung abgehandelt.

3.1 Formen der Adressierung

Im Folgenden werden vier verbreitete Formen der Adressierung kurz vorgestellt und anschließend klassifiziert. Es werden jeweils die folgenden Aspekte betrachtet:

- Die durch die Adressierung verfolgte *Intention* des Absenders,
- verbreitete *Formen* der jeweiligen Adressen und
- Vorgehensweisen zum *Routing* unter Verwendung der jeweiligen Adressierung.

3.1.1 Systemzentrische Adressierung

Bei Verwendung der systemzentrischen Adressierung werden Systeme anhand von System-Identifikatoren adressiert.

Intention: Bei der systemzentrischen Adressierung gilt das Interesse des Absenders dem adressierten System. Dabei kann es sich sowohl um direktes als auch um indirektes Interesse am adressierten System handeln. Häufig handelt es sich bei systemzentrischer Adressierung um indirektes Interesse an einem System, da beispielsweise davon ausgegangen wird, dass auf dem System bestimmte Informationen oder eine bestimmte Funktionalität verfügbar sind. Das eigentliche Interesse gilt hier der Information bzw. der Funktionalität; das Adressierte System ist nur mittelbar durch seine Rolle, die gesuchte Information bzw. Funktionalität zu beherbergen, von Interesse. Bei dem Interesse kann es sich aber auch um direktes Interesse an einem bestimmten System handeln. Dies ist beispielsweise zur Übertragung eines Softwareupdates und zur Fehlersuche der Fall, oder wenn aus vorangehender Kommunikation ein, mit dem System geteilter, gemeinsamer Kontext besteht.

Form: Bei der systemzentrischen Adressierung bezeichnet eine Adresse die Netz-Schnittstelle eines oder mehrerer Systeme. Da jedes der Systeme im WSAN üblicherweise über genau eine drahtlose Netz-Schnittstelle an das WSAN angebunden ist (vgl. [27, 29, 30, 88, 99]), kann aus Sicht des WSANs die Adresse der Schnittstelle mit der Adresse des Systems gleichgesetzt werden. Eine gängige Form der Adressierung ist die Nutzung von *System-Identifikatoren*, also Nummern aus einem beschränkten Zahlenraum, welche dem System bzw. dessen Netz-Schnittstelle zugeordnet sind.

Routing: Zur Umsetzung der systemzentrischen Adressierung werden unterschiedliche Routing-Algorithmen vorgeschlagen. Ein Routing-Algorithmus bildet einen System-Identifikator auf einen Pfad zum jeweiligen System ab. Dies geschieht häufig in Form eines verteilten Algorithmus, in dem jedes System den jeweils nächsten Nachbarn auf dem Pfad zum adressierten Kommunikationspartner kennt. Hierbei kommt es je nach verwendetem Algorithmus zu Unterschieden in der Berechnung und Bewertung der Pfade (kürzeste vs. stabilste vs. günstigste Pfade), zu Unterschieden in der Verfügbarkeit der Pfadinformationen (proaktiv vs. reaktiv) sowie zu Unterschieden in der Zuständigkeit und Fähigkeit zur Weiterleitung (alle Adressen in jedem System auflösbar vs. Delegation von Adressbereichen[75]). In WSANs sind auch sehr spezialisierte Vorgehensweisen anzutreffen, welche dedizierte Zustellung von Dateneinheiten nur für wenige, ausgewählte Systeme (beispielsweise einer zentralen Senke) erlauben und damit sehr spezielle Annahmen über die Kommunikationsbeziehungen der Anwendung treffen.

3.1.2 Lokationsbasierte Adressierung

Bei Verwendung lokationsbasierter Adressierung werden Systeme anhand ihrer Lokation identifiziert. Die Lokation des Systems ist als dessen Adresse anzusehen.

Intention: Eine lokationsbasierten Adressierung ist dann sinnvoll, wenn die Intention des Absenders in der Lokation des jeweiligen Kommunikationspartners begründet liegt. Dies kann beispielsweise der Fall sein, weil der Inhalt der Kommunikation ebenfalls ortsbezogen ist, d. h. die gewünschten Informationen oder Funktionalität an den Ort des Kommunikationspartners geknüpft sind. Ein Anwendungsbeispiel könnte die Anfrage während einer Autofahrt sein, ob sich der Verkehr hinter der nächsten Kurve zu einem Stau verlangsamt hat. Solche Informationen sind am besten direkt am Ort des Geschehens, also im Beispiel „hinter der nächsten Kurve", in Erfahrung zu bringen. Die Intention des Initiators der Kommunikation ist hier, Informationen über einen entfernten Ort zu erlangen.

Form: Zur Darstellung der Lokation dienen üblicherweise Koordinaten, welche entweder globale Gültigkeit haben oder in ihrer Bedeutung auf die Repräsentation der relativen Lage der Systeme des WSANs zueinander beschränkt sind. Die Lokation kann durch logische Koordinaten, wie beispielsweise die Kombination aus Gebäudenummer, Stockwerk und Zimmernummer, repräsentiert sein oder sie kann durch geographische Koordinaten in beispielsweise einem euklidischen Koordinatensystem dargestellt sein.

Als Adresse kommt einerseits die im jeweiligen Koordinatensystem gültige Beschreibung eines Punktes in Frage. Dieser definiert beispielsweise die exakte Position eines Systems. Andererseits kann auch die Adressierung von Bereichen des Koordinatensystems, also im zweidimensionalen Raum die Adressierung einer Region, sinnvoll sein. Diese ist beispielsweise zur Spezifikation des Interesses an einem ausgedehnten Ort anwendbar. Im obigen Beispiel ist damit die abstrakte Definition des Ortes „hinter der nächsten Kurve" in einen Polygonzug konkretisierbar, welcher den Ort des Interesses exakt beschreibt.

Routing: Zum lokationsbasierten Routing sind „gierige" (engl.: greedy) Ansätze anzutreffen. Derartige Ansätze versuchen, ausgehend von der aktuellen Position dem zu erreichenden Ziel auf direktem Weg möglichst nahe zu kommen. In jedem Weiterleitungsschritt werden dazu die bekannten Nachbarn in ihrer Eignung bewertet, die zu transportierende Dateneinheit dem Ziel näher zu bringen. Dabei spielt die Vorgehensweise zur Bewertung der Nachbarn eine entscheidende Rolle. Diese kann beispielsweise die Distanz der Nachbarn zum Ziel, deren Winkel relativ zur Richtung in der das Ziel liegt oder auch die Qualität des Kommunikationskanals in die Bewertung mit einbeziehen.

Ein weiteres Unterscheidungsmerkmal geographischer Routing-Algorithmen ist die Strategie im Umgang mit Sackgassen, bzw. Hindernissen, welche einen geradelinigen Transport der Dateneinheit in Richtung Ziel verhindern. Verbreitet ist hier die Strategie des Face-Routings [60, 66], welches eine Dateneinheit ggf. um Hindernisse herum, bzw. aus Sackgassen heraus leitet.

3.1.3 Datenzentrische Adressierung

Bei Verwendung datenzentrischer Adressierung werden nicht Systeme, sondern direkt die zu übertragenden Daten adressiert.

Intention: Datenzentrische Adressierung ist häufig in Sensornetzen anzutreffen. Das Interesse besteht hier unmittelbar an den adressierten Daten bzw. an der durch die Daten transportierten Informationen. In Abgrenzung zur systemzentrischen Adressierung besteht das Interesse insbesondere nicht an den Systemen, welche als jeweilige Datenquelle fungieren. Ein Anwendungsbeispiel könnte das Interesse an Temperatur-Messwerten sein. Unter der Annahme, dass mehrere Temperatur-Sensoren in vergleichbarer Umgebung zur Verfügung stehen, ist hier weniger relevant, welches konkrete System den Messwert liefert, als vielmehr die Tatsache, dass es sich um Messwerte der Temperatur und nicht um Messwerte eines anderen Phänomens, wie beispielsweise der Helligkeit, handelt. In diesem Sinne steht bei der datenzentrischen Adressierung die Befriedigung des jeweiligen Daten-Interesses im Vordergrund.

Form: In einer möglichen Form der datenzentrischen Adressierung enthält jede Dateneinheit neben den eigentlichen Nutzdaten auch sog. Metadaten, welche die Art der enthaltenen Nutzdaten beschreiben. Eine gängige Form hierfür ist die Darstellung von Nutz- und Metadaten in Form von Mengen, bestehend aus Schlüssel-Wert-Paaren [1]. Der Schlüssel beschreibt jeweils die Art der Daten, während der Wert-Teil des Paars die eigentlichen Nutzdaten trägt. Dabei können außerdem auch weitere Informationen wie beispielsweise der Ort oder die Zeit der Messung in separaten Schlüssel-Wert-Paaren in derselben Dateneinheit gegeben sein. Beispielsweise könnte ein Temperatur-Messwert, welcher zum Zeitpunkt $t = 1479\,s$ (relativ zu einem bekannten Referenzzeitpunkt) aufgenommen wurde, in der Form {type=temperature, value=23,2, unit=°C, time=1479} übertragen werden.

Das Äquivalent einer Adresse in datenzentrischen Netzen ist die Formulierung des Daten-Interesses. Dieses muss passend zur jeweiligen Darstellung des Daten-Angebots, also beispielsweise passend zu den beschriebenen Schlüssel-Wert-Paaren, formuliert sein. Interesse an Temperatur-Messwerten in Grad Celsius könnte beispielsweise in der Form {type=temperature, unit=°C} formuliert sein.

Routing: Zur Zustellung der Daten in datenzentrisch adressierten Netzen ist der Abgleich zwischen Daten-Interesse und Daten-Angebot notwendig. Dieser kann beim Daten-Interessenten, bei der Daten-Quelle oder an einer anderen Stelle im WSAN durchgeführt werden. Als Paradigma zur Umsetzung datenzentrischer Kommunikation haben sich sog. Publish-Subscribe-Systeme etabliert. Daten-Quellen publizieren die mit Metadaten versehenen Nutzdaten. Ein Daten-Interessent registriert sich durch die Formulierung seines Daten-Interesses. Eine spezielle (möglicherweise verteilte) Komponente des Publish-Subscribe-Systems, der Broker, ist für den Abgleich des Daten-Interesses mit dem Angebot und für die Vermittlung der Daten zuständig.

3.1.4 Adressierung von Funktionalität

Bei dieser Adressierung wird Funktionalität an Stelle von Systemen oder Daten adressiert. Diese kann beispielsweise in Form eines angebotenen Dienstes vorliegen.

Intention: Bei der Adressierung von Funktionalität steht die Delegation von Aufgaben sowie die Inanspruchnahme von Funktionalität im Vordergrund. Beispielsweise könnte in dem eingangs vorgestellten Szenario „Autonomes Gewächshaus" die Regelung der Temperatur im Gewächshaus an ein System delegiert werden, welches eine entsprechende Funktionalität anbietet.

Form: Die Adressen müssen geeignet sein, die gewünschte Funktionalität, sowie ggf. notwendige Nebenbedingungen, eindeutig zu spezifizieren. Zur Spezifikation der Funktionalität kann beispielsweise der Name der Funktionalität als Bezeichner dienen. Ebenso sind hierarchische Strukturen denkbar, welche in der Lage sind, eine Spezialisierung bzw. Verfeinerung von Funktionalität zum Ausdruck zu bringen [70].

Routing: Zur Umsetzung der Adressierung von Funktionalität müssen die zur Adressierung verwendeten Bezeichner der Funktionalität auf einen Pfad abgebildet werden. Dies kann beispielsweise durch ein Verzeichnis geschehen, welches die Bezeichner der Funktionalität auf systemzentrische Adressen der Systeme abbildet, welche die entsprechende Funktionalität anbieten [44]. Die eigentliche Inanspruchnahme der Funktionalität kann daraufhin entsprechend der systemzentrischen Adressierung vorgenommen werden.

3.1.5 Bewertung und Klassifikation

Die vorgestellten Formen der Adressierung stellen jeweils unterschiedliche Aspekte in den Vordergrund. Die zur Kommunikation gewählte Form der Adressierung sollte jeweils die Intention des Absenders bzw. die Bedürfnisse der jeweiligen Anwendung reflektieren. Je nach den vorherrschenden Anforderungen der Anwendung existieren unterschiedliche Formen der Adressierung. Diese in geeigneter Weise zu unterstützen, ist Aufgabe der verwendeten Kommunikationsarchitektur.

Bei der systemzentrischen Adressierung steht das Interesse an bestimmten Systemen im Vordergrund, bei der lokationsbasierten stehen typischerweise Informationen über einen bestimmten Ort im Vordergrund. Die datenzentrische Adressierung zeichnet sich dadurch aus, dass das Interesse weniger an der Identität des Kommunikationspartners, als vielmehr an den kommunizierten Informationen besteht. Bei der Adressierung von Funktionalität, steht häufig die Delegation einer Aufgabe bzw. die Inanspruchnahme einer Funktionalität im Vordergrund.

Systemzentrische und lokationsbasierte Adressierung beziehen sich in der Adressierung beide auf Eigenschaften des Kommunikationspartners. Bei datenzentrischer Adressierung und Adressierung von Funktionalität bezieht sich die Adressierung direkt auf den Inhalt der Kommunikation.

Zu jeder Form der Adressierung existieren spezialisierte Formen des Routings, welche z. T. nur in Kombination mit der entsprechenden Form der Adressierung sinnvoll eingesetzt werden können. Adressierung und Routing sind unter Umständen sehr eng miteinander verknüpft und aufeinander abgestimmt.

An dieser Stelle sei angemerkt, dass die genannten Formen der Adressierung – in gewissem Umfang – auch kombinierbar sind und aufeinander abgebildet werden können. D. h. in einem primär systemzentrisch adressierten Netz kann beispielsweise auch Funktionalität adressiert werden, wenn eine entsprechende Abbildung von der gewünschten Funktionalität auf die entsprechenden System-Identifikatoren gegeben ist. Die Adressierung von Funktionalität ist in diesem Fall eine weitere, sekundäre Art der Adressierung, welche zunächst auf die primäre Adressierung – hier die systemzentrische – abgebildet werden muss. Diese Abbildung kann beispielsweise durch ein zentrales oder verteiltes Verzeichnis realisiert und durch ein entsprechendes Middleware System gegenüber der Anwendung verborgen werden. Der Fokus dieser Arbeit liegt auf der Umsetzung der Adressierung von Funktionalität als primäre Form der Adressierung im WSAN. Eine Abbildung der Kommunikationsformen soll aus Gründen der Effizienz vermieden werden.

3.2 Adressierung von Systemen

Im folgenden Abschnitt werden Verfahren zur Adressierung mittels System-Identifikatoren vorgestellt. Bei den Verfahren handelt es sich um Verfahren zur Vergabe von Adressen in WSANs sowie um spezielle Ansätze zum Routing. Dabei wird insbesondere auf typische Annahmen bezüglich der Kommunikationsbeziehungen innerhalb des WSANs eingegangen.

In existierenden Netzen ist die Adressierung basierend auf System-Identifikatoren die verbreitetste Form. Für den Bereich der Fest- und Ad-Hoc-Netze existiert ein breites Spektrum an Verfahren zur Vergabe von System-Identifikatoren (vgl. [120]) und zum Routing (vgl. [49, 76, 92]) auf diesen. Da diese Verfahren für Fest- und Ad-Hoc-Netze entwickelt wurden, liegen ihnen in Bezug auf das Vorhandensein von Ressourcen oder die Verfügbarkeit von z. T. zentraler Infrastruktur ungeeignete Randbedingungen zugrunde. Derartige Verfahren sind daher in WSANs nur bedingt anwendbar. Im Folgenden wird nur auf Verfahren eingegangen, welche speziell für den Einsatz in WSANs oder Sensornetzen entwickelt wurden. Diese umfassen:

- Ein Verfahren zur Zuweisung temporärer System-Identifikatoren.

- Ein Verfahren zur Vermeidung der Übertragung global eindeutiger Identifikatoren in Datenströmen bei ansonsten systemzentrischer Adressierung.

- Das gradientenbasierte Routing, ein in WSANs verbreitetes Verfahren zur Weiterleitung von Dateneinheiten an eine zentrale Senke, welches ohne netzweit gültige System-Identifikatoren auskommt.

- Eine Spezialisierung des gradientenbasierten Routings, bei welchem nur die Senke eine Adresse erhält, die Sensor-Systeme hingegen ohne jegliche Adressen auskommen.

Die beiden letztgenannten Verfahren kommen zwar ohne Netzweit eindeutige System-Identifikatoren aus, ihrem Charakter nach handelt es sich aber um systemzentrische Verfahren, welche lediglich die explizite Übertragung der Adressen vermeiden. Statt System-Identifikatoren weisen hier sog. Gradienten den Weg zu ausgewählten Systemen.

Zuweisung temporärer System-Identifikatoren

Chellappa Doss et al. [20, 21] schlagen eine zentralisierte Vergabe netzweit eindeutiger, temporär zugeordneter System-Identifikatoren durch eine zentrale Senke vor. Dabei liegt einerseits die Annahme zugrunde, dass die Systeme nur vorübergehend eine netzweit eindeutige Adresse benötigen, andererseits geht die Annahme ein, dass die zentrale Senke jederzeit erreichbar ist. Auf Anfrage weist die Senke den Systemen temporäre Adressen zu. Wird die Adresse nicht mehr benötigt, gibt das System die Adresse frei.

Die Autoren betrachten das Problem der Zuweisung netzweit eindeutiger System-Identifikatoren für WSANs durch eine zentrale Senke. Das Vorhandensein mehrerer Senken sowie eine mögliche Partitionierung des Netzes werden nicht berücksichtigt. Die Autoren haben damit hauptsächlich den Anwendungsfall im Blick, dass das Sensornetz ausschließlich der Sammlung von Daten dient und daher netzweit eindeutige System-Identifikatoren nur zeitweise benötigt werden. Die Sensor-Systeme sind daher im Regelfall per Broadcast und nur bei Bedarf per Unicast erreichbar. Die Freigabe nicht benötigter Adressen zielt darauf ab, die Größe des benötigten Adressraumes und damit einhergehend den Platzbedarf der Adressen innerhalb der Dateneinheiten zu reduzieren. Dabei gehen die Autoren implizit davon aus, dass stets nur ein geringer Anteil der Systeme einer eindeutigen Adresse bedarf.

Vermeidung globaler Identifikatoren in Datenströmen

Elson und Estrin [35, 36] stellen mit RETRI eine Adressierung von Datenströmen, also der wiederholten Übertragung von Dateneinheiten zwischen einem festen Sender-Empfänger-Paar, in WSANs vor. Der Ansatz hat zum Ziel, den durch eine netzweit eindeutige Adresse verursachten Overhead durch lange Identifikatoren in jeder Dateneinheit bei der Übertragung von Datenströmen zu vermeiden. Dazu werden innerhalb des Datenstroms anstelle von netzweit eindeutigen Adressen temporäre, zufällig gewählte Identifikatoren verwendet. Diese verlieren mit Ende der Übertragung ihre Gültigkeit, sodass für jeden Datenstrom ein neuer Identifikator gewählt wird. Identifikator-Kollisionen werden weder erkannt noch aufgelöst. Laut Aussage der Autoren führen diese zu einer vernachlässigbaren Erhöhung der Wahrscheinlichkeit, dass Dateneinheiten bei Übertragung und Weiterleitung verloren gehen.

Anstatt den Adressraum netzweit eindeutiger Identifikatoren zu verkleinern, schlagen die Autoren vor, die Häufigkeit ihrer Übertragung zu reduzieren. Diese Vorgehensweise ist nur zur wiederholten Übertragung von Dateneinheiten zwischen einem festen Paar von Systemen anwendbar. Zur Identifikation des Kommunikationspartners bei der Initiierung des Datenstroms sowie für die einmalige Übertragung von Dateneinheiten werden weiterhin netzweit eindeutige System-Identifikatoren benötigt. Es wird davon ausgegangen, dass alle Systeme im Netz bereits über netzweit eindeutige Identifikatoren verfügen. Die Eindeutigkeit der Adressierung wird jedoch temporär zugunsten eines reduzierten Overheads bei der Übertragung aufgegeben. Die möglichen Kommunikationsbeziehungen werden durch das Verfahren nicht beschränkt.

Gradientenbasiertes Routing

Beim gradientenbasierten Routing werden alle Dateneinheiten entlang eines gemeinsamen Gradienten zu einem ausgewählten Adressaten weitergeleitet. Als Gradient wird die verteilte, in jedem System des WSANs vorhandene Information bezeichnet, welche den jeweils nächsten Hop in Richtung des Adressaten angibt. Der Gradient kann aufgrund unterschiedlicher Metriken etabliert werden. Dafür kommen beispielsweise die Anzahl Hops, die erwartete Zahl an Übertragungen oder die physikalische Distanz zum Adressaten in Frage. Für jeden möglichen Adressaten muss jeweils ein separater Gradient im gesamten Netz existieren. Durch die Wahl des Gradienten, welchem die Dateneinheit folgen soll, wird implizit der Adressat spezifiziert. Häufig ist exakt ein System oder eine sehr kleine Anzahl ausgewählter Systeme als Adressat vorgesehen.

Das gradientenbasierte Routing kommt ohne netzweit gültige System-Identifikatoren aus. Stattdessen werden ausgewählte Systeme anhand des zu diesen führenden Gradienten identifiziert und damit implizit auch adressiert. Im Allgemeinen werden zur Unterscheidung benachbarter Systeme zumindest lokal eindeutige System-Identifikatoren (z. B. MAC-Adressen) vorausgesetzt. Beispiele für gradientenbasiertes Routing sind SGF [50] (Metrik: erwarteter Energieverbrauch) und Directed Diffusion [55] (Metrik: Anzahl Hops).

Gradientenbasiertes Routing erlaubt nur sehr eingeschränkte Kommunikationsbeziehungen innerhalb des WSANs. Die Sensor-Systeme sind nicht individuell per Unicast oder Multicast, sondern nur gemeinsam per Broadcast adressierbar. Gezielt können Dateneinheiten ausschließlich an die Senken adressiert und zugestellt werden. Pro Gradient ist der Datentransport auf genau einen Adressaten beschränkt. Jeder weitere Adressat benötigt die Installation eines eigenen Gradienten. Das Verfahren ist darauf ausgelegt und gut geeignet, um viele Dateneinheiten zum selben Adressaten zu transportieren. Je mehr unterschiedliche potentielle Adressaten im WSAN existieren, desto größer wird der initiale Aufwand zum Etablieren der Gradienten. Ebenfalls wächst der auf jedem System notwendige Speicher mit der Zahl benötigter Gradienten.

Routing ohne System-Identifikatoren

Obwohl es zum Einsatz des gradientenbasierten Routings nicht zwingend notwendig ist, gehen die meisten Verfahren von lokal eindeutigen System-Identifikatoren zur Unterscheidung benachbarter Systeme aus. Chen et al. [22] stellen mit ADF eine Variante des gradientenbasierten Routings in drahtlosen Sensornetzen vor, welche ohne lokal eindeutige System-Identifikatoren auskommt. Das Netz besteht aus einer großen Menge von Sensor-Systemen und wenigen Daten-Senken. Sämtliche Kommunikation der Sensor-Systeme ist an eine der Senken gerichtet. Die Senken sind die einzigen Systeme, welche durch Adressen unterscheidbar sind. Die Sensor-Systeme verfügen über keine Adressen. Stattdessen ist jedem Sensor-System die eigene Distanz zu jeder der Senken bekannt. Dateneinheiten werden zwischen benachbarten Systemen als 1-Hop Broadcast übertragen. Sie werden jeweils am wahrscheinlichsten von dem Empfänger weitergeleitet, welcher die geringste Distanz zur Senke hat. Dazu verwenden die Autoren einen angepassten RTS/CTS-Mechanismus, welcher sowohl Medienzugriff regelt als auch die probabilistische, verteilte Weiterleitungsentscheidung ermöglicht. Der angepasste RTS/CTS-Mechanismus kommt ebenfalls ohne Adressen aus.

ADF kommt zwar ohne Adressen der Sensor-Systeme aus, jedoch zu dem Preis sehr eingeschränkter Flexibilität bezüglich der Kommunikationsbeziehungen. Dateneinheiten sind nur an Senken zielgerichtet übertragbar. Die Sensor-Systeme sind nur per Broadcast erreichbar. Weiter benötigt ADF ein speziell angepasstes Protokoll zum Medienzugriff und zur 1-Hop-Übertragung, um auch auf lokal eindeutige Identifikatoren verzichten zu können. Der Transport von Dateneinheiten ist nur von Sensor-Systemen zu den Senken möglich. Für jede Senke, zu welcher der Datentransport möglich sein soll, muss mit der Distanz jeweils eine spezielle Information auf allen weiterleitenden Sensor-Systemen verfügbar sein. Die Integration von Aktorik in das Sensornetz wird von den Autoren nicht betrachtet. Aufgrund der eingeschränkten Flexibilität ist zu erwarten, dass die Integration von Aktorik nur beschränkt möglich ist und ebenfalls die Skalierbarkeit des Ansatzes für große Netze beschränkt ist.

Fazit

Die dynamische Vergabe garantiert netzweit eindeutiger System-Identifikatoren ist aufwendig. Chellappa Doss et al. [21] greifen dabei auf die Senke als zentrale Instanz zurück, welche für die Vergabe eindeutiger Adressen zuständig ist. In vielen Arbeiten wird daher davon ausgegangen, dass es in WSANs nicht immer notwendig ist, alle Systeme eindeutig identifizieren zu können. Verbreitete Annahmen sind beispielsweise, dass Unterscheidbarkeit einzelner Systeme bei Bedarf bzw. probabilistische Unterscheidbarkeit der Systeme in WSANs ausreichend sind.

Bei Verfahren, welche auf der Adressierung von System-Identifikatoren beruhen, ist die einschränkende Annahme verbreitet, sämtliche Kommunikation fände zwischen einer zentralen Senke und den Systemen des Sensornetzes statt, d. h. eine Dateneinheit stammt entweder von der Senke oder sie ist an diese adressiert. Diese Sicht bezieht sich auf rein Daten sammelnde Sensornetze. Obwohl die Adressierung von Aktorik in keinem der Verfahren explizit thematisiert wurde, wäre sie durch die Verfahren denkbar, welche zumindest temporär eine eindeutige Adressierung beliebiger Systeme erlauben. Diese sind [21, 36].

Die Adressierung von Funktionalität ist mit den vorgestellten Ansätzen nicht direkt möglich. Dazu wäre eine explizite Abbildung der Funktionalität auf System-Identifikatoren notwendig, welche den Kommunikationsaufwand und den Ressourcenbedarf jeder Übertragung vergrößert.

3.3 Adressierung von Lokation

Im Folgenden werden lokationsbasierte Verfahren zur Adressierung sowie zum Routing vorgestellt. Dabei handelt es sich um:

- ein Autokonfigurationsschema zur geographischen Adressierung (ACSA) sowie
- ein Verfahren zum geographischen Face-Routing.

Geographische Clusterbildung zur Adressvergabe

Du et al. [33] stellen mit ACSA ein Autokonfigurationsschema zur geographischen Adressierung in einem zweistufigen hierarchischen Netz vor. Das Netz ist strukturiert in Datensenken, Cluster-Heads und Sensorknoten. Die Adresse wird geographischen Regionen (genannt „Sensing Units") anstatt individuellen Systemen zugeordnet. Dabei gehen die Autoren von der Annahme aus, dass Systeme innerhalb einer Sensing Unit nicht unterschieden werden müssen. Die Senke weist den Cluster-Heads die Zuständigkeit für geographische Regionen zu. Jeder Cluster-Head unterteilt seine Region wiederum in Sensing Units. Den Sensing Units sind nur lokal eindeutige Identifikatoren zugeordnet, sodass erst die Kombination aus lokalem Identifikator der Sensing Unit und Identifikator des Cluster Heads die jeweilige Sensing Unit innerhalb des Netzes eindeutig identifiziert.

Die Autoren legen ihrer Arbeit die Annahme zugrunde, dass Anfragen immer von einer zentralen Daten-Senke stammen bzw. Ereignisse und Messdaten an diese gerichtet sind. Dabei verzichten sie auf individuelle System-Idenifikatoren, wodurch Systeme innerhalb einer Sensing Unit nicht unterscheidbar sind. Ein Unicast an ausgewählte Sensor-Systeme ist daher nicht möglich. Die Sensor-Systeme einer Sensing Unit lassen sich daher nur gemeinsam adressieren. Die Verarbeitung der Messdaten innerhalb des WSANs sowie die selektive Adressierung von Aktorik werden nicht betrachtet.

Geographisches Face-Routing

Ein typischer Vertreter des geographischen Face-Routings ist das „Greedy Perimeter Stateless Routing" (GPSR) [60]. Darin werden Dateneinheiten lokationsbasiert zu einer definierten Lokation, dem Ziel, transportiert. Das Verfahren zielt darauf ab, die Distanz der Dateneinheit zum Ziel mit jedem Weiterleitungsschritt zu verkürzen. Dazu wird die Distanz aller bekannten Nachbarn zum Ziel ausgewertet und derjenige Nachbar zur Weiterleitung ausgewählt, welcher die geringste Distanz zum Ziel aufweist. Dieser Modus der Weiterleitung wird „Greedy-Modus" genannt, da der Nachbar zur Weiterleitung gierig (engl.: greedy) ausgewählt wird. Ist keines der benachbarten Systeme dem Ziel näher als das aktuelle System, kann die Weiterleitung nicht mehr entsprechend dem Greedy-Modus vorgenommen werden. Diese Situation kann beispielsweise auftreten, wenn sich zwischen dem aktuellen System und dem Ziel ein Hindernis befindet und die Systeme des Netzes daher ungleichmäßig verteilt sind. Falls die Weiterleitung im Greedy-Modus nicht möglich ist, wechselt der Algorithmus in den sog. Perimeter-Modus. Darin wird das Hindernis – im Idealfall entlang dessen Randes – in einem Bogen umlaufen. Sobald die Dateneinheit dem Ziel mindestens so nahe ist, wie sie bei Eintritt in den Perimeter-Modus war, setzt GPSR die Weiterleitung der Dateneinheit im Greedy-Modus fort.

GPSR ermöglicht den Transport von Dateneinheiten zu einer spezifizierbaren Lokation innerhalb des Netzes. Zur rein lokationsbasierten Adressierung ist stets die Kenntnis der exakten Position des Kommunikationspartners notwendig. Solange die Systeme nicht mobil sind, bleibt ihre Lokation als Adresse unverändert und kann daher ähnlich einem System-Identifikator verwendet werden.

3.4 Adressierung von Daten

Nachfolgend wird zunächst eine allgemeine Abstraktion zur datenzentrischen Kommunikation vorgestellt. Daran anschließend werden drei verbreitete Formen zur Spezifikation datenzentrischer Adressen erläutert. Abschließend werden Publish/Subscribe-basierte Realisierungen zur datenzentrischen Kommunikation in WSANs vorgestellt.

3.4.1 Abstraktion der datenzentrischen Adressierung

Carzaniga und Wolf [18] stellen eine Abstraktion der datenzentrischen Kommunikation auf der Grundlage eines generischen Modells anhand von Dateneinheiten und Prädikaten vor. Systeme senden und empfangen Dateneinheiten. Sie kündigen ihr Interesse an Dateneinheiten mittels R-Prädikaten (receive-predicate) an. Ein solches R-Prädikat ist wahr für alle Dateneinheiten, die das System empfangen möchte. Routing und Weiterleitung werden basierend auf einer Routing-Tabelle definiert, welche eine Abbildung von Nachbarn (bzw. deren Netz-Schnittstellen) und den zugehörigen Interessen in Form von R-Prädikaten darstellt. Zur Weiterleitung einer Dateneinheit werden alle Nachbarn aus der Routing-Tabelle gesucht, welche durch ihre R-Prädikate Interesse an der Dateneinheit geäußert haben. Zur Pflege der Routing-Tabelle tauschen die Systeme R-Prädikate sowie ggf. andere Routing-Informationen mit ihren Nachbarn aus. Analog zur Idee Netze in hierarchische Subnetze zu gliedern, definieren die Autoren eine Subnetz-Struktur basierend auf den R-Prädikaten. In hierarchischen Netzen ist eine Subnetz-Adresse eine Adresse, welche eine echte Teilmenge der ursprünglichen Adresse adressiert. Analog dazu ist eine datenzentrische Subnetz-Adresse ein Prädikat, welches für eine echte Untermenge von Dateneinheiten wahr wird.

3.4.2 Adressen zur datenzentrischen Adressierung

Adjie Winoto et al. [1] stellen mit dem „Intentional Naming System" (INS) ein frühes System zur datenzentrischen Adressierung vor, welches eigentlich für systemzentrisch adressierte Netze konzipiert ist. Dennoch kann das vorgeschlagene Schema zur datenzentrischen Adressierung auf WSANs übernommen werden. Das System basiert auf einem Overlay, welches wahlweise die Abbildung datenzentrischer Anfragen auf systemzentrische Adressen (Early Binding) oder die Zustellung datenzentrisch adressierter Dateneinheiten an die Systeme übernimmt (Late Binding). Im ersten Fall liefert das INS auf eine Anfrage eine Menge von System-Identifikatoren zurück. Durch den zweiten Fall werden insbesondere Anycast und Multicast ermöglicht, welche direkt vom INS System ausgeführt werden. Die datenzentrischen Adressen sind als rekursive Menge von Schlüssel-Wert-Paaren realisiert. D. h. sie sind als Mengen realisiert, welche als Elemente sowohl Schlüssel-Wert-Paare als auch ebensolche Mengen enthalten können. Die datenzentrische Adresse [(Dienst, Kamera), [(Datentyp, Bild), (Format, JPEG)], (Auflösung, 640x480)] könnte beispielsweise eine Kamera adressieren, welche Bilder im JPEG-Format mit der Auflösung 640x480 Pixel anbietet. Die Menge der möglichen Schlüssel sowie die zugelassenen Werte sind nicht festgelegt. Deren Spezifikation ist der jeweiligen Anwendung überlassen.

Während INS [1] ein System zur Auflösung datenzentrischer Anfragen in System-Identifikatoren ist, stellen Heidemann et al. [46] einen Ansatz zur direkten datenzentrischen Kommunikation, also ohne die Notwendigkeit netzweit eindeutiger Adressen, vor. Zur Spezifikation der adressierten Daten schlagen die Autoren Mengen von Tupeln der Form „(Schlüssel; Operator; Wert)" vor. Im Unterschied zur Adress-Definition aus INS sind die Mengen nicht rekursiv, d. h. sie enthalten nur Tupel und keine weiteren Mengen als Elemente. Weiter wurden die Schlüssel-Wert-Paare durch einen binären Vergleichsoperator, z. B. „gleich", „ungleich", „größer als", „kleiner als", etc. erweitert. Damit können die Werte der datenzentrischen Anfrage und der dazu passenden Dateneinheit zueinander in Relation gesetzt werden. Beispielsweise wird eine Anfrage, welche das Tupel (Genauigkeit; größer als; 0,5) enthält, von den Datensätzen mit dem Tupel (Genauigkeit; gleich; 0,7) erfüllt und können durch diese beantwortet werden. Das Tupel (Genauigkeit; kleiner; 0,7) würde nicht das durch die Anfrage geäußerte Interesse erfüllen. Zur Unterstützung von „In Network Processing" führen die Autoren Filter ein, welche Dateneinheiten verwerfen oder deren Inhalt verändern können. Beispielsweise kann ein Filter die Häufigkeit der Übertragung neuer Messdaten anpassen. Liegt für eine Anfrage jede Sekunde ein Messwert vor, die in der Anfrage geforderte Datenrate beträgt aber nur einen Messwert in 10 Sekunden, so verwirft der Filter alle nicht angeforderten Messdaten. Eine weitere Anwendungsmöglichkeit von Filtern ist beispielsweise das Zählen von Ereignissen. Zur Übertragung der Dateneinheiten verwenden die Autoren Directed Diffusion [54, 55], welches in Abschnitt 3.4.3 gesondert vorgestellt wird.

Um Abwägungen zwischen dem Energieverbrauch einer Anfrage und deren geforderter Genauigkeit formulieren zu können, schlagen Handziski et al. [43] eine Verfeinerung der datenzentrischen Adressierung durch einen zusätzlichen Parameter zur Spezifikation der geforderten Genauigkeit vor. Die resultierenden Tupel zur Adressierung haben die Form „(Schlüssel; Wert; Operator; Genauigkeit)". Eine Reduktion der Genauigkeit zugunsten des Energieverbrauchs kann beispielsweise durch eine Reduktion der passenden Ereignisse realisiert werden. Das Tupel (Temperatur, 25, größer, 50%) drückt dann das Interesse an der Hälfte aller Temperatur-Ereignisse aus, deren Wert größer als 25° C ist.

Die Adressierung anhand von Schlüssel-Wert-Paaren sowie ihren Verfeinerungen ist ein sehr universelles Konzept. Ihre Ausdrucksmächtigkeit bringt jedoch den Nachteil einer aufwendigen Verarbeitung mit sich. Jedes weiterleitende System muss schlimmstenfalls den gesamten Inhalt jeder Dateneinheit analysieren, um zum enthaltenen Datenangebot die zugehörigen lokal bekannten Interessen zu finden. Weiter merken die Autoren in [70] an, dass die Komplexität und der Overhead zur Speicherung anwendungsspezifischer Attribute direkt in den Weiterleitungstabellen der WSAN-Systeme das potentielle Einsatzgebiet der Verfahren beschränkt.

Nutzdaten und deren Beschreibung anhand von Metadaten gehen bei den vorgestellten Verfahren zur datenzentrischen Adressierung ineinander über. Demzufolge obliegt beispielsweise die Sicherstellung der Unterscheidbarkeit von Messwerten und Steuerkommandos den Entwicklern des WSANs. Hier ist fraglich, ob eine eindeutige Interpretation von Interesse und Angebot dauerhaft und zuverlässig gewährleistet werden kann. Als Beispiel sei ein Sensornetz zur Überwachung von Temperatur-Daten gegeben. Ein Temperatur-Sensor liefert Daten der Form (Phäno-men=Temperatur, Wert=25), das zugehörige Interesse einer Temperatur-Anzeige könnte die Form (Phänomen=Temperatur) haben. Bei nachträglicher Erweiterung des Netzes durch eine Heizung als Aktor hätte dieses System Interesse an Steuer-daten der Form (Phänomen=Temperatur, Typ= Aktor). Dadurch wird die Inter-essensspezifikation der Temperatur-Anzeige ungültig, welche auch Steuerdaten der Heizung (Phänomen=Temperatur, Wert=20, Typ=Aktor) erhalten würde, da die-se durch ihr anfänglich geäußertes Interesse mit abgedeckt werden. Die nachträgli-che Erweiterung des WSANs kann also die Wohldefiniertheit bereits geäußerter In-teressen und publizierter Daten beeinträchtigen. Dies schränkt die Flexibilität und Erweiterbarkeit des Ansatzes in großen Netzen ein.

3.4.3 Verfahren zur datenzentrischen Adressierung

Nach Jallad und Vladimirova [56] sind Publish/Subscribe Ansätze aufgrund ihrer Einfachheit die verbreitetsten Ansätze zur datenzentrischen Kommunikation. Da-her werden im Folgenden zwei auf dem Publish/Subscribe-Prinzip basierende An-sätze zur datenzentrischen Kommunikation in WSANs erörtert. Während das erste Verfahren auf den in Abschnitt 3.4.2 vorgestellten Ansätzen zur Formulierung da-tenzentrischer Adressen beruht, werden beim zweiten Ansatz keine Angaben über die zugrunde gelegte Form der Adressen gemacht.

Directed Diffusion

Intanagonwiwat et al. [54, 55] stellen mit Directed Diffusion einen Publish/Sub-scribe-basierten Ansatz zur datenzentrischen Kommunikation in WSANs vor. Sy-steme teilen ihr Daten-Interesse durch eine Menge von Schlüssel-Wert-Paaren mit. In der einfachsten Form wird das Interesse in das WSAN geflutet. Jedes weiterleitende System speichert für das bearbeitete Interesse die Richtung, aus der dieses Interesse zum ersten Mal empfangen wurde. Diese Information bildet den Gradienten in Rich-tung des interessierten Systems, also in Richtung Quelle des Interesses. So entsteht für jedes Interesse ein Concast-Baum, dessen Wurzel im Quell-System der Interesse-Dateneinheit liegt. Der Concast-Baum durchzieht das gesamte Netz. Der Aufbau des Concast-Baumes entspricht der Subskription (Subscribe) auf die durch das Inter-esse spezifizierten Daten. Dateneinheiten, deren Inhalt das Interesse erfüllen, wer-den entlang des Concast-Baumes zu dessen Wurzel und damit zu dem an den Daten interessierten System weitergeleitet. Dieser Schritt entspricht der Publikation der Daten (Publish). Ein lokaler Daten-Cache auf jedem weiterleitenden System unter-drückt die Weiterleitung von Duplikaten. Directed Diffusion ist für die Zustellung von Datenströmen konzipiert. Jedes geäußerte Interesse ist mit einer Datenrate ver-sehen. Das initial gesendete Interesse fordert zur Exploration des WSANs nur eine geringe Datenrate an. An den erfolgreiche Empfang der gewünschten Daten schließt sich die Gradienten-Verstärkung an. Dabei wird die angeforderte Datenrate einzel-ner ausgewählter Äste des Concast-Baumes zur weiteren Datenübertragung erhöht. Alle anderen Äste sterben nach Erreichen eines Timeouts mit der Zeit ab. Zur Ver-stärkung der Datenrate sendet die Wurzel des Baumes eine Interesse-Dateneinheit an einen ausgewählten Nachbarn. Dabei kann beispielsweise der Nachbar gewählt werden, welcher als erster die Dateneinheit mit den angefragten Nutzdaten geliefert hat. Die Interesse-Dateneinheit entspricht dem ursprünglich geäußerten Interesse mit dem Unterschied, dass in der neuen Dateneinheit die angeforderte Datenrate vergrößert wurde. Der Empfänger des vergrößerten Interesses geht ebenso vor und verstärkt auch einen seiner Nachbarn. So wird der gesamte Ast von der Datensenke bis zur Datenquelle verstärkt.

Directed Diffusion ist für den Einsatz in Daten sammelnden Sensornetzen konzipiert. Ein System bekundet gegenüber dem Netz Interesse an bestimmten Daten und erhält daraufhin alle zum geäußerten Interesse passenden Dateneinheiten. Eine spontane Zustellung von Ereignissen an eine frei definierbare Menge von Systemen ist nicht vorgesehen, wodurch die Integration von Aktorik erschwert ist. Die Berücksichtigung von Lokationsinformationen bei der Spezifikation von Daten-Interesse ist aufgrund der Universalität der Adressierung durch Schlüssel-Wert-Paare zwar abgedeckt, wird jedoch nicht speziell behandelt.

SubCast

SubCast [48] ist ein Schema zur Adressierung und zum Routing in WSANs. Die Autoren stellen darin ein Verfahren zur verteilten Vergabe hierarchischer System-Identifikatoren sowie einen darauf aufbauenden Ansatz zur datenzentrischen Kommunikation zwischen Sensor- und Aktor-Systemen vor.

Die Adressierung der Systeme basiert auf der rekursiven Zuordnung hierarchischer Adressen, welche den Systemen des WSANs nach dem „teile-und-herrsche" Prinzip zugewiesen werden. Die vom WSAN überdeckte Fläche wird in jeweils vier Regionen gleicher Größe aufgeteilt, welche durch 2 Bit Identifikatoren unterschieden werden. Bis zum Erreichen einer vordefinierten Tiefe werden die Regionen weiter rekursiv in jeweils vier Unter-Regionen gleicher Größe gesplittet. Diese werden wieder durch 2 Bit Identifikatoren unterschieden. Jedes System liegt in einer eindeutig definierten Menge sich gegenseitig vollständig überdeckender Regionen und Unter-Regionen. Mehrere Systeme innerhalb der niedersten Regionen-Ebene werden von einem der Systeme linear durchnummeriert. Die Konkatenation der Regionen-Identifikatoren, gefolgt von der Nummer des Systems innerhalb der niedersten Regionen-Ebene, dient als Adresse des Systems. Das zugehörige Routing-Schema orientiert sich an den hierarchischen System-Identifikatoren. Für jedes Paar von Systemen kann aus deren Adressen die Distanz ihrer Regionen abgeleitet werden. Die Weiterleitungsentscheidung wird gierig (greedy) aufgrund der Distanz zwischen den als Next-Hop zur Verfügung stehenden Nachbarn und der Ziel-Adresse vorgenommen.

Weiter befassen sich die Autoren mit der Adressierung von Aktorik. Dazu schlagen sie die Verwendung eines themenbasierten (topic-based) Publish/Subscribe-Systems vor, welches Sensorik und Aktorik in einem Overlay-Netz miteinander verbindet. Sensor-Systeme publizieren Ereignisse, welche Themen zugeordnet sind. Aktor-Systeme registrieren jeweils ihr Interesse an ausgewählten Themen beim Publish/Subscribe-System. Dazu bietet jedes Sensor-System einen Broker an, welcher die publizierten Ereignisse mit dem registrierten Interesse abgleicht und für die entsprechende Zustellung der Ereignisse sorgt.

Die Autoren stellen einen Ansatz zur datenzentrischen Adressierung von Aktorik vor, welcher sich durch ein Publish/Subscribe System auf die topologische Adressierung von Systemen stützt. Die datenzentrische Adressierung folgt immer den im Publish/Subscribe System registrierten Beziehungen. Damit können Ereignisse nur dann zugestellt werden, wenn zuvor ein entsprechendes Interesse bekundet wurde. In diesem Fall werden die Ereignisse immer allen registrierten Interessenten zugestellt. Eine selektive datenzentrische Adressierung ausgewählter Sensor- und Aktor-Systeme ist nicht möglich. Ebenfalls ist auch keine Zustellung von Dateneinheiten aufgrund des – eigentlich bekannten – regionalen Kontextes vorgesehen.

Fazit

Publish/Subscribe-basierte Ansätze ermöglichen eine direkte Zustellung von Dateneinheiten an interessierte Systeme. Dabei verzögern sie den Zeitpunkt der Bindung (late binding). Die Zustellung erfolgt immer an alle Systeme, welche ein entsprechendes Interesse bekundet haben. Eine davon abweichende Multiplizität der Kommunikationsbeziehung ist nicht vorgesehen. Ebenso ist die Richtung der Kommunikationsbeziehung auf die Anforderung von Daten nach Interessensbekundung beschränkt. Systemen wird nur dann eine Dateneinheit zugestellt, wenn sie zuvor ein entsprechendes Interesse geäußert haben.

3.5 Adressierung von Funktionalität

Die Adressierung von Funktionalität kann durch die Adressierung von Anwendungsprozessen realisiert werden. Dabei wird angenommen, dass ein Anwendungsprozess eine feste Funktionalität erfüllt und die Granularität der Adressierung fein genug ist, um eine flexible Verknüpfung zu neuen verteilten Anwendungen zuzulassen.

TypeCast

Lin et al. [69, 70] stellen einen datentypbasierten Ansatz zur Adressierung sowie eine darauf aufbauende Middleware zum entfernten Funktionsaufruf (RPC) vor. Die Modellierung folgt einem objektorientierten Ansatz. Objekte desselben Typs bilden eine Multicast-Gruppe, an welche Dateneinheiten adressiert werden können. Der Typ der Objekte – und damit deren Adresse – wird über das Vorhandensein von Klassen-Methoden definiert. Daher erhalten alle Objekte, welche über dieselbe Menge von Klassen-Methoden verfügen, dieselbe Adresse. Dabei liegt der Fokus auf der Ausprägung und Signalisierung einer strengen Typ-Hierarchie. Jede Dateneinheit ist implizit an alle Objekte des explizit adressierten Typs sowie an alle Objekte aller abgeleiteten Typen adressiert. Zur Codierung der Typ-Hierarchie wird die Verwendung von 512 Bit langen Bloom Filtern vorgeschlagen. Die Übertragung der Dateneinheiten erfolgt durch ein nicht näher spezifiziertes, zyklenfreies Multicast-Protokoll, wobei die Multicast-Gruppen durch die Typ-Hierarchie definiert sind. Jedes Objekt ist sowohl Mitglied der Multicast-Gruppe, welche dem eigenen Klassen-Typ entspricht, als auch der Multicast-Gruppen aller Eltern-Klassen. Die Zustellung der Dateneinheiten erfolgt immer an alle Teilnehmer der Multicast-Gruppe. Die explizite Adressierung einer Untermenge ist nicht vorgesehen. Die Zustellung von Antwort-Dateneinheiten an den Initiator einer Übertragung wird nicht betrachtet. Konsequenterweise wird eine an den Initiator adressierte Dateneinheit auch an alle Objekte desselben Klassen-Typs übermittelt.

Fazit

Die Autoren sehen als einzige Form der Beziehung zwischen Absender und Adressaten die „eins zu alle" Beziehung vor. D. h. Dateneinheiten können ausschließlich an alle Objekte des adressierten Typs übertragen werden. Der Ansatz erlaubt keine feingranulare Spezifikation des Kommunikationspartners oder der Anzahl adressierter Objekte. Die Zustellung von Antworten wird in der Arbeit nicht thematisiert. Aufgrund der beschränkten Kommunikationsbeziehungen ist die Eignung zum Einsatz in WSANs, insbesondere in Netzen mit Aktorik, fraglich.

3.6 Zusammenfassung

Es wurden Verfahren zu vier unterschiedlichen Formen der Adressierung betrachtet. Tabelle 3.1 fasst die Verfahren anhand der Kriterien Adressierung, Multiplizität sowie Eindeutigkeit der Adressierung zusammen.

Insgesamt konnten zwei gängige Beschränkungen der Kommunikationsbeziehungen beobachtet werden. (1) In den betrachteten systemzentrisch adressierten Ansätzen ist jede Kommunikation entweder von einer zentralen Senke initiiert oder sie ist an diese gerichtet. (2) Wird datenzentrisch kommuniziert, werden Dateneinheiten immer an alle Interessenten zugestellt. Eine Zustellung der Dateneinheiten an einzelne Systeme oder an eine Untermenge ist nicht vorgesehen. Ebenso werden eine spontane Zustellung eines Ereignisses sowie die Beantwortung eines Ereignisses nicht unterstützt. Die explizite Adressierung einzelner Aktor-Systeme ist ebenfalls in keinem der Systeme vorgesehen.

Die in dieser Arbeit vorgestellte ServiceCast-Architektur beschränkt die möglichen Kommunikationsbeziehungen nicht in diesem Maße. Jedes System kann sowohl Quelle als auch Senke von Dateneinheiten sein. Die Multiplizitäten der Kommunikationsbeziehungen sind flexibel spezifizierbar. Insbesondere sind die Adressierung einzelner Dienst-Instanzen sowie die Adressierung einer Untermenge aller Instanzen eines gegebenen Dienstes vorgesehen. Die spontane Zustellung von Dateneinheiten ohne vorherige Registrierung von Interesse ist ebenfalls möglich.

Bei datenzentrischer Adressierung ist die Beziehung zwischen Absender und Adressaten immer nur implizit gegeben. Eine datenzentrische Zustellung von Nutzdaten ist erst nach Registrierung von Interesse möglich. Ein spontane datenzentrische Zustellung eines Ereignisses ist datenzentrisch nicht vorgesehen.

Die ServiceCast-Architektur ermöglicht die direkte Adressierung von Funktionalität, basierend auf einem kompakten, exakt definierten Merkmal, dem Dienst-Bezeichner. Dienst-Instanzen sind bei Bedarf explizit anhand ihres jeweiligen Instanz-Identifikators adressierbar.

Name	Adressierung	Multiplizität	Eindeutigkeit
Lease based addressing [20, 21]	systemzentrisch	Unicast, Broadcast	Sensor-Systeme bei Bedarf eindeutig
RETRI [35, 36]	systemzentrisch	alle	wahrscheinlich eindeutig
DGF [50]	systemzentrisch (nur Senken)	Broadcast	Sensor-Systeme nicht eindeutig, Senken eindeutig
ADF [22]	systemzentrisch (nur Senken)	Broadcast	Sensor-Systeme nicht eindeutig, Senken eindeutig
ACSA [33]	lokationsbasiert	Multicast, Broadcast	Sensor-Systeme nicht eindeutig, Senken eindeutig
GPSR [60]	lokationsbasiert	Unicast	eindeutig bei hinreichend genauer Lokation
TypeCast [69, 70]	Funktionalität (Objekte)	Broadcast	Interessenten werden nicht unterschieden
Directed Diffusion [55]	Datenzentrisch	Broadcast	nicht spezifiziert
SubCast [48]	Datenzentrisch (nur Aktorik)	Broadcast (Aktorik)	alle Systeme eindeutig

Tabelle 3.1 Klassifikation der aufgeführten Arbeiten

4. Die ServiceCast-Adressierung

Die Adressierung ist in einem Kommunikationsnetz ein wichtiger Teil der Schnittstelle zwischen Anwendung und der Kommunikationsarchitektur. Die Adressierung ermöglicht der Anwendung die gezielte Spezifikation der Kommunikationspartner. Wie in Abbildung 4.1 dargestellt ist, weisen WSANs und ihre Anwendungen besondere Anforderungen bzgl. der Adressierung auf. So sind WSANs einerseits Sensornetze, welche eine nicht-eindeutige datenzentrische Adressierung erfordern. Andererseits erfordert die Adressierung von Aktorik die Möglichkeit der eindeutigen Referenzierung einzelner Aktoren, wodurch die Eigenschaften systemzentrischer Adressierung notwendig werden. Aufgrund dieser widersprüchlichen Anforderungen sind existierende daten- und systemzentrische Adressierungsschemata nicht ideal zur Adressierung in WSANs geeignet. In diesem Kapitel wird mit der ServiceCast-Adressierung ein Schema zur dienstbasierten Adressierung in WSANs vorgestellt, welches datenzentrische und systemzentrische Adressierung vereint.

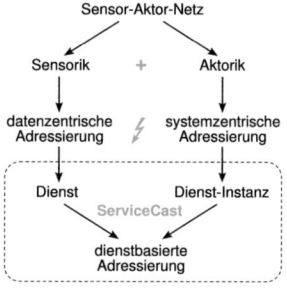

Abbildung 4.1 Die ServiceCast-Adressierung vereinigt datenzentrische und systemzentrische Adressierung

Anwendung:	Überwachung und Regelung der physikalischen Phänomene Helligkeit, Lufttemperatur und Feuchte der Erde
Dienste:	Licht-Sensor-Dienst (LS), Licht-Regler-Dienst (LR), Licht-Aktor-Dienst (LA), Temperatur-Sensor-Dienst (TS), Temperatur-Regler-Dienst (TR), Temperatur-Aktor-Dienst (TA), Feuchte-Sensor-Dienst (FS), Feuchte-Regler-Dienst (FR), Feuchte-Aktor-Dienst (FA), Instruktor-Dienst (I)
Instanzen:	Von jedem Dienst existieren typischerweise mehrere Instanzen
Systeme:	System 1 instanziiert { TS, LS }, System 2 instanziiert { TS }, ...

Tabelle 4.1 Struktur der Anwendung „Autonomes Gewächshaus"

Abschnitt 4.1 führt zunächst in die dienstbasierte Modellierung eines WSANs ein und definiert wichtige Begriffe. Daran anschließend werden in Abschnitt 4.2 die Ziele und Anforderungen an die ServiceCast-Adressierung vorgestellt. Abschnitt 4.3 behandelt den Aufbau und die Struktur der ServiceCast-Adresse. Abschnitt 4.4 geht auf die Verwendung der ServiceCast-Adressierung ein und stellt den Bezug zur systemzentrischen Adressierung her. Anhand eines WSAN-Beispielszenarios wird in Abschnitt 4.5 die Modellierung eines dienstbasierten WSANs mittels ServiceCast-Adressierung demonstriert.

4.1 Modell eines dienstbasierten WSANs

Zur einheitlichen Begriffsbildung wird hier zunächst der Aufbau und die Struktur eines dienstbasierten WSANs vorgestellt. Ein motivierendes Beispiel vermittelt zunächst ein intuitives Verständnis der relevanten Begriffe, bevor diese anschließend eindeutig definiert werden.

4.1.1 Anwendungsszenario „Autonomes Gewächshaus"

Am Beispiel des Anwendungsszenarios „Autonomes Gewächshaus", welches bereits in der Einleitung in Kapitel 1 zur Motivation diente, wird hier das Modell eines dienstbasierten WSANs vorgestellt. Tabelle 4.1 fasst die wichtigen strukturellen Elemente der Modellierung der Anwendung als dienstbasiertes WSAN zusammen. Die Modellierung wird im Folgenden erläutert.

Die Anwendung

Das WSAN dient der autonomen Versorgung von Pflanzen in einem Gewächshaus. Die Anwendung des WSANs besteht darin, die klimatischen Bedingungen im Inneren des Gewächshauses in dem für das Pflanzenwachstum optimalen Bereich zu halten. Senor-Aktor-Systeme überwachen und korrigieren dazu die drei physikalischen Phänomene

- Helligkeit,
- Lufttemperatur und

- Feuchte der Erde.

Für jedes der Phänomene existiert im Gewächshaus Sensorik sowie Aktorik. Die Sensorik überwacht die Phänomene kontinuierlich. Bei Abweichung vom Idealbereich greift die entsprechende Aktorik korrigierend ein. Die Aktorik kann jeweils sowohl verstärkend als auch abschwächend auf die Phänomene wirken. Weiter existiert für jedes Phänomen mindestens ein Regler, welcher die Einhaltung der Grenzwerte überwacht, also den Abgleich zwischen Soll- und Ist-Wert vornimmt und die Aktorik entsprechend ansteuert.

Die jeweils aktuellen Vorgabewerte werden beim Einbringen der Pflanzen in das Gewächshaus ermittelt. Dazu werden die Bedürfnisse der Pflanzenart an die jeweiligen Regler übergeben, welche die Vereinbarkeit mit den bisher geltenden Grenzwerten des von ihnen überwachten Phänomens überprüfen. Stellt einer der Regler Nichtvereinbarkeit fest, wird die Versorgung der Pflanze abgelehnt. Andernfalls werden die neuen Vorgabewerte für die Regelung übernommen.

Dienste

Die Anwendung weist Blöcke abgeschlossener Funktionalität auf, welche – bis auf den Austausch von Dateneinheiten – unabhängig voneinander agieren: Ein Temperatur-Sensor-Dienst erfüllt beispielsweise die spezielle Funktionalität, den aktuellen Status des Phänomens Temperatur wahrnehmen zu können. Diese Funktionalität ist unabhängig von der Funktionalität eines Temperatur-Aktor-Dienstes oder der eines Feuchte-Sensor-Dienstes.

Jeder dieser funktionalen Blöcke stellt einen *Dienst* bereit. Die gesamte Anwendung zerfällt somit in eine Menge von Diensten. Die Anwendung „Autonomes Gewächshaus" besteht aus den zehn Diensten: Licht-Sensor-Dienst (LS), Licht-Regler-Dienst (LR), Licht-Aktor-Dienst (LA), Temperatur-Sensor-Dienst (TS), Temperatur-Regler-Dienst (TR), Temperatur-Aktor-Dienst (TA), Feuchte-Sensor-Dienst (FA), Feuchte-Regler-Dienst (FR), Feuchte-Aktor-Dienst (FS) und Instruktor-Dienst (I).

Die Dienste des Szenarios werden hier zur übersichtlichen Beschreibung ihrer Funktionalität in vier Gruppen gegliedert:

- *Sensor-Dienste* kapseln den Zugriff auf die Sensorik. Sie werden jeweils durch die Übermittlung eines minimalen und eines maximalen Schwellenwertes instruiert und übermitteln nur dann Sensorwerte, wenn der aktuelle Messwert außerhalb der vorgegebenen Schranken liegt. Pro überwachtem physikalischen Phänomen existiert ein Sensor-Dienst. Diese sind: Licht-Sensor-Dienst (LS), Temperatur-Sensor-Dienst (TS) und Feuchte-Sensor-Dienst (FS).
- *Aktor-Dienste* kapseln den Zugriff auf die Aktorik. Ein Aktor-Dienst empfängt Instruktionen, welche dazu dienen die Aktor-Hardware anzusteuern. Pro überwachtem Phänomen bietet das WSAN einen Aktor-Dienst an. Die Aktor-Dienste des Szenarios sind: Licht-Aktor-Dienst (LA), Temperatur-Aktor-Dienst (TA) und Feuchte-Aktor-Dienst (FA).
- *Regler-Dienste* überwachen die Einhaltung der vorgegebenen Grenzwerte. Für jedes Phänomen existiert ein entsprechender Regler-Dienst. Jede Instanz ei-

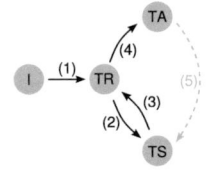

Nr.	*Kommunikation*
(1)	Instruktor meldet Schwellenwerte an Regler
(2)	Regler meldet Daten-Interesse an Sensor
(3)	Sensor meldet Verletzung des Schwellenwertes
(4)	Regler instruiert Aktor
(5)	(Aktor wirkt durch das Phänomen auf Sensor)

(a) Kommunikations-beziehungen (b) Kommunikation

Abbildung 4.2 Kommunikationsbeziehungen zwischen Diensten im Szenario „Autonomes Gewächshaus" am Beispiel der Dienste Instruktor-Dienst (I), Temperatur-Regler-Dienst (TR), Temperatur-Sensor-Dienst (TS) und Temperatur-Aktor-Dienst (TA)

nes Regler-Dienstes ist für eine bestimmte Region des Gewächshauses zuständig. Der Regler-Dienst meldet Interesse an den Messwerten der Sensor-Dienst-Instanzen seiner Region an und instruiert diese, die Einhaltung fester Grenzwerte zu überwachen. Bei Verletzung der Grenzwerte übermitteln die Sensor-Dienste Messwerte an den Regler, welcher neue Vorgaben für die Aktor-Dienste berechnet und diese daraufhin entsprechend instruiert. Die Interessensbekundung eines Regler-Dienstes gegenüber den Sensor-Diensten gilt für ein festes Zeitintervall. Nach Ablauf des Intervalls wird das Interesse durch den Regler-Dienst ggf. neu angemeldet. Da ein Regler-Dienst nicht alle verfügbaren Instanzen des jeweiligen Sensor-Dienstes benötigt, kann die wiederholte Anmeldung zur Lastverteilung unter den mit der Überwachung des Phänomens betrauten Instanzen der Sensor-Dienste dienen. Die Regler-Dienste des Szenarios sind: Licht-Regler-Dienst (LR), Temperatur-Regler-Dienst (TR) und der Feuchte-Regler-Dienst (FR).

• Jeder Pflanzenart ist ein *Instruktor-Dienst* zugeordnet, welcher die Bedürfnisse der Pflanzen den entsprechenden Regler-Diensten mitteilt.

Abbildung 4.2 zeigt die Instruktion durch eine Pflanzenart sowie den Regelkreis für das Phänomen Temperatur. Die Abbildung verdeutlicht damit ebenfalls die zwischen den Diensten herrschenden Kommunikationsbeziehungen[7].

(1) Der Instruktor-Dienst (I) der Pflanzenart instruiert für jedes Phänomen den entsprechenden Regler-Dienst über die Bedürfnisse der Pflanzenart. Dazu übermittelt er sowohl die Position der Pflanze als auch jeweils ein Schwellenwert-Tupel, welches den gewünschten minimalen und den maximalen Grenzwert enthält. Dies geschehe hier beispielhaft für das Phänomen „Temperatur".

(2) Der Temperatur-Regler-Dienst (TR) registriert sein Interesse an Temperatur-Sensor-Daten bei Instanzen des Temperatur-Sensor-Dienstes (TS) in der Umgebung der Pflanze. Die Dateneinheit beinhaltet einen unteren und einen oberen Schwellenwert für das durch den Sensor-Dienst überwachte Phänomen, in diesem Fall also den minimalen und maximalen Wert für die Temperatur. Die

---

[7]Bestätigungsnachrichten der Anwendung sind zugunsten der Übersichtlichkeit nicht dargestellt

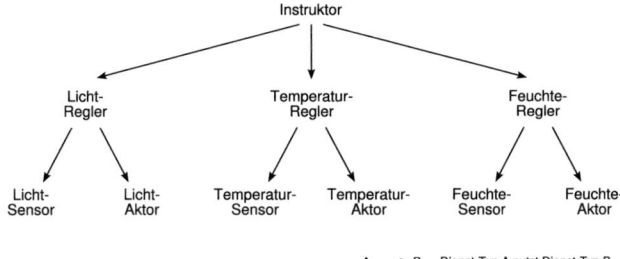

Abbildung 4.3 Dienstgeber – Dienstnehmer Beziehungen des Szenarios „Autonomes Gewächshaus"

instruierten Temperatur-Sensoren überwachen daraufhin kontinuierlich das Phänomen.

(3) Bei Unterschreiten des unteren oder Überschreiten des oberen Schwellenwertes sendet der Sensor-Dienst den aktuellen Messwert an die Instanz des Regler-Dienstes, welcher das entsprechende Interesse registriert hat.

(4) Der Regler-Dienst wertet einkommende Sensor-Messwerte aus, berechnet eine neue Vorgabe für den Aktor-Dienst und instruiert diesen neu.

(5) Der Aktor wirkt auf das Phänomen ein, welches die Rückkopplung zwischen Aktor und Sensor schafft und damit den Regelkreis schließt.

Diese aufgeführten Kommunikationsbeziehungen sind bereits durch die Definition der Dienste implizit festgelegt und beschreiben die Kommunikation im Szenario vollständig. D. h. es wird in diesem Szenario niemals vorkommen, dass beispielsweise ein Temperatur-Sensor-Dienst Dateneinheiten an eine Instanz des Feuchte-Regler-Dienstes adressiert. Abbildung 4.3 zeigt die Dienstgeber – Dienstnehmer Beziehungen für die Dienste des Szenarios. Der Instruktor-Dienst nutzt die drei Regler-Dienste, indem er diese instruiert. Die Regler-Dienste nutzen die jeweiligen Sensor-Dienste zur Überwachung des Phänomens und die zugehörigen Aktor-Dienste zu dessen Beeinflussung. Jegliche Kommunikation im Szenario richtet sich nach diesen Dienstgeber – Dienstnehmer Beziehungen und damit nach der Funktionalität der jeweiligen Dienste.

Dienst-Instanzen

Von jedem Dienst können mehrere Instanzen im WSAN existieren. Die Instanzen erfüllen dieselbe Funktionalität und sind in der Lage dieselben Dateneinheiten zu verarbeiten. Zwei Instanzen desselben Dienstes unterscheiden sich durch die Lokation des Systems auf dem sie ausgeführt werden und durch eine Instanz-Nummer.

Die Instanzen werden hier immer in der Form „Dienst:Instanz-Nummer" angegeben. Obiges Szenario weist beispielsweise die folgenden Instanzen auf: TS:1, TS:2, TS:3, ... TS:n_{TS}, TR:1, ... TR:n_{TR}, TA:1, ... TA:n_{TA}, LS:1, ... LS:n_{LS}, LR:1, ... LR:n_{LR}, LA:1, ... LA:n_{LA}, FS:1, ... FS:n_{FS}, FR:1, ... FR:n_{FR}, FA:1, ... FA:n_{FA}, I:1, ... I:n_I.

Systeme

Der Begriff *System* bezeichnet die Hardware eines Sensor-Aktor-Knotens mit seinem Protokoll-Stapel und die Menge der jeweils instanziierten Dienste. Jedes System des WSANs führt eine Menge von Dienst-Instanzen aus. Die Anzahl ausgeführter Instanzen kann von System zu System unterschiedlich sein. Die Verteilung der Dienst-Instanzen auf die Systeme des WSANs kann beliebig erfolgen. Die einzige Beschränkung bei der Verteilung der Dienste ist, dass bestimmte Dienste das Vorhandensein spezieller Hardware-Komponenten voraussetzen. Beispielsweise kann ein Sensor-System, welches über keinen Temperatur-Sensor verfügt, den Temperatur-Sensor-Dienst nicht ausführen. Unter Beachtung dieser Einschränkung kann die Verteilung der Dienste auf die Systeme des WSANs beliebig erfolgen.

Systeme dürfen insbesondere auch keine oder mehrere unterschiedliche Dienste instanziieren. Jeder Dienst ist pro System nur durch eine Instanz vertreten. Existieren beispielsweise Sensor-Systeme, welche über Temperatur- und Licht-Sensoren verfügen, kann es sinnvoll sein, diese Systeme mit je einer Instanz des Temperatur- und des Licht-Sensor-Dienstes auszustatten.

4.1.2 Struktur eines dienstbasierten WSANs

Nachdem die Komponenten eines dienstbasierten WSANs anhand eines Anwendungsbeispiels intuitiv motiviert wurden, werden hier die strukturellen Komponenten noch einmal gesondert aufgeführt sowie die zentralen Begriffe *Dienst* und *Dienst-Instanz* definiert.

Ein dienstbasiertes WSAN besteht aus den strukturellen Komponenten:

- Anwendung
- Dienste
- Dienst-Instanzen
- Systeme

Diese weisen die im Folgenden aufgeführten Beziehungen auf. Die Systeme eines WSANs erbringen verteilt und kooperativ eine gemeinsame Anwendung. Aufgrund der Kooperation der Systeme muss jedes einzelne System nur einen geringen Anteil der insgesamt zur Erfüllung der gesamten Anwendung notwendigen Funktionalität beisteuern. Die Funktionalität wird in Form von Diensten bereitgestellt, welche durch die Systeme instanziiert werden.

Definition 4.1. *Dienst*
Ein Dienst bezeichnet eine abgeschlossene Funktionalität, welche eigenständig von anderen Diensten in Anspruch genommen werden kann. Jeder Dienst verfügt über eine wohldefinierte Schnittstelle zur Kommunikation und einen eindeutigen Bezeichner, dem Dienst-Bezeichner. *Zur Nutzung des Dienstes ist es ausreichend, seine Schnittstellen zu kennen; insbesondere sind keine Kenntnisse über Details der Implementierung notwendig.*

Für jeden Dienst existiert eine feste, endliche Menge anderer Dienste, welche von diesem in Anspruch genommen werden. Diese Menge der genutzten fremden Dienste ist zum Zeitpunkt des Entwurfs bekannt. Es sei ausdrücklich darauf hingewiesen, dass nur die Menge der genutzten Dienste, nicht aber die Menge der eigenen Dienst-Nutzer bekannt sein muss. Somit stellt diese Forderung keine Beschränkung der Erweiterbarkeit des Netzes dar, da die Menge genutzter Dienste ohnehin zum Zeitpunkt des Entwurfs und zur Implementierung eines Dienstes bekannt sein muss. Eine funktionale Erweiterung des Netzes vergrößert lediglich die Menge der Dienst-Nutzer.

Der Dienst-Bezeichner gibt Aufschluss über den referenzierten Dienst und damit über die referenzierte Funktionalität. Da jeder Dienst eine wohldefinierte Kommunikationsschnittstelle aufweist, wird dieser nur eine beschränkte Menge an unterschiedlichen Dateneinheiten senden und empfangen können. Ein Temperatur-Sensor-Dienst wird typischerweise Temperatur-Daten versenden und entsprechende Steuerdaten empfangen. Ein Dienst zur zeitlichen Mittelung von Messwerten der Helligkeit wird Steuerdaten und entsprechende Messergebnisse empfangen und Aggregate der Messwerte versenden. Damit lassen die Dienst-Bezeichner des Senders und des Empfängers indirekt einen Rückschluss über die Art der übermittelten Nutzdaten zu.

Jedes System des Netzes bietet eine Untermenge der im WSAN verfügbaren Dienste an. Dazu führt das System jeweils eine Instanz des entsprechenden Dienstes aus. Jeder Dienst kann durch mehrere Instanzen im Netz verfügbar sein. Ein System kann mehrere Instanzen unterschiedlicher Dienste gleichzeitig beherbergen. Eine Dienst-Instanz ist jedoch nicht verteilt, d. h. jede Instanz eines Dienstes wird auf genau einem System ausgeführt.

Definition 4.2. *Dienst-Instanz*
Die Dienst-Instanz (oder kurz Instanz) bezeichnet ein Exemplar eines Dienstes, welches auf einem System des WSANs ausgeführt wird. Eine Dienst-Instanz kann nur auf exakt einem System ausgeführt werden, d. h. sie wird insbesondere nicht verteilt ausgeführt.

Die Zuordnung der Dienste zu den jeweiligen Systemen kann entweder mit der Programmierung der Systeme vor Ausbringung des Netzes oder dynamisch während der Initialisierung des Netzes erfolgen. Bei dynamischer Zuweisung der Dienste kann ein Verfahren wie das von Frank und Römer [38] beschriebene zum Einsatz kommen. Darin handeln die Systeme während der Inbetriebnahme des Netzes die Zuordnung unterschiedlicher Rollen aus. Das Annehmen einer Rolle kann hier mit dem Instanziieren eines Dienstes gleichgesetzt werden. Die Zuordnung der Dienste auf die Systeme ist nicht Gegenstand dieser Arbeit und wird daher im weiteren Verlauf der Arbeit nicht weiter behandelt.

4.2 Ziele und Anforderungen

Im Folgenden werden die Ziele und Anforderungen vorgestellt, welche an die ServiceCast-Adressierung geknüpft sind. Dazu werden zunächst drei zentrale Ziele der Adressierung motiviert und hieraus wichtige Anforderungen abgeleitet.

Ziel 1: Zustellung von Dateneinheiten ohne Namensauflösung des Adressaten

In systemzentrisch adressierten Netzen besteht, wie in Abbildung 4.4 dargestellt, eine Diskrepanz zwischen der eigentlich von der Anwendung benötigten Abstrak-

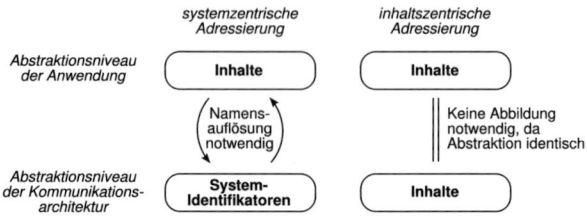

Abbildung 4.4 Abstraktionsniveaus der Anwendung und der Kommunikationsarchitektur in systemzentrischen und inhaltszentrischen Netzen.

tion zur Adressierung und der von der Kommunikationsarchitektur bereitgestellten Abstraktion zur Adressierung: Eine Anwendung kommuniziert, um Informationen zu übermitteln oder anzufordern. Damit bezieht sich ihr Interesse auf die Übertragung von Information oder die Inanspruchnahme von Funktionalität, welche durch andere Systeme angeboten wird. Die Spezifikation der benötigten Information oder Funktionalität ist daher ihr natürlicher Abstraktionsgrad zur Adressierung der Kommunikationspartner. Bei systemzentrischer Adressierung verlangt die Kommunikationsarchitektur dagegen die explizite Spezifikation eines Systems als Adressaten. Dies geschieht typischerweise in Form eines System-Identifikators. Die verwendeten Abstraktionen zur Spezifikation eines Kommunikationspartners sind in der Anwendung und in der darunter liegenden Kommunikationsarchitektur unterschiedlich. Die Anwendung muss daher ihre Spezifikation des Adressaten an die Bedürfnisse der Kommunikationsarchitektur anpassen. Dies geschieht durch die Abbildung der benötigten Funktionalität auf System-Identifikatoren und kann beispielsweise durch eine Anfrage an ein zentrales oder verteiltes Verzeichnis realisiert sein. Der Vorgang wird als Namensauflösung bezeichnet und ist in Abbildung 4.5 skizziert. Sie kann in drei Schritte gegliedert werden:

(1) Die Anwendung sendet eine Anfrage an das Verzeichnis, um die Zuständigkeit für einen bestimmten Inhalt zu erfragen. Das Verzeichnis kann entweder zentral oder verteilt im Netz vorhanden sein. Im allgemeinen muss die Anfrage im Netz über mehrere Hops transportiert werden.

(2) Das Verzeichnis bildet den angefragten Inhalt auf einen oder mehrere System-Identifikatoren ab, welche es als Antwort an das anfragende System übermittelt.

(3) Die Anwendung wählt einen der erhaltenen System-Identifikatoren aus und adressiert die eigentlich zu versendende Dateneinheit anhand des ausgewählten Identifikators.

Eine solche Abbildung stellt eine zusätzliche Belastung des Netzes dar. Für jede Datenübertragung ist eine explizite Namensauflösung und damit eine Übersetzung von der Adress-Abstraktion der Anwendung in die Abstraktion der Kommunikationsarchitektur notwendig. Die notwendigen Informationen müssen zumindest bei der ersten Kommunikation bei einem Verzeichnis oder einer ähnlichen Struktur angefragt werden. Hierzu ist der Austausch zusätzlicher Dateneinheiten notwendig,

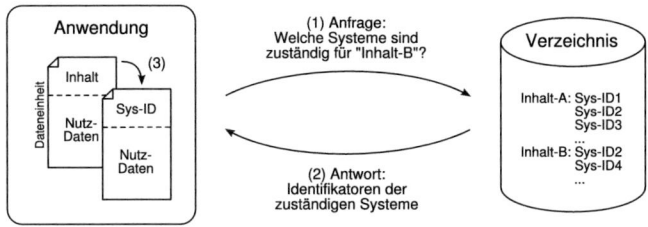

Abbildung 4.5 Namensauflösung in systemzentrischen Netzen

wozu Bandbreite und Energie benötigt werden. Das Verzeichnis selbst benötigt Speicherplatz im Netz und verursacht weiteren Kommunikationsaufwand zur Pflege des Datenbestandes. Diese zusätzlichen Kosten der Adressauflösung in Form von Verzögerung sowie Energie-, Speicher- und Bandbreitenbedarf können entfallen, wenn die Notwendigkeit der Adressauflösung vermieden wird. Ist das Verzeichnis nicht redundant ausgelegt, stellt es zudem einen „single point of failure" dar, d. h. dass bei Nicht-Erreichbarkeit des Verzeichnisses die Namensauflösung nicht stattfinden kann und daher keine Ende-zu-Ende Kommunikation möglich ist.

Wie ebenfalls in Abbildung 4.4 dargestellt ist, kann die explizite Namensauflösung vermieden werden, wenn Anwendung und Kommunikationsarchitektur dieselbe Abstraktionsstufe der Adressierung verwenden. Dies ist beispielsweise der Fall, wenn eine inhaltszentrische anstatt einer systemzentrischen Adressierung Grundlage des Datentransports ist. Ein Charakteristikum inhaltszentrischer Adressierung ist, dass sich Sender und Empfänger von Dateneinheiten gegenseitig nicht explizit bekannt sind. Ein an Daten interessiertes System kann das eigene Dateninteresse an eine oder mehrere Datenquellen übermitteln, ohne explizite Kenntnis über deren Identität zu benötigen. Ebenso übermittelt eine Datenquelle die angeforderten Daten an den oder die Interessenten, ohne dass diese der Datenquelle explizit bekannt sein müssten. In diesem Fall dienen also nicht Systemidentifikatoren als Adresse. Vielmehr können die Datenbeschreibung zum Ausdruck des Dateninteresses und die Datenbeschreibung zur Deklaration der versendeten Nutzdaten jeweils als eine Form der Adresse aufgefasst werden. In diesem Sinne besteht das Ziel darin, eine Adressierung zu ermöglichen, welche die Explizite Kenntnis des jeweiligen Kommunikationspartners solange nicht erfordert, wie diesbezüglich keine Präferenzen der Anwendung vorliegen. Explizite Kenntnis des Kommunikationspartners soll also nur dann notwendig sein, wenn der Kommunikationspartner bereits aus Sicht der Anwendung notwendigerweise eindeutig definiert ist. Die Anwendung soll den Adressaten nicht genauer als notwendig spezifizieren müssen.

Ziel 2: Transparente Nutzung redundant vorhandener Funktionalität.

Eine in WSANs verbreitete Annahme ist, dass Systeme – und mit ihnen auch die von ihnen erbrachte Funktionalität – mehrfach redundant im Netz vorhanden sind. Diese Annahme liegt darin begründet, dass die Systeme aufgrund ihrer einfachen Verarbeitung und der beschränkten Energiereserven sehr anfällig gegenüber Ausfällen sind. Daher werden häufig mehr Systeme ausgebracht, als zur Erfüllung der WSAN-Anwendung minimal notwendig wären. Das resultierende Überangebot an Funktionalität führt dazu, dass mehrere Systeme in der Lage sind eine angefragte Information zu liefern oder eine angeforderte Funktionalität zu erfüllen. So entsteht ein Freiheitsgrad in der Wahl des adressierten Systems. Da sich diese Wahlmöglichkeit auf spezielle Eigenschaften des Netzes bezieht, sollen sie soweit möglich vor der Anwendung verborgen bleiben. Diese Auswahl soll daher nicht von der Anwendung vorgenommen werden müssen, sondern soll soweit möglich transparent durch das Netz durchgeführt werden. Der Freiheitsgrad der Adressaten-Auswahl kann während des Transportes der Daten zugunsten unterschiedlicher Eigenschaften ausgenutzt werden, welche sich positiv auf die Leistungsfähigkeit des WSANs auswirken. Denkbar wären hier beispielsweise eine transparente Lastverteilung, welche es ermöglicht, die Energiereserven aller Systeme gleichmäßig zu nutzen. Alternativ könnte dieser Freiheitsgrad auch genutzt werden, um Systemausfälle transparent auszugleichen und Anfragen an verfügbare Systeme zu leiten. Die ServiceCast-Architektur nutzt den Freiheitsgrad zur Reduktion der Übertragungshäufigkeit einer Dateneinheit und damit letztendlich zur Reduktion der zur Zustellung der Dateneinheit benötigten Energie.

Eine Zustellung von Dateneinheiten ohne Namensauflösung durch die Anwendung und damit einhergehend der Erhalt der Semantik der Adressierung während des Datentransports, ermöglicht die transparente Auflösung mehrdeutiger Adressierung und damit die transparente Nutzung von Redundanz. Eine Zustellung ohne Namensauflösung begünstigt – durch die späte Bindung der Adresse an ein konkretes System – die transparente Nutzung von Redundanz.

Damit die Auflösung von Namen, welche in mehr als einen System-Identifikator aufgelöst werden können, von der Anwendung an die Kommunikationsarchitektur delegiert werden kann, muss die Anzahl der gewünschten Adressaten spezifizierbar sein. Das Äquivalent hierzu aus klassischen, systemzentrischen Netzen ist die Unterscheidung von Unicast- bzw. Anycast- Adressen zur Adressierung einzelner Systeme sowie die Verwendung von Broadcast- und Multicast-Adressen zur Adressierung aller Systeme und von Gruppen.

Ziel 3: Adressierung von Aktorik und zustandsbehafteten Diensten

Sensornetze nehmen ihre Umwelt durch Sensorik wahr. Messwerte werden entweder innerhalb des Netzes zu höherwertigen Informationen und Ereignissen vorverarbeitet oder unverändert an Systeme außerhalb des WSANs zugestellt. Die Auswertung der Daten und insbesondere eine mögliche Reaktion auf diese findet außerhalb des Netzes statt. Sensor-Aktor-Netze erweitern Sensornetze um die Möglichkeit der eigenständigen Interaktion mit der Umwelt. Das Netz ist in der Lage eine abgeschlossene Aufgabe autonom zu erbringen, da auf Messwerte und Ereignisse innerhalb des Netzes durch Aktorik reagiert wird. Integration von Aktorik vergrößert den Bereich möglicher Anwendungen enorm und ist daher ein wichtiges Ziel.

Ein Problem bei der Adressierung von Aktorik kann die oben erwähnte Entkopplung von Absender und Adressat zur transparenten Ausnutzung von Redundanz darstellen. Der Adressat ist durch den Absender nicht mehr eindeutig bestimmbar. Aktorik erfordert in manchen Fällen jedoch eine eindeutige Adressierung: Öffnet z. B. ein Aktor zur Bewässerung einer Grünfläche eines von mehreren Ventilen, so muss zum Schließen des Ventils exakt derselbe Aktor angesprochen werden.

Weitere Gründe können zur Notwendigkeit für eindeutige Adressierung eines bestimmten Systems innerhalb des WSANs führen. Dazu gehört beispielsweise die Zustellung von Antwort-Dateneinheiten an eine Instanz, die Adressierung eines einzelnen Systems zur Fehlerdiagnose und -behebung oder die Adressierung zustandsbehafteter Dienste, wie z. B. eine Instanz des Temperatur-Regler-Dienstes im Szenario „Autonomes Gewächshaus". Allgemeiner lässt sich sagen, dass eine eindeutige Adressierung immer dann notwendig sein kann, wenn die Instanzen eines Dienstes unterschieden werden müssen. In diesen Fällen ist die Möglichkeit zur wiederholten, eindeutigen Adressierung derselben Instanz notwendig.

Ableitung der Anforderungen

Aus obigen Zielen leiten sich folgende Anforderungen an die Adressierung ab:

- *Verwendung derselben Adress-Abstraktion für Anwendung und Kommunikationsarchitektur*

  Um eine Zustellung der Dateneinheiten ohne die Notwendigkeit einer expliziten Namensauflösung (Ziel 1) zu ermöglichen ist es notwendig, dass die Kommunikationsarchitektur ihre Abstraktion der Adressierung an die Abstraktionsstufe der Anwendung angleicht. Dabei sind zwei Dimensionen von besonderer Bedeutung:

  - *Spezifikation des Inhalts (Was)*
    Der Begriff „Inhalt" bezieht sich hier auf die Art der Daten, welche übertragen werden sollen, bzw. auf die Funktionalität, welche durch den Adressaten zu erfüllen ist. Der Inhalt drückt damit aus, *„was"* adressiert werden soll.
  - *Spezifikation der physischen Lokation (Wo)*
    Die physische Lokation gibt den Kontext an, in dem ein Messwert beobachtet wurde bzw. ein Aktor agiert. Ohne Information über den Kontext der Messung verlieren viele Messwerte ihre Aussagekraft und ihre Interpretation wird erschwert oder gar unmöglich. Ebenso wichtig ist die Lokation für die Kommunikation mit Aktorik, da hierdurch der Ort der Wirkung des Aktors definiert ist. Die Bedeutung der Lokation für die Adressierung hängt wesentlich von der Anwendung ab. Erfordert diese die Interpretation der Messwerte in Bezug zu ihrem Messort oder den Bezug der Wirkung eines Aktors zu einem definierten Ort, so ist die physische Lokation ebenfalls notwendiger Bestandteil der Adressierung. In dieser Arbeit wird der Begriff Lokation immer im Sinne der physischen Lokation und nicht zur Beschreibung einer topologischen Lokation verwendet. Die Lokation in der Adresse gibt an, *„wo"* sich der Adressat bzw. der Absender einer Dateneinheit physisch befindet.

- *Spezifikation der Zahl der Adressaten (Wieviele)*

  Nach Ziel 2 muss für jede Dateneinheit spezifizierbar sein, an *„wieviele"* Adressaten sie zugestellt werden soll. Die notwendige Granularität der Spezifikation ist anwendungsabhängig. Mindestens sollten jedoch die Spezifikation von einem einzigen Adressaten und allen Systemen des Netzes unterscheidbar sein.

- *Netzweit eindeutige Adressierung bei Bedarf (Wer)*

  Aus sehr unterschiedlichen Gründen kann die Notwendigkeit zur eindeutigen Adressierung eines Kommunikationspartners gegeben sein. Entsprechend Ziel 3 muss beispielsweise bei der wiederholten Adressierung von Aktorik oder eines zustandsbehafteten Dienstes sowie bei der Zustellung von Antwort-Dateneinheiten auf eine vorherige Anfrage-Dateneinheit der Kommunikationspartner eindeutig spezifizierbar sein. Der Absender muss in diesen Fällen netzweit eindeutig festlegen können, *„wer"* Adressat der Dateneinheit ist. Dementsprechend muss ein Absender auch in der Lage sein, die eigene Identität netzweit eindeutig preiszugeben. Die Kommunikationsarchitektur muss daher zusätzlich zur rein inhaltsbasierten Adressierung eine Möglichkeit zur netzweit eindeutigen Adressierung von Systemen vorsehen, welche bei Bedarf in Anspruch genommen werden kann.

Die Adressierung lässt sich damit auf die vier wesentlichen Dimensionen „Was", „Wo", „Wieviele" und „Wer" reduzieren, wobei sich die letzte Dimension „Wer" hier auf die Spezifikation des Absenders sowie auf Adressaten bezieht, mit welchen bereits kommuniziert wurde.

Abbildung 4.6 fasst die Ziele und Anforderungen an die Adressierung zusammen und stellt dar, wie diese zu den Dimensionen und Komponenten der ServiceCast-Adressierung führen. Für jede dieser Dimensionen der Adressierung „Was", „Wo", „Wieviele" und „Wer" weist die ServiceCast-Adresse eine entsprechende Komponente auf. Diese werden im folgenden Abschnitt vorgestellt.

4.3 Komponenten der ServiceCast-Adresse

Die ServiceCast-Architektur bietet ein dienstbasiertes Adressierungsschema. Im Gegensatz zu systemzentrischer oder datenzentrischer Adressierung, welche Systeme bzw. Daten adressieren, sind bei der ServiceCast-Adresse Dienst-Instanzen Ziel der Adressierung. Zur dienstbasierten Adressierung werden durch die ServiceCast-Architektur, dem Ergebnis der Anforderungsanalyse folgend, die vier voneinander unabhängigen Komponenten Dienst-Bezeichner, Lokation, Quantifikator und Instanz-Nummer herangezogen. Die Komponenten der ServiceCast-Adresse sind ebenfalls in Abbildung 4.6 dargestellt.

- Der *Dienst-Bezeichner* referenziert einen Dienst und gibt damit indirekt Aufschluss über den Inhalt der Kommunikation. Er spezifiziert damit *was* adressiert werden soll und ist notwendige Komponente einer ServiceCast-Adresse.
- Die *Lokation* ermöglicht eine räumliche Einschränkung auf eine bestimmte Region des WSANs und gibt somit Aufschluss, *wo* sich die adressierte Instanz befinden soll. Sie kann als Spezialisierung der Adresse gesehen werden und

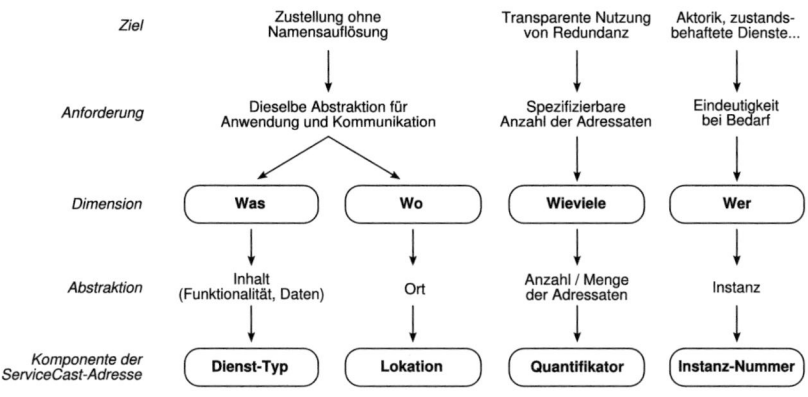

Abbildung 4.6 Zusammenhang zwischen den Zielen und den Komponenten der ServiceCast-Adresse

ist daher optional. Ist keine Lokation gegeben, wird das gesamte WSAN als Ziel-Region angenommen.

- Der *Quantifikator* spezifiziert die Anzahl adressierter Instanzen. Er legt fest, an *wieviele* Instanzen des gegebenen Dienstes die Dateneinheit zugestellt werden soll.

- Jede Instanz eines Dienstes trägt eine *Instanz-Nummer*, welche innerhalb der Instanzen desselben Dienstes eindeutig ist. Sie kann herangezogen werden, sobald eine eindeutige Adressierung notwendig wird. Die Instanz-Nummer legt damit fest, *wer* adressiert wird und ist ebenfalls optionaler Bestandteil der Adresse.

Tabelle 4.2 gibt einen Überblick über die vier Komponenten der ServiceCast-Adressierung und deren Bedeutung. Die einzelnen Komponenten werden im Folgenden detailliert vorgestellt.

4.3.1   Dienst-Bezeichner: Adressierung von Inhalten

Zur Spezifikation des adressierten Inhaltes nutzt die ServiceCast-Architektur die Bezeichner der Dienste. Der Dienst-Bezeichner ist das primäre und wichtigste Kriterium zur Adressierung. Er ist notwendiger Bestandteil jeder gültigen ServiceCast-Adresse und sagt aus *„was"* adressiert wird.

Komponente	Dimension	Bedeutung	
Dienst-Bezeichner	was	Spezifikation des Inhalts	(notwendig)
Lokation	wo	Beschränkung des adressierten Ortes	(optional)
Quantifikator	wieviele	Anzahl der Adressaten	(notwendig)
Instanz-Nummer	wer	Bindung an eine spezielle Instanz	(optional)

Tabelle 4.2 Bedeutung der Komponenten der ServiceCast-Adresse

75

Wird hier von der Adressierung von Inhalten gesprochen, bezieht sich dies sowohl auf die Adressierung von Funktionalität als auch auf die Adressierung von Daten. Der Dienst-Bezeichner gibt Aufschluss über die durch ihn angesprochene Funktionalität. Da jeder Dienst aber eine wohldefinierte, beschränkte Menge unterschiedlicher Typen von Dateneinheiten versendet, ist der Dienst-Bezeichner gleichzeitig auch ein Hinweis auf die in einer Dateneinheit enthaltenen Nutzdaten. Die Art der durch eine Dateneinheit übermittelten Nutzdaten ist daher unter Umständen bereits anhand des Dienst-Bezeichners ableitbar. Im Szenario „autonomes Gewächshaus" liefert eine Dienst-Instanz des Dienstes Temperatur-Sensor-Dienst Temperatur-Messwerte und eine Instanz des Dienstes Licht-Sensor-Dienst liefert entsprechend Messwerte der Helligkeit. Der Feuchte-Regler-Dienst sendet dementsprechend keine Messwerte, sondern Instruktionen für die Feuchte-Sensor- und die Feuchte-Aktor-Dienste.

Wie in Abschnitt 4.1 angemerkt wurde, ist die Menge fremder Dienste, welche von einem gegebenen Dienst in Anspruch genommen werden, bereits zur Entwicklungszeit des Dienstes bekannt. Die Bezeichner dieser Dienste können daher zur Adressierung herangezogen werden. Insbesondere müssen sie nicht erst zur Laufzeit des WSANs gelernt werden, sondern sind bereits während der Initialisierung des Netzes dem jeweiligen Dienst bekannt. Hier sei noch einmal ausdrücklich darauf hingewiesen, dass jedem Dienst ausschließlich die Bezeichner der Dienste bekannt sind, welche er selbst in Anspruch nimmt. Da sich die Menge der von einem Dienst in Anspruch genommenen Dienste zur Laufzeit des WSANs nicht ändert, wird die Flexibilität des Netzes dadurch nicht eingeschränkt. Ein Dienst muss nicht die Menge seiner Dienst-Nehmer kennen. Diese darf sich bei Erweiterung des Netzes um weitere Funktionalität ändern.

Die Adressierung anhand des Dienst-Bezeichners bezieht sich ausschließlich auf den adressierten Inhalt und damit auf die Funktionalität bzw. die beinhalteten Daten. Die Auswahl einer Instanz wird bei dieser Form der Adressierung dem Netz überlassen. Man kann daher auch von einem Anycast in die Menge der Instanzen des gegebenen Dienstes sprechen.

Die Menge der Dienste einer Anwendung ist endlich. Jedem Dienst kann daher a priori ein kompakter Bezeichner zugeordnet werden. Bei n unterschiedlichen Diensten kann die maximal notwendige Länge l des Bezeichners mit $l = \lceil \log_2(n) \rceil$ bit angegeben werden. Der Dienst-Bezeichner ist damit ein kompaktes Merkmal, welches sich – ähnlich eines System-Identifikators – durch eine Ganzzahl vollständig repräsentieren lässt. Im Gegensatz zu den bei datenzentrischer Adressierung verwendeten Schlüssel-Wert Paaren sind Dienst-Bezeichner zur Verwendung in herkömmlichen Routingtabellen geeignet. Basiert die Routing-Tabelle auf Dienst-Bezeichnern, beherbergt sie maximal einen Eintrag pro Dienst. Eine Routingtabelle für das Routing kürzester Pfade bei systemzentrischer Adressierung und nicht topologisch geordneten Identifikatoren benötigt dagegen einen Tabelleneintrag pro adressierbarem System[8]. Hier kann bereits festgehalten werden, dass in systemzen-

---

[8]Da die System-Identifikatoren nicht topologisch geordnet sind, können die Einträge in der Routing-Tabelle nicht aggregiert werden. Da kürzeste Pfade geroutet werden sollen, können nicht ganze Adressbereiche zum Routing an andere Systeme delegiert werden.

trisch adressierten Netzen die Größe der Routing-Tabelle mit der Anzahl adressierbarer Systeme wächst, während in dienstbasiert adressierten Netzen die Zahl der Einträge in der Routing-Tabelle mit der Anzahl unterschiedlicher Dienste im Netz wächst. Benötigt eine Anwendung also weniger unterschiedliche Dienste als das WSAN Systeme hat, führt die dienstbasierte Adressierung anhand von Dienst-Bezeichnern zu einer kleineren Routing-Tabelle. Die Einschränkung der dienstbasierten Adressierung ist, dass jedes System pro Dienst maximal eine einzige Instanz in der Routing-Tabelle referenziert, welche als einziger Repräsentant des Dienstes über die Tabelle auffindbar ist. Die referenzierte Instanz ist diejenige, welche nach der verwendeten Routing-Metrik die günstigste ist.

4.3.2 Lokation: Beschränkung der Ziel-Region

Viele Sensorwerte sind semantisch an die Lokation ihrer Messung gebunden. Unterschreitet beispielsweise der Messwert der Bodenfeuchte seine untere Schranke, ist diese Feststellung ohne Wissen über den genauen Ort der Messung von geringem Wert. Für die korrekte Interpretation des Messwertes in einem räumlich ausgedehnten Szenario ist die Lage des Messortes häufig eine wertvolle, in manchen Fällen sogar eine essentiell notwendige Information. In gleichem Maße wie der räumliche Bezug für die Interpretation von Messwerten essentiell sein kann, ist auch die Zustellung von Dateneinheiten, welche Dateninteresse bekunden sowie die Kommunikation mit lokal wirkender Aktorik, an eine jeweils spezifische Lokation gebunden. Daher ist es auch wichtig, einer Anwendung die Möglichkeit zu geben, Dateneinheiten im WSAN in eine bestimmte Region lenken zu können und damit die Suche nach einer geeigneten Dienst-Instanz räumlich zu beschränken. Die Lokation kann in diesem Sinne als einschränkende Nebenbedingung zum Dienst-Bezeichner gesehen werden. Sie gibt an, „wo" sich die gesuchte Instanz befinden soll. Die Lokation ergibt nur in Kombination mit einem Dienst-Bezeichner eine gültige ServiceCast-Adresse und beschränkt die oben beschriebene Adressierung auf Dienst-Bezeichner und die gegebene Region. Ist keine Lokation angegeben, bezieht sich die Adresse implizit auf das gesamte WSAN.

Die Art der Lokationsinformation innerhalb des Netzes kann unterschiedliche Formen annehmen und ist von der Anwendung, dem Ausbringungsort des WSANs sowie der zur Verfügung stehenden Hardwareausstattung der Systeme abhängig. Denkbar ist die Eingliederung der Systeme in ein globales Koordinatensystem wie es z. B. durch GPS-Koordinaten definiert wird. Aber auch lokale, nur innerhalb des WSANs gültige Koordinaten ohne direkte Verankerung in einem äußeren, globalen Koordinatensystem können für eine Sensornetz-Anwendung ausreichend sein. Dabei kann es sich sowohl um euklidische Koordinaten als auch um rein logische Koordinaten, wie z. B. Stockwerks- und Raumbezeicher innerhalb eines Gebäudes, handeln. Ebenso kann die Lokation topologische Strukturen des WSANs widerspiegeln. Die ServiceCast-Architektur verwendet in der hier beschriebenen Form zweidimensionale, euklidische Koordinaten ohne Bezug zu einem globalen Koordinatensystem. Bei Verwendung anderer – beispielsweise dreidimensionaler – Koordinaten muss das Schema zum Lokationsrouting entsprechend erweitert werden.

Wird die Verwendung der Lokationsangabe in Quell- und Ziel-Adressen betrachtet, ist es sinnvoll punktförmige von flächigen Lokationsangaben, welche im Folgenden als *Regionen* bezeichnet werden, zu unterscheiden. Eine Quell-Adresse bezeichnet den Absender der Dateneinheit, die Ziel-Adresse bezeichnet den oder die Adressaten. Jedes System befindet sich an einer eindeutig bestimmten Position. Und so ist auch die Position jeder Dienst-Instanz durch die Position seines Wirts-Systems eindeutig durch einen Punkt zu beschreiben. Da jede Dateneinheit genau eine Dienst-Instanz als Quelle (bzw. Absender) hat, ist die Lokationsangabe in einer Quell-Adresse immer als Punkt beschreibbar. Beispielsweise übermittelt die Überwachung der Boden-Feuchte im Szenario „Autonomes Gewächshaus" mit der Lokation des sendenden Sensors die wichtige Information, an welcher Stelle im Gewächshaus die Unterschreitung des Schwellenwertes festgestellt wurde, also an welcher Stelle Bedarf für Bewässerung besteht. Die Lokationsangabe in einer Ziel-Adresse erfüllt einen anderen Zweck. Sie soll den „Wirkungsbereich" der Adressierung beschränken und gibt an, dass sich der Adressat innerhalb einer spezifizierten Region befinden soll. Während das zuvor beschriebene Ereignis „Detektion des Wassermangels" von einem wohldefinierten Ort stammt, ist es nicht sinnvoll die Anweisung an den zugehörigen Aktor zur Bewässerung genau an die Lokation der Detektion zu adressieren. Denn es kann im Allgemeinen nicht davon ausgegangen werden, dass sich ein Aktor an der Position des Sensor-Dienstes befindet. Um den Bezug zum Messort wahren zu können enthalten Ziel-Adressen nicht einen Punkt, sondern eine Region als Lokationsangabe. Im Gewächshaus-Beispiel können so ein oder mehrere Aktoren adressiert werden, welche sich innerhalb einer definierbaren Region um die Ereignis-Quelle, also in der Nähe der Lokation des detektierten Wassermangels befinden.

An eine Region und ihre Darstellung werden drei Anforderungen gestellt:

1. Sie muss zusammenhängend sein, d. h. zwischen jedem Paar von Systemen der Region muss ein Pfad existieren, welcher sich vollständig innerhalb der Region befindet.

2. Eine Region muss über eine kompakte Repräsentation verfügen, um in wenigen Byte codierbar zu sein und als Teil der Adresse jeder Dateneinheit nur einen geringen Overhead zu verursachen.

3. Der Test eines Punktes auf Enthaltensein in der Region darf algorithmisch nicht aufwendig sein, um den Aufwand für Empfang und Weiterleitung einer Dateneinheit gering zu halten.

Eine geeignete Darstellung der Ziel-Region für einen zweidimensionalen, euklidischen Raum ist das Rechteck, welches durch zwei Raumkoordinaten $((x_1, y_1),$ $(x_2, y_2))$ hinreichend kompakt repräsentierbar ist. Der Enthaltenseinstest eines Punktes ist trivial durch Vergleich der Koordinaten möglich: Der Punkt $P :=$ (x_p, y_p) liegt in der Region $R := ((x_1, y_1), (x_2, y_2))$ genau dann, wenn die Bedingungen $x_1 \leq x_p \leq x_2$ und $y_1 \leq y_p \leq y_2$ gelten.

Eine weitere geeignete Form ist die Darstellung der Ziel-Region als Kreisscheibe K, welche durch die Raumkoordinate des Mittelpunktes (x, y) und den Radius r der Scheibe repräsentierbar ist. Der Enthaltenseinstest eines Punktes P ist durch eine Abstandsbestimmung zum Mittelpunkt möglich: Der Punkt $P := (x_p, y_p)$

liegt in der kreisförmigen Region $K := ((x,y), r)$ genau dann, wenn die Bedingung $\sqrt{(x_p - x)^2 + (y_p - y)^2} \leq r$ gilt.

Der Enthaltenseinstest schließt hier den Rand der Regionen jeweils mit ein. Beide Formulierungen der Ziel-Regionen sind analog auch in dreidimensionalen euklidischen Räumen als Quader (gegeben durch drei Raumkoordinaten) und Kugel (gegeben durch eine Raumkoordinate und den Radius) möglich. Im Folgenden wird die Region jedoch immer als Rechteck im zweidimensionalen euklidischen Raum aufgefasst.

4.3.3 Quantifikator: Anzahl der Instanzen

Der Quantifikator gibt an, *„wieviele"* Instanzen durch eine Adresse angesprochen werden sollen und definiert damit die *Multiplizität* der Adressierung. Er gibt den verwendeten Adressierungsmodus an und ist notwendiger Bestandteil jeder Service-Cast-Adresse. Der Quantifikator kann die folgenden Werte und zugehörigen Bedeutungen annehmen:

Q_INST:	Adressierung genau einer bestimmten Instanz des gegebenen Dienstes
Q_ANY:	Adressierung genau einer günstig erreichbaren Instanz des gegebenen Dienstes
Q_ALL:	Adressierung aller Instanzen des gegebenen Dienstes
Q_SOME:	Adressierung eines definierten Anteils der Instanzen des gegebenen Dienstes

Damit bildet er die aus klassischen Netzen bekannten Konzepte des Unicast, Anycast und Broadcast nach, welche für die Interpretationen „eine bestimmte Instanz", „eine günstig erreichbare Instanz" und „alle Instanzen" eines gegebenen Dienstes stehen. Darüber hinaus ist ein graduell abstufbarer Zwischenwert erlaubt, welcher einen definierten Anteil der Instanzen eines vorgegebenen Dienstes erreicht. Dieser neue Modus wird als *„Somecast"* bezeichnet.

Der Somecast stellt gerade für WSANs eine nützliche Erweiterung dar. So kann ein Dienst eine Anfrage an einen definierbaren Anteil der Instanzen eines Dienstes versenden. Eine Anwendung des Somecast ist die Möglichkeit, eine Messung über mehrere Messwerte, welche von unterschiedlichen Instanzen eines Dienstes stammen, mitteln zu können, ohne dabei das gesamte WSAN mit der Anfrage zu belasten. Im Gewächshaus-Szenario kann damit beispielsweise eine Instanz des Temperatur-Regler-Dienstes einen Anteil von 20 % der Instanzen des Temperatur-Sensor-Dienstes in einer definierten Region um eine Pflanze zur Überwachung der Grenzwerte instruieren. Die Anfrage wird per Somecast an etwa 20 % der Instanzen des Temperatur-Sensor-Dienstes zugestellt. Der Vorteil dieses Adressierungsmodus liegt darin, dass die Anfrage den restlichen 80 % der Instanzen des Dienstes *nicht* zugestellt wird, wodurch wertvolle Ressourcen in Form von verfügbarer Kommunikationsbandbreite eingespart werden können. Darüber hinaus bleiben auch 80 % der Instanzen inaktiv, d. h. sie müssen keine Überwachung des Phänomens durchführen, wodurch Energie eingespart werden kann. Gerade in großen Netzen mit vielen Teilnehmern kann dies zu wesentlichen Einsparungen führen.

Der Quantifikator einer Ziel-Adresse ist entsprechend dem gewünschten Adressierungsmodus frei wählbar. Der Quantifikator einer Quell-Adresse trägt immer den Wert Q_INST, da die Quell-Adresse immer eine bestimmte Dienst-Instanz, nämlich die Quelle der Dateneinheit, eindeutig referenziert.

Durch den Quantifikator wird die Anzahl der vom Netz auszuwählenden Instanzen vorgegeben. Dadurch hat der Quantifikator wesentlichen Einfluss auf den der Instanzauswahl zugrunde liegenden Algorithmus. Die Algorithmen zur Instanzauswahl werden in Kapitel 5.7 vorgestellt.

4.3.4 Instanz-Nummer: Auflösung von Mehrdeutigkeit

Während in vielen Fällen in WSANs keine eindeutige Adressierung der Instanzen gewünscht ist, kann die Notwendigkeit einer eindeutigen Identifikation des Kommunikationspartners in Einzelfällen notwendig werden. Anwendungsfälle sind – wie bereits diskutiert – die Antwort einer Instanz auf eine Anfrage sowie die Ansteuerung von Aktorik oder zustandsbehafteten Diensten.

Die ServiceCast-Architektur sieht vor, Instanzen desselben Dienstes anhand einer eindeutigen Instanz-Nummer zu unterscheiden. Die Instanz-Nummer dient zur Auflösung von Mehrdeutigkeit und gibt an, „wer" (im Sinne von: welche Instanz) adressiert wird. Die Instanz-Nummer ist nur innerhalb der Menge der Instanzen desselben Dienstes eindeutig. Zwei Instanzen unterschiedlicher Dienste dürfen dieselbe Instanz-Nummer aufweisen. Eine eindeutige Referenz auf eine bestimmte Instanz ist daher erst das Zwei-Tupel, bestehend aus Dienst-Bezeichner und Instanz-Nummer. Es identifiziert jede Instanz im Netz eindeutig und wird im Folgenden auch mit *Instanz-Identifikator* bezeichnet. Wie bereits aus dem einführenden Beispiel bekannt ist, wird hier auch die Schreibweise „Dienst-Bezeichner:Instanz-Nummer" als symbolische Schreibweise für einen speziellen Instanz-Identifikator verwendet.

An die Instanz-Nummer werden zwei Anforderungen gestellt:

1. Die Instanz-Nummer muss bei der Instanziierung eines Dienstes selbständig durch das jeweilige Wirts-System vergeben werden können.
2. Die Instanz-Nummer muss innerhalb der Instanzen eines Dienstes eindeutig vergeben sein.

Die erste Anforderung trägt dem Anspruch der Autokonfiguration Rechnung, also der Forderung, dass WSANs in der Lage sein müssen sich selbständig, ohne manuellen Eingriff, zu konfigurieren. Die zweite Anforderung ist notwendig, da die Instanz-Nummer in Kombination mit dem jeweiligen Dienst-Bezeichner als eindeutige Referenz der Instanz dienen soll.

Da eine dezentrale, verteilte Vergabe von garantiert eindeutigen Instanz-Nummern nicht ohne erheblichen Kommunikationsaufwand möglich ist, werden im Folgenden zwei alternative Vorgehensweisen vorgeschlagen. Die erste Vorgehensweise erfüllt dabei die beiden gestellten Anforderungen, benötigt aber eine zentrale Koordination. Die zweite Vorgehensweise ermöglicht eine vollkommen dezentrale Vergabe der Instanz-Nummern. Allerdings sind die Instanz-Nummern *nicht* garantiert eindeutig, d. h. Anforderung Nummer zwei kann hier nicht erfüllt werden. Da auf mögliche Kollisionen der Instanz-Nummern an entsprechender Stelle im Protokoll-Design Rücksicht genommen wird (vgl. Abschnitt 5.7.2), ist diese zweite alternative Vorgehensweise ebenfalls einsetzbar.

1. Die Instanz-Nummer kann von einem bekanntermaßen eindeutigen systemspezifischen Identifikator „geerbt" werden. Ein solcher Identifikator kann entweder vor Ausbringung des WSANs jedem System zentral koordiniert zugeordnet werden. Alternativ kann auch – falls vorhanden – ein eindeutiger Identifikator der Hardware, wie beispielsweise eine eindeutige Adresse des Transceivers, herangezogen werden. Transceiver standardisierter Medienzugriffsprotokolle (z. B. ZigBee, Bluetooth) tragen global eindeutige Identifikatoren, welche zentral koordiniert vergeben und bei der Produktion dem Chip fest zugeordnet werden. Es ist anzunehmen, dass auch eine für den WSAN-Bereich standardisierte MAC-Technologie über einen solchen Identifikator verfügen wird.

2. Alternativ dazu kann auch eine Zufallszahl als Instanz-Nummer eingesetzt werden. Diese wird von jedem System bei der Instanziierung selbständig gewählt und ist nur mit einer gewissen Wahrscheinlichkeit eindeutig. Anforderung Nummer eins ist erfüllt, die zweite Anforderung wird jedoch verletzt. Kann eine Anwendung jedoch damit umgehen, dass einer Dienst-Instanz mit geringer Wahrscheinlichkeit eine Dateneinheit zugestellt wird, welche zwar an den Dienst, nicht aber an diese Instanz adressiert ist, so stellt die zufällige Wahl der Instanz-Nummern keine Einschränkung und daher eine mögliche Alternative dar.

Ein Beispiel hierfür ist durch das Anwendungsszenario „Autonomes Gewächshaus" gegeben: Sollten beispielsweise zwei Instanzen eines Temperatur-Regler-Dienstes dieselbe Instanz-Nummer aufweisen, könnte dies dazu führen, dass Temperatur-Messwerte, welche an eine der beiden Instanzen gerichtet sind auch der zweiten Instanz zugestellt werden. Hier sind zwei Fälle zu unterscheiden: (1) Hat der Regler für die entsprechenden Messwerte ebenfalls Daten-Interesse bekundet, so kann der zusätzliche Messwert wie ein regulär empfangener verarbeitet werden. (2) Hat der Regler für die entsprechenden Messwerte kein Daten-Interesse bekundet, werden die zusätzlich empfangenen Dateneinheiten durch den Empfänger verworfen.

Die ServiceCast-Protokolle sind so entworfen, dass die entstehende Mehrdeutigkeit nur die Effizienz des Transports verringert, da Dateneinheiten im ungünstigsten Fall zusätzlich an weitere Instanzen ausgeliefert werden. Die Effektivität des Transports bleibt jedoch gewahrt, d. h. die eigentlich adressierte Instanz erhält die Dateneinheit trotz Kollision der Instanz-Nummern. Hierbei sei angemerkt, dass nicht jede Kollision zweier Instanz-Nummern automatisch zu einer reduzierten Effizienz der Zustellung führen muss. Für Details sei auf die Diskussion in Abschnitt 5.7.2 und auf die Evaluation in Abschnitt 7.2.5.1 verwiesen.

4.4 Verwendung der ServiceCast-Adressen

In den folgenden Abschnitten wird die Verwendung der ServiceCast-Adresse zunächst allgemein und auch anhand des bereits eingeführten Beispielszenarios vorge-

	mengenwertige Adresse	Einzel-Adresse
ohne Lokation	`<Bezeichner:Quant:>`	`<Bezeichner:Instanz-Nr:>`
mit Lokation	`<Bezeichner:Quant:Region>`	`<Bezeichner:Instanz-Nr:Punkt>`

Tabelle 4.3 Ausprägungen der ServiceCast-Adresse gruppiert nach mengenwertigen bzw. Einzel-Adressen sowie nach vorhandener bzw. nicht vorhandener Lokationsangabe

stellt. Dabei soll vermittelt werden, welche Adressierungsarten zur Verfügung stehen und wie diese zu verwenden sind.

4.4.1 Kurzschreibweise und Klassifikation der Ausprägungen

Zur Vereinfachung der Darstellung wird hier eine symbolische Kurzschreibweise der ServiceCast-Adresse eingeführt. Die Komponenten der ServiceCast-Adresse werden in spitzen Klammern „ $<$ " und „ $>$ ", getrennt durch jeweils einen Doppelpunkt „:", aufgeführt. An erster Stelle steht der Dienst-Bezeichner, gefolgt von entweder dem Quantifikator oder einer Instanz-Nummer. Der Quantifikator wird entweder unspezifiziert durch den Begriff `Quant` oder durch einen seiner möglichen Werte `Q_ANY`, `Q_ALL`, `Q_SOME` bezeichnet. `Quant` steht dann für eine beliebige Belegung des Quantifikators. Dabei ist insbesondere zu beachten, dass der Quantifikator nicht dargestellt wird, wenn die Adresse eine Instanz-Nummer enthält. In diesem Fall entfällt die explizite Angabe des Quantifikators, da dieser dann immer den Wert `Q_INST` hat. Die Instanz-Nummer wird ebenfalls entweder durch den Begriff `Instanz-Nummer` oder durch einen numerischen Wert angegeben. An dritter Stelle steht, falls vorhanden, die Lokationsangabe. Diese kann entweder in Form einer Region oder als Punkt gegeben sein und wird dementsprechend als `Region` oder `Punkt` dargestellt.

Die Darstellung hat die folgende Form[9]:
    `<Dienst-Bezeichner:Quant|Instanz-Nummer:[Region|Punkt]>`

In dieser Schreibweise ergeben sich vier gültige Ausprägungen der ServiceCast-Adresse, welche in Tabelle 4.3 nach zwei Kriterien gruppiert sind. Die Tabelle gliedert die Ausprägungen in zwei mengenwertige und zwei Einzel-Adressen. Die mengenwertigen Ausprägungen tragen Quantifikatoren, die Einzel-Adressen zeichnen sich durch die Instanz-Nummer aus. Jede der beiden Gruppen enthält je eine Ausprägung mit und eine ohne Lokationsangabe.

4.4.2 Quell- und Ziel-Adressen

Jede Dateneinheit trägt zwei Adressen, welche Gültigkeit im gesamten Netz, also Ende-zu-Ende Gültigkeit, besitzen. Eine der Adressen spezifiziert den oder die

---

[9]Wobei in Anlehnung an die gängige Schreibweise regulärer Ausdrücke „|" zwei Alternativen abgrenzt und Begriffe in eckigen Klammern „[]" als optional zu interpretieren sind.

Ausprägung der ServiceCast-Adresse	*Nutzbar als* Quell-Adresse	*Ziel-Adresse*
`<Dienst-Bezeichner:Quant:>`	Nein	Ja
`<Dienst-Bezeichner:Quant:Region>`	Nein	Ja
`<Dienst-Bezeichner:Instanz-Nummer:>`	Ja	Ja
`<Dienst-Bezeichner:Instanz-Nummer:Punkt>`	Ja	Ja

Tabelle 4.4 Verwendung der Ausprägungen als Quell- bzw. Ziel-Adresse

Adressaten (Ziel-Adresse), die andere gibt den Absender der Dateneinheit (Quell-Adresse) an. ServiceCast-Adressen adressieren immer Dienst-Instanzen, niemals Systeme.

Tabelle 4.4 fasst die vier Ausprägungen der ServiceCast-Adresse und ihre Verwendung als Quell- bzw. Ziel-Adresse zusammen. Die beiden mengenwertigen Ausprägungen sind nur als Ziel-Adresse zulässig, da eine Dateneinheit nicht von mehreren Quellen gleichzeitig stammen kann. Eine Quell-Adresse trägt immer eine Instanz-Nummer als eindeutige Referenz auf ihre Quell-Instanz. Diese Referenz wird verwendet, um die Duplikat-Detektion anhand einer durch den Sender vergebenen Sequenznummer zu ermöglichen. Daher ist die Referenz auf die Quell-Instanz nicht nur für die Beantwortung von Anfragen notwendig, sondern muss auch in Dateneinheiten enthalten sein, welche ausschließlich zur Verbreitung von Information im WSAN dienen. Somit kommen als Quell-Adresse nur die Ausprägungen `<Dienst-Bezeichner:Instanz-Nummer:>` und `<Dienst-Bezeichner:Instanz-Nummer:Punkt>` in Frage. Die Instanz-Nummer und der Dienst-Bezeichner in der Quell-Adresse dienen außerdem dazu, bei Bedarf eine Spur zur Quell-Instanz im WSAN zu etablieren. Als *Spur* wird hier der temporär gehaltene Zustand in den Zwischensystemen bezeichnet, welcher den Weg markiert, den eine Dateneinheit durch das WSAN genommen hat. Dazu speichert jedes weiterleitende System temporär sowohl den Instanz-Identifikator des Senders, als auch den Nachbarn, von welchem die Dateneinheit empfangen wurde. Eine Dateneinheit, welche eine Spur im WSAN etabliert hat, kann mit der Ziel-Adresse der Ausprägung `<Dienst-Bezeichner:Instanz-Nummer:>` bzw. `<Dienst-Bezeichner:Instanz-Nummer:Punkt>` beantwortet werden. Mit dieser Ausprägung kann also eine Dateneinheit an die Quell-Instanz einer zuvor empfangenen Dateneinheit gesendet werden. Die Ausprägung dient also zur Beantwortung von Anfragen oder zur Bestätigung eines Datenempfangs.

4.4.3 Semantik der Adressierung und Zustellung

Die Ziel-Adresse der ServiceCast-Dateneinheit bestimmt den Algorithmus zum Auffinden und Auswählen von Instanzen. Das Auffinden von Instanzen orientiert sich vornehmlich am Dienst-Bezeichner und – falls diese gegeben ist – an der Lokation. Der Algorithmus zur Instanzauswahl ist wesentlich vom Quantifikator abhängig.

Die Zustellung einer Dateneinheit per Anycast, Broadcast und Somecast ist in Abbildung 4.7 dargestellt. Die entsprechenden Übertragungen sind dort als „Anfrage" gekennzeichnet, da es sich hierbei um die initiale Übertragung einer Dateneinheit

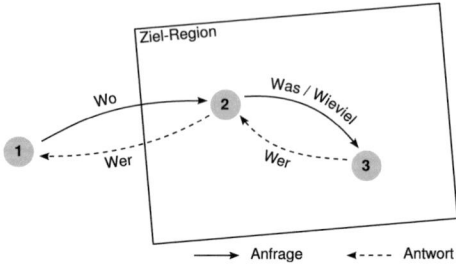

Abbildung 4.7 Zweistufige Zustellung von Dateneinheiten

handeln kann. Damit wird von der Übertragung einer „Antwort" unterschieden, welcher eine „Anfrage" vorausgehen muss. Die Zustellung einer Anfrage gliedert sich in zwei Schritte:

1. Die Dateneinheit wird zunächst in die Ziel-Region geroutet. Dazu wird die Lokationsangabe (Dimension „Wo") in der Ziel-Adresse ausgewertet und die Dateneinheit mit Hilfe eines Geo-Routing-Algorithmus in die Ziel-Region geleitet. Ist keine Ziel-Region gegeben, gilt das gesamte Netz als Ziel-Region und die Weiterleitung per Geo-Routing entfällt. Zu beachten ist, dass eine Dateneinheit nur dann an eine Instanz ausgeliefert wird, wenn sich diese innerhalb der spezifizierten Ziel-Region befindet.

2. Innerhalb der Ziel-Region beschränkt der Dienst-Bezeichner (Dimension „Was") die zur Wahl stehenden Instanzen, der Quantifikator (Dimension „Wieviele") legt den Algorithmus zur Instanzauswahl fest. Innerhalb der Ziel-Region ist für das Auffinden und Auswählen der Instanzen derselbe Algorithmus zuständig.

Ist eine Dateneinheit per Unicast an einen speziellen Instanz-Identifikator adressiert, so kann diese nur zugestellt werden, wenn unmittelbar zuvor bereits eine Kommunikation mit der angegebenen Instanz stattgefunden hat; eine Spur zwischen den beiden Instanzen wurde bereits etabliert. In diesem Fall wird die Dateneinheit anhand der Dimension „Wer" und der etablierten Spur weitergeleitet. In der Abbildung ist dieser Fall durch die Benennung der Dateneinheit als „Antwort" kenntlich gemacht.

Die möglichen Fälle der Zustellung innerhalb der Ziel-Region werden nachfolgend im Einzelnen beschrieben.

4.4.3.1 Dienstbasierter Unicast zu bekannter Instanz-Nummer

Die eindeutige Adressierung einer Dienst-Instanz anhand eines Instanz-Identifikators ist nur dann möglich, wenn unmittelbar zuvor eine Dateneinheit von dieser Instanz empfangen wurde, welche den Instanz-Identifikator des Absenders auf allen Zwischensystemen bekannt gemacht hat. Dieser auf den Zwischensystemen etablierte Zustand wird als *Spur* bezeichnet und ist nur temporär im Netz verfügbar. Nach Ablauf einer vordefinierten Frist verfällt die Spur auf allen Zwischensystemen und wird von diesen gelöscht. Diese Vorgehensweise wird auch als Soft-State bezeichnet. Solange die Spur vorhanden ist, kann die Instanz anhand ihres Instanz-Identifikators adressiert und aufgefunden werden. Jede Benutzung des etablierten Pfades verlängert dessen Lebensdauer, indem das Verfallsdatum des Zustandes auf dem Zwischensystem bei Weiterleitung einer Dateneinheit entsprechend verlängert wird.

Eine Dateneinheit hinterlässt nur bei Bedarf eine Spur im Netz. Dazu wird im Paketkopf der Dateneinheit ein Flag, das sogenannte *Trace-Flag*, gesetzt. Dieses wird von jedem weiterleitenden System ausgewertet und anhand des Wertes entschieden, ob die Spur zu speichern ist oder nicht. Eine Dienst-Instanz kann also nur dann eindeutig durch den Dienst-Identifikator adressiert werden, wenn von dieser zuvor eine Dateneinheit mit gesetztem Trace-Flag empfangen wurde. Die Übertragung aller anderen Dateneinheiten etabliert keine Spur im Netz, wodurch der Speicherplatz zum Vorhalten des temporären Zustandes eingespart wird.

Hier fließt die Annahme aus Abschnitt 1.2 ein, dass der drahtlose Kanal – zumindest im statistischen Mittel – ein nahezu symmetrisches Verhalten aufweist. D. h. die Wahrscheinlichkeit eine von einem Nachbarn versendete Dateneinheit zu empfangen ist etwa genauso groß wie die Wahrscheinlichkeit, dass eben dieser Nachbar eine vom aktuellen System gesendete Dateneinheit empfangen kann.

4.4.3.2 Dienstbasierter Anycast

Der dienstbasierte Anycast adressiert die am günstigsten erreichbare Instanz des gegebenen Dienstes. Die Instanzauswahl wird von der ServiceCast-Architektur vorgenommen und kann von der Anwendung nicht beeinflusst werden. Dazu wird die Dateneinheit ab Erreichen der Ziel-Region auf dem günstigsten Weg zur nächstgelegenen Dienst-Instanz weitergeleitet. Benachbarte Systeme lernen die Verfügbarkeit erreichbarer Dienst-Instanzen über den Austausch von Routing-Informationen. Diese werden in einer Routing-Tabelle verwaltet. Da die Routing-Tabelle für die Zustellung per Anycast ausgelegt ist, benötigt diese für jeden Dienst maximal einen Eintrag. Jedes System lernt für jeden erreichbaren Dienst den Next-Hop Nachbar zu der am günstigsten erreichbaren Dienst-Instanz sowie die erwarteten Kosten für die Weiterleitung. Die Kosten für die Weiterleitung werden als die erwartete Anzahl an Übertragungen zur jeweiligen Instanz über mehrere Hops erfasst. Durch diese Metrik kann insbesondere dem probabilistischen Charakter des drahtlosen Kanals Rechnung getragen werden.

4.4.3.3 Dienstbasierter Broadcast

Zeigt der Quantifikator, dass alle Dienst-Instanzen innerhalb der Ziel-Lokation erreicht werden sollen, kann die Nachricht innerhalb der gegebenen Lokation geflutet werden. Dazu leitet jedes System, welches sich innerhalb der Ziel-Region befindet, die Dateneinheit an alle erreichbaren Nachbarsysteme weiter. Die Weiterleitung geschieht unter Vermeidung von Duplikaten. Aufgrund der Eigenschaft, dass Regionen zusammenhängend sein müssen, sind alle Instanzen der Ziel-Region erreichbar.

Die Möglichkeit, eine Anfrage zusätzlich zum Dienst-Bezeichner regional beschränken zu können, schafft einen wesentlichen Unterschied zum herkömmlichen, netzweiten Fluten einer Dateneinheit. Ohne Angabe einer Ziel-Region ist zwar die Möglichkeit gegeben alle Dienst-Instanzen im gesamten Netz zu erreichen, doch sollte diese Adressierungsform aufgrund der hohen Belastung für das Netz nur gewählt werden, wenn dies auch aus Sicht der Anwendung unbedingt notwendig ist. In vielen Fällen kann an dieser Stelle statt eines Broadcast ein Somecast Anwendung finden.

4.4.3.4 Dienstbasierter Somecast

In vielen Fällen ist es für die Anwendung ausreichend, statt aller Instanzen eines Dienstes, nur einen reduzierten Anteil der Instanzen zu adressieren. Diese Funktionalität wird durch den Somecast bereit gestellt. Ein Anwendungsfall für den Somecast ist eine stichprobenartige Abfrage von Sensor-Diensten. Im Szenario „autonomes Gewächshaus" benötigt beispielsweise der Temperatur-Regler-Dienst nicht die Information *aller* verfügbaren Temperatur-Sensor-Dienste, um seine Regelung zuverlässig durchführen zu können. Für den Temperatur-Regler-Dienst ist es hinreichend, einen gewissen Anteil der verfügbaren Instanzen des Temperatur-Sensor-Dienstes mit der Überwachung der Temperatur zu beauftragen.

Der Somecast nimmt eine probabilistische Instanzauswahl vor, welche die Verteilung einer Anfrage mit abstufbarer Netzabdeckung ermöglicht. Dabei breitet sich die Anfrage in Form eines Zufallsbaumes innerhalb der vorgegebenen Ziel-Region aus.

4.5 Modellierung des Szenarios „Autonomes Gewächshaus" unter Verwendung der ServiceCast-Architektur

Abschließend wird die Verwendung von ServiceCast-Adressen im Beispielszenario „Autonomes Gewächshaus" demonstriert. Das Beispiel zeigt, wie das Informationsbedürfnis der Anwendung direkt in ServiceCast-Adressen abgebildet werden kann. Dateneinheiten können anhand dieser Adressen – ohne die Notwendigkeit einer weiteren Namensauflösung – direkt an die jeweiligen Instanzen zugestellt werden.

Die Kommunikation im Szenario lässt sich – unter Vernachlässigung von Bestätigungsnachrichten – in fünf Schritte gliedern. Im Folgenden wird für diese fünf Schritte die jeweils notwendige Adressierung erläutert. Abbildung 4.8 greift dazu die Skizze des Regelkreises aus Abbildung 4.2 auf. Für jede Kommunikationsbeziehung ist in nebenstehender Tabelle die Adressierung aufgeführt.

(1) Der Instruktor-Dienst (I) instruiert den Temperatur-Regler-Dienst (TR). Die Dateneinheit wird per Anycast an eine Instanz des Dienstes Temperatur-Regler übertragen. Die Ziel-Adresse hat die Form <TR:Q_ANY:>. Da der Instruktor-Dienst eine Bestätigung der Regler-Dienste (nicht dargestellt) erwartet, ist das Trace-Flag gesetzt. Die Quell-Adresse der Dateneinheit informiert den Regler über die Lokation des Instruktors Pkt_I. Da der Instruktor immer gemeinsam mit der Pflanze in das Gewächshaus eingebracht wird, entspricht Pkt_I ebenfalls der Lokation der Pflanze. Weiter trägt die Quell-Adresse die Instanz-Nummer des Absenders INr_I. Die Quell-Adresse hat die Form <I: INr_I:Pkt_I>.

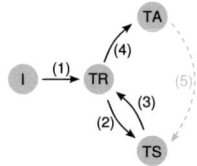

(a)   Kommunikations-
       beziehungen

Nr.	Ziel-Adresse	Quell-Adresse	Trace-Flag
(1)	<TR:Q_ANY:>	<I:INr$_I$:Pkt$_I$>	Wahr
(2)	<TS:Q_SOME:Reg$_I$>	<TR:INr$_{TR}$:>	Wahr
(3)	<TR:INr$_{TR}$:>	<TS:INr$_{TS}$:Pkt$_{TS}$>	Falsch
(4a)	<TA:Q_ANY:Reg$_{TS}$>	<TR:INr$_{TR}$:>	Wahr
(4b)	<TA:INr$_{TA}$:>	<TR:INr$_{TR}$:>	Falsch

(b) Adressierung

Abbildung 4.8 Adressierung der Kommunikationsbeziehungen zwischen den Diensten im Szenario „Autonomes Gewächshaus".

(2) Der Temperatur-Regler-Dienst registriert sein Interesse an Temperatur-Sensor-Daten bei Instanzen des Temperatur-Sensor-Dienstes in der Umgebung der Pflanze. Die Umgebung der Pflanze ist durch die Region Reg$_I$ beschrieben und wurde aus der empfangenen Lokationsinformation Pkt$_I$ abgeleitet. Das Interesse wird per Somecast an Instanzen des Dienstes Temperatur-Regler übertragen. Die Ziel-Adresse hat daher die Form <TS:Q_SOME:Reg$_I$>. Da die Übertragung von Messwerten als Antwort erwartet wird, muss die Dateneinheit mit gesetztem Trace-Flag übertragen werden. Das Trace-Flag zeigt an, dass die Dateneinheit eine Spur im Netz etablieren soll. Da die Lokation des Regler-Dienstes nicht relevant ist, hat die Quell-Adresse die Form <TR:INr$_{TR}$:>.

(3) Bei Unterschreiten des unteren Schwellenwertes oder Überschreiten des oberen senden die Instanzen des Temperatur-Sensor-Dienstes den aktuellen Messwert an die Instanz des Regler-Dienstes, welcher das Interesse registriert hat. Der Instanz-Identifikator ist aus der Registrierung des Dateninteresses (2) bekannt. Die Übertragung der Messwerte geschieht per Unicast an <TR:INr$_{TR}$:>. Das Trace-Flag ist nicht gesetzt. Die Quell-Adresse ist <TS:INr$_{TS}$:Pkt$_{TS}$>.

(4a) Der Regler-Dienst generiert aus dem empfangenen Messwert eine Vorgabe für den Aktor. Diese wird per Anycast an einen Temperatur-Aktor-Dienst in der Umgebung Pkt$_{TS}$ der Instanz des Temperatur-Sensor-Dienstes übermittelt, welche den Messwert gemeldet hat. Die Übertragung erfolgt mit Ziel-Adresse <TA:Q_ANY:Pkt$_{TS}$> und Quell-Adresse <TR:INr$_{TR}$:>. Das Trace-Flag ist gesetzt, so dass der Aktor den Erhalt der neuen Vorgabe bestätigen kann. Die Bestätigungsnachricht (nicht dargestellt) enthält die Instanz-Nummer des Temperatur-Aktor-Dienstes INr$_{TA}$, welche zur Übertragung weiterer Vorgaben an dieselbe Instanz verwendet werden kann.

(4b) Soll eine zweite Instruktion an eine bereits benachrichtigte Instanz des Temperatur-Aktor-Dienstes gesendet werden, so kann dies per Unicast an die Ziel-Adresse <TA:INr$_{TA}$:> geschehen.

4.6 Zusammenfassung

Im vorliegenden Kapitel wurde die ServiceCast-Adressierung, eine Abstraktion zur Adressierung von Funktionalität in WSANs, vorgestellt. Die Abstraktion beruht auf einer hybriden Adressierung, bestehend aus den vier Komponenten „Dienst-Bezeichner", „Lokation", „Instanz-Nummer" und „Quantifikator" sowie Mechanismen zur Dienstfindung und Instanzauswahl.

Dadurch werden die folgenden Formen der Adressierung eines Kommunikationspartners durch eine Ziel-Adresse direkt unterstützt:

- Adressierung genau einer günstig erreichbaren Instanz eines Dienstes (Anycast)
- Adressierung eines graduell abstufbaren Anteils der Instanzen eines Dienstes (Somecast)
- Adressierung aller erreichbaren Instanzen eines Dienstes (Broadcast)
- Adressierung einer bestimmten Instanz eines Dienstes, von welcher bereits eine Dateneinheit mit gesetztem Trace-Flag empfangen wurde (Unicast)

Alle genannten Formen der Adressierung können sich wahlweise entweder auf das gesamte Netz oder auf eine beschränkte Ziel-Region beziehen. Eine Absender-Adresse bezeichnet immer eine bestimmte Instanz eines Dienstes. Diese kann wahlweise die Lokation des Absenders enthalten oder nicht enthalten.

Die ServiceCast-Adresse verspricht folgende Vorteile gegenüber anderen Ansätzen:

- Das Informationsbedürfnis der Anwendung kann direkt in Adressen umgesetzt werden, welche von der Kommunikationsarchitektur ohne einen Umweg über eine Namensauflösung an die entsprechenden Instanzen zugestellt werden können.
- Es ist keine Indirektion über eine Namensauflösung notwendig. Dadurch wird einerseits ein potentieller „single point of failure" vermieden. Andererseits ist keine zusätzliche Kommunikation zur Namensauflösung notwendig, welche neben dem notwendigen Kommunikationsaufwand auch die Verzögerung bis zur Zustellung der eigentlichen Nutzdaten erhöht.
- Es besteht i. A. keine enge Bindung zwischen den kommunizierenden Entitäten, was eine transparente Nutzung von redundant vorhandener Datenquellen und Funktionalität ermöglicht. Dies ermöglicht die Bekundung von Interesse an beliebigen Daten sowie die Inanspruchnahme von Funktionalität ohne explizite Kenntnis der Identität der Datenquelle bzw. des Diensterbringers.
- In vielen Anwendungen kann auf dauerhaft global eindeutige System-Identifikatoren verzichtet werden. Falls diese in einer Anwendung doch notwendig sind, müssen diese nicht im gesamten Netz bekannt sein.
- Die Adressierung von Diensten erlaubt eine Größenreduktion der Routingtabellen, da es weniger unterschiedliche Dienste als System-Identifikatoren gibt.

5. Die ServiceCast-Architektur

In diesem Kapitel wird die Struktur und Funktionsweise der ServiceCast-Architektur vorgestellt. Die ServiceCast-Architektur ermöglicht die dienstbasierte Kommunikation in drahtlosen Sensor-Aktor-Netzen. Sie umfasst alle notwendigen Komponenten und Protokolle zur Kommunikation basierend auf der in Kapitel 4 vorgestellten ServiceCast-Adressierung.

Zur Vorstellung der ServiceCast-Architektur wird zunächst in Abschnitt 5.1 auf die Struktur eines dienstbasierten ServiceCast-WSANs sowie anschließend in Abschnitt 5.2 auf den Aufbau eines einzelnen Systems eingegangen. Dabei werden die Komponenten der Architektur, ihre jeweiligen Aufgaben, Schnittstellen und ihr Zusammenwirken im Überblick vorgestellt. Daran schließt sich in den Abschnitten 5.3 bis 5.8 eine detaillierte Betrachtung der einzelnen Komponenten, Datenstrukturen und Signalisierungsprotokolle an. Die Reihenfolge ihrer Vorstellung orientiert sich im Wesentlichen an der Reihenfolge, in der die Komponenten für eine von der Funk-Schnittstelle eintreffende Dateneinheit relevant werden.

5.1 Struktur eines dienstbasierten ServiceCast-WSANs

Ein dienstbasiertes ServiceCast-WSAN besteht aus einer Menge von Sensor-Aktor-Systemen, welche über eine Funk-Schnittstelle miteinander kommunizieren. Das Netz folgt der in Kapitel 4.1 vorgestellten Struktur für dienstorientierte WSANs. Danach zerfällt die Anwendung entsprechend ihrer funktionalen Bausteine in Dienste. Jedes System des Netzes kann mehrere Instanzen unterschiedlicher Dienste instanziieren und damit deren Funktionalität anbieten. Jede Instanz kann von Instanzen anderer Systeme sowie von lokalen Instanzen in Anspruch genommen werden. Dazu tauschen sie dienstspezifische Kontroll- und Nutzdaten miteinander aus, welche beispielsweise Kommandos, Parameter, Messwerte oder andere Daten enthalten. Instanzen adressieren sich gegenseitig anhand von ServiceCast-Adressen. Jede

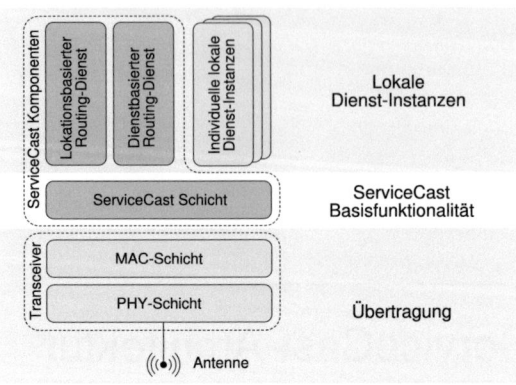

Abbildung 5.1 Protokoll-Stapel eines ServiceCast-Systems

Dienst-Instanz kann andere Instanzen desselben Dienstes oder auch Instanzen eines beliebigen anderen Dienstes adressieren. Bei Bedarf kann die Adressierung zusätzlich durch die Vorgabe einer geographischen Ziel-Region verfeinert werden. Zum wiederholten Datenaustausch und für die Zustellung von Antworten zwischen zwei Instanzen kann zwischen ihnen ein temporärer Verbindungskontext, eine sog. Spur, etabliert werden. Während die Systeme innerhalb der WSAN-Anwendung durch die individuelle Auswahl der von ihnen instanziierten Dienste spezialisierte Aufgaben haben können, erfüllt jedes System in Bezug auf die ServiceCast-Architektur dieselben Aufgaben, d. h. keinem der Systeme kommen ausgezeichnete Rollen im Netz oder besondere Verwaltungsaufgaben zu. Die Systeme unterscheiden sich daher nur in der individuellen Auswahl an lokal verfügbaren Diensten. Für jeden angebotenen Dienst beherbergt ein System eine Instanz des entsprechenden Dienstes.

Jedes System eines ServiceCast-WSANs implementiert den, in Abbildung 5.1 dargestellten, Protokoll-Stapel. Dieser lässt sich vertikal in drei Abschnitte strukturieren: Die Menge der *lokalen Dienst-Instanzen* bildet den obersten Abschnitt. Er enthält die für jedes System individuelle Auswahl an Dienst-Instanzen. Die Gesamtheit der Dienst-Instanzen im WSAN bildet die Anwendung des Netzes. Neben den individuellen Dienst-Instanzen sind zwei spezielle Dienste der ServiceCast-Architektur vorhanden. Sie implementieren jeweils einen Teil des hybriden Routing- und Weiterleitungsschemas. Im darunter liegenden Abschnitt des Protokoll-Stapels befindet sich die *ServiceCast-Basisfunktionalität*. Sie ist innerhalb der ServiceCast-Schicht implementiert und umfasst die Verwaltung der lokalen Dienst-Instanzen, die Zustellung eingehender Dateneinheiten an die Instanzen sowie die Pflege gemeinsamer Datenstrukturen. Der unterste Abschnitt umfasst den Teil des Protokoll-Stapels, welcher zur *Übertragung von Dateneinheiten* zwischen direkt benachbarten Systemen notwendig ist. Er enthält die Antenne, die Bitübertragungsschicht (PHY-Schicht) sowie die Sicherungsschicht (MAC-Schicht). Die PHY- und MAC-Schicht werden im Folgenden auch gemeinsam als Transceiver bezeichnet. An den Transceiver werden die folgenden Anforderungen gestellt:

- Der Transceiver überträgt wohldefinierte Dateneinheiten per Funk.
- Der Transceiver erkennt Übertragungsfehler der Dateneinheiten und verwirft fehlerhaft übertragene Dateneinheiten.
- Der Transceiver ermöglicht die Unterscheidung benachbarter Systeme anhand von MAC-Adressen. Dabei kann es sich sowohl um netzweit eindeutige als auch um nur lokal eindeutige[10] Adressen handeln.
- Der Transceiver ermöglicht den Datenaustausch zwischen benachbarten Systemen per Unicast (Übertragung zu einem einzigen Nachbarn) und Broadcast (Übertragung an alle erreichbaren Systeme)
- Die Übertragung per Unicast ist zuverlässig, d. h. der korrekte Empfang der Übertragung wird vom Empfänger bestätigt. Bei Ausbleiben der Bestätigung veranlasst der Transceiver des Senders eine Neuübertragung. Die maximale Anzahl an Übertragungsversuchen pro Dateneinheit ist beschränkt.

5.2 Aufbau eines ServiceCast-Sensor-Aktor-Systems

Der folgende Abschnitt gibt einen Überblick über den Aufbau und die Funktionsweise des Protokoll-Stapels eines einzelnen ServiceCast-Sensor-Aktor-Systems. Darin werden zunächst die Komponenten der ServiceCast-Architektur und ihre Aufgaben vorgestellt. Anhand der Schnittstellen und Datenpfade werden die Beziehungen der Komponenten zueinander erläutert. Daran schließt sich die Beschreibung des Zusammenspiels von lokationsbasiertem und dienstbasiertem Routing an.

5.2.1 Komponenten und deren Aufgaben

Die ServiceCast-Architektur ist eine Architektur zur dienstbasierten Adressierung und Vermittlung in WSANs. Damit nimmt die ServiceCast-Architektur Aufgaben der Vermittlungsschicht wahr und befindet sich so im Protokoll-Stapel als Bindeglied zwischen der MAC-Schicht des Transceivers und den lokalen Dienst-Instanzen. Weiter übernimmt die ServiceCast-Schicht die Aufgabe der Verwaltung lokaler Dienst-Instanzen. Abbildung 5.2 zeigt die drei ServiceCast-Komponenten nebst lokaler Dienst-Instanzen sowie deren Lage innerhalb des Protokoll-Stapels. Die Pfeile in der Abbildung deuten den Austausch von Dateneinheiten an. Pfeile mit durchgezogenem Schaft stehen für ServiceCast-Dateneinheiten, Pfeile mit durchbrochenem Schaft stehen für den Austausch dienstspezifischer Nutzdaten von oder zu lokalen Dienst-Instanzen. Im Folgenden werden die ServiceCast-Komponenten im Einzelnen erläutert:

1. Die Menge der *individuellen lokalen Dienst-Instanzen* ist der Teil der WSAN-Anwendung, welcher vom jeweiligen System erbracht wird. Jede dieser Dienst-Instanzen kann von Instanzen anderer Systeme adressiert und angesprochen werden.

---

[10]Mit lokaler Eindeutigkeit der MAC-Adressen wird gefordert, dass jede MAC-Adresse innerhalb einer 2-Hop Umgebung eindeutig sein muss.

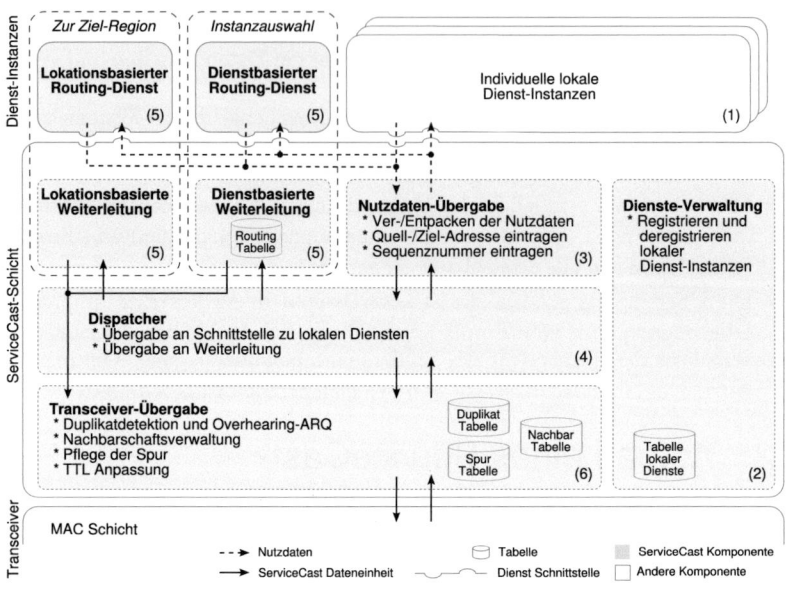

Abbildung 5.2 ServiceCast-Komponenten

2. Jede lokale Dienst-Instanz registriert sich nach ihrer Instanziierung mit ihrem jeweiligen Dienst-Bezeichner bei der *Dienste-Verwaltung* als lokale Dienst-Instanz. Bei diesem Vorgang wird der Instanz ihre Instanz-Nummer zugewiesen. Die Dienste-Verwaltung pflegt die Menge der lokal instanziierten Dienste in der *Tabelle lokaler Dienste*. Jede registrierte Instanz kann sich bei Bedarf zur Laufzeit eine neue Instanz-Nummer zuweisen lassen. Vor Beendigung einer Dienst-Instanz meldet sich diese bei der Dienste-Verwaltung ab.

3. Die Komponente *Nutzdaten-Übergabe* ist an der Schnittstelle zu den lokalen Dienst-Instanzen angesiedelt. Sie nimmt zu versendende Dateneinheiten der lokalen Dienst-Instanzen entgegen und bereitet diese für die Weiterleitung vor. Dazu gehört insbesondere die Einbettung der Nutzdaten in die ServiceCast-Dateneinheit sowie die Anpassung der Adress-Felder und der Sequenznummer im Kopf der Dateneinheit. Analog dazu ist die Komponente auch für die Zustellung eingehender Dateneinheiten an die lokalen Dienst-Instanzen zuständig. Dazu extrahiert sie die Nutzdaten aus der ServiceCast-Dateneinheit und übergibt die Nutzdaten an die entsprechende Dienst-Instanz.

4. Der *Dispatcher* ist die zentrale Verteilstelle für alle Dateneinheiten. Hier treffen sowohl ausgehende Dateneinheiten der lokalen Dienst-Instanzen als auch vom Transceiver stammende, eingehende Dateneinheiten zusammen. Für jede dieser Dateneinheiten entscheidet der Dispatcher, durch welche Komponente sie weiterzuverarbeiten ist. Dabei kann sie entweder über die Nutzdaten-

Übergabe an eine der lokalen Dienst-Instanzen zugestellt werden, oder zur Weiterleitung an eine der Weiterleitungskomponenten übergeben werden.

5. Die *Module zum Routing und zur Weiterleitung* sind für das Routing und die Weiterleitung der Dateneinheiten zuständig. Diese Module sind jeweils zweigeteilt und bestehen aus einer Weiterleitungs- und einer Routing-Komponente. Die Weiterleitungskomponente ist für die Auswahl des Nachbarn zuständig, an den eine Dateneinheit im nächsten Schritt zu übertragen ist. Die dazu notwendigen Informationen werden durch die jeweils zugehörige Routing-Komponente bereit gestellt und gepflegt. Während die Komponente Weiterleitung sich innerhalb der ServiceCast-Schicht befindet, gehört die Routing-Komponente zur Menge der lokalen Dienst-Instanzen. Die ServiceCast -Architektur verfügt standardmäßig über zwei Module zum Routing und zur Weiterleitung, wovon eines für die lokationsbasierte und das andere für die dienstbasierte Weiterleitung zuständig ist. Die Module zum dienstbasierten Routing und zur dienstbasierten Weiterleitung pflegen und nutzen Informationen über die Verfügbarkeit nicht-lokaler Dienst-Instanzen in einer *Routing-Tabelle*. Die lokationsbasierte Weiterleitung kommt ohne eine Routing-Tabelle aus. Die ServiceCast-Architektur bietet ausschließlich unzuverlässigen Transport und Zustellung von Dateneinheiten an. Die Überwachung der korrekten Ende-zu-Ende Zustellung durch eine Bestätigungsnachricht obliegt bei Bedarf den Diensten der Anwendung.

6. Die *Transceiver-Übergabe-Komponente* nimmt Dateneinheiten vom Transceiver entgegen. Alle beim Empfang einer Dateneinheit notwendigen Vorgänge werden hier initiiert und durchgeführt. Dazu gehören die Detektion von mehrfach empfangenen Dateneinheiten, die Pflege der Statistiken über benachbarte Systeme, die Pflege der Spur zum Sender einer Dateneinheit sowie die Anpassung des in jeder Nachricht enthaltenen TTL-Feldes zur Beschränkung der Weiterleitung. Dazu pflegt die Komponente die drei zentralen Datenstrukturen *Duplikat-Tabelle*, *Nachbar-Tabelle* und *Spur-Tabelle*. Für ausgehende Dateneinheiten überwacht und veranlasst die Komponente bei Bedarf Übertragungswiederholungen.

5.2.2 Zusammenspiel von dienstbasierter und lokationsbasierter Weiterleitung

Die ServiceCast-Architektur basiert auf einem hybriden Routing-Schema, welches lokationsbasiertes und dienstbasiertes Routing miteinander vereint. Das Routing von Dateneinheiten mit den Quantifikator-Werten Q_ALL, Q_ANY und Q_SOME in der Ziel-Adresse[11] läuft daher in zwei Phasen ab: Die Dateneinheit wird zunächst durch die lokationsbasierte Weiterleitung in die Ziel-Region gebracht. Dort wird die Dateneinheit durch die dienstbasierte Weiterleitung zu einer Instanz des adressierten Dienstes geleitet. Abbildung 5.3 verdeutlicht beispielhaft den Datenpfad innerhalb des Protokoll-Stapels bei der Weiterleitung einer Dateneinheit an eine Instanz

---

[11]Die Zustellung von Dateneinheiten mit Ziel-Quantifikator Q_INST orientiert sich ausschließlich an der Spur.

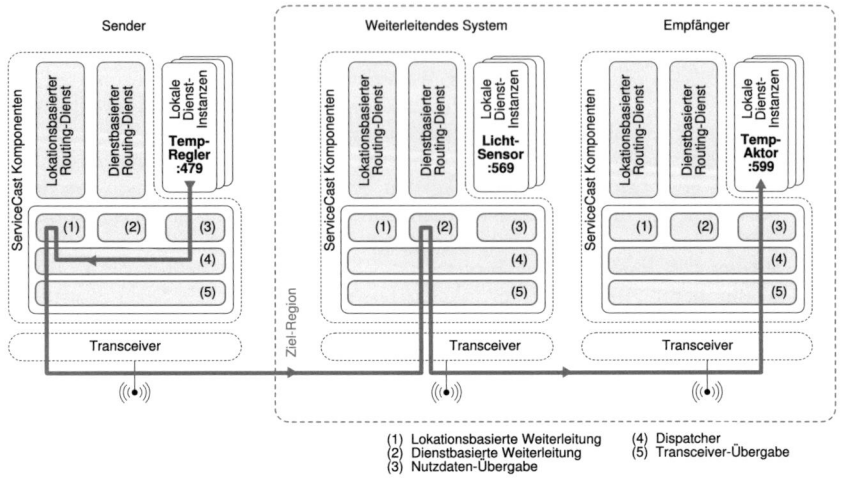

Abbildung 5.3 Schematische Weiterleitung und Zustellung einer ServiceCast-Dateneinheit

des Temperatur-Aktors innerhalb der Ziel-Region durch die ServiceCast-Adresse der Form `<Temp-Aktor:Q_ANY:Ziel-Region>`. Dargestellt sind drei Systeme anhand ihres Protokoll-Stapels bestehend aus Transceiver, ServiceCast-Schicht und den lokalen Dienst-Instanzen. Innerhalb der ServiceCast-Schicht sind (1) die lokationsbasierte und die (2) dienstbasierte Weiterleitung, (3) die Nutzdaten-Übergabe sowie (4) der Dispatcher und (5) die Transceiver-Übergabe-Komponente dargestellt. Die Komponente Dienste-Verwaltung ist an der Weiterleitung nicht beteiligt und daher zur Vereinfachung der Darstellung nicht aufgeführt. Die lokalen Dienst-Instanzen sind durch den Bezeichner des Dienstes, gefolgt von ihrer Instanz-Nummer angegeben. So bezeichnet beispielsweise „Temp-Regler:479" die Instanz-Nummer 479 des Dienstes „Temp-Regler". Im Beispiel sendet die Instanz „Temp-Regler:479" eine Dateneinheit an eine Instanz des Dienstes „Temp-Aktor", welche sich innerhalb der durch die Adresse vorgegebenen Ziel-Region befinden soll. Das linke System ist der Sender und befindet sich außerhalb der adressierten Ziel-Region, die beiden anderen innerhalb der Region. Der Transport der Dateneinheit gliedert sich in zwei Phasen:

1. Während der ersten Phase, der *lokationsbasierten Weiterleitung*, wird die Dateneinheit in die Ziel-Region transportiert. Befindet sich das System außerhalb der adressierten Ziel-Region (Sender in Abbildung 5.3), reicht der ServiceCast-Dispatcher die Dateneinheit an die lokationsbasierte Weiterleitung (1) weiter. Diese legt das nächste System zur Weiterleitung, den sog. „Next-Hop", fest. Anschließend wird die Dateneinheit der Transceiver-Übergabe-Komponente übergeben. Die Zustellung an eine lokale Dienst-Instanz ist außerhalb der Ziel-Region nicht zulässig.

2. Die zweite Phase umfasst die *dienstbasierte Weiterleitung*. Sie ist für das Auffinden des gesuchten Dienstes und die Auswahl einer Instanz innerhalb der Ziel-Region zuständig. Sobald die Dateneinheit das erste System innerhalb der Ziel-Region erreicht, wird der in der Ziel-Adresse verzeichnete Dienst ausgewertet. In Abbildung 5.3 ist das mittlere System das erste System innerhalb der Ziel-Region. Wäre auf diesem System eine Instanz des adressierten Dienstes lokal registriert, würde der Dispatcher die Dateneinheit über die Dienst-Schnittstelle an die lokale Instanz zustellen. Da das System aber über keine Instanz des Adressierten Dienstes verfügt, ist dort keine lokale Zustellung möglich und das System leitet die Dateneinheit dienstbasiert weiter. Dazu übergibt der Dispatcher die Dateneinheit zur Next-Hop-Wahl an die dienstbasierte Weiterleitung (2), bevor sie durch den Transceiver übertragen wird.

3. Das rechte System ist in diesem Beispiel der Empfänger. Dieser befindet sich innerhalb der adressierten Ziel-Region und verfügt über eine lokale Instanz des adressierten Dienstes. Nach Empfang der Dateneinheit übergibt der Dispatcher die Dateneinheit über die Nutzdaten-Übergabe-Komponente (3) an die lokale Instanz. Da die Dateneinheit per Quantifikator `Q_ANY` adressiert war, ist ihre Verarbeitung durch die ServiceCast-Schicht nach der Zustellung an eine adressierte Dienst-Instanz abgeschlossen. Wenn die Adresse den Quantifikator `Q_ALL` oder `Q_SOME` trägt, die Dateneinheit also an mehrere Instanzen ausgeliefert werden soll, wird sie zusätzlich zur lokalen Zustellung auch an die dienstbasierte Weiterleitung übergeben.

Trägt die Dateneinheit eine Ziel-Adresse ohne explizite Ziel-Region, in obigem Beispiel also die Adresse der Form `<Temp-Aktor:Q_ANY:>`, gilt implizit das gesamte WSAN als Ziel-Region. Die erste – lokationsbasierte – Phase der Weiterleitung kann daher entfallen. Transport und Zustellung erfolgen alleine anhand des Bezeichners des Ziel-Dienstes und des Quantifikators entsprechend der zweiten Phase des obigen Schemas durch die dienstbasierte Weiterleitung. Dateneinheiten, welche an eine ausgewählte Instanz adressiert sind, also Dateneinheiten mit Ziel-Adressen der Form `<Temp-Aktor:599:Ziel-Region>` und `<Temp-Aktor:599:>`[12], werden ebenfalls nur durch die dienstbasierte Weiterleitung anhand der Spur übertragen.

5.2.3 Codierung der ServiceCast-Adresse

Die ServiceCast-Adresse kennt vier unterschiedliche Ausprägungen (vgl. Tabelle 4.3 in Abschnitt 4.4), welche sich in der Anzahl und Größe der enthaltenen Felder unterscheiden. Aus Gründen einer kompakten und platzsparenden Codierung resultieren die vier Ausprägungen in vier unterschiedlichen Codierungen. Diese sind in Abbildung 5.4 aufgeführt. Zur Unterscheidung der vier Formen beginnt jede Codierung mit einem führenden Adress-Diskriminator der Länge 2 Bit. Daran schließt sich in jeder der vier Formen der Dienst-Bezeichner (8 Bit) an. Die Felder Quantifikator, Instanz-Nummer und Lokation sind abhängig von der jeweiligen Ausprägung der Adresse. In den Formen `<Dienst-Bezeichner:Quant:>` und `<Dienst-Bezeichner:Quant:Region>` schließt sich an den Dienst-Bezeichner die 2 Bit lange Codierung des Quantifikators an. Die Belegung des Feldes für die drei möglichen

---

[12]Der Quantifikator trägt hier implizit den Wert `Q_INST`, vgl. Abschnitt 4.4.1

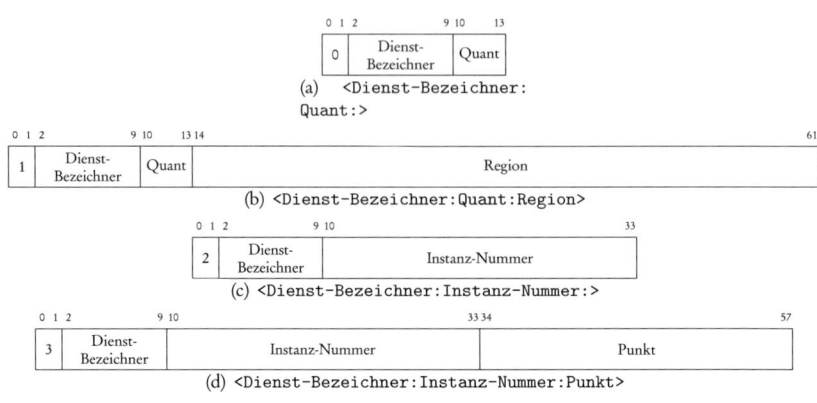

Abbildung 5.4 Codierung der vier Ausprägungen der ServiceCast-Adresse

Quantifikator	Codierung	Bedeutung
Q_INST		Antwort an eine spezielle Instanz (eine spezielle Instanz)
Q_ALL	0	dienstbasierter Broadcast (alle Instanzen)
Q_ANY	1	dienstbasierter Anycast (eine Instanz)
Q_SOME	2	dienstbasierter Somecast (definierter Anteil der Instanzen)

Tabelle 5.1 Belegung des ServiceCast-Quantifikators und dessen Bedeutung

Quantifikator-Werte Q_ALL, Q_ANY und Q_SOME ist Tabelle 5.1 zu entnehmen. Man beachte, dass dem Quantifikator Q_INST keine Codierung zugeordnet ist, da dieser nicht explizit übertragen wird. Die Ausprägung <Dienst-Bezeichner:Quant: Region> enthält eine Region als Lokationsangabe, welche im letzten Feld der ServiceCast-Adresse codiert wird. Hier sind für die Codierung einer rechtwinkligen Region (vgl. Abschnitt 4.3) der Form $((x_1,y_1),(x_2,y_2))$ viermal 12 Bit reserviert. Bei einem Auflösungsvermögen der Koordinaten von mindestens 0,5 m können mit dieser Codierung Flächen von insgesamt $0{,}5\,m \cdot 2^{12} = 2048\,m$ Kantenlänge abgedeckt werden.

Die Codierungen der Ausprägungen <Dienst-Bezeichner:Instanz-Nummer:> und <Dienst-Bezeichner:Instanz-Nummer:Punkt> enthalten nach dem Feld des Dienst-Bezeichners die Instanz-Nummer, für welche hier 24 Bit vorgesehen sind. Letztere enthält einen Punkt als Lokationsangabe, welcher in der Form (x,y) mit zweimal 12 Bit codiert wird.

5.2.4 Die ServiceCast-Dateneinheit

Nutzdaten der lokalen Dienst-Instanzen sowie Signalisierungsdateneinheiten der Routing-Dienste werden im Nutzdaten-Feld der ServiceCast-Dateneinheit übertragen. Der Kopf der Dateneinheit enthält alle zum Routing und Transport wichtigen Informationen. Ihre Struktur ist in Abbildung 5.5 dargestellt. Die Bedeutung der Felder ist wie folgt:

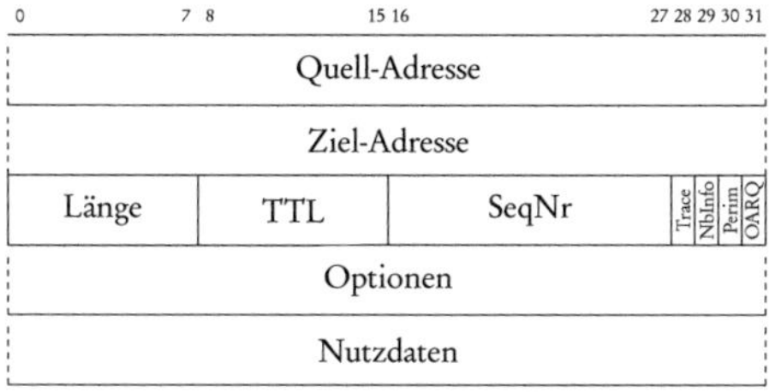

0	7 8	15 16	27 28 29 30 31

Quell-Adresse			
Ziel-Adresse			
Länge	TTL	SeqNr	Trace NbInfo Perim OARQ
Optionen			
Nutzdaten			

(a) ServiceCast-Dateneinheit

Abbildung 5.5 Struktur einer ServiceCast-Dateneinheit

Quell-Adresse: Das Quell-Adressfeld trägt die Adresse der Quell-Instanz. Diese hat immer eine der Formen `<Dienst-Bezeichner:Instanz-Nummer:>` oder `<Dienst-Bezeichner:Instanz-Nummer:Punkt>` und enthält somit immer einen Instanz-Identifikator (vgl. Tabelle 4.4).

Ziel-Adresse: Das Ziel-Adressfeld trägt die Adresse der Ziel-Instanz(en). Sie kann eine der vier Formen `<Dienst-Bezeichner:Quant:>`, `<Dienst-Bezeichner:Quant:Region>`, `<Dienst-Bezeichner:Instanz-Nummer:>` oder `<Dienst-Bezeichner:Instanz-Nummer:Punkt>` annehmen (vgl. Tabelle 4.4).

Länge: gibt die Länge der Nutzdaten in Byte an.

TTL: Das TTL-Feld (Time-to-live) gibt an, wie häufig die Dateneinheit noch weitergeleitet werden darf. Eine Dateneinheit mit TTL-Wert von null darf nicht mehr an benachbarte Systeme übertragen werden. Sie kann nur noch an lokale Dienst-Instanzen ausgeliefert oder verworfen werden. Das Feld wird durch den Empfänger der Dateneinheit *vor* ihrer Verarbeitung dekrementiert.

SeqNr: Das SeqNr-Feld trägt die Sequenznummer der Dateneinheit. Die Sequenznummer ist in Kombination mit dem Instanz-Identifikator der Quell-Instanz eine vorübergehend eindeutige[13] Referenz der Dateneinheit und wird von der Transceiver-Übergabe-Komponente zur Detektion von Duplikaten verwendet.

Trace: Das Trace-Flag gibt an, ob während der Weiterleitung die Spur der Dateneinheit aufgezeichnet werden soll. Bei Empfang einer Dateneinheit mit gesetztem Trace-Flag registriert die ServiceCast-Schicht den Instanz-Identifikator der Quell-Instanz in der Spur-Tabelle des dienstbasierten Routingdienstes.

NbInfo: Das NbInfo-Flag gibt an, ob die Dateneinheit Nachbarschaftsinformationen im Optionsfeld trägt. Die Informationen werden von der Transceiver-Übergabe-Komponente gesetzt und ausgewertet und dienen dem Erkennen benachbarter Systeme sowie der Schätzung der jeweiligen Kanalqualität zu diesen.

Perim: Das Perim-Flag wird vom lokationsbasierten Routing-Dienst gesetzt und ausgewertet. Es gibt an, ob sich die Dateneinheit im Perimeter-Modus befindet. Ist das Perimeter-Flag gesetzt, enthält die Dateneinheit ein zusätzliches

---

[13]Die Eindeutigkeit gilt bis zum Überlauf des Sequenznummern-Raums.

Optionsfeld. Auf die Verwendung des Flags und das Optionsfeld wird in Abschnitt 5.8 gesondert eingegangen.

OARQ: Das OARQ-Flag gibt an, ob eine Dateneinheit innerhalb der Ziel-Region per Somecast weitergeleitet wird. Ist dies der Fall, enthält das Optionsfeld die für den Somecast notwendigen zusätzlichen Verwaltungsinformationen. Die Form des hier verwendeten Optionsfeldes ist in Abschnitt 5.7.4 definiert.

Optionen: Für die Nachbarschaftserkennung, die lokationsbasierte Weiterleitung sowie für die Weiterleitung per Somecast werden zusätzliche Felder benötigt. Um den Overhead der Paketstruktur möglichst gering zu halten, sind diese Felder als optionale Felder realisiert und werden im Optionen-Feld abgelegt. Die Optionsfelder sind in derselben Reihenfolge wie die zugehörigen Flags im Paketkopf angeordnet.

Nutzdaten: enthält die Nutzdaten, welche von den Dienst-Instanzen stammen.

5.3 Verwaltung lokaler Dienste

Die Dienste-Verwaltung pflegt ein Verzeichnis aller lokal verfügbaren Dienst-Instanzen, die „Tabelle lokaler Dienste" (vgl. Abb. 5.2). Diese Tabelle bildet die Grundlage für die Entscheidung des Dispatchers, ob eine Dateneinheit an eine lokale Dienst-Instanz zugestellt wird oder ob sie durch die dienstbasierte Weiterleitung weitergeleitet werden muss. Im Falle einer lokalen Zustellung einer Dateneinheit gibt die Tabelle Aufschluss über die Dienst-Schnittstelle, unter der eine Instanz erreichbar ist. Das Verzeichnis wird zudem vom dienstbasierten Routingdienst verwendet, um benachbarte Systeme über lokal vorhandene Dienst-Instanzen zu informieren.

Zur Pflege der Tabelle lokaler Dienste müssen sich alle lokalen Dienst-Instanzen während ihrer Initialisierungsphase bei der Dienste-Verwaltung unter Angabe ihres Dienst-Bezeichners registrieren. Sie erhalten daraufhin von der Dienste-Verwaltung eine eindeutige Instanz-Nummer zugewiesen. Diese Information legt die Dienste-Verwaltung in der Tabelle lokaler Dienste ab. Tabelle 5.2 zeigt die Felder eines Eintrages in der Tabelle. Das Feld Dienst-Bezeichner gibt den Typ der registrierten Dienst-Instanz an, das Feld Instanz-Nummer hält die der Instanz zugeordnete Instanz-Nummer. Daneben wird zusätzlich die Dienst-Schnittstelle zur neu registrierten Instanz abgelegt, welche zur Zustellung von Dateneinheiten notwendig ist. Diese Dienst-Schnittstelle ist eine Referenz auf die Methode des Dienstes zum Empfang einer Dateneinheit. Die Sequenznummern der ServiceCast-Dateneinheiten werden für jede Dienst-Instanz separat verwaltet. Dazu speichert die Tabelle lokaler Dienste für jede Dienst-Instanz die jeweils nächste zu verwendende Sequenznummer. Bei Beendigung eines Dienstes meldet sich dieser bei der Dienste-Verwaltung ab, wodurch der zugehörige Eintrag in der Tabelle entfernt wird.

Die Dienste Verwaltung bietet gegenüber einem Dienst die folgenden Methoden:

- Die Methode `register(service_label, callback)` meldet eine Instanz des mit `service_label` gegebenen Dienst-Bezeichners als lokale Instanz bei der Dienste-Verwaltung an. `callback` ist die Referenz auf die Methode des Dienstes zum Empfang einer Dateneinheit. Die Methode `register` liefert nach erfolgreicher Registrierung die von der Dienste-Verwaltung vergebene Instanz-Nummer zurück.

Feld	Beschreibung
Dienst-Bezeichner	Dienst-Bezeichner der registrierten Instanz
Instanz-Nummer	Eindeutige Nummer der Instanz
Schnittstelle	Referenz auf die Methode zum Empfang einer Dateneinheit
Sequenznummer	Sequenznummer der nächsten, von der Instanz versendeten Dateneinheit

Tabelle 5.2 Felder eines Eintrages in der Tabelle lokaler Dienste

- Die Methode `deregister(service_label, instance_number)` meldet eine Instanz bei der Dienste-Verwaltung ab. Der zugehörige Eintrag in der Tabelle lokaler Dienste wird gelöscht.
- Durch die Methode `new_instance_number(service_label, instance_number)` kann eine registrierte Dienst-Instanz eine neue Instanz-Nummer anfordern. Bei zufälliger Wahl der Instanz-Nummern (vgl. Abschnitt 4.3.4) liefert die Methode eine neue, zufällig gewählte Instanz-Nummer zurück und aktualisiert die Tabelle lokaler Dienste entsprechend. Durch regelmäßiges Wechseln der zufällig gewählten Instanz-Nummer wird die Wahrscheinlichkeit einer dauerhaften Kollision zweier Instanz-Nummern verringert. Details zur dynamischen Vergabe von Instanz-Nummern werden in Abschnitt 5.7.2 diskutiert.

5.4 Die Transceiver-Übergabe-Komponente

Die Transceiver-Übergabe-Komponente ist zuständig für

- die Anpassung des TTL-Feldes in eingehenden Dateneinheiten,
- die Erhebung der Overhearing-Statistiken und die Detektion von Duplikaten,
- die Verwaltung der Statistiken der Nachbar-Tabelle und
- die Pflege der Spur-Tabelle.

Zur Erfüllung dieser Aufgaben verarbeitet die Komponente jede vom Transceiver stammende sowie jede zur Übertragung an den Transceiver gerichtete Dateneinheit.

5.4.1 TTL-Anpassung

Jede ServiceCast-Dateneinheit trägt zur Begrenzung der maximalen Zahl an Weiterleitungsschritten einen Zähler, das sog. TTL-Feld (Time-to-live). Bei der Erstellung einer neuen ServiceCast-Dateneinheit wird der Wert des TTL-Feldes auf den maximalen Wert `max_ttl` initialisiert. Nach dem Empfang einer Dateneinheit wird das TTL-Feld durch die Transceiver-Übergabe-Komponente dekrementiert. So ist sichergestellt, dass der Wert des TTL-Feldes mit jedem Weiterleitungsschritt um eins verringert wird und nach `max_ttl` Weiterleitungsschritten den Wert null erreicht.

Da eine Dateneinheit nur dann an benachbarte Systeme weitergeleitet wird, wenn das TTL-Feld einen Wert größer null hat, ist sichergestellt, dass jede Dateneinheit nur über eine beschränkte Lebensdauer (im Sinne von Weiterleitungsschritten) im Netz verfügt. „Unendlich" kreisende Dateneinheiten können so vermieden werden.

5.4.2 Overhearing-ARQ und Detektion von Duplikaten

Jedes ServiceCast-System führt eine Statistik über mitgehörte und bereits verarbeitete Dateneinheiten. Die Statistik hat zwei Ziele:

1. Die Detektion duplizierter Dateneinheiten und
2. die Implementierung einer impliziten Übertragungsbestätigung.

In WSANs kann es dazu kommen, dass ein System dieselbe Dateneinheit mehrfach zeitlich versetzt empfängt. Eine Ursache kann sein, dass die Dateneinheit das System über mehrere unterschiedliche Pfade durch das Netz erreicht. Die wiederholte Verarbeitung derselben Dateneinheit muss aus Gründen der Effizienz vermieden werden. Dazu müssen diese Duplikate insbesondere detektiert werden. Diese Aufgabe kommt der Duplikat-Detektion in der Transceiver-Übergabe-Komponente zu.

Für die Zustellung der Dateneinheiten per Somecast wird ein Mechanismus zur gleichzeitigen Übertragung einer Dateneinheit an mehrere benachbarte Systeme benötigt. Da die Übertragung expliziter Bestätigungen hier nicht praktikabel ist, wird ein Mechanismus zur *impliziten* Übertragungsbestätigung benötigt und in dieser Arbeit entworfen. Die gleichzeitige Übertragung an mehrere Empfänger bei impliziter Übertragungsbestätigung wird im Folgenden mit *Overhearing-ARQ* (OARQ) bezeichnet.

Die beiden Mechanismen verwenden dieselben Datenstrukturen. Genauer enthält das OARQ-Verfahren eine erweiterte Form der Duplikat-Detektion. Da auf jede eingehende Dateneinheit exakt eines der beiden Verfahren angewendet wird, werden die Verfahren im Folgenden getrennt beschrieben. Zur Unterscheidung der beiden Verfahren sind die beiden Begriffe „mitgehörte Dateneinheit" und „Duplikat" wichtig, welche hier zunächst definiert werden:

Definition 5.1. *Mitgehörte Dateneinheit (Overhear)*
Eine Dateneinheit wird als mitgehört (engl.: overheared) bezeichnet, wenn sie von einem System empfangen wurde, ohne dass die Dateneinheit für dieses System bestimmt war.

Eine mitgehörte Dateneinheit wird insbesondere nicht von dem mithörenden System verarbeitet. Das heißt, sie wird durch dieses weder an benachbarte Systeme weitergeleitet, noch an lokale Dienst-Instanzen zugestellt. Mitgehörte Dateneinheiten werden – nachdem sie durch OARQ als solche erfasst wurden – von der Transceiver-Übergabe-Komponente verworfen.

Definition 5.2. *Duplikat*
Eine Duplikat ist eine Dateneinheit, welche bereits zuvor schon einmal vom selben System empfangen und verarbeitet wurde.

Ein Duplikat unterscheidet sich von einer mehrfach mitgehörten Dateneinheit dadurch, dass das Duplikat für ein System bestimmt ist und bereits von diesem verarbeitet wurde. Eine mitgehörte Dateneinheit wird dagegen lediglich statistisch erfasst und anschließend verworfen, also nicht lokal verarbeitet.

Jede ServiceCast-Dateneinheit hat ein OARQ-Flag. Anhand dieses Flags wird entschieden, ob die Dateneinheit durch die im Folgenden beschriebene Duplikat-Detektion oder durch das OARQ-Verfahren behandelt wird. Die Duplikat-Detektion behandelt nur Dateneinheiten, bei denen das OARQ-Flag *nicht* gesetzt ist. Eine Dateneinheit mit gesetztem OARQ-Flag wird stattdessen durch das OARQ-Verfahren verarbeitet.

5.4.2.1 Detektion von Duplikaten

Für jede von einer Dienst-Instanz versendete Dateneinheit wird eine neue Sequenznummer vergeben. Die Sequenznummer ist – bis zum Überlauf des Sequenznummern Raumes – in Kombination mit dem Instanz-Identifikator des Absenders eine eindeutige Referenz auf die Dateneinheit. Diese eindeutige Referenz der Dateneinheit wird daher für jede empfangene Dateneinheit in der Duplikat-Tabelle abgelegt. Für jede Dateneinheit trägt die Duplikat-Tabelle einen Eintrag. Jeder Eintrag hat die in Tabelle 5.3 gegebenen Felder. Dienst-Bezeichner, Instanz-Nummer und Sequenznummer bilden die zur eindeutigen Identifikation der Dateneinheit notwendigen Informationen. Wird eine Dateneinheit empfangen, deren Instanz-Identifikator und Sequenznummer bereits in der Duplikat-Tabelle verzeichnet sind, wird diese als Duplikat verworfen. Das Zeitstempel-Feld trägt den Zeitpunkt der letzten Verwendung des Eintrages. D. h. initial trägt der Zeitstempel den Zeitpunkt, zu dem der Eintrag angelegt wurde. Bei jeder Detektion eines Duplikats wird der Zeitstempel aktualisiert. Liegt die letzte Verwendung eines Eintrages länger als t_{dup} in der Vergangenheit, wird der Eintrag aus der Duplikat-Tabelle entfernt. So ist sichergestellt, dass spätestens t_{dup} nach der letzten Weiterleitung einer Dateneinheit durch das WSAN alle zugehörigen Einträge in den Duplikat-Tabellen der Systeme gelöscht werden. Da der Zeitstempel nur auf dem jeweiligen System interpretiert wird, ist ein lokales Zeitverständnis ausreichend. Die Uhren der Systeme müssen also nicht miteinander synchronisiert sein.

Das Feld „Lokale Verarbeitung" ist ein Flag, welches zur Unterscheidung dient, ob ein Eintrag durch die Duplikat-Detektion oder durch das OARQ-Verfahren angelegt wurde. Die Duplikat-Detektion setzt das Flag für jede verarbeitete Dateneinheit. Das Relays-Feld ist ausschließlich für das OARQ-Verfahren relevant und wird daher dort erläutert.

5.4.2.2 Overhearing-ARQ

Bevor das Overhearing-ARQ-Verfahren (*OARQ*) im Detail vorgestellt wird, wird hier zunächst ein kurzer Überblick über die Funktionsweise des Verfahrens gegeben: OARQ erlaubt, jede Dateneinheit an eine Menge von Nachbarn zu adressieren. Die Übertragung der Dateneinheit wird periodisch so lange wiederholt, bis von jedem adressierten Nachbarn bekannt ist, dass dieser die Dateneinheit erfolgreich

Feld	Beschreibung
Dienst-Bezeichner	Dienst-Bezeichner des Senders der Dateneinheit
Instanz-Nummer	Instanz-Nummer des Senders der Dateneinheit
Sequenznummer	Sequenznummer der Dateneinheit
Zeitstempel	Zeitpunkt des letzten Zugriffs
Lokale Verarbeitung	Dateneinheit wurde lokal verarbeitet
Relays	Liste der Systeme von welchen die Dateneinheit empfangen wurde

Tabelle 5.3   Felder eines Eintrages in der Duplikat-Tabelle

empfangen hat. Die Wiederholung der Übertragung wird abgebrochen, wenn eine maximale Anzahl von Übertragungen erreicht ist. Da jeder adressierte Nachbar die Dateneinheit ebenfalls weiterleitet, kann durch Mithören[14] dieser weitergeleiteten Dateneinheiten festgestellt werden, welcher der Nachbarn die eigene Übertragung empfangen hat. Die Weiterleitung der Dateneinheit durch die Nachbarn dient damit als implizite Bestätigung des Empfangs. Explizite Bestätigungsnachrichten werden nicht benötigt.

Das OARQ-Verfahren wird von der Transceiver-Übergabe-Komponente durchgeführt. Alle per OARQ übertragenen Dateneinheiten sind durch das OARQ-Flag im ServiceCast -Paketkopf kenntlich gemacht und werden von der MAC-Schicht per Broadcast gesendet. Durch die Übertragung per Broadcast erhält die Transceiver-Übergabe-Komponente alle per OARQ übertragenen Dateneinheiten, unabhängig davon, welche Systeme als OARQ-Adressaten in der Dateneinheit vermerkt sind. Das OARQ-Optionsfeld sowie das OARQ-Flag werden bei jeder Weiterleitung neu gesetzt. Da OARQ bei der Übertragung per Somecast genutzt wird, werden die Felder von der Komponente dienstbasierte Weiterleitung des jeweiligen Systems entsprechend den Anforderungen des Somecast-Algorithmus gesetzt. Die Transceiver-Übergabe-Komponente wertet die Felder aus und führt die Übertragung per OARQ durch.

Jede per OARQ übertragene Dateneinheit trägt eine Liste von Adressaten sowie drei für den Somecast relevante Parameter im OARQ-Optionsfeld. Bei den Adressen handelt es sich um die MAC-Adressen der benachbarten Systeme, an welche die Dateneinheit per OARQ übertragen werden soll. Abbildung 5.6 zeigt die Struktur des OARQ-Optionsfeldes. Dabei sind h und b zwei der Somecast-Parameter. Sie geben die Segmentlänge (h) und den Verzweigungsgrad (b) des auszuführenden Somecasts an. Das Feld „Eintrittspunkt in die Region" ist für Somecast-Übertragungen mit Beschränkung der Ziel-Region relevant. In diesem Fall trägt das Feld die Position des Eintrittspunktes in die Ziel-Region, andernfalls ist das Feld leer. Auf ihre Verwendung wird bei der Vorstellung des Somecast in Abschnitt 5.7.4 detailliert eingegangen. Die Länge des Optionsfeldes ist variabel und wird durch das Längenfeld angezeigt. Daran schließt sich die Liste der Adressaten an. Da zur Spezifikation der Adressaten MAC-Adressen verwendet werden, richtet sich die Größe der Daten-

---

[14]Hier geht die Annahme ein, dass die Verbindungen zwischen benachbarten Systemen im statistischen Mittel symmetrisch sind.

0	3 4	7 8		31 32	39 40		55

h	b	Eintrittspunkt in die Region	Länge	MAC-Adresse$_0$	$\cdots$

Abbildung 5.6 Struktur des OARQ-Optionsfeldes

struktur nach der Größe der MAC-Adressen. Hier sei ausdrücklich darauf hingewiesen, dass OARQ nicht auf netzweit eindeutige MAC-Adressen angewiesen ist. Die Verwendung einer MAC-Schicht, welche nur lokal eindeutige Adressen bietet, ist ebenfalls ausreichend.

Nach Empfang einer per OARQ-übertragenen Dateneinheit wird geprüft, ob es sich bei der empfangenen Dateneinheit um ein Duplikat handelt. Ein Duplikat liegt vor, wenn die Dateneinheit bereits empfangen und lokal verarbeitet wurde. Dazu wird jede mit gesetztem OARQ-Flag eingehende Dateneinheit anhand des Instanz-Identifikators des Absenders und der Sequenznummer identifiziert. Für jede dieser Dateneinheiten wird eine Liste von Nachbarn gepflegt, von welchen die Dateneinheit bereits mitgehört wurde. Diese Nachbarn werden als *Relay* der Dateneinheit bezeichnet und in der Duplikat-Tabelle verzeichnet. Der Instanz-Identifikator des Absenders, die Sequenznummer der Dateneinheit und die bekannten Relays werden in der Duplikat-Tabelle verwaltet (vgl. Tabelle 5.3) Eine Dateneinheit mit gesetztem OARQ-Flag wird nur dann lokal weiter verarbeitet, wenn das aktuelle System in der Liste der OARQ-Adressaten der Dateneinheit verzeichnet ist. Andernfalls wird die Dateneinheit verworfen.

Ist die Dateneinheit an das aktuell verarbeitende System adressiert, wird das Flag „lokale Verarbeitung" in der Duplikat Tabelle gesetzt. Dadurch sind rein „mitgehörte" Dateneinheiten von empfangen und verarbeiteten Dateneinheiten unterscheidbar. Die Notwendigkeit zur Unterscheidung von duplizierten und mitgehörten Dateneinheiten zeigen die in in Abbildung 5.7 dargestellten Beispiele:

(a) Das System A überträgt die Dateneinheit d an das System X, welches die Dateneinheit erfolgreich empfängt und der lokalen Verarbeitung zuführt. Insbesondere wird ein Eintrag in der Duplikat-Tabelle angelegt, welcher die lokale Verarbeitung anzeigt (das Flag „lokale Verarbeitung" des Eintrages ist gesetzt). Überträgt nun – wie in der rechten Bildhälfte dargestellt – System B dieselbe Dateneinheit an X, wird diese von X als Duplikat erkannt und verworfen.

(b) Anders verhält sich der Empfang einer Dateneinheit, welche zuvor lediglich mitgehört wurde. Dazu überträgt das System A die Dateneinheit d an System B. X hört die Dateneinheit mit, d. h. sie wird als mitgehört erfasst, danach allerdings verworfen und nicht lokal verarbeitet. Der zugehörige Eintrag in der Duplikat-Tabelle reflektiert, dass d nicht lokal verarbeitet wurde (das Flag „lokale Verarbeitung" des Eintrages ist nicht gesetzt). Die Übertragung der Dateneinheit d von B an X in der rechten Bildhälfte wird von X nicht als Duplikat gewertet, da d zuvor noch nicht lokal verarbeitet wurde.

Abbildung 5.8 zeigt die Interaktion benachbarter Systeme beim OARQ anhand eines Beispielablaufs. Die vier Systeme (A – D) befinden sich in direkter Funkreichweite zueinander. Zum Zeitpunkt t_1 erhält das System A eine Dateneinheit zur

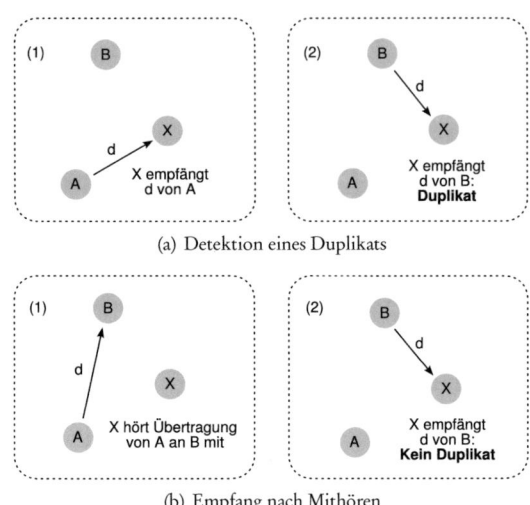

(a) Detektion eines Duplikats

(b) Empfang nach Mithören

Abbildung 5.7 Unterschied zwischen (a) dem Empfang eines Duplikats und (b) dem Empfang nach Mithören einer Dateneinheit

Übertragung per OARQ. Die Dateneinheit soll an die Nachbarn B und D übertragen werden. A überträgt die Dateneinheit per MAC-Broadcast und startet einen Timer, nach dessen Ablauf die bis dahin erhaltenen impliziten Bestätigungen geprüft werden. Im Beispiel sei die Dateneinheit durch die Systeme B und C empfangbar[15], der Empfang bei System D sei durch den Kanal gestört. Die Empfänger vermerken jeweils lokal System A als bekannten Relay der Dateneinheit. System C stellt fest, dass es nicht unter den OARQ-Adressaten ist und verwirft die Dateneinheit. System B ist OARQ-Adressat und leitet die Dateneinheit zum Zeitpunkt t_2 an einen seiner Nachbarn, hier E, weiter. Die Systeme A, C und D vermerken jeweils B als bekannten Relay und verwerfen die Dateneinheit, da keines der Systeme OARQ-Adressat ist. Zum Zeitpunkt t_3 feuert der Timer zur Überprüfung der impliziten Bestätigungen. A prüft daraufhin die Liste bekannter Relays der Dateneinheit. Von den OARQ-Adressaten B und D ist zu diesem Zeitpunkt nur B als Relay bekannt. Daher wiederholt A die Übertragung derselben Dateneinheit, welche diesmal auch von System D erfolgreich empfangen wird. D leitet die Dateneinheit zum Zeitpunkt t_4 an seinen Nachbarn F weiter. Die Systeme A, B und C hören die Übertragung mit und vermerken nun auch D als Relay der Dateneinheit. Zum Zeitpunkt t_5 prüft A erneut die Liste bekannter Relays der Dateneinheit. Da alle OARQ-Adressaten als Relay bekannt sind, findet keine weitere Übertragungswiederholung statt. A hat die Dateneinheit erfolgreich an die beiden Nachbarn B und D übertragen.

---

[15]Die Ausbreitungsverzögerung ist in der Darstellung vernachlässigt. Daher finden Senden und Empfangen der Dateneinheiten bei allen Systemen gleichzeitig statt.

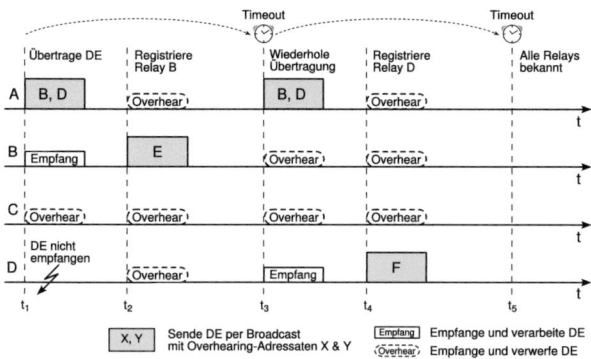

Abbildung 5.8 Interaktion benachbarter Systeme beim OARQ-Verfahren

Obwohl System B zum Zeitpunkt t_3 die Dateneinheit bereits erfolgreich empfangen hat, wird die Liste der OARQ-Empfänger nicht angepasst, sondern dieselbe Dateneinheit wie bereits zum Zeitpunkt t_1 erneut versendet. Eine Anpassung der Empfänger-Liste ist nicht notwendig, wie folgende Überlegung zeigt: Der erneute Empfang der Dateneinheit durch System B wird – da die Dateneinheit von B bereits verarbeitet wurde – als Duplikat erkannt und verworfen. Wäre B bei der wiederholten Übertragung nicht mehr in der Liste der OARQ-Empfänger enthalten, würde die Dateneinheit trotzdem durch B empfangen werden (da sie per MAC-Broadcast übertragen wird). Die Dateneinheit würde in diesem Fall ebenfalls durch den OARQ-Algorithmus verworfen, da B nicht mehr als OARQ-Empfänger vermerkt ist. Ob die Liste der Empfänger bei erneuter Übertragung aktualisiert wird oder nicht führt zu demselben Verhalten. Daher ist die Anpassung der Empfänger-Liste nicht notwendig.

In diesem Beispiel wird die Dateneinheit zweimal von A und jeweils einmal von B bzw. D, also insgesamt viermal, übertragen. Eine Umsetzung basierend auf Unicast Übertragungen und Einzelbestätigungen hätte in diesem Beispiel zum Vergleich insgesamt sieben Sendevorgänge erfordert. Davon zwei Übertragungen der Dateneinheit durch System A zum Zeitpunkt t_0 und eine Empfangsbestätigung von B. Ein Sendevorgang bei der Weiterleitung durch System B zum Zeitpunkt t_1. Eine Übertragungswiederholung von System A und die Empfangsbestätigung durch System D zum Zeitpunkt t_3 sowie die abschließende Weiterleitung der Dateneinheit durch System D zum Zeitpunkt t_4. Schon in diesem kleinen Beispiel kann OARQ drei von sieben Übertragungen einsparen.

Die Anzahl an Übertragungswiederholungen muss in der Praxis beschränkt werden. Dies stellt sicher, dass der Zyklus an Übertragungswiederholungen auch dann terminiert, wenn die implizite Bestätigung durch den Adressaten ausbleibt. Folgende Ursachen sind dafür denkbar:

• Der Adressat ist nicht erreichbar.

- Der Adressat leitet die Dateneinheit weiter, die Weiterleitung kann aber – beispielsweise aufgrund von Interferenzen – lokal nicht mitgehört werden.
- Der Adressat leitet die Dateneinheit nicht weiter, da er sie als Duplikat verwirft. Dieser Fall kann eintreten, wenn die Dateneinheit vom Adressaten schon zu einem früheren Zeitpunkt verarbeitet wurde, aber dieser beim Sender nicht als Relay der Dateneinheit bekannt ist.

Die Beschränkung der maximalen Anzahl Übertragungen wird zwei Mechanismen unterworfen:

1. Eine empfängerabhängige Anzahl trägt dem probabilistischen Charakter des drahtlosen Kanals Rechnung. Je geringer die Empfangswahrscheinlichkeit eines Nachbarn ist, desto größer ist die erwartete Anzahl an notwendigen Übertragungswiederholungen.

2. Da die Qualität des drahtlosen Kanals nahezu beliebig schlecht sein kann, muss mit Nachbarn gerechnet werden, welche eine praktisch beliebig kleine Empfangswahrscheinlichkeit aufweisen. Solche Systeme sollen nicht kategorisch von der Übertragung ausgeschlossen werden. Daher ist es sinnvoll die empfängerabhängige Maximalzahl an Übertragungen durch eine feste obere Schranke k_{max} zu limitieren.

Im Folgenden wird die Modellierung der empfängerabhängigen Maximalzahl an Übertragungen für eine feste Menge von Empfängern motiviert und vorgestellt. Die empfängerabhängige maximale Anzahl der Übertragungen k ist so gewählt, dass für den adressierten Nachbarn mit der geringsten Empfangswahrscheinlichkeit die Wahrscheinlichkeit mindestens eines Empfangs nach k Übertragungen ein vorgegebenes Wahrscheinlichkeitsniveau ϵ (beispielsweise $\epsilon = 95\%$) übersteigt. Die Empfangswahrscheinlichkeit aller bekannten Nachbarn ist aus der Nachbar-Tabelle bekannt. Daher ist k abhängig von dem OARQ-Adressaten mit der schlechtesten Verbindung und damit von dem OARQ-Adressaten mit der geringsten Empfangswahrscheinlichkeit. Es sei

$$p := \min_{a \in \mathcal{A}} \{p_a\} \tag{5.1}$$

die Empfangswahrscheinlichkeit des OARQ-Adressaten mit der schlechtesten Verbindung, wobei $\mathcal{A}$ die Menge der OARQ-Adressaten bezeichnet und p_a die Empfangswahrscheinlichkeit des jeweiligen Adressaten. Der Zusammenhang zwischen der Empfangswahrscheinlichkeit p, der maximal notwendigen Anzahl Übertragungen k und dem geforderten minimalen Wahrscheinlichkeitsniveau ϵ ist gegeben durch:

$$1 - (1 - p)^k \geq \epsilon \tag{5.2}$$

Denn, ist p die Wahrscheinlichkeit für den Empfang einer Dateneinheit, so ist $(1 - p)^k$ die Wahrscheinlichkeit, sämtliche k Übertragungen *nicht* empfangen zu können und $1 - (1 - p)^k$ die Wahrscheinlichkeit, von k Übertragungen mindestens eine erfolgreich zu empfangen. Für k folgt aus Gleichung 5.2:

$$k = \left\lceil \frac{\log(1 - \epsilon)}{\log(1 - p)} \right\rceil \tag{5.3}$$

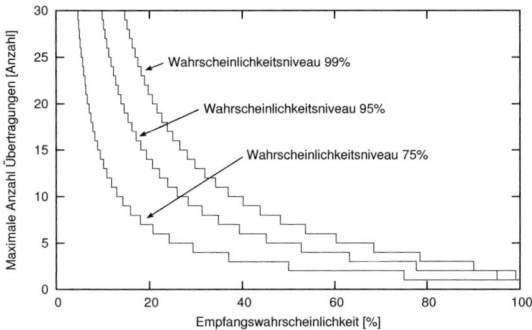

Abbildung 5.9 Empfängerabhängige maximale Anzahl an Übertragungen für die Wahrscheinlichkeitsniveaus $\epsilon = 99\,\%, \epsilon = 95\,\%$ und $\epsilon = 75\,\%$.

Da sowohl die empfängerabhängige als auch die feste obere Schranke zu berücksichtigen sind, ergibt sich die maximale Anzahl an Übertragungen zu $tx_{max} = \min(k, k_{max})$. Enthält die Menge der OARQ-Adressaten die Broadcast-Adresse, wie dies beispielsweise beim ersten Schritt der Somecast Übertragung der Fall ist, so wird die maximale Anzahl an Übertragungen k nicht durch Gleichung 5.3 bestimmt, sondern direkt auf den Wert der festen obere Schranke $tx_{max} = k_{max}$ festgesetzt.

Abbildung 5.9 zeigt die Entwicklung der empfängerabhängigen Maximalzahl an Übertragungen nach Formel 5.3 in Abhängigkeit von der Empfangswahrscheinlichkeit für die Wahrscheinlichkeitsniveaus $\epsilon = 99\,\%, \epsilon = 95\,\%$ und $\epsilon = 75\,\%$. Für alle Wahrscheinlichkeitsniveaus sinkt die Zahl der Übertragungen mit steigender Empfangswahrscheinlichkeit bis auf eine einzige Übertragung bei 100 % Empfangswahrscheinlichkeit. Für kleine Empfangswahrscheinlichkeiten steigt die maximale Zahl der Übertragungen unbeschränkt. Mit steigendem Wahrscheinlichkeitsniveau nimmt die maximale Zahl der Übertragungen ebenfalls zu. Diese Zusammenhänge verdeutlichen noch einmal die Notwendigkeit einer zusätzlichen festen Beschränkung der maximalen Anzahl an Übertragungen.

Das Flussdiagramm eines OARQ-Senders ist in Abbildung 5.10 dargestellt. Eingehende Dateneinheiten wurden zuletzt von einer der beiden Weiterleitungskomponenten behandelt. Ein gesetztes OARQ-Flag im ServiceCast-Paketkopf zeigt an, dass die Dateneinheit per OARQ übertragen werden soll. Die Adressaten sind im OARQ-Optionsfeld des ServiceCast-Paketkopfs verzeichnet. Zunächst wird die maximale Anzahl k an Übertragungen nach Gleichung 5.3 bestimmt. Im Folgenden dient k als Zähler der maximal ausstehenden Übertragungsversuche. Eine Kopie der Dateneinheit wird der MAC-Schicht zur Übertragung übergeben und die Zahl der noch ausstehenden Übertragungen k um eins verringert. Daraufhin wartet das System auf die impliziten Bestätigungen der Weiterleitung der Dateneinheit durch die OARQ-Adressaten. Es wird ein Timer gestartet, welcher nach Ablauf der Wartezeit

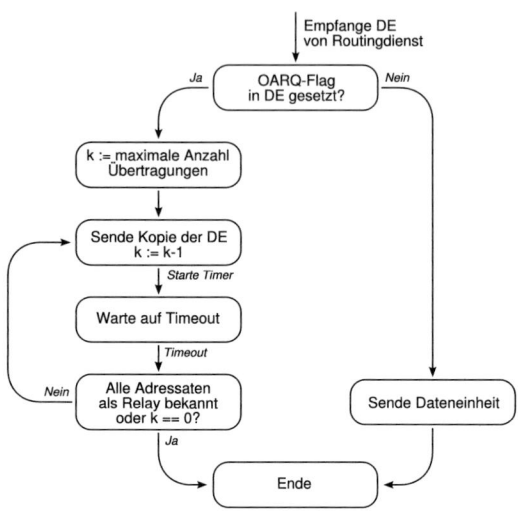

Abbildung 5.10 Flussdiagramm des QARQ-Verfahrens aus Sicht des Senders.

die Überprüfung einer Übertragungswiederholung initiiert. Eine Übertragungswiederholung ist notwendig, falls $k > 0$ und mindestens einer der OARQ-Adressaten nicht als Relay der Dateneinheit im entsprechenden Eintrag der Duplikat-Tabelle bekannt ist. In diesem Fall wird der Zyklus der Übertragung der Dateneinheit und dem Überprüfen der bekannten Relays auf Vollständigkeit erneut angestoßen. Sind alle Adressaten als Relay im entsprechenden Eintrag der Duplikat-Tabelle bekannt oder hat die Zahl der Übertragungen k den Wert null erreicht, wird die Bearbeitung beendet.

Bei jedem Zugriff auf einen Eintrag der Duplikat-Tabelle wird der Zeitstempel des entsprechenden Eintrags aktualisiert. Nach einer Zeitspanne von t_{dup} nach dem letzten Zugriff auf den Eintrag wird dieser aus der Duplikat-Tabelle entfernt.

5.4.3 Nachbarschaftsverwaltung

Die Transceiver-Übergabe-Komponente pflegt Informationen und erhebt Statistiken über benachbarte Systeme. Die Informationen werden in der Nachbar-Tabelle (vgl. Abb. 5.2) abgelegt. Darin sind alle Systeme verzeichnet, von welchen mindestens eine per MAC-Broadcast übertragene Dateneinheit empfangen wurde. Ein Eintrag der Tabelle hat die in Tabelle 5.4 dargestellten Felder. Jeder Eintrag gibt Auskunft über die MAC-Adresse des Nachbarn, dessen Lokation sowie eine Schätzung über die Kanalqualität. Die Daten werden von der Transceiver-Übergabe rein passiv erhoben, d. h. die Komponente versendet keine Dateneinheiten zum Auffinden benachbarter Systeme, sondern wertet ausschließlich die von den lokalen Diensten erzeugte Kommunikation aus. Unter Annahme eines im statistischen Mittel sym-

Feld	Beschreibung
Nachbar	MAC-Adresse des Nachbarn
Lokation	Lokation des Nachbarn (Punkt)
BC Übertragungen	Anzahl empfangener Broadcast Übertragungen
BC-SeqNr	Größte von dem System bekannte Broadcast-Sequenznummer

Tabelle 5.4 Felder eines Eintrages der Nachbar-Tabelle

Abbildung 5.11 Struktur des Nachbar-Optionsfeldes

metrischen Kanals kann die Kanalqualität zu jedem Nachbarn anhand der Empfangsrate der Dateneinheiten von diesem ermittelt werden. Zur Vereinfachung ist die Auswertung auf Dateneinheiten beschränkt, welche per MAC-Broadcast übertragen wurden. Dazu ist für jeden Nachbarn sowohl die Zahl erfolgreich empfangener Broadcast-Dateneinheiten, als auch die Zahl insgesamt übertragener Broadcast-Dateneinheiten notwendig. Die Anzahl der empfangenen Broadcast-Dateneinheiten pflegt jedes System für jeden bekannten Nachbarn in der Nachbar-Tabelle im jeweiligen Feld „BC Übertragungen". Die Zahl insgesamt übertragener Broadcast-Dateneinheiten wird als sog. Broadcast Sequenznummer (BC-SeqNr) vom jeweiligen Nachbarn signalisiert. Der Quotient aus der Anzahl Übertragungen und der größten bekannten Broadcast-Sequenznummer ergibt die Empfangsrate des jeweiligen Nachbarn und wird als Wahrscheinlichkeit interpretiert, das entsprechende System erreichen zu können. Diese Berechnung ist nur bis zum Überlauf der Broadcast-Sequenznummer gültig und wird auch nur bis zum ersten Überlauf durchgeführt. Dieser findet nach der Übertragung von 4096 Dateneinheiten statt. Ab diesem Zeitpunkt gilt die Empfangsrate als hinreichend genau bestimmt.

Jede per MAC-Broadcast übertragene Dateneinheit enthält, bis zum Überlauf der Broadcast-Sequenznummer, ein Nachbar-Optionsfeld, welches in Abbildung 5.11 dargestellt ist. Das Optionsfeld trägt die Lokation des Nachbarn sowie die Broadcast-Sequenznummer (BC-SeqNr), welche die Anzahl der von dem System per Broadcast übertragener Dateneinheiten zählt.

5.4.4 Pflege der Spur

Ist das Trace-Flag in einer ServiceCast-Dateneinheit gesetzt, hinterlässt die Dateneinheit bei ihrer Weiterleitung eine sog. *Spur* im Netz. So kann für eine Dateneinheit der Pfad durch das Netz bis zu ihrer Quell-Instanz zurückverfolgt werden. Abbildung 5.12 veranschaulicht die von einer Dateneinheit etablierte Spur an einem Beispiel. Dargestellt sind drei Systeme, unterscheidbar anhand ihrer jeweiligen MAC-Adressen (hier: 1 – 3). Die Dateneinheit stammt von der Instanz „A:1" und wurde von System 1 über System 2 zu System 3 übertragen. Bei jedem Empfang der Dateneinheit werden der Instanz-Identifikator des Senders sowie die MAC-Adresse

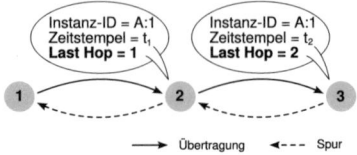

Abbildung 5.12 Spur einer Dateneinheit nach Übertragung von System 1 über System 2 zu System 3

Feld	Beschreibung
Instanz-ID	Instanz-Identifikator bestehend aus Dienst-Bezeichner und Instanz-Nummer
Last Hop	MAC-Adresse des letzten Senders
Zeitstempel	Zeitpunkt des letzten Zugriffs auf den Tabelleneintrag

Tabelle 5.5 Felder eines Eintrags in der Trace-Tabelle

festgehalten. In der Abbildung sind die Werte in den Annotationsblasen visualisiert. Die Spur wird anhand des mit ihr gespeicherten Instanz-Identifikators referenziert. Eine Dateneinheit kann also vom Empfänger der ursprünglichen Dateneinheit aus, der Spur folgend, bis zur Instanz „A:1" weitergeleitet werden.

Die Spur wird für jede mit gesetztem Trace-Flag übertragene Dateneinheit aufgezeichnet und in der Spur-Tabelle abgelegt. Tabelle 5.5 zeigt die Felder eines Eintrages in der Spur-Tabelle. Jeder Eintrag besteht aus dem Instanz-Identifikator der Sender-Instanz und der MAC-Adresse des letzten Hops. Jeder Eintrag ist mit einem Zeitstempel versehen, der den Zeitpunkt der letzten Verwendung angibt. Der Zeitstempel ermöglicht für jeden Eintrag zu bestimmen, wie lange dieser nicht mehr genutzt wurde. Übersteigt diese Zeitdauer das Limit t_{trace}, wird der Eintrag aus der Tabelle gelöscht. Dieser Ansatz stellt sicher, dass die Tabelle langfristig nur die Einträge enthält, welche auch genutzt werden. Die Gültigkeitsdauer der Einträge muss auf die Anwendung abgestimmt sein. Sie ist so zu wählen, dass sie mindestens die maximale Zeit zwischen einer Anfrage und der zugehörigen Antwort, bzw. zwischen zwei aufeinanderfolgenden Antworten überschreitet. Gegebenenfalls muss eine Anfrage durch die Anwendung wiederholt werden. Im Beispielszenario „Autonomes Gewächshaus" ist dies bei der Interessensbekundung der Regler-Dienste gegenüber den Sensor-Diensten der Fall.

5.5 Der Dispatcher

Der Dispatcher ist auf jedem System die zentrale Verteilstelle für den Transport und die Zustellung von Dateneinheiten. Für jede im Dispatcher eingehende Dateneinheit entscheidet dieser, welche Komponente der ServiceCast-Schicht die Dateneinheit verarbeiten muss. Dazu implementieren die drei Komponenten „lokationsbasierte Weiterleitung", „dienstbasierte Weiterleitung" und „Nutzdaten-Übergabe" eine einheitliche Dispatcher-Modul-Schnittstelle und melden sich beim Start des Sy-

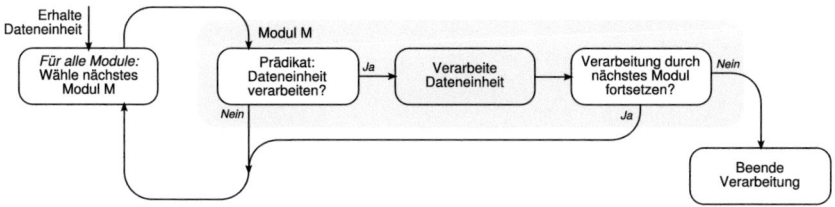

Abbildung 5.13 Ein Zyklus des Dispatchers in der Abarbeitung eines Moduls

stems beim Dispatcher an. Für jede zu verarbeitende Dateneinheit ruft der Dispatcher die registrierten Module in einer festen Reihenfolge auf und prüft, welchem der Module die Dateneinheit zur Verarbeitung übergeben wird. Die Reihenfolge des Aufrufs wird durch Priorisierung der Module festgelegt. Jedem Modul ist eine feste Priorität zugeordnet, welche es dem Dispatcher während der Registrierung mitteilt. Die Prioritäten müssen den Modulen kollisionsfrei zugeordnet sein. Die Module werden mit fallender Priorität aufgerufen, d. h. das Modul mit höchster Priorität wird für jede Dateneinheit zuerst aufgerufen.

Die Dispatcher-Modul-Schnittstelle schreibt die Implementierung zweier Methoden vor:

Prädikat $\mathcal{P}(D)$*:* Das Prädikat liefert den Wahrheitswert „wahr", falls die Dateneinheit durch das Modul zu bearbeiten ist.

Verarbeite_Dateneinheit(D): Durch die Methode `Verarbeite_Dateneinheit` wird die Dateneinheit dem Modul zur Verarbeitung übergeben. Die Methode liefert den Wahrheitswert „wahr" zurück, falls die Verarbeitung der Dateneinheit durch ein weiteres Modul zulässig ist. Sie liefert den Wert „falsch" zurück, falls die Verarbeitung der Dateneinheit an dieser Stelle beendet werden soll.

Abbildung 5.13 zeigt den Zyklus, welcher zur Verarbeitung einer Dateneinheit pro Modul durchlaufen wird. Beim Empfang einer Dateneinheit D ruft der Dispatcher nacheinander die registrierten Module auf. Liefert das Prädikat des Moduls $\mathcal{P}$ für die zu verarbeitende Dateneinheit D den Wahrheitswert $\mathcal{P}(D) = wahr$, so wird dem Modul die Dateneinheit zur Verarbeitung übergeben und das Ende der Verarbeitung abgewartet. Am Ende der Verarbeitung durch das Modul meldet dieses dem Dispatcher, ob die Verarbeitung der Dateneinheit zu beenden ist oder ob der Dispatcher die Dateneinheit an weitere Module zur Verarbeitung übergeben muss. Das Ende der Verarbeitung ist beispielsweise erreicht, wenn die Dateneinheit per Q_INST an eine bestimmte Dienst-Instanz adressiert wird und durch das Modul „Nutzdaten-Übergabe" der adressierten Instanz zugestellt werden konnte. Trägt die Ziel-Adresse der Dateneinheit beispielsweise den Quantifikator-Wert Q_ALL, muss die Dateneinheit trotz erfolgter lokaler Zustellung an benachbarte Systeme weitergeleitet werden. Die Verarbeitung darf daher nach erfolgter lokaler Zustellung in diesem Fall nicht abgebrochen werden. Stattdessen muss die Dateneinheit einem Modul zur Weiterleitung übergeben werden. War der Wahrheitswert des Prädika-

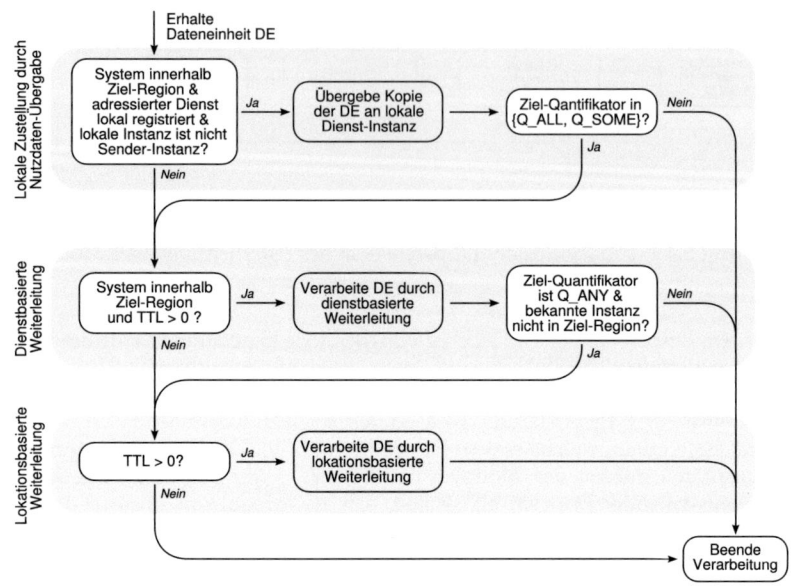

Abbildung 5.14 Flussdiagramm des Dispatchers

tes $\mathcal{P}(D) = falsch$, so wird die Verarbeitung mit dem nächsten Modul fortgesetzt. Jedes Modul wird für jede Dateneinheit nur einmal aufgerufen.

Im Folgenden wird für jede der Komponenten „lokationsbasierte Weiterleitung", „dienstbasierte Weiterleitung" und „Nutzdaten-Übergabe" das Prädikat und die Bedingung zur Beendigung der Verarbeitung vorgestellt. Abbildung 5.14 zeigt den Dispatcher mit diesen drei Komponenten.

Nutzdaten-Übergabe: Diese Komponente meldet sich mit der höchsten Priorität beim Dispatcher an und wird daher für jede Dateneinheit als erste aufgerufen.

Das Prädikat liefert den Wert „wahr", falls die folgenden drei Bedingungen erfüllt sind:

1. Das System befindet sich innerhalb der Ziel-Region und
2. der durch die Ziel-Adresse spezifizierte Dienst (und ggf. der Instanz-Identifikator) ist lokal registriert und
3. die lokal registrierte Instanz ist nicht Sender der Dateneinheit.

Die erste Bedingung des Prädikats garantiert, dass Dateneinheiten nur innerhalb der in der Ziel-Adresse spezifizierten Region an eine Instanz zugestellt werden. Falls keine Ziel-Region gegeben ist, ist diese Bedingung immer wahr. Die zweite Bedingung stellt sicher, dass eine Instanz des adressierten Dienstes lokal vorhanden ist, sodass die Zustellung erfolgreich vorgenommen werden kann. Für die Quantifikator-Werte Q_ALL, Q_SOME und Q_ANY ist es ausreichend, dass eine beliebige Instanz lokal verfügbar ist. Für den Quantifikator-Wert Q_INST muss zusätzlich die Instanz-Nummer der lokalen Instanz mit der in der Ziel-Adresse gegebenen Instanz-Nummer übereinstimmen. Die dritte Bedingung sorgt dafür, dass eine Dateneinheit nicht ihrem Absender zugestellt wird. Dieser Fall ist relevant, sobald ein Dienst den eigenen Dienst-Bezeichner adressiert.

Nach der Verarbeitung der Dateneinheit meldet die Komponente, dass die Verarbeitung fortgesetzt werden soll, falls der Quantifikator einen der Werte Q_ALL oder Q_SOME hat. Die Fortsetzung der Verarbeitung ist in diesem Fall notwendig, da die Dateneinheit an mehrere Instanzen adressiert ist.

Dienstbasierte Weiterleitung: Die Komponente zur dienstbasierten Weiterleitung meldet sich mit der zweithöchsten Priorität beim Dispatcher an und wird somit aufgerufen, falls die Dateneinheit durch das höher priore Modul nicht verarbeitet wurde oder das Modul die Fortsetzung der Verarbeitung an den Dispatcher zurückgemeldet hat.

Das Prädikat der dienstbasierten Weiterleitung meldet den Wert „wahr", falls die folgenden beiden Bedingungen erfüllt sind:

1. Das System befindet sich innerhalb der Ziel-Region und
2. das TTL-Feld der Dateneinheit hat einen Wert größer null.

Die erste Bedingung stellt sicher, dass die dienstbasierte Weiterleitung nur innerhalb der spezifizierten Ziel-Region vorgenommen wird. Die zweite Bedingung beschränkt die Maximalzahl der Weiterleitungsschritte einer Dateneinheit, indem die Dateneinheit nur dann weitergeleitet wird, wenn das TTL-Feld einen Wert größer null enthält. Das TTL-Feld der Dateneinheit wird direkt nach dem Empfang durch die Transceiver-Übergabe-Komponente dekrementiert.

Nach der Verarbeitung einer Dateneinheit meldet die Komponente dienstbasierte Weiterleitung, dass die Verarbeitung der Dateneinheit fortgesetzt werden muss, falls der Ziel-Quantifikator den Wert Q_ANY hat und die lokal bekannte Instanz außerhalb der Ziel-Region liegt. Dieser Fall kann auftreten, da der Anycast für jeden Dienst nur den Pfad zur am günstigsten erreichbaren Instanz vorhält. In diesem Fall wird die Zustellung der Dateneinheit durch die lokationsbasierte Weiterleitung vorgenommen, welche die Dateneinheit zur Mitte der Ziel-Region weiterleitet (vgl. Abschnitt 5.7.3.4).

Lokationsbasierte Weiterleitung: Die Komponente zur lokationsbasierten Weiterleitung meldet sich mit niederster Priorität beim Dispatcher an. Sie wird daher nur dann aufgerufen, wenn die Dateneinheit weder an eine lokale Instanz zugestellt, noch dienstbasiert weitergeleitet werden konnte.

Das Prädikat der lokationsbasierten Weiterleitung meldet den Wert „wahr", falls die Bedingung

1. das TTL-Feld der Dateneinheit hat einen Wert größer null

erfüllt ist. In diesem Fall hat die Dateneinheit ihr Limit an Weiterleitungsschritten noch nicht erreicht und eine lokationsbasierte Weiterleitung kann vorgenommen werden.

Die lokationsbasierte Weiterleitung ist das letzte der registrierten Module und die Verarbeitung durch den Dispatcher wird nach diesem Modul beendet.

5.6 Die Nutzdaten-Übergabe-Komponente

Die Nutzdaten-Übergabe-Komponente ist das Bindeglied zwischen Dispatcher und den lokalen Dienst-Instanzen. Die Komponente erfüllt zwei Aufgaben:

1. Die Nutzdaten-Übergabe-Komponente nimmt Nutzdaten der Dienst-Instanzen entgegen und bettet diese für den Versand in eine ServiceCast-Dateneinheit ein.
2. Die Nutzdaten-Übergabe-Komponente nimmt ServiceCast-Dateneinheiten vom Dispatcher entgegen und übergibt die darin enthaltenen Nutzdaten an die jeweils adressierten Dienst-Instanzen.

Empfang von Nutzdaten einer lokalen Dienst-Instanz

Die Übergabe der Nutzdaten eines Dienstes an die ServiceCast-Schicht erfolgt über die Nutzdaten-Übergabe-Komponente. Neben den reinen Nutzdaten werden zudem Kontrollinformationen übergeben, welche Quell- und Ziel-Adresse, Time-to-live (TTL) sowie das Trace-Flag enthalten. Die Kontrollinformationen werden in den Kopf der ServiceCast -Dateneinheit, welcher den Nutzdaten vorangestellt wird, übernommen. Dabei wird der Dateneinheit eine neue Sequenznummer zugeordnet. Die Nutzdaten-Übergabe-Komponente verwaltet für jede lokale Dienst-Instanz eine eigene Folge von Sequenznummern. Die neu erzeugte ServiceCast-Dateneinheit wird zur weiteren Behandlung dem Dispatcher übergeben. Dieser entscheidet über die weitere Verarbeitung der Dateneinheit. Insbesondere sei darauf hingewiesen, dass im Dispatcher keinerlei Unterscheidung vorgenommen wird, ob die Dateneinheit von der Funk-Schnittstelle oder von einer lokalen Dienst-Instanz stammt. Es ist also sowohl eine Zustellung an eine lokale Dienst-Instanz als auch die Weiterleitung an eine beliebige nicht-lokale Dienst-Instanz vorgesehen.

Zustellung von Nutzdaten an eine lokale Dienst-Instanz

Der Dispatcher übergibt der Komponente Nutzdaten-Übergabe ServiceCast -Dateneinheiten zur Zustellung an lokale Dienst-Instanzen. Die Komponente extrahiert die in der Dateneinheit eingebetteten Nutzdaten sowie weitere Kontrollinformationen. Die Kontrollinformationen bestehen aus den im Paketkopf enthaltenen Quell- und Ziel-Adressen, dem Trace-Flag sowie der MAC-Adresse des letzten Senders.

Die Ziel-Adresse spezifiziert den Typ des Dienstes, an welchen die Daten zugestellt werden. Bei einer Zustellung mit Ziel-Quantifikator Q_INST muss zusätzlich zum Dienst-Bezeichner auch die adressierte Instanz-Nummer mit der Instanz-Nummer der lokal instanziierten Instanz überein stimmen. Die Tabelle lokaler Dienste (vgl. Tabelle 5.2 auf Seite 99) enthält alle lokal instanziierten Dienste sowie die jeweilige Instanz-Nummer der lokal verfügbaren Instanz. Daneben enthält die Tabelle je eine Referenz auf die jeweilige Schnittstelle der Instanz, welche zur Übergabe der Nutzdaten und Kontrollinformationen herangezogen wird.

5.7 Dienstbasierte Weiterleitung und dienstbasierter Routing-Dienst

Die *dienstbasierte Weiterleitung* und das *dienstbasierte Routing* sind zuständig für die zielgerichtete Weiterleitung der ServiceCast-Dateneinheiten zu den adressierten Dienst-Instanzen innerhalb der Ziel-Region. Die dienstbasierte Weiterleitung ist eine Komponente der ServiceCast-Schicht und leistet die Auswahl des Nachbarn, an welchen die Dateneinheit im nächsten Schritt weitergeleitet wird (Next-Hop-Wahl). Die zugehörige Signalisierung wird – falls notwendig – vom dienstbasierten Routing-Dienst vorgenommen.

Die dienstbasierte Weiterleitung basiert auf dem Dienst-Bezeichner, der Instanz-Nummer und dem Quantifikator der in der ServiceCast-Dateneinheit verzeichneten Ziel-Adresse. Je nach Quantifikator variiert die Anzahl adressierter Instanzen. Die ServiceCast-Architektur unterstützt die vier Modi:

1. *Dienstbasierter Broadcast:*
   Der dienstbasierte Broadcast adressiert alle Instanzen des angegebenen Dienstes innerhalb der Ziel-Region, falls diese gegeben ist. Der Modus wird durch den Quantifikator `Q_ALL` in einer der Adress-Ausprägungen `<Dienst-Bezeichner:Q_ALL:>` oder `<Dienst-Bezeichner:Q_ALL:Region>` angesprochen.

2. *Dienstbasierter Unicast*
   Der dienstbasierte Unicast adressiert genau die durch den Instanz-Identifikator definierte Dienst-Instanz. Der Modus wird durch die Adress-Ausprägungen `<Dienst-Bezeichner:Instanz-Nummer:>` und `<Dienst-Bezeichner:Instanz-Nummer:Punkt>` angesprochen.

3. *Dienstbasierter Somecast*
   Der dienstbasierte Somecast adressiert einen spezifizierbaren Anteils der Dienst-Instanzen des angegebenen Dienstes innerhalb der Ziel-Region. Der Modus wird durch den Quantifikator `Q_SOME` in einer der Adress-Ausprägungen `<Dienst-Bezeichner:Q_SOME:>` oder `<Dienst-Bezeichner:Q_SOME:Region>` angesprochen.

4. *Dienstbasierter Anycast*
   Der dienstbasierte Anycast adressiert eine günstig erreichbare Instanz des angegebenen Dienstes innerhalb der Ziel-Region. Der Modus wird durch den Quantifikator `Q_ANY` in einer der Adress-Ausprägungen `<Dienst-Bezeichner:Q_ANY:>` oder `<Dienst-Bezeichner:Q_ANY:Region>` angesprochen.

Die Umsetzung der vier Modi wird in den folgenden Abschnitten detailliert besprochen. Dabei wird jeweils auf die Weiterleitung und die Signalisierung eingegangen.

5.7.1 Dienstbasierter Broadcast (`Q_ALL`)

Der dienstbasierte Broadcast adressiert alle Instanzen des angegebenen Dienstes innerhalb der Ziel-Region. Er wird durch den Quantifikator-Wert `Q_ALL` in Kombination mit den Adress-Ausprägungen `<Dienst-Bezeichner:Quant:>` und `<Dienst-Bezeichner:Quant:Region>` adressiert.

Abbildung 5.15 Flussdiagramm der Weiterleitung mit Quantifikator Q_ALL

Umgesetzt wird der dienstbasierte Broadcast durch Fluten der Dateneinheit per wiederholtem 1-Hop MAC-Broadcast innerhalb der adressierten Ziel-Region. Die Next-Hop-Auswahl beschränkt sich damit auf die Zuweisung der MAC-Broadcast-Adresse. Abbildung 5.15 zeigt das Flussdiagramm der Weiterleitung per Q_ALL. Die Duplikat-Detektion in der Transceiver-Übergabe-Komponente erkennt Duplikate und unterdrückt deren wiederholte Behandlung (vgl. Abschnitt 5.4.2.1).

Während Fluten nicht die effizienteste Möglichkeit ist, die Zustellung einer Dateneinheit an alle Instanzen zu realisieren, handelt es sich um eine sehr einfache und vor allem robuste Alternative. Durch den Adressierungsmodus Q_ALL wird den Anwendungen insbesondere auch die Verwendung des MAC-Broadcast ermöglicht, welcher der Anwendung, beispielsweise in Kombination mit einer TTL-Beschränkung, die Exploration der Nachbarschaft oder Ähnliches ermöglicht. Zum Erreichen aller Systeme eines Netzes existieren eine Menge alternativer Ansätze, wie beispielsweise [42, 53, 82, 91, 105, 109, 122]. In [26] ist ein Vergleich einer Auswahl von Verfahren zu finden. Die Autoren kommen darin zum Schluss, dass kein klar überlegenes Verfahren identifiziert werden kann. Aufgrund der Vielfalt der bereits existierenden Lösungsvorschläge soll hier kein weiteres, konkurrierendes Verfahren zum Fluten eines WSANs vorgestellt werden.

5.7.2 Dienstbasierter Unicast (Q_INST)

Der dienstbasierte Unicast adressiert genau die durch den Instanz-Identifikator definierte Dienst-Instanz. Er ermöglicht damit, genau eine ausgewählte Instanz anzusprechen. Dies ist insbesondere für den zielgerichteten Transport von Antwort-Nachrichten notwendig und ermöglicht die eindeutige Adressierung von Aktorik. Der dienstbasierte Unicast wird durch eine Ziel-Adresse der Form <Dienst-Bezeichner:Instanz-Nummer:> oder <Dienst-Bezeichner:Instanz-Nummer:Punkt> angezeigt. Diese enthält einen Instanz-Identifikator, welcher aus Dienst-Bezeichner und Instanz-Nummer besteht.

Eine Instanz darf nur dann durch den dienstbasierten Unicast adressiert werden, wenn von dieser zuvor eine Dateneinheit empfangen wurde, welche im WSAN eine Spur (vgl. Abschnitt 5.4.4) zur Instanz etabliert hat.

Empfängt eine Dienst-Instanz eine Dateneinheit, welche mit gesetztem Trace-Flag übertragen wurde, so ist auch die Spur zur Sender-Instanz der Dateneinheit etabliert. Die Sender-Instanz kann daraufhin in der Form <Dienst-Bezeichner:Instanz-Nummer:> bzw. <Dienst-Bezeichner:Instanz-Nummer:Punkt> adressiert werden. Die Weiterleitung basiert ausschließlich auf der Spur-Tabelle. Der Vorgang ist in Abbildung 5.16 in Form eines Flussdiagramms veranschaulicht. Für jede eingehende Dateneinheit kann anhand des in der Ziel-Adresse verzeichneten Instanz-Identifikators der nächste Hop in der Spur-Tabelle gefunden werden. Die

Abbildung 5.16 Flussdiagramm der Weiterleitung mit Quantifikator Q_INST

Dateneinheit wird daraufhin der Transceiver-Übergabe-Komponente übergeben, welche sie per MAC-Unicast an den entsprechenden Nachbarn weiterleitet. Bei jeder Weiterleitung wird der Zeitstempel des Eintrags in der Spur-Tabelle aktualisiert. Es ist zu beachten, dass die Spur zunächst nur in eine Richtung etabliert wird. Für eine bidirektionale Spur muss die Antwort ebenfalls mit gesetztem Trace-Flag übertragen werden. Die Spur wird nur bei Bedarf im WSAN etabliert, um die Größe der Spur-Tabelle minimal zu halten.

Die Spur etabliert einen temporären Zustand im WSAN, d. h. bei Nicht-Benutzung der Spur wird der Zustand in allen Zwischensystemen nach Ablauf der Zeitdauer t_{trace} automatisch gelöscht. Daher darf zwischen dem Anlegen der Spur und ihrer Nutzung, bzw. zwischen zwei aufeinanderfolgenden Übertragungen per Q_INST die Zeitdauer t_{trace} nicht überschritten werden. Der jeweilige Wert für die Zeitdauer ist von der Anwendung abhängig, aber im gesamten WSAN einheitlich.

In Abschnitt 4.3.4 wurden zwei alternative Verfahren zur Vergabe der Instanz-Nummern vorgeschlagen. Das zweite Verfahren setzt zufällig gewählte Instanz-Nummern zur Identifikation der Instanzen ein. Nachdem das Etablieren einer Spur sowie die Verwendung der Instanz-Nummern bekannt sind, soll im Folgenden geklärt werden, unter welchen Voraussetzungen mehrfach vergebene Instanz-Identifikatoren zu Mehrdeutigkeit bei der Zustellung per Q_INST führen können und was die Auswirkungen hiervon sind. Voraussetzung für die Mehrdeutigkeit mehrfach vergebener Instanz-Nummern ist, dass sich mindestens zwei Spuren, welche zu zwei unterschiedlichen Instanzen mit demselben Identifikator führen, kreuzen. Die Benutzung einer der Spuren führt dazu, dass am Kreuzungspunkt für den adressierten Instanz-Identifikator mehr als ein Eintrag in der Spur-Tabelle existiert. Abbildung 5.17 illustriert dies anhand eines Beispiels. Die fünf beteiligten Systeme seien hier zur Beschreibung mit den Buchstaben A, B, X, Y und Z bezeichnet. Die Systeme A und B instanziieren beide den Dienst „S". Beide Instanzen tragen die Instanz-Nummer 1.

(1) Die Instanz „S:1" des Systems A überträgt eine Dateneinheit an System Z, welche eine Spur im WSAN etabliert. Die Dateneinheit wird über das System X weitergeleitet, sodass die Spur von Z über X zu A führt.

(2) Die Instanz „S:1" des Systems B überträgt ebenfalls eine Dateneinheit, welche eine Spur über das System X im WSAN etabliert. Die Übertragung ist hier an System Y gerichtet, die Spur führt von Y über X zu B. Beide Spuren kreuzen sich im System X, d. h. System X trägt für denselben Instanz-Identifikator „S:1" *zwei* Einträge in der Spur-Tabelle, welche zu unterschiedlichen Nachbarn führen.

117

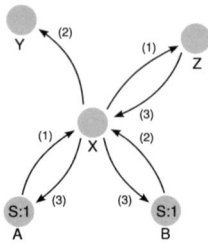

Abbildung 5.17 Voraussetzung, dass zwei identische Instanz-Identifikatoren zur Mehrdeutigkeit führen.

(3) Beantwortet nun Z die von A gesendete Dateneinheit, indem Z eine Dateneinheit an die Instanz „S:1" adressiert, ist die Weiterleitung der Dateneinheit entlang der etablierten Spur bei System X nicht mehr eindeutig.

Die ServiceCast-Architektur sieht für den Fall, dass ein System über mehrere Spuren mit demselben Instanz-Identifikator verfügt, die Weiterleitung entlang *aller* Spuren vor. So kann sichergestellt werden, dass die Dateneinheit immer die eigentlich adressierte Instanz erreicht. Kann eine Anwendung also „verkraften", dass eine Dienst-Instanz mit geringer Wahrscheinlichkeit eine Dateneinheit erhält, die nicht an die Instanz gerichtet ist, so stellt die Verwendung zufällig gewählter Instanz-Nummern keine Einschränkung der Effektivität der Adressierung dar. Ist diese Voraussetzung nicht gegeben, muss die Eindeutigkeit der Instanz-Nummern garantiert werden. Hierzu ist Verfahren 1 aus Abschnitt 4.3.4 geeignet.

Durch die Länge der Instanz-Nummer kann die Wahrscheinlichkeit einer Kollision des Identifikators bestimmt werden. Da die Instanz-Nummer bei Verwendung nur temporär im Netz gespeichert bleibt, kann die zufällig gewählte Nummer bei jeder Benutzung neu festgelegt werden (ähnlich dem in [36] vorgestellten Verfahren). Dazu hat die Anwendung die Möglichkeit, jederzeit eine neue Instanz-Nummer von der Dienste-Verwaltung anzufordern (vgl. Abschnitt 4.3.4). So geht die Wahrscheinlichkeit permanent auftretender Kollisionen gegen null. Dazu kann die Anwendung jederzeit eine neue Instanz-Nummer anfordern und somit mögliche Kollisionen auflösen.

Die Wahrscheinlichkeit d für das Auftreten von duplizierten – also mindestens zwei identischen – Instanz-Nummern bei zufälliger Wahl, kann in Abhängigkeit von der Zahl der Instanzen i und der maximalen Anzahl unterschiedlicher Instanz-Nummer n durch folgende Gleichung[16] bestimmt werden:

$$
\begin{aligned}
Pr\,\{\text{Keine duplizierte Instanz-Nummer}\} &= \frac{n}{n} \cdot \frac{n-1}{n} \cdot \ldots \cdot \frac{n-i+1}{n} \\
&= \frac{n!}{n^i \cdot (n-i)!} \quad (5.4)
\end{aligned}
$$

---

[16]Die Gleichung ist auch als die Lösung des Geburtstags-Problems bekannt, wie es in [63] formuliert ist.

Anzahl	d			
Instanzen	10 %	5 %	1 %	0,1 %
64	15	16	18	21
90	16	17	19	22
128	17	18	20	23
181	18	19	21	24
256	19	20	22	25
362	20	21	23	26
512	21	22	24	27
724	22	23	25	28
1024	23	24	26	29

Tabelle 5.6 Notwendige Länge der Instanz-Nummern (in Bit) bei gegebener maximaler Duplikatwahrscheinlichkeit d.

$$d = Pr\,\{\text{Duplizierte Instanz-Nummer}\} \;=\; 1 - \frac{n!}{n^i \cdot (n-i)!} \tag{5.5}$$

Die Wahrscheinlichkeit für *keine* duplizierte Instanz-Nummer (Gleichung 5.4) wird hier anhand von i unabhängigen Zügen aus der Menge unterschiedlicher n Instanz-Nummern modelliert. Die Wahrscheinlichkeit, in jedem der Züge kein Duplikat zu ziehen, ist gegeben durch den Quotient aus der Zahl günstiger Instanz-Nummern (welche nicht zu einem Duplikat führen) zu der Zahl möglicher Instanz-Nummern n. Im ersten Zug existieren noch n günstige Nummern, ihre Zahl verringert sich bei jedem Zug um eins. Die Wahrscheinlichkeit d für *mindestens eine* duplizierte Instanz-Nummer (Gleichung 5.5) ist als Gegenereignis modelliert.

Nach [119] kann Gleichung 5.5 in guter Näherung nach n aufgelöst werden.

$$n \;\approx\; -\frac{i^2}{2 \cdot \ln(1-d)} \tag{5.6}$$

Die minimale Länge $l = \lceil \log_2(n) \rceil$ der Instanz-Nummer in Bit bei gegebener maximaler Duplikatwahrscheinlichkeit d und maximaler Zahl an Instanzen i kann daher wie folgt angenähert werden:

$$l \;=\; \lceil \log_2(n) \rceil \approx \left\lceil \log_2 \left(-\frac{i^2}{2 \cdot \ln(1-d)} \right) \right\rceil \tag{5.7}$$

Abbildung 5.18 zeigt die Graphen der Gleichung 5.7 für d=1 %, d=2 %, d= 5 % und d= 10 %. Darin ist ersichtlich, dass die Wahrscheinlichkeit für das Auftreten von mindestens zwei Instanzen mit derselben Instanz-Nummer bei einer Länge von 24 Bit bei bis zu 1000 Instanzen unter 5 % bleibt. Die exakte Wahrscheinlichkeit für eine mehrfache Instanz-Nummer liegt nach Gleichung 5.5 bei $d = 2,9334 \%$.

Dabei sei noch einmal darauf hingewiesen, dass das Vorhandensein einer duplizierten Instanz-Nummer allein noch nicht hinreichend für Mehrdeutigkeit in der Weiterleitung entlang einer Spur ist. Die zweite notwendige Voraussetzung ist, dass sich

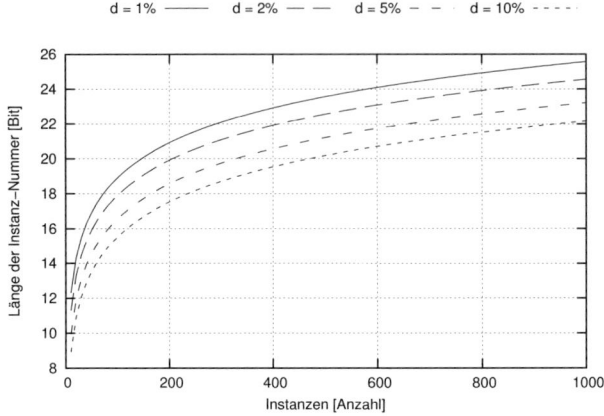

Abbildung 5.18 Notwendige Länge der Instanz-Nummern (in Bit) bei gegebener maximaler Duplikatwahrscheinlichkeit d.

zwei Spuren, welche mit demselben Instanz-Identifikator markiert sind, gleichzeitig im Netz kreuzen. Die Wahrscheinlichkeit für diese zweite notwendige Bedingung hängt vom Verkehr der Anwendung sowie der Gültigkeitsdauer t_{trace} einer Spur ab. Gleichung 5.5 ist daher eine großzügige obere Schranke für die Wahrscheinlichkeit, dass ein System mindestens zwei Einträge mit gleichem Instanz-Identifikator in der Spur-Tabelle findet.

5.7.3 Dienstbasierter Anycast (Q_ANY)

Der dienstbasierte Anycast adressiert die am günstigsten erreichbare Instanz des angegebenen Dienstes innerhalb der Ziel-Region. Er wird durch die Adress-Ausprägungen `<Dienst-Bezeichner:Q_ANY:>` und `<Dienst-Bezeichner:Q_ANY:Region>` signalisiert. Das Routing basiert auf einem Distanz-Vektor-Ansatz, bei welchem zu jedem Dienst die Kosten zur nächsten Instanz sowie der zugehörige Next-Hop in einer Routing-Tabelle verwaltet werden. Die Kosten werden in Form der im Mittel erwarteten Anzahl an Übertragungen ausgedrückt, eine Metrik, welche mit Rücksicht auf den probabilistischen Charakter des drahtlosen Kanals gewählt wurde.

5.7.3.1 Erreichbarkeit von Diensten

Zur Pflege der Routing-Tabellen benötigt jedes System die Information, welche Dienste durch seine benachbarten Systeme erreichbar sind. Darüber hinaus muss für jeden Dienst bekannt sein, zu welchen Kosten die jeweils verzeichnete Instanz erreichbar ist. Als Kostenmetrik wird – in Anlehnung an die ETX-Metrik [32] – die im Mittel erwartete Anzahl an Übertragungen verwendet. Im Folgenden wird zunächst die verwendete Metrik definiert und anschließend auf das Trans Service Set als Formalisierung der Erreichbarkeit von Dienst-Instanzen im WSAN und dessen iterative Berechnung eingegangen.

Definition der Metrik μ_{ETX}

Es sei $Pr_{rx}(n)$ die Wahrscheinlichkeit dafür, dass Nachbar n eine übertragene Dateneinheit erfolgreich empfängt. Diese Wahrscheinlichkeit kann für jeden lokal bekannten Nachbarn anhand der relativen Empfangsrate aus den in der Nachbar-Tabelle verzeichneten Informationen bestimmt werden durch:

$$Pr_{rx}(n) = \frac{\text{BC Übertragungen}}{\text{BC SeqNr}} \tag{5.8}$$

Darin steht „BC Übertragungen" für das gleichnamige Feld der Nachbar-Tabelle, welches die Zahl empfangener Broadcast-Übertragungen enthält. „BC SeqNr" hält die zum Zeitpunkt des letzten Empfangs von diesem Nachbarn aktuelle Gesamtzahl übertragener Broadcast-Dateneinheiten.

Die erwartete Anzahl an Übertragungen zu einem Nachbar n entspricht gerade dem Kehrwert der Empfangswahrscheinlichkeit $Pr_{rx}(n)$:

$$\mu_{ETX}(n) = \frac{1}{Pr_{rx}(n)}, \tag{5.9}$$

denn die k-fache Übertragung einer Dateneinheit mit Empfangswahrscheinlichkeit $Pr_{rx}(n)$ ist eine Bernulli-Kette der Länge k (vgl. [47, Kapitel 19]). Der Erwartungswert für die Zahl erfolgreicher Übertragungen ist $k \cdot Pr_{rx}(n)$, wodurch sich $k = 1/Pr_{rx}(n) = \mu_{ETX}(n)$ als Erwartungswert für die Zahl der Wiederholungen bis zu einer erfolgreichen Übertragung ergibt.

Das Trans Service Set

Im Folgenden wird das *Trans Service Set* ($\mathcal{TSS}$) zur Formalisierung der Erreichbarkeit von Diensten eingeführt. Das $\mathcal{TSS}(X)$ repräsentiert die Menge der Dienste, welche über ein System X erreichbar sind. Bei einem nicht partitionierten Netz ist das genau die Menge aller Dienste. Gemeinsam mit den Dienst-Bezeichnern enthält das $\mathcal{TSS}$ die Kosten zur nächstgelegenen Instanz des jeweiligen Dienstes. Zur einfacheren Darstellung wird die Kombination Dienst-Bezeichner t und die zugehörigen Kosten k als Tupel (t, k) geschrieben.

Zur Definition des $\mathcal{TSS}(X)$ eines Systems ist zunächst die Menge der auf dem System lokal instanziierten Dienste, das *Local Service Set* $\mathcal{LSS}(X)$ notwendig. Dieses enthält die Tupel der auf dem System X lokal instanziierten Dienste sowie die Kosten, diese zu erreichen. Da es sich um lokale Instanzen handelt, sind die Kosten jeweils null:

$$\mathcal{LSS}(X) := \{(t, 0) \mid t \in \mathcal{T}(X)\} \tag{5.10}$$

Darin bezeichnet $\mathcal{T}(X)$ die Menge der Bezeichner der auf dem System X lokal instanziierten Dienste, welche unmittelbar aus der Tabelle lokaler Dienste (vgl. Tabelle 5.2) ableitbar ist.

Aus der Menge der lokal verfügbaren Dienste und den über die Nachbarsysteme erreichbaren Diensten ergibt sich rekursiv das $\mathcal{TSS}$, die Menge der über ein System insgesamt erreichbaren Dienste. Das Trans Service Set $\mathcal{TSS}(X)$ eines Systems X ist wie folgt als Menge definiert:

$$\mathcal{TSS}(X) := \bigcup_{N \in \mathcal{N}(X)} [\mathcal{TSS}(N) + \delta(N)] \cup \mathcal{LSS}(X) \tag{5.11}$$

mit folgender, auf Tupelmengen elementweise definierten Vereinigung $\cup$

$$\{(a,x)\} \cup \{(b,y)\} := \{(a,x),(b,y)\} \tag{5.12}$$
$$\{(a,x)\} \cup \{(a,y)\} := \{(a,\min(x,y))\} \tag{5.13}$$

und der Addition von Tupelmenge und Skalar

$$\{(t_i,k_i)\} + x := \{(t_i,k_i+x)\} . \tag{5.14}$$

Dabei sei X ein beliebiges System des WSANs und die Menge $\mathcal{N}(X)$ bezeichne seine direkt benachbarten Systeme. Die Kosten zum Nachbarn seien durch die Funktion $\delta(N)$ gegeben. Unter Verwendung der ETX-Metrik sind die Kosten zu jedem Nachbarn mindestens eins, da eine Dateneinheit mindestens einmal übertragen werden muss, damit sie beim jeweiligen Nachbarn ankommt. Es gilt also $\forall N \in \mathcal{N} : \delta(N) \geq 1$. Weiter stehen a, b, t_i für beliebige Dienste mit ihren jeweiligen Kosten x, y, k_i zur nächsten Instanz.

Das Trans Service Set $\mathcal{TSS}(X)$ eines Systems X ist also die Menge aller über ein System X erreichbaren Dienste und der jeweiligen Kosten zur nächsten Instanz. Diese Menge ergibt sich aus der Vereinigung aller lokal verfügbaren Dienste mit den Trans Service Sets aller benachbarten Systeme. Die $\mathcal{TSS}$ der Nachbarn müssen dabei jeweils um die Kosten zum Nachbarn korrigiert werden. Durch Gleichung 5.13 ist jeder Dienst in der Tupelmenge maximal einmal vertreten. Gleichzeitig stellt diese Eigenschaft der oben definierten Vereinigung sicher, dass die im $\mathcal{TSS}$ zu einem Dienst verzeichneten Kosten das Minimum aller für diesen Dienst bekannten Kosten ist.

Iterative Berechnung des $\mathcal{TSS}$

Die rekursive Definition des $\mathcal{TSS}$ geht von der idealisierten Bedingung aus, dass die $\mathcal{TSS}$ aller Nachbarn bereits bekannt sind. Dies ist in WSANs jedoch nicht realisierbar, da jedem System zu jedem Zeitpunkt aufgrund seiner lokalen und daher unvollständigen Sicht auf das WSAN nur eine Näherung des rekursiv definierten $\mathcal{TSS}$ bekannt sein kann. Dieses wird daher im Folgenden auch als theoretisches $\mathcal{TSS}$ bezeichnet. Das theoretische $\mathcal{TSS}$ kann iterativ angenähert werden. Dazu sei zwischen dem $\mathcal{TSS}$ und seiner näherungsweisen Repräsentation $\widetilde{\mathrm{TSS}}$ – also der aktuellen Sicht des Systems auf das $\mathcal{TSS}$ – unterschieden.

Die Sicht $\widetilde{\mathrm{TSS}}$ eines Systems auf sein theoretisches $\mathcal{TSS}$ ist in zweierlei Hinsicht eine Näherung:

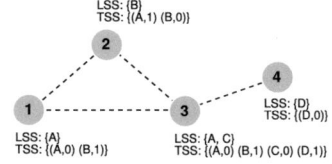

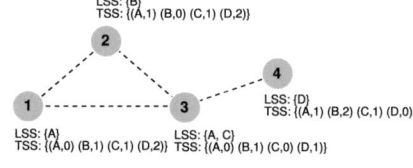

(a) Nach Versand des jeweils initialen $\widetilde{TSS}$ ($=\mathcal{LSS}$) der Systeme 1, 2 und 4

(b) Nach Versand des aktualisierten $\widetilde{TSS}$ durch System 3

Abbildung 5.19 Beispiel zur iterativen Aktualisierung der $\widetilde{TSS}$

1. Dienste können noch unbekannt sein, obwohl Instanzen des Dienstes im WSAN vorhanden sind.

2. Es kann eine Instanz geben, welche günstiger erreichbar ist, als die bisher bekannten günstigsten Kosten.

Durch schrittweise, iterative Aktualisierung und Erweiterung des eigenen $\widetilde{TSS}$ mit der $\widetilde{TSS}$ Information aller Nachbarn, wird die eigene Sicht an das theoretische $\mathcal{TSS}$ angenähert. Die $\widetilde{TSS}$ der Nachbarn werden mit dem eigenen $\widetilde{TSS}$ wie in Gleichung 5.11 definiert vereinigt. Initial enthält das $\widetilde{TSS}$ nur das $\mathcal{LSS}$, also die Bezeichner der lokal instanziierten Dienste. Bei jedem Abgleich mit den $\widetilde{TSS}$-Informationen eines Nachbarn wird das eigene $\widetilde{TSS}$ aktualisiert. Dabei werden

1. durch Gleichung 5.12 die Erreichbarkeit neuer, bisher unbekannter Dienste gelernt und

2. durch Gleichung 5.13 bekannte Pfade und Kosten zu bekannten Dienste durch günstigere Kosten ersetzt.

Diese schrittweise, iterative Aktualisierung des $\widetilde{TSS}$ ist Grundlage für die spätere Pflege der Routing-Tabelle.

Anhand eines Beispiels wird die iterative Aktualisierung des $\widetilde{TSS}$, also der lokalen Sicht auf das $\mathcal{TSS}$, verdeutlicht. Die beiden Abbildungen 5.19(a) und 5.19(b) zeigen jeweils vier Systeme, ihre Nachbarschaftsbeziehungen sowie die jeweiligen LSS und $\widetilde{TSS}$. Zur Vereinfachung wird dabei angenommen, dass die Kosten für jede Übertragung eins sind, also $\delta(N) = 1, \forall N$ gilt. Abbildung 5.19(a) zeigt den Zustand des WSANs nachdem die Systeme 1, 2 und 4 ihr $\widetilde{TSS}$ – welches initial dem $\mathcal{LSS}$ entspricht – ihren jeweiligen Nachbarn mitgeteilt haben. Die $\widetilde{TSS}$ wurden zuvor jeweils mit den Elementen des $\mathcal{LSS}$ initialisiert. Zum dargestellten Zeitpunkt enthalten die $\widetilde{TSS}$ nur alle Dienst-Bezeichner, welche maximal einen Hop weit entfernt sind. Die daraus gebildeten $\widetilde{TSS}$ sind noch unvollständig. Sobald System 3 seine mittlerweile aktualisierte Sicht des $\widetilde{TSS}$ seinen Nachbarn mitteilt, ergibt sich die in Abbildung 5.19(b) dargestellte Situation. Allen Systemen sind alle Dienste und ihre jeweilige minimale Distanz zur nächsten Instanz bekannt.

Feld	Beschreibung
Dienst-Bezeichner	Dienst-Bezeichner der Instanz, für die der Eintrag gilt
Kosten	Die Kosten zum Erreichen der Instanz
Lokation	Lokation der Instanz
Next-Hop	MAC-Adresse des Nachbarn, über den die Instanz erreicht wird
Zeitstempel	Zeitpunkt der letzten Aktualisierung des Eintrages

Tabelle 5.7 Struktur eines Eintrags der Routing-Tabelle

Jedes $\widetilde{TSS}$ trägt maximal soviele Einträge, wie es unterschiedliche Dienste im Netz gibt. Die Größe des $\widetilde{TSS}$ ist damit insbesondere unabhängig von der Anzahl Systeme im Netz. D. h. bei zunehmender Netzgröße ist der Umfang des $\widetilde{TSS}$ für jede fest gewählte Anwendung konstant, wodurch sich Skalierbarkeit bezüglich einer steigenden Anzahl Systemen im Netz ergibt.

5.7.3.2 Routing-Tabelle

Die Einträge der *Routing-Tabelle* enthalten die Bezeichner aller nicht-lokalen Dienst-Instanzen des $\widetilde{TSS}$. Die Routing-Tabelle repräsentiert damit die lokale Sicht auf die Erreichbarkeit aller nicht lokal instanziierten Dienste des WSANs. Gemeinsam mit der Tabelle lokaler Dienste, bildet die Routing-Tabelle die aktuelle Sicht des Systems auf das $\widetilde{TSS}$. Jeder Eintrag der Routing-Tabelle referenziert eine Dienst-Instanz und hat die in Tabelle 5.7 dargestellte Struktur. Für jede Instanz verzeichnet die Routing-Tabelle den zugehörigen Dienst-Bezeichner, ihre Lokation, die Kosten zum Erreichen der Instanz sowie die MAC-Adresse des Nachbarn, über welchen die Instanz mit den angegebenen Kosten erreichbar ist. Dies ist immer die MAC-Adresse des Nachbarn, welcher die letzte Aktualisierung des entsprechenden Eintrags ausgelöst hat. Für jeden Dienst enthält die Routing-Tabelle maximal einen Eintrag. Der Zeitstempel enthält den Zeitpunkt der letzten Aktualisierung des jeweiligen Eintrages.

Initial ist die Routing-Tabelle leer. Sie wird iterativ durch die $\widetilde{TSS}$ benachbarter Systeme aktualisiert. Die Aktualisierung der Routing-Tabelle durch ein $\widetilde{TSS}$ eines Nachbarn entspricht einem Schritt der iterativen Aktualisierung des eigenen $\widetilde{TSS}$. Sie wird wie folgt vorgenommen: Für jeden im $\widetilde{TSS}$ des Nachbarn verzeichneten Dienst, welcher nicht lokal instanziiert ist, wird überprüft, ob dieser bereits in der Routing-Tabelle verzeichnet ist. Dabei sind zwei Fälle zu unterscheiden:

1. Das $\widetilde{TSS}$ des Nachbarn n enthält einen bisher unbekannten Dienst. Dieser wird direkt in die Routing-Tabelle aufgenommen. Die im $\widetilde{TSS}$ angegebenen Kosten müssen vor Übernahme in die Routing-Tabelle noch um die erwarteten Kosten $\mu_{ETX}(n)$ zum Erreichen des Nachbarn vergrößert werden. Diese werden anhand der Informationen in der Nachbar-Tabelle nach Gleichung 5.9 bestimmt. Als Next-Hop wird die Adresse des Nachbarn n verzeichnet, von dem das $\widetilde{TSS}$ stammt. Dieser Schritt entspricht der Vereinigung zweier Elemente des $\widetilde{TSS}$ nach Gleichung 5.12.

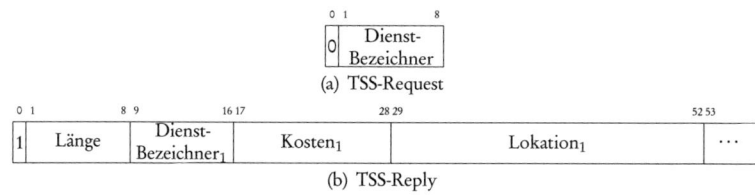

Abbildung 5.20 TSS-Request und TSS-Reply Dateneinheit zur Signalisierung.

2. Ist ein Dienst bereits bekannt, kann durch das empfangene $\widetilde{TSS}$ des Nachbarn n ein Pfad zu einer Instanz gelernt werden, welche mit geringeren Kosten erreichbar ist. Eine Aktualisierung des Eintrags für den Dienst wird vorgenommen, wenn die durch das $\widetilde{TSS}$ des Nachbarn mitgeteilten Kosten plus der Kosten zum Erreichen des Nachbarn geringer sind, als die bereits in der Routing-Tabelle bekannten. In diesem Fall werden die neuen Kosten sowie die Lokation der Instanz in die Routing-Tabelle übernommen und der Nachbar n als Next-Hop festgehalten. Dieser Schritt entspricht der Vereinigung zweier Elemente des $\widetilde{TSS}$ nach Gleichung 5.13.

Die Beobachtung des weitergeleiteten Verkehrs ermöglicht zudem das passive Lernen neuer Dienste, wodurch Aufwand zur expliziten Signalisierung der Dienste-Suche eingespart werden kann. Leitet ein System eine Dateneinheit weiter, überprüft es, ob für den Dienst des Senders bereits ein Eintrag in der Routing-Tabelle existiert. Ist dies noch nicht der Fall und enthält die Quell-Adresse die Lokation der Instanz, wird für den Dienst ein neuer Eintrag angelegt. Als Next-Hop wird der Nachbar vermerkt, von welchem die Dateneinheit empfangen wurde. Da die Kosten zum Erreichen der Instanz unbekannt sind, werden die Kosten des Eintrages auf den maximal möglichen Wert gesetzt. So ist sichergestellt, dass der Eintrag aktualisiert wird, sobald ein $\widetilde{TSS}$ eines Nachbarn empfangen wird, welches eine Instanz des Dienstes mit Bezeichner t ankündigt[17].

Jeder Eintrag in der Routing-Tabelle trägt einen Zeitstempel, welcher anzeigt, wann der Eintrag zuletzt aktualisiert wurde. Liegt die letzte Aktualisierung eines Eintrages mehr als t_{RT} in der Vergangenheit, wird der Eintrag gelöscht. Aktualisierungen des Zeitstempels können insbesondere vorgenommen werden, wenn

- ein $\widetilde{TSS}$ des in der Routing-Tabelle verzeichneten Next-Hop Systems empfangen wird, welches den zugehörigen Dienst-Bezeichner enthält.

- über den in der Routing-Tabelle zum Dienst-Bezeichner t verzeichneten Next-Hop eine Dateneinheit zur Weiterleitung empfangen wird, welche von einer Instanz des Dienstes mit Bezeichner t stammt.

5.7.3.3 Signalisierung

Die ServiceCast-Architektur nutzt eine reaktive Signalisierung zur Verteilung der Routing-Informationen. Dazu werden Routing-Informationen nur bei Bedarf versendet. Bedarf entsteht, wenn ein System eine Dateneinheit zur dienstbasierten Weiterleitung erhält, für den adressierten Dienst jedoch noch kein passender Eintrag in der Routing-Tabelle existiert. In diesem Fall sendet das System einen TSS-Request (TSS_REQ) an seine Nachbarn. Dieser enthält den Bezeichner des Dienstes, zu dem Routing-Informationen benötigt werden. Die Struktur der TSS-Request Dateneinheit ist in Abbildung 5.20(a) dargestellt. Die Übertragung geschieht per dienstbasiertem Broadcast an die dienstbasierten Routing-Dienste benachbarter Systeme. Das TSS-Request wird mit der Adress-Ausprägung `<DienstRouting:Q_ALL:>` – bzw. `<DienstRouting:Q_ALL:Ziel-Region>`, falls die weiterzuleitende Dateneinheit selbst regional beschränkt adressiert war – und gesetztem Trace-Flag übertragen. Die Suche nach Informationen zum adressierten Dienst folgt einer expandierenden Ring-Suche mit quadratisch wachsenden Such-Radien. Nach [9, 19] weist der Algorithmus ein asymptotisch optimales Worst Case Verhalten auf, d. h. die vom Algorithmus verursachten Kosten erreichen die unter schlechtesten Voraussetzungen optimale untere Schranke. Wichtige Voraussetzungen, die die Verwendung anderer Such-Algorithmen erschweren, sind, dass sowohl der Durchmesser des Netzes als auch die erwartete Distanz zum nächstgelegenen System mit Informationen zum gesuchten Dienst unbekannt sind.

Abbildung 5.21 zeigt ein Weg-Zeit-Diagramm zur Auflösung eines TSS-Requests. Der Wert des TTL-Feldes der ServiceCast-Dateneinheit beträgt zunächst eins, womit die Anfrage auf direkt benachbarte Systeme beschränkt wird. Mit Versand des TSS-Requests wird ein Timer gestartet, welcher feuert, wenn die Anfrage nicht innerhalb einer vorgegebenen Zeit beantwortet wird. Falls innerhalb einer vorgegebenen Dauer kein TSS-Reply beim anfragenden System ankommt, feuert der Timer. Das System wiederholt seine Anfrage mit exponentiell vergrößertem TTL-Feld. Der n-te Versuch hat den TTL Wert 2^{n-1}. Damit wird der Radius des Suchbereichs exponentiell vergrößert. Die Zeitdauer bis zum Ablauf des jeweiligen Timers verlängert sich dabei linear mit dem TTL-Wert, also exponentiell mit der Anzahl der Versuche. Dieser Vorgang wird wiederholt bis entweder

1. eine TSS-Reply-Dateneinheit empfangen wurde oder
2. der TTL-Wert ein vorgegebenes Maximum erreicht hat, welches nicht überschritten wird.

Bei Erreichen des Maximums muss davon ausgegangen werden, dass keine Instanz des gesuchten Dienstes erreichbar ist. Die Suche wird daher abgebrochen und die weiterzuleitende Dateneinheit verworfen. Das gewählte Maximum entspricht dem maximalen TTL-Wert der ServiceCast-Schicht.

Jeder Empfänger eines TSS-Requests überprüft das eigene $\widetilde{TSS}$ und beantwortet die Anfrage mit einem TSS-Reply, falls lokal Routing-Informationen zum gesuchten Dienst – und ggf. innerhalb der adressierten Ziel-Region – verfügbar sind. Abbil-

---

[17]Relevant sind hier nur Ankündigungen, welche von diesen nicht selbst passiv gelernt wurden, da diese Einträge ebenfalls maximale Kosten haben.

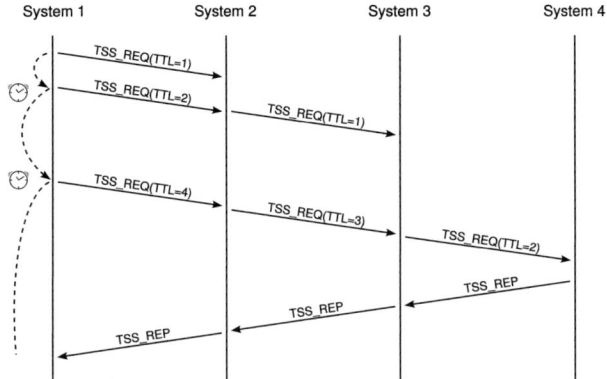

Abbildung 5.21 Weg-Zeit-Diagramm der TSS-Request Verteilung

dung 5.20(b) zeigt die Struktur der TSS-Reply-Dateneinheit. Das TSS-Reply enthält Informationen zum angefragten Dienst sowie zu weiteren, zufällig aus dem $\widetilde{TSS}$ des Systems ausgewählten Diensten. Durch die Informationen über die weiteren, zufällig gewählten Dienste wird die Dateneinheit bis zu der durch den Transceiver beschränkten Maximalgröße aufgefüllt. Für jeden Dienst werden dessen Bezeichner, die Lokation der Instanz sowie die jeweiligen Kosten übertragen. Durch die Übertragung der Informationen zu mehreren im $\widetilde{TSS}$ verzeichneten Diensten, anstatt nur zum angefragten Dienst, wird eine beschleunigte Verteilung der Routing-Information im Netz erreicht. Bei Empfang eines TSS-Reply wird das übertragene $\widetilde{TSS}$ extrahiert und die Routing-Tabelle aktualisiert. Die zur Weiterleitung anstehende Dateneinheit kann nun versandt werden.

5.7.3.4 Regionale Beschränkung des diensbasierten Anycast

Bei der regional beschränkten Zustellung eines Anycast kann es zu zwei Sonderfällen kommen, in denen die Zustellung der Dateneinheit nicht oder nur beschränkt möglich ist. Diese sind:

1. Innerhalb der adressierten Ziel-Region befindet sich keine Instanz des adressierten Dienstes.

2. Es befindet sich eine Instanz des adressierten Dienstes innerhalb der Ziel-Region. Der Pfad zu dieser ist aber auf dem innerhalb der Ziel-Region erreichten System nicht bekannt.

Im ersten Fall ist die durch die Adressierung gestellte Anforderung nicht erfüllbar und die Dateneinheit kann nicht zugestellt werden. Der zweite Fall ist in Abbildung 5.22(a) dargestellt. Dort ist System B das erste innerhalb der Ziel-Region. Die dort bekannte Instanz des adressierten Dienstes liegt auf System C, und damit außerhalb der adressierten Ziel-Region. Daher kann die Dateneinheit durch B nicht

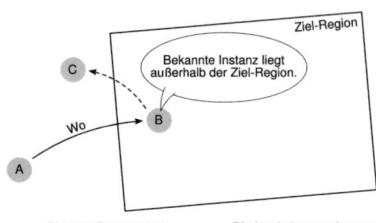

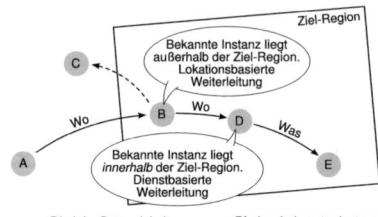

(a) Bekannte Instanz des adressierten Dienstes liegt außerhalb der Ziel-Region.

(b) Lokationsbasierte Weiterleitung, falls Instanz außerhalb der Ziel-Region liegt.

Abbildung 5.22 Zustellung des regional beschränkten Anycast, wenn die bekannte Instanz des adressierten Dienstes außerhalb der adressierten Ziel-Region liegt.

dienstbasiert weitergeleitet werden. Offenbar bieten sich hier unterschiedliche alternative Vorgehensweisen an, wovon zwei im Folgenden kurz vorgestellt werden:

1. Es wird ein TSS-Request zur Anfrage nach einer Instanz des gesuchten Dienstes – wie oben beschrieben – per expandierender Ring-Suche innerhalb der Ziel-Region verbreitet. Durch die Signalisierung kann festgestellt werden, ob sich überhaupt eine Instanz innerhalb der Ziel-Region befindet und gegebenenfalls Pfad und Kosten zu dieser gelernt werden. Da die Routing-Tabelle bereits einen günstigeren Eintrag für den gesuchten Dienst enthält, muss das Ergebnis der Anfrage auf dem Initiator-System sowie auf allen Zwischensystemen in einer gesonderten Datenstruktur temporär vorgehalten werden.

2. Eine weitere Alternative benötigt weder zusätzliche Signalisierung noch temporäre Datenstrukturen. Sie birgt aber das Risiko, dass eine in der Ziel-Region vorhandene Instanz des Dienstes nicht gefunden wird. Dazu wird die Dateneinheit so lange lokationsbasiert zum Zentrum der Ziel-Region weitergeleitet, bis sie ein System erreicht, dessen lokal bekannte Instanz des gesuchten Dienstes innerhalb der Ziel-Region befindet. Ab diesem System erfolgt die Weiterleitung der Dateneinheit dienstbasiert. Abbildung 5.22(b) veranschaulicht dies. Die Ausgangssituation ist die bereits in Abbildung 5.22(a) dargestellte. Die bei System B bekannte Instanz des adressierten Dienstes liegt außerhalb der Ziel-Region. Daher wird die Dateneinheit lokationsbasiert weitergeleitet. Im Beispiel erreicht die Dateneinheit mit System D ein System, welches den Pfad zu einer Instanz des gesuchten Dienstes innerhalb der Ziel-Region kennt. Dieses setzt die Weiterleitung der Dateneinheit dienstbasiert fort. Wird während der lokationsbasierten Weiterleitung kein System erreicht, welches eine Instanz des adressierten Dienstes innerhalb der Ziel-Region erreicht, muss die Dateneinheit verworfen werden. Der Zustellungsversuch gilt dann als gescheitert.

Eine Kombination der Vorgehensweisen vereinigt die Vorteile: Die Dateneinheit wird zunächst lokationsbasiert bis zum Zentrum der Ziel-Region (bzw. bis zum Erreichen eines festen Radius um das Zentrum) geleitet. Wurde die Anforderung bis dort noch nicht aufgelöst, wird mit Variante (1) eine explizite Signalisierung angestoßen. Hierdurch wird der Aufwand zur zusätzlichen Signalisierung nur dann notwendig, wenn Variante (2) nicht zum Erfolg führt. Außerdem ist erkennbar, wenn die Anforderung der Adressierung nicht erfüllbar ist. Zur Leistungsbewertung wurde nur die zweite hier vorgestellte Variante untersucht. Diese führt bereits zu hinreichend großen Zustellraten.

Da hier ausschließlich unzuverlässige Mechanismen zum Transport angeboten werden, wird der gescheiterte Zustellungsversuch bzw. eine nicht erfüllbare Anforderung dem Sender nicht signalisiert.

5.7.4 Dienstbasierter Somecast (`Q_SOME`)

Ziel des dienstbasierten Somecasts ist, einen zufällig[18] gewählten, aber repräsentativen Anteil der Instanzen eines Dienstes anzusprechen. Damit wird eine Anfrage mit abstufbarer Abdeckung realisiert. Zur Motivation wird das Szenario „Autonomes Gewächshaus" aus Abschnitt 4.1.1 herangezogen. Der Temperatur-Regler benötigt darin eine Stichprobe der Temperaturwerte. Die Stichprobe soll einen repräsentativen Querschnitt der Messwerte liefern und daher durch eine gleichmäßig verteilte Untermenge der verfügbaren Instanzen des Temperatur Sensor-Dienstes erhoben werden. Die Stichprobe soll repräsentativ sein, d. h. ihre Elemente sollen gleichmäßig im WSAN verteilt sein, ohne dabei jede einzelne Instanz des Temperatur-Sensor-Dienstes erreichen zu müssen. Sie soll zufällig gewählt sein, um bei wiederholten Anfragen unterschiedliche Instanzen zu erreichen. Gegenüber der Erhebung einer Stichprobe durch wiederholten Unicast, Anycast oder Broadcast bietet der Somecast den Vorteil der abstufbar wählbaren Abdeckung sowie der gleichmäßigeren Verteilung der erreichten Systeme.

5.7.4.1 Anforderungen

Der dienstbasierte Somecast adressiert einen abstufbaren Anteil der Instanzen eines vorgegebenen Dienstes. Die Elemente des Anteils werden jeweils zufällig gewählt. Die Größe des Anteils ist für jede Übertragung wählbar. Der Somecast wird durch den Quantifikator-Wert `Q_SOME` in den Adress-Ausprägungen `<Dienst-Bezeichner:Q_SOME:>` und `<Dienst-Bezeichner:Q_SOME:Region>` adressiert. Die folgenden Randbedingungen werden an den Somecast gestellt:

- Der Dienst der adressierten Instanzen ist frei wählbar.
- Eine Dateneinheit wird an einen Anteil der Dienst-Instanzen zugestellt.
- Die Größe des erreichten Anteils ist frei wählbar.
- Die Auswahl der Instanzen ist repräsentativ, d. h. die Instanzen sind gleichmäßig im WSAN verteilt.

Es wird angenommen, dass die Instanzen aller Dienste gleichmäßig im Netz verteilt sind. Die Adressierung eines Anteils der Instanzen ist daher gleichzusetzen mit der Adressierung eines definierten Anteils der Systeme. So ist keine explizite Information über die Lage der Dienst-Instanzen notwendig.

---

[18]Die zufällige Wahl bezieht sich hier auf die erreichten Instanzen und nicht auf den Umfang des Anteils.

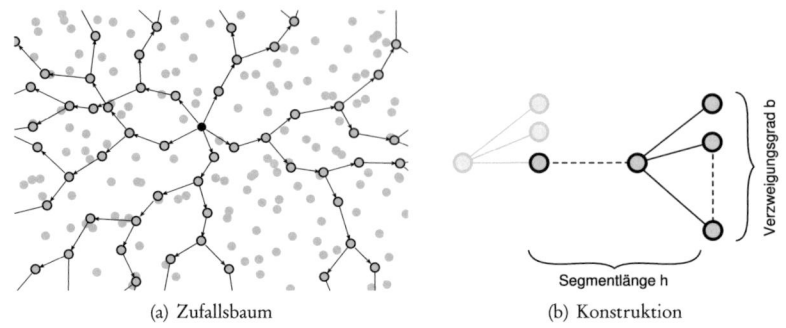

(a) Zufallsbaum   (b) Konstruktion

Abbildung 5.23 Abstufbare Abdeckung durch Weiterleitung anhand eines Zufallsbaumes

5.7.4.2 Realisierung des Somecast

Der Umsetzung des Somecast liegt die Idee zugrunde, die Weiterleitung der Dateneinheiten entlang eines temporären Zufallsbaumes vorzunehmen. Abbildung 5.23(a) zeigt einen Ausschnitt der Weiterleitung in der Umgebung des Quell-Systems der Dateneinheit (schwarzes System). Dieses bildet die Wurzel des Baumes; jeder Weiterleitungsschritt bildet einen Teil eines Astes. Je dichter der Baum, desto größer die Abdeckung; je spärlicher der Baum, desto geringer die Abdeckung. Die Dichte des Baumes wird anhand der Zahl der Weiterleitungsschritte zwischen je zwei Verzweigungen und dem Grad der Verzweigung gesteuert. Die Zahl der Weiterleitungsschritte wird im Folgenden mit Segmentlänge h bezeichnet. Abbildung 5.23(b) hebt die Konstruktion des Baumes anhand eines Abschnitts der Weiterleitung zwischen zwei Verzweigungen hervor. Je größer der Verzweigungsgrad b, desto dichter der Baum und desto größer die erzielte Abdeckung. Die Segmentlänge h zwischen zwei Verzweigungen wirkt umgekehrt: Je größer die Segmentlänge, desto mehr Weiterleitungsschritte liegen zwischen zwei Verzweigungen und desto dünner ist die Abdeckung des Baumes. Die Belegung der Parameter b und h wird im Kopf der Dateneinheit übertragen und kann daher für jeden Somecast frei gewählt werden. Der Baum wird verteilt durch die weiterleitenden Systeme des WSANs konstruiert, d. h. die Konstruktion basiert in jedem Weiterleitungsschritt auf rein lokalen Entscheidungen und Wissen über direkt benachbarte Systeme. Der Baum entsteht durch eine periodische Folge von $h - 1$ Weiterleitungsschritten an exakt einen Nachbarn, gefolgt von einer Verzweigung. Verzweigungen entstehen durch die Weiterleitung der Dateneinheit an mehrere ausgewählte Nachbarn. Die Zahl der Nachbarn ist durch den Verzweigungsgrad b gegeben. Eine Verzweigung findet damit periodisch, mit jedem h-ten Weiterleitungsschritt, statt.

Findet der Somecast mit beschränkter Ziel-Region statt, ist nicht die Quell-Instanz der Dateneinheit Wurzel des Baumes, sondern das erste System, welches die Dateneinheit innerhalb der Ziel-Region per Somecast weiterleitet. Dessen Lokation ist im OARQ-Optionsfeld als Eintrittspunkt in die Ziel-Region verzeichnet.

Eine gleichmäßige Abdeckung kann nur dann erreicht werden, wenn die Äste des Baumes mit hoher Wahrscheinlichkeit den Rand des Netzes bzw. den Rand der Ziel-Region erreichen. Dazu wird das bereits in Abschnitt 5.4.2.2 vorgestellte Verfahren zur automatischen Übertragungswiederholung (OARQ) eingesetzt. OARQ stellt sicher, dass adressierte Systeme die übertragene Dateneinheit erhalten. Dabei nutzt es die Semi-Broadcast-Eigenschaft des drahtlosen Kanals und kann so die Ausbreitung des Baumes bei geringer Gesamtzahl an Übertragungen fördern.

Der Somecast besteht aus den beiden Teilen

- verteilte Konstruktion des Zufallsbaumes und
- Vermeidung des Absterbens der Äste durch OARQ.

Der verteilten Konstruktion des Zufallsbaumes obliegt die Auswahl der Nachbarn, an welche die Dateneinheit im nächsten Schritt weitergeleitet wird. Dieser Teil befindet sich daher in der Komponente „dienstbasierte Weiterleitung". Das OARQ-Verfahren befindet sich in der Transceiver-Übergabe-Komponente der ServiceCast-Schicht. Im folgenden Abschnitt wird die verteilte Konstruktion des Zufallsbaumes vorgestellt. Daran anschließend wird auf die Nutzung des OARQ-Verfahrens durch den Somecast eingegangen.

5.7.4.3 Verteilte Konstruktion des Zufallsbaumes

Abbildung 5.24 zeigt das Flussdiagramm des Somecast, welcher die verteilte Konstruktion des Zufallsbaumes bewirkt. Dieser wird auf jedem System zur Weiterleitung einer Dateneinheit mit Quantifikator Q_SOME durchlaufen. Dabei werden die Anzahl der Nachbarn sowie deren Adressen festgelegt, an welche die Dateneinheit im nächsten Schritt weitergeleitet wird. Bezüglich der *Anzahl der Adressaten* sind drei Fälle zu unterscheiden, welche auch in der Abbildung explizit gekennzeichnet sind:

1. Stammt die Dateneinheit nicht von einer lokalen Instanz, wird eine explizite Anzahl b an Adressaten festgelegt. Diese hängt davon ab, ob im aktuellen Weiterleitungsschritt eine Verzweigung vorgenommen werden muss oder nicht. Eine Verzweigung wird periodisch alle h Weiterleitungsschritte vorgenommen. Die Werte von b und h sind dem OARQ-Optionsfeld im Kopf der ServiceCast-Dateneinheit zu entnehmen und daher für alle Weiterleitungsschritte fest. Die Entscheidung wird anhand des TTL-Wertes im ServiceCast-Paketkopf gefällt. Eine Verzweigung wird vorgenommen, wenn der TTL-Wert ein ganzzahliges Vielfaches von h ist, also die Beziehung

$$TTL \bmod h = 0 \qquad (5.15)$$

gilt. Die Zahl der Adressaten wird entsprechend dem im OARQ-Optionsfeld angegebenen Verzweigungsgrad b gewählt.

2. Stammt die Dateneinheit nicht von einer lokalen Instanz und muss im aktuellen Weiterleitungsschritt auch keine Verzweigung vorgenommen werden, so ist der Verzweigungsgrad eins, d. h. es ist genau ein Adressat zu wählen.

131

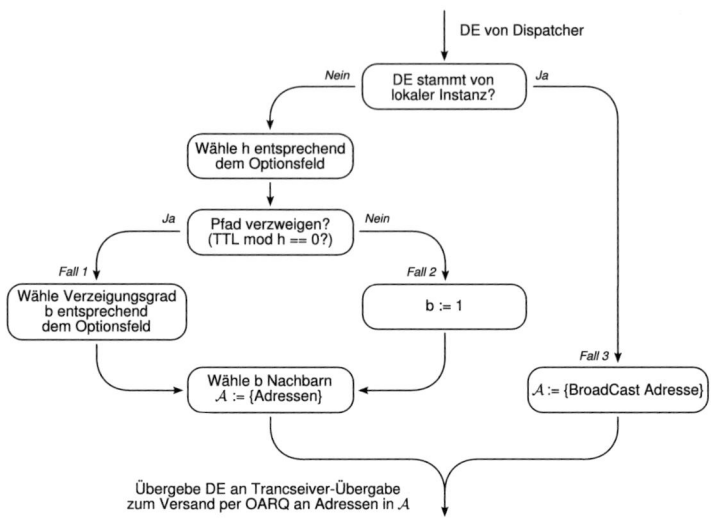

Abbildung 5.24 Flussdiagramm der Wahl der nächsten Adressaten des Somecast

3. Stammt die Dateneinheit von einer lokalen Instanz, d. h. sie wird zum ersten Mal weitergeleitet, so sind alle Nachbarn Adressat. Die Liste der Adressaten $\mathcal{A}$ enthält daher nur die Broadcast Adresse. Diese Sonderbehandlung der ersten Übertragung vermeidet den Fall, dass alle gewählten Nachbarn in derselben Richtung relativ zum Sender liegen. Der entstehende Baum würde sich nicht mehr gleichmäßig durch das gesamte WSAN erstrecken. Ein Broadcast adressiert alle erreichbaren Nachbarn gleichermaßen, unabhängig von ihrer Richtung.

An Fall 1 und 2 anschließend muss, nachdem die Anzahl b der Adressaten feststeht, die *Auswahl der Adressaten* vorgenommen werden. Um für jede Übertragung per Somecast einen neuen Zufallsbaum zu erhalten, wird die Auswahl randomisiert vorgenommen. Dazu werden die Nachbarn entsprechend ihrer Eignung priorisiert. Die Eignung wird anhand einer Metrik bewertet, welche Nachbarn bevorzugt, die die Ausbreitung des Baumes weg von dessen Wurzel begünstigen. Es wird eine Abwägung zwischen Richtung, Distanz und Qualität des Kanals zum Nachbarn vorgenommen. Dabei erhalten insbesondere Nachbarn, welche der Wurzel des Baumes näher sind als das aktuelle System eine Bewertung, welche kleiner oder gleich null ist und werden damit von der Wahl explizit ausgeschlossen. Dies verhindert die Möglichkeit der Ausbreitung des Baumes zurück in Richtung dessen Wurzel. Auf die Metrik wird im Anschluss an diesen Abschnitt gesondert eingegangen. Nachbarn, welche außerhalb einer eventuell gegebenen Ziel-Region liegen sowie Nachbarn, welche bereits als Relay der Dateneinheit bekannt sind, werden ebenfalls von der Wahl ausgeschlossen. Relays sind Nachbarn, von welchen bekannt ist, dass sie die Dateneinheit bereits weitergeleitet haben, d. h. Nachbarn, von welchen die Dateneinheit

bereits empfangen wurde (vgl. OARQ, Abschnitt 5.4.2.1). Die Liste der verbleiben-
den Nachbarn wird entsprechend der Metrik abfallend sortiert. Das erste Element
der sortierten Liste ist also der am besten bewertete Nachbar und hat den Index
null. Auf der sortierten Liste wird eine zufällige, gewichtete Wahl vorgenommen.
Dabei werden Nachbarn, welche durch die Metrik gut bewertet wurden, mit höherer Wahrscheinlichkeit ausgewählt als Nachbarn, welche schlecht bewertet wurden.
So werden gut bewertete Nachbarn im Mittel häufiger gewählt als schlecht bewertete.

Es werden sequenziell b Nachbarn aus der Liste ausgewählt. Die Wahl jedes ein-
zelnen Nachbarn erfolgt durch Ziehen einer normalverteilten Zufallsvariable $X \sim \mathcal{N}(0, \sigma^2)$, wobei $i = \lfloor |X| \rfloor$ der Index des gewählten Nachbarn in der Liste ist.
Weiterhin gilt $\sigma = 1/3 \cdot l$, mit l der Anzahl Nachbarn in der Liste. Durch die
Wahl von σ wird die Breite der Normalverteilung derart über die Liste normiert,
dass sich mehr als 99 % des Gewichts der Verteilung über alle Elemente der Liste
erstrecken. Nach Wahl eines Nachbarn wird dieser aus der Liste entfernt, um garantiert b verschiedene Nachbarn zu erhalten. Die Wahl wird beendet, wenn entweder b unterschiedliche Nachbarn gewählt wurden oder die Liste keine Elemente
mehr enthält. Die Streuung der Normalverteilung σ ist so gewählt, dass über 68 %
der Wahrscheinlichkeitsmasse auf dem ersten Drittel der Liste liegen. D. h. es wird
mit einer Wahrscheinlichkeit von über 68 % einer der 33 % am besten bewerteten
Nachbarn gewählt. Mit einer Wahrscheinlichkeit von 0,27 % kann durch die zufällige Wahl auch ein Index außerhalb der Liste gezogen werden. In diesem Fall wird
so lange ein neuer Index gewählt bis ein Index innerhalb der Liste gezogen wurde.
Dieser Fall tritt jedoch sehr selten[19] auf, so dass der zusätzliche Aufwand vernachlässigbar ist. Nach der Auswahl der b Adressaten wird die Liste ihrer Adressen in
das OARQ-Optionsfeld des ServiceCast-Paketkopfs (vgl. Abb. 5.6) eintragen und
das zugehörige OARQ-Flag gesetzt.

Abbildung 5.25 veranschaulicht den Zusammenhang zwischen der Verteilung der
Zufallsvariable X (oben) und dem Listenindex (unten) anhand eines Beispiels. Darin stehen neun Nachbarn, n_i mit $i = 0 \ldots 8$ zur Auswahl. Die Nachbarn sind entsprechend ihrer Bewertung durch die Metrik absteigend sortiert. Die Streuung der
Normalverteilung hat den Wert $\sigma = 3$, also $X \sim \mathcal{N}(0, 3^2)$. Damit fallen ca. 68 %
der Wahrscheinlichkeitsmasse auf die Indices 0 bis 2 und damit auf die drei am besten bewerteten Nachbarn, hier n_0 bis n_2. Mit etwa 95 % Wahrscheinlichkeit wird
einer der Nachbarn n_0 bis n_5 ausgewählt.

Die Ausbreitung des Baumes setzt sich bis zum Rand des Netzes fort. Dort wird
die Weiterleitung der Dateneinheit fehlschlagen, sobald keine Nachbarn mehr zur
Verfügung stehen, welche noch nicht Relay der Dateneinheit sind. Da Nachbarn,
welche der Wurzel des Baumes näher sind als das aktuelle System, durch die Metrik eine negative Bewertung erhalten und somit von der Wahl ausgeschlossen sind,
terminiert die Ausbreitung des Baumes am Rand des Netzes.

---

[19]Die Wahrscheinlichkeit zweimal hintereinander einen Index außerhalb der Liste zu ziehen liegt bereits
unter 0,00073 %.

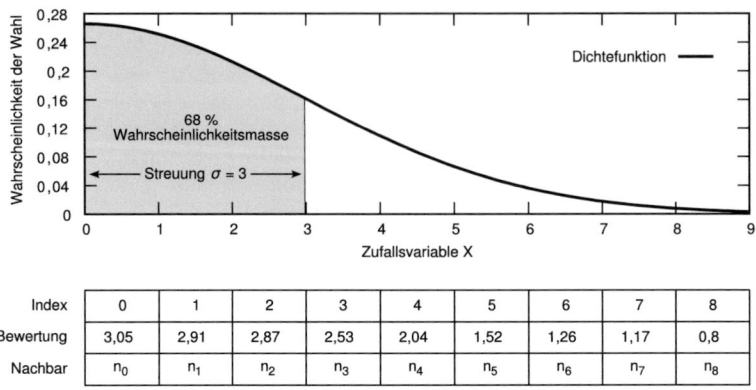

Abbildung 5.25 Nachbarwahl

Metrik zur Wahl der Nachbarn

Zur Bewertung der Nachbarn wird in Anlehnung an [127] die Metrik Ψ_0 herangezogen:

$$\Psi_0 := Pr_{rx} \cdot \log(d) \cdot (90 - deg(\varphi)) \tag{5.16}$$

Pr_{rx} ist die Empfangsrate des bewerteten Nachbarn, d die Distanz zum Nachbarn und φ der Winkel zwischen der bevorzugten Ausbreitungsrichtung und dem zu bewertenden Nachbarn. Abbildung 5.26(a) stellt den Zusammenhang zwischen dem Winkel φ und den Positionen der beteiligten Systeme graphisch dar. Die Wurzel des Baumes ist darin mit W, das aktuelle System mit X und der zu bewertende Nachbar mit N bezeichnet. Zu beachten ist, dass W die Wurzel des Baumes und nicht ihr letzter Sender ist. Die bevorzugte Ausbreitungsrichtung verläuft parallel der Verbindungsgeraden $\overline{WX}$ zwischen der Wurzel W und dem aktuellen System X und weist von der Wurzel des Baumes weg. φ ist der Winkel zwischen der bevorzugten Ausbreitungsrichtung und der Verbindungsgeraden $\overline{XN}$. Die Funktion $deg(\varphi)$ liefert den Wert des Winkels φ in Grad. Zur Berechnung der Distanz d und des Winkels φ sind die Positionen des Nachbarn N und der Wurzel W notwendig. Die Position der Nachbarn ist in der Nachbartabelle enthalten. Die Position der Wurzel ist im OARQ-Optionsfeld als Eintrittspunkt in die Ziel-Region verzeichnet. Die Empfangsrate Pr_{rx} ist ebenfalls aus der Nachbartabelle der ServiceCast-Schicht bekannt, welche zu jedem bisher bekannten Nachbarn die zugehörige, empirisch ermittelte Empfangsrate enthält.

Für Nachbarn, welche der Wurzel näher sind als das aktuelle System, gilt $|deg(\varphi)| > 90$ und daher $|90 - deg(\varphi)| < 0$. Für die Metrik Ψ_0 gilt daher insbesondere $\Psi_0 < 0$ für $|deg(\varphi)| > 90$. Systeme, welche der Wurzel näher sind als das aktuelle System, werden aufgrund ihrer schlechten Bewertung von der Wahl ausgeschlossen und ein Wachsen des Baumes zurück zu dessen Wurzel wird verhindert.

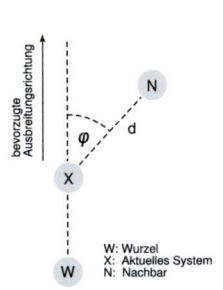

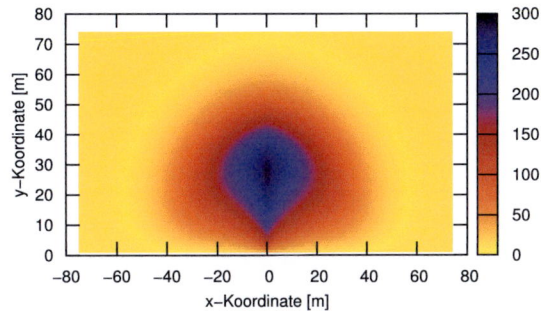

(a) Skizze zur Definition der Variablen

(b) Bewertung durch Metrik Ψ_0 aus Sicht des Systems X

Abbildung 5.26 Metrik Ψ_0 zur Auswahl eines Nachbarn

Ein größerer Wert der Metrik Ψ_0 bedeutet eine bessere Bewertung des Nachbarn. Abbildung 5.26(b) stellt die Bewertung von Systemen anhand ihrer Position in der Ebene beispielhaft dar[20]. Das weiterleitende System befindet sich an der Position (0; 0), die Wurzel in negativer y-Richtung, beispielsweise an Position (0; -10). Die bevorzugte Ausbreitungsrichtung, in welcher sich der Baum weiter ausbreiten soll, verläuft damit parallel zur y-Achse „nach oben". Die der Darstellung zugrunde liegende Empfangswahrscheinlichkeit wurde unter Annahme des Log-Normal-Shadowing Modells berechnet, mit einer für Sensorknoten typischen Parametrisierung[21]. Die beste Bewertung erfahren in diesem Beispiel Systeme, welche sich in der bevorzugten Ausbreitungsrichtung in einer Distanz zwischen 20 m und 30 m befinden. Systeme in größerer Entfernung sowie Systeme, welche stark von der bevorzugten Ausbreitungsrichtung abweichen, werden entsprechend schlechter bewertet. Die drei Größen der Metrik Ψ_0 haben folgenden Einfluss:

- Der Winkel φ zwischen bevorzugter Ausbreitungsrichtung und dem Nachbarn begünstigt eine radiale Ausbreitung des Zufallsbaumes. Die Äste des Baumes führen von dessen Wurzel weg. Durch den Einfluss der Lokation der Wurzel in jedem Weiterleitungsschritt werden Schleifen und eine Umkehrung der Ausbreitungsrichtung zurück zur Wurzel sehr unwahrscheinlich.

- Die Empfangsrate des Nachbarn Pr_{rx} charakterisiert die Qualität des Kanals zwischen aktuellem System und dem Nachbarn. Sie führt zu einer schlechten Bewertung von Nachbarn mit geringer Empfangswahrscheinlichkeit und zu einer guten Bewertung von Nachbarn mit großer Empfangswahrscheinlichkeit. Daher werden Nachbarn bevorzugt, welche eine geringe Zahl von Übertragungswiederholungen versprechen.

- Der Logarithmus der Distanz d zwischen aktuellem System und dem Nachbarn begünstigt die Wahl entfernter Nachbarn und damit die Ausbreitung der

---

[20]Die Ausrichtung ist analog zu der nebenstehenden Skizze in Abbildung 5.26(a).
[21]$P_t = 0\,dBm$, $\sigma = 3{,}3$, $L' = 1{,}2$ und $\alpha = 3{,}25$, vgl. Kapitel 6

Dateneinheit in der Ebene. Sie stellt den Gegenpol zur Bewertung der Nachbarn anhand ihres Kanals dar. Das Produkt aus Empfangswahrscheinlichkeit und Logarithmus der Distanz dient der Abwägung zwischen einer großen zurückgelegten Distanz bei typischerweise schlechter Verbindung und kleiner zurückgelegter Distanz bei guter Verbindung. Der Logarithmus dämpft den Einfluss der Distanz gegenüber der Empfangswahrscheinlichkeit. Dadurch erhält die Empfangswahrscheinlichkeit einen größeren Einfluss in der Bewertung der Nachbarn als die Distanz.

Abbildung 5.27 zeigt im Vergleich drei weitere Metriken Ψ_1, Ψ_2 und Ψ_3, welche sich von Ψ_0 durch den Einfluss der Distanz bzw. im Einfluss des Winkels φ unterscheiden. Ψ_1 folgt der Gleichung

$$\Psi_1 := Pr_{rx} \cdot (90 - deg(\varphi)). \tag{5.17}$$

Die Distanz geht nicht in die Metrik Ψ_1 ein. Die Bewertung der Empfangswahrscheinlichkeit bevorzugt Nachbarn, welche dem aktuellen System sehr nahe sind und daher über eine hohe Empfangswahrscheinlichkeit verfügen. Der Einfluss des Winkels überlagert den der Empfangswahrscheinlichkeit im Nahbereich (etwa bis zu einer Distanz von 20 m) um das aktuelle System. Dadurch bildet sich ein keulenförmiger Bereich aus, welcher vom aktuellen System in die bevorzugte Ausbreitungsrichtung zeigt. Da jedoch weder die Empfangswahrscheinlichkeit noch der Winkel eine räumliche Distanz zum gewählten Nachbarn forcieren, sind diejenigen Systeme am besten bewertet, welche dem aktuellen System in der bevorzugten Ausbreitungsrichtung am nächsten liegen. Die Metrik Ψ_1 unterstützt daher die flächige Ausbreitung des Baumes im Netz weniger gut als Ψ_0. Es ist eine „Verklumpung" des Baumes im Nahbereich um dessen Wurzel und damit eine schlechtere Verteilung der erreichen Systeme als unter Verwendung der Metrik Ψ_0 zu erwarten.

Ψ_2 folgt der Gleichung

$$\Psi_2 := Pr_{rx} \cdot d \cdot (90 - deg(\varphi)). \tag{5.18}$$

Die Distanz geht linear in die Metrik Ψ_2 ein, d. h. eine größere Distanz zum Nachbarn wird von Ψ_2 intensiver positiv gewertet als durch die Metrik Ψ_0. Daher werden Nachbarn, welche dem aktuellen System nahe sind (in der Abbildung beispielsweise zwischen 0 m und 20 m Entfernung aufweisen), vergleichsweise schlecht bewertet. Im Nahbereich um das aktuelle System wird der positive Einfluss der Empfangswahrscheinlichkeit durch den dort hemmenden Einfluss der Distanz dominiert. Es ist zu erwarten, dass die Metrik Ψ_2 die räumliche Ausbreitung des Baumes stärker als Ψ_0 forciert. Es werden daher eher weit entfernte Systeme bevorzugt. Da Systeme in größerer Entfernung tendenziell eine geringere Empfangswahrscheinlichkeit aufweisen, sind zu diesen Systemen mehr Übertragungswiederholungen notwendig, wodurch für die Metrik Ψ_2 ein insgesamt größerer mittlerer Aufwand für die Zustellung, als durch Metrik Ψ_0 zu erwarten ist.

Ψ_3 folgt der Gleichung

$$\Psi_3 := Pr_{rx} \cdot d \cdot \cos(\varphi). \tag{5.19}$$

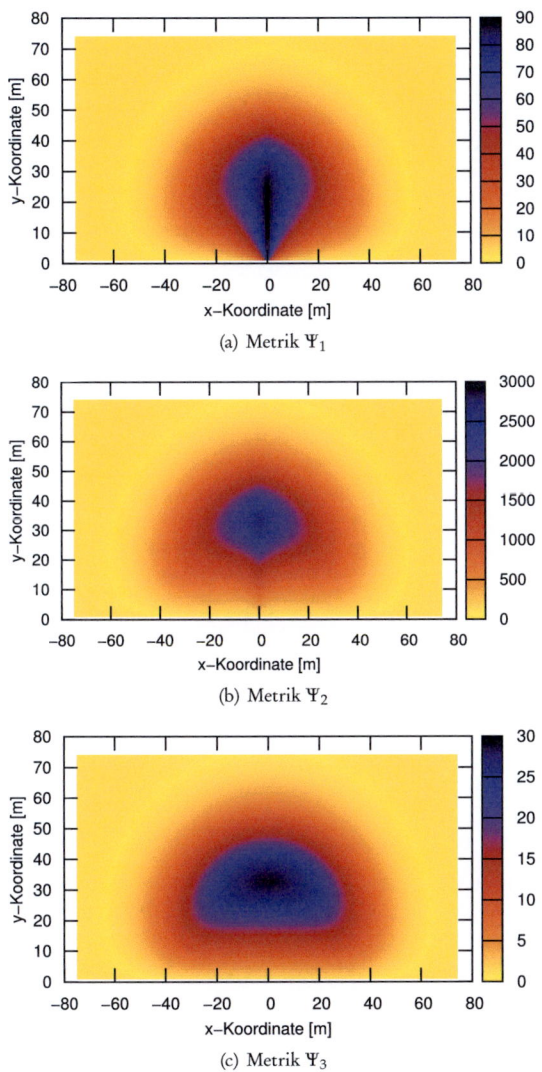

(a) Metrik Ψ_1

(b) Metrik Ψ_2

(c) Metrik Ψ_3

Abbildung 5.27 Drei Vergleichsmetriken Ψ_1, Ψ_2 und Ψ_3 mit (a) unterdrücktem und (b) linearem Einfluss der Distanz sowie mit (c) reduziertem Einfluss des Winkels.

Sie entspricht[22] der in [127] vorgeschlagenen Metrik zur Bewertung von Nachbarn bei geographischem Routing. Im Vergleich zu den Metriken Ψ_0, Ψ_1 und Ψ_2 weist Ψ_3 einen linearen Einfluss der Distanz sowie einen weniger ausgeprägten Einfluss des Winkels auf. Ψ_3 und Ψ_2 unterscheiden sich ausschließlich im Einfluss des Winkels und eignen sich daher für einen direkten Vergleich der Metriken. Der Bereich gut bewerteter Systeme ist bei Ψ_3 wesentlich breiter als dies durch Ψ_2 der Fall ist. Daher wird Ψ_3 die Ausbreitung des Baumes entlang der bevorzugten Ausbreitungsrichtung weniger stark als Ψ_2 forcieren. Bezüglich des Einflusses der Distanz gilt, was bereits für Ψ_2 festgestellt wurde: der lineare Einfluss der Distanz lässt die Bevorzugung entfernter Systeme und damit vermehrte Übertragungswiederholungen erwarten.

Zusammenfassend lässt sich feststellen, dass Ψ_1 durch den fehlenden Einfluss der Distanz die Ausbreitung des Baumes weniger gut als Ψ_0 unterstützt, sondern eher eine „Verklumpung" des Baumes begünstigt. Ψ_2 und Ψ_3 bevorzugen durch den linearen Einfluss der Distanz entfernte Systeme gegenüber nahen. Die Zahl der erwarteten Übertragungswiederholungen steigt dadurch, was sich in einem gegenüber Ψ_0 erhöhten mittleren Aufwand für die Zustellung von Dateneinheiten manifestiert. Der Einfluss der Empfangswahrscheinlichkeit wird für kleine Distanzen durch den Einfluss der Entfernung dominiert. Ψ_3 weist zudem noch einen verminderten Einfluss des Winkels auf, wodurch die Ausbreitung der Äste entlang der jeweils bevorzugten Ausbreitungsrichtung vermindert wird. Die Metrik Ψ_0 weist einen größeren Einfluss des Winkels auf und vereinigt bezüglich der Distanz die Vorteile der Metriken Ψ_1 und Ψ_2: Der Nahbereich des aktuellen Systems in bevorzugter Ausbreitungsrichtung erhält eine differenzierte Bewertung, welche die Ausbreitung des Baumes weiterhin begünstigt. Gegenüber einer vollkommen randomisierten Auswahl hat die Metrik insbesondere die folgenden wichtigen Aufgaben:

1. Sie bevorzugt Nachbarn mit guter Verbindung.
2. Sie fördert die Ausbreitung des Baumes.
3. Sie ermöglicht die Vorgabe einer bevorzugten Ausbreitungsrichtung.
4. Sie verhindert die Ausbreitung des Baumes in Richtung dessen Wurzel.

5.7.4.4 Nutzung des OARQ durch den Somecast

Die verteilte Konstruktion des Zufallsbaumes ist für die Auswahl der am Baum beteiligten Systeme zuständig. Um die gewünschte Abdeckung und Verteilung der gewählten Instanzen im WSAN zu erreichen muss vermieden werden, dass zu viele Äste des Baumes vorzeitig, also vor Erreichen des Netzrandes, absterben. Diese Gefahr besteht insbesondere dann, wenn Dateneinheiten bei der Übertragung durch Kollisionen oder Interferenzen verloren gehen. Das in Abschnitt 5.4.2.2 vorgestellte Verfahren zur automatischen Übertragungswiederholung durch Overhearing (OARQ) stellt sicher, dass übertragene Dateneinheiten vom Adressaten erfolgreich empfangen wurden, falls dies derzeit prinzipiell möglich ist. Dazu nutzt es die Semi-Broadcast-Eigenschaft des drahtlosen Mediums und unterstützt die gleichzeitige Adressierung mehrerer Empfänger.

---

[22]Die Metrik musste für den Anwendungszwek des Somecast adaptiert werden. Die Notation der unveränderten Metrik ist in Abschnitt 5.8.1 zu finden.

Viele Medienzugriffsprotokolle enthalten bereits einen ARQ-Mechanismus für Unicast-Übertragungen. Dieser ist fester Bestandteil des jeweiligen MAC-Protokolls. Er basiert häufig auf der expliziten Übertragung von Bestätigungsnachrichten (ACK). Ein Empfänger bestätigt den Erhalt jeder Dateneinheit durch die Übertragung eines ACKs an den Sender. Die Konstruktion des Baumes wäre unter Verwendung von bestätigten Unicast-Übertragungen prinzipiell möglich. An jeder Verzweigungsstelle müssten entsprechend dem Verzweigungsgrad b Kopien der Dateneinheit einzeln übertragen werden, woraufhin der Sender b Bestätigungen erwartet. Jede Verzweigungsstelle des Baumes würde also mindestens $2b$ Übertragungen benötigen. Für jede fehlgeschlagene Übertragung steigt diese Anzahl entsprechend. Diese Vorgehensweise verursacht eine hohe Belastung des Kanals an den Verzweigungsstellen.

Die Belastung des Kanals kann durch Ausnutzen der Semi-Broadcast-Eigenschaft des Mediums beim Senden der Dateneinheit gesenkt werden. Die Übertragung per Broadcast anstatt Unicast bei anschließender expliziter Bestätigung durch die adressierten Empfänger würde die Zahl der notwendigen Übertragungen auf $b + 1$ senken. Dabei ist vorausgesetzt, dass die Adressaten explizit in der Dateneinheit vermerkt sind. Da der MAC-Broadcast typischerweise unbestätigt ist und auch die Angabe mehrerer Adressaten nicht vorgesehen ist, würde die Vorgehensweise bereits eine entsprechende Adaption des Verhaltens oberhalb der MAC-Schicht erfordern.

Durch weiteres Ausnutzen der Semi-Broadcast-Eigenschaft können die expliziten Bestätigungen zugunsten impliziter Bestätigungen entfallen. Eine implizite Bestätigung des Empfangs liegt vor, wenn die Weiterleitung der Dateneinheit durch den Empfänger mitgehört werden kann. Der Aufwand an jeder Verzweigungsstelle kann dadurch im Idealfall auf eine einzige Übertragung reduziert werden. Das OARQ-Verfahren ermöglicht die Nutzung der Semi-Broadcast-Eigenschaft sowohl beim Senden als auch beim Empfang. Dabei erlaubt es die gleichzeitige Übertragung an mehrere Adressaten und initiiert die Wiederholung der Übertragung, falls der erfolgreiche Empfang für mindestens einen der Empfänger nicht festgestellt werden konnte. OARQ kann damit die Zahl notwendiger Übertragungen im Idealfall auf eine Übertragung reduzieren.

Zur Umsetzung des Somecasts wird die Semi-Broadcast-Eigenschaft durch OARQ in zweierlei Hinsicht ausgenutzt:

1. Die weiterzuleitende Dateneinheit wird an mehrere, definierte Nachbarn gleichzeitig übertragen.

2. Das Mithören von Übertragungen der Nachbarn lässt einen Rückschluss auf den Informationsstand des Nachbarn zu. Dieser dient einerseits als implizite Empfangsbestätigung, andererseits wird dieses Wissen bei der Auswahl von Nachbarn zur Weiterleitung ausgenutzt. Auf diese Weise können Relays der Dateneinheit identifiziert und bei der Wahl der Nachbarn zur Weiterleitung ausgeschlossen werden.

Durch die gleichzeitige Übertragung an mehrere Nachbarn und die implizite Bestätigung von Übertragungen wird die Anzahl insgesamt übertragener Dateneinheiten stark reduziert. Dadurch sinkt die Belastung des Kanals sowie die Zahl der Kollisionen.

5.7.4.5 Zusammenfassung des dienstbasierten Somecast

Der dienstbasierte Somecast ermöglicht die Zustellung einer Dateneinheit an einen Anteil der Instanzen eines vorgegebenen Dienstes. Die Größe des Anteils ist wählbar. Die Realisierung basiert auf der Weiterleitung entlang eines temporären Zufallsbaumes innerhalb des WSANs. Ausbreitung und Dichte des Baumes bestimmen die Abdeckung der übertragenen Dateneinheit. Bei der verteilten Konstruktion des Baumes durch die Systeme des WSANs sind drei Schritte maßgeblich:

1. Jedes System entscheidet lokal, ob eine *Verzweigung* vorzunehmen ist. Die Entscheidung wird anhand des TTL-Wertes der weiterzuleitenden Dateneinheit und dem Wert der Segmentlänge h gefällt.

2. Die *Wahl der Nachbarn* bestimmt sowohl die Ausbreitungsrichtung der Äste als auch den erwarteten Erfolg und den Aufwand der Weiterleitung. Die Wahl der Nachbarn wird randomisiert vorgenommen, wodurch bei mehreren Übertragungen per Somecast mit hoher Wahrscheinlichkeit jeweils eine neue Menge von Instanzen adressiert wird.

3. Das *Verfahren zur automatischen Übertragungswiederholung* basierend auf Overhearing (OARQ) verbessert den Erfolg der Weiterleitung und begünstigt die Ausbreitung des Baumes. Durch Ausnutzen der Broadcast-Eigenschaft des drahtlosen Mediums kann eine Dateneinheit gleichzeitig an mehrere Adressaten übertragen werden. Das OARQ-Verfahren initiiert die Neuübertragung der Dateneinheit, wenn für mindestens einen der Adressaten der erfolgreiche Empfang nicht festgestellt werden konnte.

5.8 Lokationsbasierte Weiterleitung und lokationsbasierter Routing-Dienst

Der lokationsbasierte Routingdienst ermöglicht den Transport von Dateneinheiten in eine vorgegebene geographische Region. Dazu muss jedem System seine eigene Position sowie die Position seiner benachbarten Systeme bekannt sein. Im Folgenden wird zunächst der verwendete Routing-Algorithmus vorgestellt und anschließend auf die Signalisierung der zur Durchführung des Algorithmus notwendigen Informationen eingegangen.

5.8.1 Der verwendete Routing-Algorithmus

Der lokationsbasierte Routingdienst folgt im Wesentlichen dem in [60] vorgeschlagenen Verfahren „Greedy Perimeter Stateless Routing" (GPSR) zum geographischen Routing. Der hier verwendete Algorithmus weicht in drei Punkten von diesem Vorschlag ab:

- GPSR beschreibt die Weiterleitung zu einem Ziel-Punkt und nicht zu einer Ziel-Region. Eine Nutzung von GPSR ist dennoch möglich, da als Ziel-Punkt die Mitte der jeweiligen Ziel-Region angenommen wird.

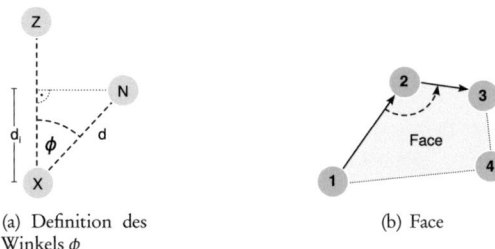

(a) Definition des
Winkels ϕ

(b) Face

Abbildung 5.28   (a) Definition des Winkels ϕ der Metrik μ_{PRRd} sowie (b) Beispiel zur Definition der Begriffe Face, Perimeter & Rechte Hand Regel

- GPSR berücksichtigt nicht den probabilistischen Charakter des unzuverlässigen drahtlosen Mediums. Daher wird statt der Original-Metrik zur Bestimmung des Abstandes benachbarter Systeme die in [127] vorgeschlagene[23] verwendet:

$$\mu_{PRRd} :- Pr_{rx} \cdot d \cdot \cos(\phi) \qquad (5.20)$$

Darin ist Pr_{rx} die Empfangswahrscheinlichkeit des zu bewertenden Nachbarn N, d ist die Distanz zu diesem und ϕ der Winkel zwischen dem Ziel-Punkt Z und dem Nachbarn N. Abbildung 5.28(a) veranschaulicht dies, wenn X das aktuelle System bezeichnet. Diese Metrik wurde ähnlich bereits in Abschnitt 5.7.4 als Metrik Ψ_3 zur Bewertung des Somecast eingeführt. μ_{PRRd} und Ψ_3 unterscheiden sich jedoch in der Bedeutung des Winkels, weshalb die Metriken zur eindeutigen Unterscheidbarkeit unterschiedliche Namen tragen.

Gegenüber der Original Metrik der GPSR Algorithmus berücksichtigt μ_{PRRd} neben der Distanz zum Nachbarn auch dessen Richtung und Empfangswahrscheinlichkeit.

- Die Signalisierung der Position benachbarter Systeme wurde an die Service-Cast -Architektur angepasst. Auf diesen Aspekt wird in Abschnitt 5.8.2 eingegangen.

Zum besseren Verständnis von GPSR werden hier zunächst die beiden Begriffe „Face" und „Perimeter" sowie die „Rechte Hand Regel" eingeführt. Abbildung 5.28(b) veranschaulicht diese in einem Beispiel:

- Eine *Face* ist die größtmögliche Fläche innerhalb eines planaren Graphen, welche nicht durch eine Kante des Graphen durchbrochen ist. Der Graph sei hier gegeben durch die Systeme des WSANs, die Kanten bezeichnen die jeweiligen Nachbarschaftsbeziehungen. Im Beispiel ist die Face die von den Systemen 1, 2, 3 und 4 umschlossene Fläche.

---

[23]Genau genommen wird in [127] als Metrik der Term $Pr_{rx} \cdot d_i$ vorgeschlagen. Mit den Bezeichnungen aus Abbildung 5.28(a) gilt $d_i = d \cdot \cos(\phi)$, womit ebenfalls $Pr_{rx} \cdot d_i = \mu_{PRRd}$ gilt. Zur Betonung der Verwandtschaft der Metriken μ_{PRRd} und Ψ_3 wird hier die Schreibweise aus Gleichung 5.20 verwendet.

- Ein *Perimeter* ist die Menge der Systeme, die die Face umgeben. Im Beispiel sind das die Systeme 1, 2, 3 und 4.
- Eine Dateneinheit kann eine Face anhand der *Rechte Hand Regel* auf dem Perimeter umlaufen. Die Dateneinheit sei zuletzt von System 1 zu System 2 übertragen worden. Dann wird nach der Rechte Hand Regel das nächste System zur Weiterleitung gefunden, indem die Verbindungsgerade zwischen System 1 und System 2 um das System 2 gegen den Uhrzeigersinn gedreht wird. Die Dateneinheit wird an den Nachbarn weitergeleitet, welcher von der Verbindungsgerade als erstes getroffen wird. Im Beispiel ist das System 3.

Das lokationsbasierte Routing ist in Abbildung 5.29 dargestellt. Eine Dateneinheit soll von System 1 zu System 5 geroutet werden. Die Verbindungen zwischen den Systemen zeigen die Nachbarschaftsbeziehungen an. Das Routing gliedert sich in zwei Weiterleitungsmodi:

1. GPSR versucht jede Dateneinheit zunächst im „*Greedy*"-Modus, dem „gierigen" Weiterleitungsmodus, zu routen. Dabei wird die Dateneinheit immer an denjenigen Nachbarn weitergeleitet, welcher dem Ziel am nächsten ist. Der Nachbar muss dem Ziel-Punkt jedoch mindestens näher als das aktuelle System sein. Die Position des Ziel-Punktes ist durch den Mittelpunkt der Ziel-Region gegeben, die Position der eigenen Nachbarn ist jedem System aus der Nachbar-Tabelle bekannt. Bei der Weiterleitung kann es vorkommen, dass die Dateneinheit – wie in Abbildung 5.29(a) bei System 2 dargestellt – nicht greedy weitergeleitet werden kann. Wie durch den Kreisausschnitt angedeutet, ist keiner der erreichbaren Nachbarn dem Ziel-Punkt (System 5) näher als das aktuelle System (System 2). Es existiert also eine Lücke zwischen dem aktuellen System und dem Ziel, in welcher sich kein Nachbar befindet. Aufgrund der Lücke kann die Dateneinheit nicht mehr „gierig" weitergeleitet werden. Der Routing-Algorithmus wechselt in den Perimeter-Modus, um die Dateneinheit um die Lücke herum zu leiten.

2. Im *Perimeter-Modus* wird die Dateneinheit anhand der Rechte Hand Regel um eine Reihe von Faces herum geleitet, wovon jede von der Geraden zwischen dem Perimeter Eintrittspunkt und dem Ziel-Punkt geschnitten wird. Im Beispiel in Abbildung 5.29(b) liegt zwischen dem aktuellen System und dem Ziel-Punkt nur eine einzige Face. Die Weiterleitung um die Face herum erfolgt entlang des Perimeters. Abweichend von der Rechte Hand Regel wählt das System im ersten Schritt denjenigen Nachbarn zur Weiterleitung aus, welcher als erster gefunden wird, wenn die Verbindungsgerade zwischen dem aktuellen System und dem Ziel-Punkt gegen den Uhrzeigersinn um das aktuelle System herum gedreht wird. Die Position des Eintrittspunktes in den Perimeter-Modus wurde von dem System, welches in den Perimeter-Modus gewechselt ist, in der Dateneinheit vermerkt. Im Beispiel ist System 2 der Eintrittspunkt. Die Dateneinheit wird anschließend anhand der bereits beschriebenen Rechte Hand Regel entlang des Perimeters über die Systeme 3 und 4 um die Face herum geleitet. Der Perimeter-Modus wird verlassen, sobald die Dateneinheit ein System erreicht, welches dem Ziel-Punkt näher ist als die Position des Perimetereintritts. Im Beispiel ist das bei System 4 der Fall. Die Dateneinheit wird von da an wieder im Greedy-Modus weitergeleitet.

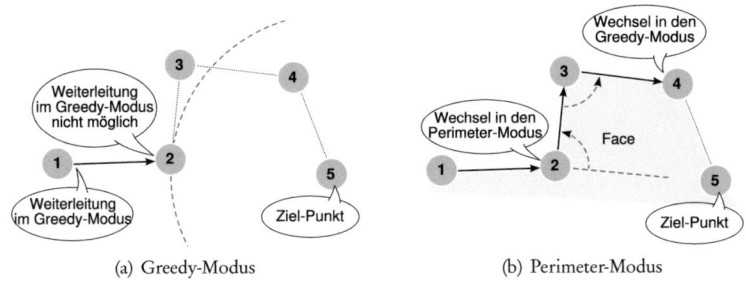

(a) Greedy-Modus   (b) Perimeter-Modus

Abbildung 5.29 Modi des Greedy Perimeter State Routing (GPSR)

Greedy- und Perimeter-Modus wechseln sich ab. Sollte bei Austritt aus dem Perimeter-Modus eine Greedy-Weiterleitung nicht möglich sein, wird sofort erneut in den Perimeter-Modus gewechselt. Dabei wird insbesondere ein neuer Perimetereintrittspunkt in der weitergeleiteten Dateneinheit vermerkt.

Um sicher zu stellen, dass eine Dateneinheit im Perimeter-Modus um eine Face herum geleitet wird, muss die Liste der Nachbarn zur Weiterleitung im Perimeter-Modus zu einem planaren Graphen ausgedünnt werden. Ein dazu geeigneter Algorithmus ist der in [115] vorgeschlagene Algorithmus zur Bildung des Relative Neighbourhood Graph (RNG). Dazu entfernt ein System S jeden Nachbarn N als potentielles Folgesystem, falls ein Nachbar M existiert, für den die beiden folgenden Bedingungen zutreffen:

- $d(S,N) > d(S,M)$
- $d(S,N) > d(N,M)$

Die Funktion $d(\cdot,\cdot)$ steht hierbei für das euklidische Abstandsmaß. Anschaulich wird jeweils in einem Subgraph mit drei Knoten, deren Verbindungen ein Dreieck bilden, die längste Kante entfernt. Abbildung 5.30 veranschaulicht die Weiterleitung im Perimeter-Modus in einem nicht-planaren Graphen sowie im zugehörigen RNG. Die durchbrochenen Linien stellen die Nachbarschaftsbeziehungen der Systeme dar. Die Pfeile verdeutlichen das Auffinden des nächsten Systems anhand der Rechte Hand Regel. In Abbildung 5.30(a) wird eine Dateneinheit in einem nicht-planaren Graph anhand der Rechte Hand Regel über die Systeme 1, 2, 3, 4 zu System 2 in einen Zyklus geleitet. Abbildung 5.30(b) zeigt die Reduktion des Graphen anhand obiger Bedingungen auf einen RNG durch Entfernen der Nachbarschaftsbeziehungen zwischen den Systemen 1 und 2 bzw. zwischen 3 und 4. In Abbildung 5.30(c) wird die Dateneinheit im ausgedünnten RNG anhand der Rechte Hand Regel entlang der Systeme 0, 1, 4, 2, 3 korrekt bis zu System 5 geleitet.

5.8.2 Signalisierung

Im Folgenden wird auf die Signalisierung der notwendigen Informationen im Zusammenhang mit GPSR eingegangen. Dabei wird zunächst auf das GPSR-Optionsfeld, dann auf die Suche nach unbekannten Nachbarn eingegangen. Abschließend

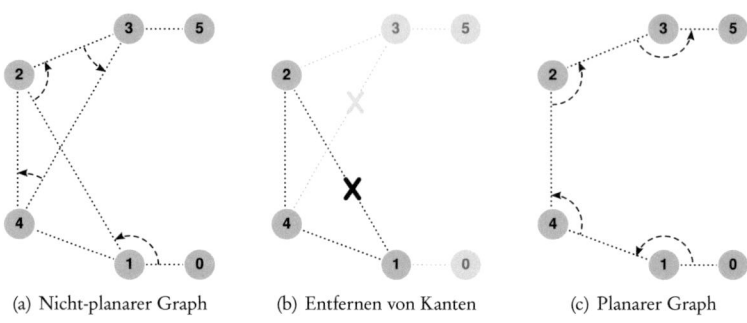

(a) Nicht-planarer Graph	(b) Entfernen von Kanten	(c) Planarer Graph

Abbildung 5.30 Entfernen eines Nachbarn zur Bildung eines RNG

wird die Einbindung der Signalisierung in den Ablauf des GPSR-Algorithmus vorgestellt.

Das GPSR-Optionsfeld

Für jede per GPSR weitergeleitete Dateneinheit muss erkennbar sein, ob diese im Greedy- oder im Perimeter-Modus weitergeleitet wird. Diese Information wird durch das Perimeter-Flag (Perim) im Kopf der ServiceCast-Dateneinheit (vgl. Abbildung 5.5) signalisiert. Bei der Weiterleitung im Perimeter-Modus muss weiterhin der Eintrittspunkt in den Perimeter-Modus, also die Lokation des Systems, welches den Wechsel vom Greedy- in den Perimeter-Modus vorgenommen hat, verzeichnet sein. Diese Information ist notwendig, um feststellen zu können, ob der Perimeter-Modus wieder verlassen werden kann. Der Eintrittspunkt in den Perimeter-Modus wird im GPSR-Optionsfeld übertragen, welches in Abbildung 5.31 dargestellt ist. Das GPSR-Optionsfeld beinhaltet nur die Lokation des Perimeter-Einstiegs. Diese Information ist ausschließlich für Dateneinheiten notwendig, welche im Perimeter-Modus übertragen werden. Daher zeigt das Perimeter-Flag der Service-Cast-Dateneinheit sowohl die Übertragung im Perimeter-Modus als auch das Vorhandensein des GPSR-Optionsfeldes an.

Suche nach unbekannten Nachbarn

Stellt der GPSR-Algorithmus fest, dass keine oder nicht ausreichend viele Nachbarn bekannt sind, kann er durch die Übertragung einer Neighbor-Discovery-Dateneinheit die Suche nach unbekannten Nachbarn veranlassen. Die Dateneinheit

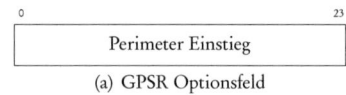

(a) GPSR Optionsfeld

Abbildung 5.31 Struktur des GPSR Optionsfeldes

(a) Neighbor-Discovery-Dateneinheit

Abbildung 5.32 Struktur einer Neighbor-Discovery-Dateneinheit, welche in das Nutzdaten-Feld der ServiceCast-Dateneinheit eingebettet wird.

erfüllt den Zweck, benachbarte Systeme zur Übermittlung einer Antwort aufzufordern, welche mit ausgefülltem Nachbar-Optionsfeld übertragen wird. Da die Transceiver-Übergabe-Komponente alle eingehenden Dateneinheiten auf dieses Optionsfeld hin überprüft, werden alle antwortenden Nachbarn automatisch in die Nachbar-Tabelle aufgenommen.

Stehen bei der Weiterleitung einer Dateneinheit nicht ausreichend viele Nachbarn zur Auswahl, sendet der lokationsbasierte Routing-Dienst eine Neighbor-Discovery-Dateneinheit, welche per dienstbasiertem Broadcast (Quantifikator Q_ALL) an alle direkt erreichbaren Nachbarn übertragen wird. Zur Beschränkung der Ausbreitung auf direkt benachbarte Systeme, hat das TTL-Feld der ServiceCast-Dateneinheit den Wert eins. Die Empfänger beantworten die Anfrage durch den Versand einer Neighbor-Discovery-Dateneinheit. Anfrage und Antwort sind anhand des Request-Bits (Req) unterscheidbar, welches für eine Anfrage den Wert eins und für eine Antwort den Wert null hat. Da alle notwendigen Nachbar-Informationen im Nachbar-Optionsfeld der ServiceCast-Dateneinheit übertragen werden, benötigt die Neighbor-Discovery-Dateneinheit keine weiteren Felder. Sie hat also die in Abbildung 5.32 dargestellte Form. Die Neighbor-Discovery-Dateneinheit wird bei Übergabe an die ServiceCast-Schicht durch die Nutzdaten-Übergabe-Komponente in das Nutzdaten-Feld der ServiceCast-Dateneinheit eingebettet.

Die Neighbor-Discovery-Dateneinheit wird per dienstbasiertem Broadcast, also mit der Adressausprägung <LocationRouting:Q_ALL:> ohne gesetztes Trace-Flag an alle benachbarten lokationsbasierten Routing-Dienste übertragen. Das Trace-Flag muss hier nicht gesetzt werden, da die Übertragung der Antwort ebenfalls an alle Nachbarn gerichtet ist. Die Übertragung ohne gesetztes Trace-Flag vermeidet ein unnötiges Anwachsen der Spur-Tabelle.

Einbindung der Signalisierung in den GPSR-Algorithmus

GPSR bezieht alle zur Weiterleitung einer Dateneinheit notwendigen Informationen über benachbarte Systeme aus der Nachbar-Tabelle der ServiceCast-Schicht, welche von der Transceiver-Übergabe-Komponente bereitgestellt wird. Wie in Abschnitt 5.4.3 beschrieben, wertet die Transceiver-Übergabe Nachbarschaftsinformationen aus, welche in allen per MAC-Broadcast übertragenen Dateneinheiten eingebettet sind. Die Komponente wertet dabei ausschließlich passiv alle eingehenden Dateneinheiten aus, d. h. sie versendet keine Dateneinheiten zum Entdecken neuer Nachbarn.

Daher kann es vorkommen, dass einem System noch nicht alle erreichbaren Nachbarn bekannt sind. In zwei Fällen veranlasst der lokationsbasierte Routing-Dienst daher eine explizite Suche nach bisher unbekannten Nachbarn. Diese sind:

- Bei der Weiterleitung einer Dateneinheit sind keine Nachbarn bekannt, die Nachbar-Tabelle ist also leer.

- Die Weiterleitung kann nicht im Greedy-Modus des GPSR Algorithmus erfolgen, da kein Nachbar bekannt ist, welcher dem Ziel näher ist als das aktuelle System. Daher steht ein Wechsel in den Perimeter-Modus an.

In diesen beiden Fällen stößt der lokationsbasierte Routingdienst eine Suche nach neuen Nachbarn an. Während der Suche wird die Dateneinheit zur Weiterleitung vorgemerkt. Nach dem Ablauf eines Timers wird ein neuer Versuch der Weiterleitung unternommen. Bei der Weiterleitung einer Dateneinheit wird die Suche nach neuen Nachbarn maximal einmal angestoßen. Die Zahl der zurückliegenden erfolglos unternommenen Weiterleitungsversuche wird für jede Dateneinheit im Zähler „Versuch" gespeichert. Abbildung 5.33 veranschaulicht den Ablauf des GPSR Algorithmus bei der Weiterleitung einer Dateneinheit sowie das Zusammenspiel des Algorithmus mit der Signalisierung. Zur besseren Übersicht ist in der Abbildung die Signalisierung (links) vom eigentlichen GPSR-Algorithmus (rechts) weitgehend getrennt. Zusätzlich sind die zur Signalisierung gehörenden Felder grau hinterlegt.

Bei der Ankunft einer neuen Dateneinheit zur Weiterleitung wird überprüft, ob die Nachbartabelle leer ist. In diesem Fall kann nicht sofort eine Weiterleitung erfolgen. Da es sich um eine neu erhaltene Dateneinheit handelt, hat der Versuche-Zähler den Wert null und die Suche nach unbekannten Nachbarn wird angestoßen. Während dieser Suche wird die Dateneinheit zur Weiterleitung vorgemerkt und nach einer Wartezeit von t_{GPSR} ein neuer Versuch der Weiterleitung vorgenommen. Wurde durch die Suche kein neuer Nachbar entdeckt, ist die Nachbar-Tabelle beim zweiten Weiterleitungsversuch immer noch leer. Der Versuche-Zähler ist allerdings nicht mehr null, weshalb die Dateneinheit mangels Kandidaten zur Weiterleitung verworfen werden muss. Ist die Nachbar-Tabelle nicht leer, wird der GPSR-Algorithmus wie im vorherigen Abschnitt 5.8.1 beschrieben durchlaufen. D. h., ist das Perimeter-Flag im Kopf der ServiceCast-Dateneinheit nicht gesetzt, wird überprüft, ob ein Nachbar bekannt ist, welcher eine Greedy-Weiterleitung ermöglicht und dieser als Next-Hop-Nachbar ausgewählt. Ist die Greedy-Weiterleitung nicht möglich und für die Dateneinheit wurde noch keine Nachbar-Suche vorgenommen – der Versuche-Zähler hat den Wert null – wird nicht wie im normalen GPSR-Algorithmus direkt in den Perimeter-Modus gewechselt. Stattdessen wird zunächst eine Suche nach neuen Nachbarn veranlasst und die Dateneinheit für einen erneuten Weiterleitungsversuch zurückgestellt. Der Wechsel in den Perimeter-Modus geschieht erst dann, wenn die Greedy-Weiterleitung auch nach der Suche nach unbekannten Nachbarn noch nicht möglich ist. Diese Vorgehensweise hat zum Ziel, Dateneinheiten möglichst im Greedy-Modus weiterzuleiten, da dieser die adressierte Ziel-Region i. A. auf direkterem Weg als der Perimeter-Modus, also mit weniger Weiterleitungsschritten, erreicht.

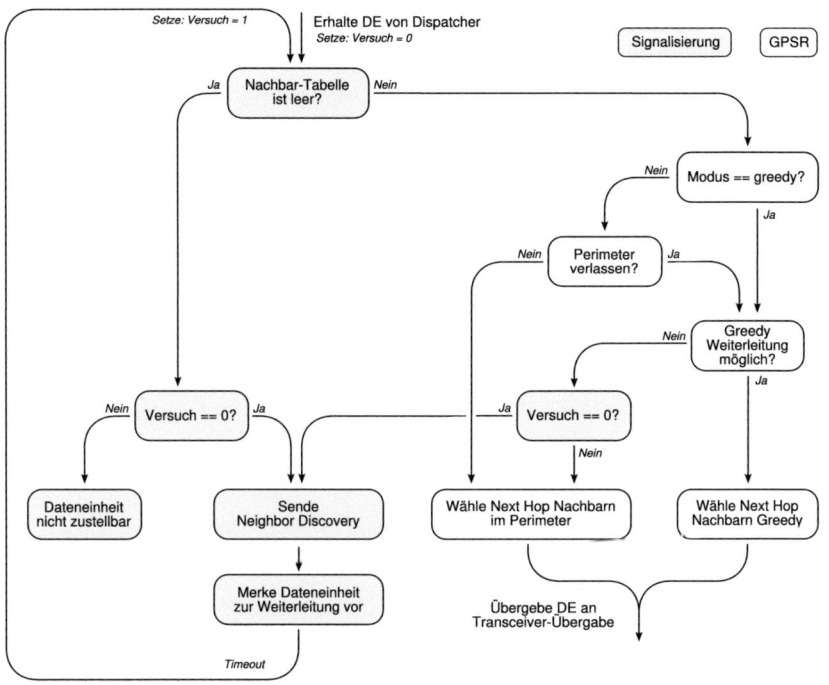

Abbildung 5.33 Flussdiagramm des GPSR Routings inklusive Signalisierung.

5.9 Zusammenfassung

Die ServiceCast-Architektur ermöglicht die Adressierung von Dienst-Instanzen sowie die Zustellung von Dateneinheiten an die adressierten Instanzen anhand von ServiceCast -Adressen. Die Zustellung einer Dateneinheit ist in zwei Abschnitte gegliedert:

1. Die lokationsbasierte Weiterleitung zur adressierten Ziel-Region und
2. die dienstbasierte Weiterleitung zu der oder den adressierten Instanzen.

Die dienstbasierte Weiterleitung unterscheidet wiederum vier Modi zur Adressierung, welche sich wesentlich im Algorithmus der Zustellung innerhalb der Ziel-Region unterscheiden. Tabelle 5.8 fasst die Nutzung der ServiceCast-Komponenten zusammen. Für jeden der Abschnitte der Weiterleitung und jeden Modus der Adressierung ist darin die Art der Signalisierung und Weiterleitung sowie die verwendeten ServiceCast-Komponenten zusammengefasst. Die Modi der Adressierung sind durch ihren Quantifikator-Wert kenntlich gemacht. Die vier Modi sind:

- Adressierung aller Instanzen eines Dienstes durch den dienstbasierten Broadcast (Quantifikator Q_ALL). Dieser Modus der Weiterleitung erfordert keiner-

147

lei Signalisierung. Die Weiterleitung jeder Dateneinheit erfolgt durch Fluten per MAC-Broadcast an alle erreichbaren Nachbarn.

- Die Adressierung einer eindeutig spezifizierten Instanz durch den dienstbasierten Unicast (Quantifikator Q_INST) ermöglicht die Adressierung von Dienst-Instanzen, von welchen zuvor eine Dateneinheit mit gesetztem Trace-Flag empfangen wurde. Die Weiterleitung per Quantifikator Q_INST erfordert keine explizite Signalisierung. Alle zur Weiterleitung notwendigen Informationen sind in Form der Spur durch die zuvor empfangene Dateneinheit im Netz temporär angelegt worden.

- Ein weiterer Modus ist die Adressierung einer Instanz eines gegebenen Dienstes durch den dienstbasierten Anycast (Quantifikator Q_ANY). Dieser erfordert eine explizite Signalisierung, womit Informationen über die Verfügbarkeit von Diensten sowie die erwarteten Kosten zum Erreichen der nächstgelegenen Instanz im Netz verteilt werden. Die Kosten werden anhand der erwarteten Anzahl notwendiger Übertragungen zur jeweiligen Instanz modelliert. Diese Metrik berücksichtigt den probabilistischen Charakter des unzuverlässigen drahtlosen Kanals. Die Informationen werden in Form einer Routing-Tabelle verwaltet, welche für jeden Dienst einen Eintrag enthält. Zur Signalisierung der lokal verfügbaren Dienst-Instanzen wird auf die Tabelle lokaler Dienste zurückgegriffen.

- Die Adressierung eines spezifizierbaren Anteils der Instanzen eines Dienstes durch den dienstbasierten Somecast (Quantifikator Q_SOME) ermöglicht die effiziente Erhebung einer Stichprobe. Dieser Modus der Adressierung ist immer dann sinnvoll, wenn ein beschränkter Anteil der Instanzen eines Dienstes angesprochen werden soll. Die erwartete Anzahl der Adressaten ist spezifizierbar. Die notwendige Signalisierung beschränkt sich auf die Erkennung benachbarter Systeme. Die Weiterleitung der Dateneinheiten erfolgt anhand eines für jede übertragene Dateneinheit unabhängig und verteilt konstruierten Zufallsbaumes. Die dafür notwendigen Informationen werden der Nachbar-Tabelle entnommen. Bei der Konstruktion des Zufallsbaumes wird jeweils die Ausbreitungsrichtung berücksichtigt sowie eine Abwägung zwischen Entfernung und Kanalqualität vorgenommen. Dadurch wird der indeterministische Charakter des drahtlosen Mediums berücksichtigt. Für die effiziente Weiterleitung der Dateneinheiten entlang des Zufallsbaumes wird das OARQ-Verfahren verwendet, welches die gleichzeitige Übertragung einer Dateneinheit an eine definierte Menge von Empfängern ermöglicht. Der Erfolg der Übertragung wird durch implizite Bestätigungen überwacht und ggf. wird eine automatische Wiederholung der Übertragung veranlasst.

Die lokationsbasierte Weiterleitung stellt das Erreichen der adressierten Ziel-Region sicher. Sie benötigt Informationen über benachbarte Systeme, welche der Nachbar-Tabelle zu entnehmen sind. Sind noch zu wenige Nachbarn bekannt, wird eine explizite Nachbarschaftserkennung veranlasst. Zur Weiterleitung wird der GPSR Routing-Algorithmus eingesetzt, welcher den unzuverlässigen drahtlosen Kanal durch eine angepasste Routing-Metrik berücksichtigt.

Art der Adressierung	dienstbasiert				lokationsbasiert
	Q_ALL	Q_INST	Q_ANY	Q_SOME	
Signalisierung	keine	keine	Anycast-Signalisierung	Nachbarschafts-Erkennung	Nachbarschafts-Erkennung
Weiterleitung	per MAC-Broadcast	entlang bereits etablierter Spur	Routing-Tabelle (Distanz-Vektor)	Zufallsbaum	GPSR
ServiceCast Komponenten	Duplikat-Detektion	Duplikat-Detektion, Spur-Tabelle	Duplikat-Detektion Tabelle lokaler Dienste	OARQ, Nachbar-Tabelle	Duplikat-Detektion, Nachbar-Tabelle

Tabelle 5.8 Nutzung der Komponenten

Alle Modi der dienstbasierten Weiterleitung (bis auf den Somecast) sowie die lokationsbasierte Weiterleitung nutzen die Duplikat-Detektion der Transceiver-Übergabe-Komponente zur Detektion und Vermeidung der wiederholten Verarbeitung derselben Dateneinheit. Der Somecast nutzt stattdessen das OARQ-Verfahren, welches neben der Überwachung und Initiierung von Übertragungswiederholungen ebenfalls die Funktionalität der Duplikat-Detektion und -Vermeidung erfüllt.

6. Realitätsnahe Simulation drahtloser Sensor-Aktor-Netze

Unrealistische und zu stark vereinfachende Modellierung sind verbreitete Kritikpunkte simulativer Untersuchungen [4, 68, 106]. Dabei wird besonders bemängelt, dass die Glaubwürdigkeit der untersuchten Modellierungen nicht hinreichend überprüft wurde [51, 68]. Hurni und Braun [51] betonen in diesem Zusammenhang die Wichtigkeit, Simulationen anhand von realweltlichen Experimenten zu kalibrieren, um damit die Aussagekraft der Modelle nachzuweisen. Darüber hinaus stehen insbesondere die unteren Schichten des Kommunikationsmodells, wie der Kanal und die Modellierung des Transceivers, im Zentrum der Kritik [65, 107, 110]. Nach Takai et al. [110] können unrealistische Modellierungen zu einer nichtlinearen Verzerrung des Ergebnisraums führen, sodass nicht nur die absoluten Werte der untersuchten Kenngrößen fehlerhaft sind, sondern auch das relative Ranking der untersuchten Größen betroffen sein kann. Dadurch werden die Ergebnisse der Studien nicht nur verfälscht, sondern können unter Umständen auch zu falschen Schlüssen führen.

Eine sorgfältige Auswahl der Modelle sowie der Nachweis der Realitätsnähe des Modells und der zugehörigen Parametrisierung sind daher essentiell für eine realistische und somit glaubwürdige Untersuchung von Kommunikationsprotokollen. Dieses Kapitel befasst sich mit der Auswahl und der realitätsnahen Parametrisierung von Modellen des drahtlosen Kanals sowie den notwendigen Erweiterungen zum Mobility Framework der Simulationsumgebung OMNeT + +.

In Abschnitt 6.1 werden sensornetzspezifische Erweiterungen des Mobility Frameworks, einem OMNeT + + -basierten Rahmenwerk zur Simulation drahtloser Netze, vorgestellt. Diese Erweiterungen umfassen Implementierungen für WSAN-spezifische Protokolle zum Medienzugriff sowie die Erweiterung der bisherigen Kanal-Modellierung um flexiblere Modelle des drahtlosen Kanals.

Abschnitt 6.2 stellt eine Methode zur Parametrisierung der Modelle des drahtlosen Kanals anhand von Messungen in realen WSANs zur Verwendung in einer Simulationsumgebung vor. Eine Besonderheit der vorgestellten Methode ist, dass die Datenerhebung direkt mit den im WSAN verwendeten Sensor-Aktor-Systemen vorgenommen werden kann und somit einerseits keine zusätzlichen Messgeräte notwendig sind, andererseits – möglicherweise unbekannte – Hardware-Parameter der Kanalmodelle durch die im WSAN verwendete Hardware erfasst werden und so direkt in die Modellierung einfließen.

Auf der Basis von Ergebnissen eines Feldversuches wird in Abschnitt 6.3 die Eignung der verwendeten Kanalmodelle zur Modellierung des drahtlosen Kanals für WSANs untersucht. Dazu werden Parametrisierungen der Modelle für MICAz-Sensorsysteme in einem Freiland-Szenario ermittelt. Anhand des Grades der Übereinstimmung zwischen Modellvorhersage und den empirischen Beobachtungen wird die Eignung der Modelle zur Verwendung in simulativen Untersuchungen für WSANs bewertet.

Abschnitt 6.4 beleuchtet abschließend den Einfluss probabilistischer Kanalmodelle auf die Effektivität von Kommunikationsprotokollen höherer Schichten. Dabei wird am Beispiel eines Protokolls zur verteilten Wahl eines Koordinators beispielhaft nachgewiesen, dass die Modellierung des drahtlosen Kanals einen wichtigen Einfluss auf das Ergebnis der Untersuchung hat. Diese Betrachtung unterstreicht die Relevanz einer realistischen Modellierung des drahtlosen Kanals.

6.1 WSAN-Erweiterungen für das Mobility Framework

Als Basis wurde das auf OMNeT++ aufbauende Mobility Framework in der Version 2.0p3 [64] verwendet und zur Simulation drahtloser Sensor-Aktor-Netze erweitert. OMNeT++ [117] wurde als Simulationswerkzeug ausgewählt, da OMNeT++ – im Vergleich zur ähnlich leistungsfähigen Simulationsumgebung NS-2 [81] – sehr ressourcenschonend und performant [67] ist. Das Mobility Framework ist ein verbreitetes und flexibles Rahmenwerk zur Simulation drahtloser Netze, welches auf das ereignisbasierte Simulationswerkzeug OMNeT++ aufbaut. Es bietet Basisklassen zur Implementierung mobiler, drahtlos kommunizierender Systeme sowie die Verwaltung ihrer Konnektivität zur Laufzeit der Simulation. Das Mobility Framework bietet ein modulares Konzept zur Implementierung von Transceivern, welches eine detaillierte Modellierung des Empfangsprozesses enthält. Die hier vorgestellte Erweiterung unterstützt die Simulation von WSANs mithilfe des Mobility Frameworks. Sie umfasst einerseits die Implementierung der drei WSAN-spezifischen Medienzugriffsprotokolle S-Mac [123, 124], B-Mac [87] und X-Mac [15]. S-Mac zeichnet sich durch periodische, koordinierte Wach-Zyklen und koordinierten Medienzugriff aus. Im Gegensatz dazu werden die Wach-Zyklen und der Medienzugriff bei B-Mac und X-Mac nicht koordiniert, d. h. sie finden zu einem wahlfreien Zeitpunkt statt. Weiter wurde die Mobility Framework-eigene Modellierung des drahtlosen Kanals durch flexible deterministische sowie probabilistische Kanalmodelle erweitert. Das ursprünglich implementierte Free-Space Modell wurde durch eine flexibler parametrisierbare Variante desselben Modells ersetzt. Als weiteres deterministisches Modell wurde das Two-Ray-Ground Modell implementiert. Daneben wurden die verbreiteten probabilistischen Modelle Log-Normal Shadowing, Nakagami-m, Rice und Rayleigh integriert. Letztere bilden den indeterministischen Charakter des drahtlosen Kanals ab und erbringen damit einen wichtigen Beitrag zur Durchführung realitätsnaher Simulationen drahtloser Netze.

6.1.1 Protokolle zum Medienzugriff in WSANs

Bevor die durch die Erweiterung neu zur Verfügung stehenden Protokolle S-Mac, B-Mac und X-Mac vorgestellt werden, wird zunächst die Relevanz WSAN-spezifischer Protokolle zum Medienzugriff diskutiert. Darin werden insbesondere die Besonderheiten herausgestellt, welche WSAN-spezifische Protokolle gegenüber anderen Protokollen zum Zugriff auf das drahtlose Medium bieten.

6.1.1.1 Relevanz WSAN-spezifischer Medienzugriffsprotokolle

Medienzugriffsprotokolle haben die Aufgabe den Zugriff eines Systems auf das gemeinsam genutzte Medium – hier den drahtlosen Kanal – zu koordinieren. Da die Systeme des WSANs einen beschränkten Energievorrat haben, ist Energieeffizienz ein zentrales Entwurfsziel. Wichtige Ursachen für einen hohen Energieverbrauch beim Medienzugriff in WSANs sind:

- *Kollisionen* von Dateneinheiten: Kollisionen entstehen, wenn sich der Sendevorgang benachbarter Systeme zeitlich überlagert. Es kommt zur Überlagerung der Funksignale. Empfänger können diese überlagerten Signale nicht dekodieren, so dass mindestens eine der Dateneinheiten nicht empfangen werden kann.
- *Idle Listening*: Idle Listening bezeichnet unnötiges Abhören des drahtlosen Kanals, obwohl keine Dateneinheit zum Empfang ansteht.
- *Overhearing*: Overhearing bezeichnet den Empfang von Dateneinheiten, welche nicht an den Empfänger gerichtet sind. Die empfangenen Dateneinheiten werden in der Regel verworfen.
- *Nicht empfangsbereiter Adressat*: Befindet sich der Adressat einer Dateneinheit während der Übertragung im Schlafzustand, so kann dieser die Dateneinheit nicht empfangen. Die Dateneinheit geht verloren.

Zur Vermeidung von Idle Listening und Overhearing befinden sich WSAN-Systeme häufig in einem energiesparenden Schlafzustand, in welchem insbesondere der Transceiver deaktiviert ist. Der Schlafzustand spart einerseits Energie ein, birgt aber andererseits das Risiko, dass der Adressat die Übertragung einer Dateneinheit verpasst, da er nicht empfangsbereit ist. Daher besteht eine wichtige Aufgabe eines WSAN-spezifischen Medienzugriffsprotokolls darin, sicher zu stellen, dass gesendete Dateneinheiten einen benachbarten Kommunikationspartner erreichen, d. h. die Dateneinheit nicht verloren geht, weil der Adressat nicht empfangsbereit war. In WSANs bedeutet dies, mit benachbarten Kommunikationspartnern eine gemeinsame Wach-Phase zu finden. Diese Problemstellung wird auch *Rendez-Vous Scheduling* genannt.

Zum Rendez-Vous Scheduling lassen sich zwei Strategien unterscheiden:

- Koordinierte Wach-Zyklen und

• nicht koordinierte Wach-Zyklen.

Bei koordinierten Wach-Zyklen handeln benachbarte Systeme einen gemeinsamen Zeitplan aus, welcher den Wach-Schlaf-Zyklus sowie das Zugriffsrecht auf das Medium regelt. Der Zeitplan stellt sicher, dass der Adressat rechtzeitig zur Übertragung der Dateneinheit empfangsbereit ist. Er regelt das Zugriffsrecht auf den Kanal, wodurch Kollisionen vermieden werden. Weiter ermöglicht ein Zeitplan den Systemen einen regelmäßigen Wechsel in einen Energiesparmodus.

Die zweite Strategie des Rendez-Vous Scheduling führt zu einer weiteren Klasse von Medienzugriffsprotokollen. Die Protokolle dieser Klasse arbeiten ohne Aushandlung gemeinsamer Zeitpläne. Die Wach-Phasen benachbarter Systeme sind nicht koordiniert, d. h. der Wechsel in den Wachzustand erfolgt ohne vorherige Absprache.

Die Erweiterungen des Mobility Framework umfassen die Implementierung des von Ye et al. [123] vorgestellten S-Mac Protokolls, welches ein koordiniertes Rendez-Vous Scheduling durchführt. Zum nicht koordinierten Rendez-Vous Scheduling wurde das von Polastre et al. [87] entworfene B-Mac Protokoll sowie die von Buettner et al. [15] vorgestellte Erweiterung, das X-Mac Protokoll, implementiert. Die Implementierungen sind im Rahmen zweier Studienarbeiten [37, 40] entstanden.

6.1.1.2 S-Mac

Zum koordinierten Rendez-Vous Scheduling wurde das S-Mac Protokoll [123, 124] als Erweiterung des Mobility Framework implementiert [37]. Zur Reduktion des Energieverbrauchs führt S-Mac periodische Wach-Schlaf-Zyklen ein. Benachbarte Systeme synchronisieren sich auf denselben periodischen Zyklus. Das Senderecht für jede Wach-Phase wird jeweils am Anfang der Wach-Phase per RTS/CTS ausgehandelt. Das RTS (Request to Send) signalisiert den Sendewunsch und gibt gleichzeitig den Empfänger der anstehenden Übertragung bekannt. Jedes System kann nach Empfang des RTS entscheiden, ob es an der angekündigten Datenübertragung beteiligt ist. Alle Systeme, die an der angekündigten Kommunikation nicht beteiligt sind, gehen daraufhin bis zum Beginn der nächsten Wach-Phase in den Schlafzustand über. Der Empfänger bestätigt seine Empfangsbereitschaft durch die Übertragung einer CTS-Dateneinheit (Clear to Send), woraufhin der Sender die eigentlichen Nutzdaten übermittelt. Der Empfänger bestätigt den Erhalt der Nutzdaten.

Zur Koordination der periodischen Wach-Schlaf-Zyklen gibt es zu Beginn jeder Wach-Phase eine Synchronisationsphase. Sie dient zum Austausch des Zeitplans in Form von SYNC-Dateneinheiten, welche den Beginn der nächsten Schlaf-Phase ankündigen. Kommt ein System neu zum Netz hinzu, wartet es zunächst für eine beschränkte Dauer den Empfang eines fremden Zeitplans ab. Bei Empfang eines fremden Zeitplans synchronisiert sich das System direkt auf den fremden Wach-Schlaf-Zyklus. Wurde nach Ablauf einer vorgegebenen Dauer kein fremder Zeitplan empfangen, legt das System einen eigenen Wach-Schlaf-Zyklus fest und veröffentlicht diesen periodisch.

S-Mac enthält Mechanismen zur Vermeidung aller oben genannten Quellen des erhöhten Energieverbrauchs. Kollisionen der Nutzdaten werden durch die Aushandlung des Senderechts pro Wach-Phase durch den RTS/CTS Mechanismus vermieden.

Derselbe Mechanismus ist auch für die Vermeidung von Overhearing verantwortlich. Idle Listening begegnet S-Mac durch die Einführung synchroner Wach-Schlaf-Zyklen, wobei die Länge des Wachzyklus nicht adaptiv ist. Die Ankündigung einer Datenübertragung während des gemeinsamen Wach-Zyklus dient zur Vermeidung nicht empfangsbereiter Adressaten.

6.1.1.3 B- und X-Mac

Zum wahlfreien Rendez-Vous Scheduling wurden das B-Mac Protokoll [87] und dessen Weiterentwicklung X-Mac [15] implementiert [40]. Beide Protokolle kommen ohne Synchronisation benachbarter Systeme aus. Stattdessen muss jedes System periodisch aus dem Schlafzustand aufwachen und den Kanal für eine kurze Zeitdauer auf die Übertragung von Dateneinheiten prüfen. Den Nutzdaten einer Dateneinheit sind eine Präambel und ein Paketkopf vorangestellt. Während der Paketkopf Adressinformationen enthält, dient die Präambel der Ankündigung des Sendewunsches. Die Länge der Präambel muss dabei so gewählt sein, dass ihre Übertragung länger dauert als die Dauer zwischen zwei periodischen Überprüfungen des Kanals. Registriert ein System beim periodischen Prüfen des Kanals die Übertragung einer Präambel, so bleibt es mindestens bis zur Übertragung des Paketkopfes wach. Der Paketkopf schließt sich direkt an die Präambel an. Erst nach Empfang des Paketkopfes kann jeder potentielle Empfänger entscheiden, an wen die Dateneinheit adressiert ist und ob er zum Empfang der Nutzdaten weiter empfangsbereit bleiben muss. Systeme, die nicht an der angekündigten Kommunikation beteiligt sind, gehen direkt in den Schlafzustand über. X-Mac unterscheidet sich von B-Mac dadurch, dass statt einer langen Präambel eine Reihe kurzer Präambel-Fragmente zur Ankündigung des Sendewunsches gesendet werden. Diese kurzen Präambel-Fragmente enthalten bereits die Adresse des Empfängers. Dies ermöglicht dem potentiellen Empfänger direkt beim periodischen Prüfen des Kanals zu entscheiden, ob die zur Übertragung anstehende Dateneinheit an ihn adressiert ist oder nicht. Um sicherzustellen, dass ein Präambel-Fragment nicht vollständig in die Schlaf-Phase eines potentiellen Empfängers fällt, muss die Übertragung des Fragments mindestens so lange wie eine Schlaf-Phase dauern.

B- und X-Mac setzen zur Kollisionsvermeidung einen CSMA-Mechanismus ein, d. h. der Kanal wird direkt vor einem Sendezugriff auf Aktivität eines anderen Senders überprüft. Idle Listening reduzieren beide Protokolle durch kurze, periodische Wach-Phasen, in denen der Kanal auf anstehende Übertragungen geprüft wird. So können die Systeme auch ohne Aushandlung von Wach-Phasen mit benachbarten Systemen einen Großteil der Zeit in einem Energie sparenden Schlafzustand verbringen. Die Empfangsbereitschaft der Adressaten stellen beide Mac-Protokolle durch die den Nutzdaten vorangestellte Präambel sicher. Die Übertragung der Präambel muss daher länger als die Zeitspanne zwischen zwei periodischen Wach-Phasen der Empfänger dauern. In der Vermeidung von Overhearing unterscheiden sich B- und X-Mac voneinander. B-Mac gibt den Adressaten einer Dateneinheit erst im Anschluss an die Präambel bekannt. Daher muss nach Detektion einer Präambel immer deren Ende abgewartet werden. Bei X-Mac ist der Adressat bereits nach

Empfang eines Präambel-Fragments bekannt, wodurch unbeteiligte Systeme früher in den Energie sparenden Schlafzustand über gehen können.

6.1.2 Kanalmodelle

Die Erweiterungen des Mobility Frameworks umfasst die Implementierung flexibler Kanalmodelle [41]. Kanalmodelle modellieren den Einfluss des drahtlosen Kanals auf die Empfangsleistung einer übertragenen Dateneinheit. Sie bilden daher die Grundlage der Modellierung des Empfangsprozesses, also der Entscheidung, ob und von welchen Systemen eine gesendete Dateneinheit empfangen werden kann.

6.1.2.1 Relevanz realistischer Kanalmodellierung

Eine vereinfachte und unrealistische Modellierung kann zu falschen Einschätzungen bei der Bewertung von Protokollverhalten führen. Dazu wurden von Takai et al. [110] die Effekte der Modellierung der physikalischen Schicht und des drahtlosen Kanals u. a. auf die Ende-zu-Ende Verzögerung, die Häufigkeit von Verbindungsabbrüchen sowie die Zustellrate von Routing-Protokollen in mobilen ad-hoc Netzen untersucht. Sie kommen darin zum Schluss, dass die Modellierung der niederen Schichten im Simulator nicht nur die absoluten Leistungsdaten der Protokolle beeinflusst. Da der beobachtete Einfluss auf die Protokolle nicht linear ist, kann die Modellierung sogar das relative Ranking der Protokolle untereinander verändern und damit die Aussage einer Untersuchung maßgeblich beeinflussen.

Kotz et al. [65] kritisieren die Verbreitung unrealistischer Annahmen über den drahtlosen Kanal. Die Autoren fassen dazu sechs verbreitete – aber falsche – Annahmen zusammen und widerlegen diese anhand von Experimenten. Diese Annahmen sind:

1. die Welt sei flach,
2. das Sendegebiet eines drahtlosen Senders sei kreisförmig,
3. alle Sender haben dieselbe Reichweite,
4. der drahtlose Kanal sei immer symmetrisch,
5. falls eine Verbindung existiert, sei diese immer perfekt und
6. die Signalstärke sei eine einfache Funktion der Distanz.

Fünf der sechs Annahmen (Nr. 2 – 6) sind auf zu starke Vereinfachung des Kanalmodells zurückzuführen. Sie kommen insbesondere durch den Einsatz deterministischer Modelle zustande. Probabilistische Modelle vermeiden die Annahmen 5 und 6. Verbindungen über einen probabilistischen Kanal sind selten perfekt. Übertragungen zu nahen Systemen können – trotz eines freien Kanals – verloren gehen und selbst zu weit entfernten Systemen können einzelne erfolgreiche Übertragungen nicht ausgeschlossen werden. Auch hängt die Signalstärke beim Empfänger nicht nur von der Distanz ab, sondern wird durch einen stochastischen Prozess modelliert, welcher den Signalpegel entsprechend einer für das Modell charakteristischen Verteilung streut.

Die Auswirkungen der Annahmen 2, 3 und 4 können immerhin abgeschwächt werden. Die Empfangsmodellierung unterliegt einem stochastischen Prozess, welcher das Sendegebiet eines Systems nicht mehr kreisförmig erscheinen lässt. Dadurch variiert ebenfalls die effektive Reichweite für jede Übertragung. Die Symmetrie des Kanals im Sinne von [65] wird durch den stochastischen Prozess ebenfalls gebrochen. Falls ein System eine fremde Dateneinheit erfolgreich empfangen konnte, ist dadurch nicht sicher gestellt, dass die Kommunikation auch in umgekehrter Richtung erfolgreich sein wird.

Kommunikationsprotokolle benötigen spezielle Mechanismen, um auch mit einem indeterministischen Kanal umgehen zu können. Der Einfluss eines indeterministischen Kanals auf geographisches Greedy-Routing und Face-Routing wird in [127] und [62] diskutiert. Zamalloa et al. [127] zeigen, dass Protokolle, welche unter Idealbedingungen entwickelt wurden, auf realistischen Kanälen nur schlechte Performanz zeigen. Speziell wird dies für die Zustellraten geographischer Greedy-Routing-Algorithmen gezeigt. Diese weisen das Problem auf, bevorzugt an besonders weit entfernte Systeme weiterzuleiten. Zu entfernten Systemen ist jedoch im Mittel eine schlechtere Verbindung als zu nahen Systemen zu beobachten. Kim et al. [62] diskutieren den Einfluss des indeterministischen Kanals und die daraus resultierende Verletzung der Unit-Disk-Graph Eigenschaft auf geographisches Face-Routing und Algorithmen zum Planarisieren von Graphen. Sie kommen darin zum Schluss, dass der Indeterminismus des Kanals die untersuchten Routing-Algorithmen für bestimmte Paare von Systemen permanent scheitern lassen können. Weiter wird auf Methoden hingewiesen, welche geographisches Face-Routing auch auf realistischen Kanälen ermöglichen.

6.1.2.2 Neu eingeführte Kanalmodelle

Das Mobility Framework stellt lediglich eine Implementierung des einfachen und vor allem deterministischen Free-Space Modells nach Gleichung 2.1 (aus Abschnitt 2.4.3) mit fest vorgegebener, quadratischer Freiraumdämpfung zur Verfügung. Die Möglichkeit zur freien Anpassung der Freiraumdämpfung ist jedoch zur Modellierung reflexions- und hindernisreicher Umgebungen, wie beispielsweise begrünte Flächen, Parkplätze, Stadt- oder Waldgebiete, notwendig. Ohne Anpassung der Freiraumdämpfung wird die Reichweite eines Senders typischerweise überschätzt. Derartige Umgebungen können durch das Mobility Framework ohne Erweiterung nicht berücksichtigt werden.

Die hier vorgestellte Erweiterung umfasst zwei deterministische Kanalmodelle und vier probabilistische. Die deterministischen Modelle wurden bereits in Abschnitt 2.4.3, die probabilistischen in Abschnitt 2.4.4 detailliert vorgestellt. Die deterministischen Modelle sind

- das verallgemeinerte Free-Space Modell (siehe Gleichung 2.4) und
- Two-Ray-Ground (siehe Gleichung 2.11).

Das verallgemeinerte Free-Space Modell berücksichtigt eine variable Freiraumdämpfung und erlaubt zusätzlich Verstärkungsfaktoren der Antennen zu spezifizieren. Das Two-Ray-Ground Modell geht im Gegensatz zum Free-Space Modell nicht nur von einer Sichtverbindung zwischen Sender und Empfänger aus, sondern berücksichtigt zusätzlich einen zweiten Ausbreitungspfad des Funksignals anhand einer Bodenreflexion.

Die vier probabilistischen Modelle sind:

- Log-Normal Shadowing (siehe Gleichung 2.13),
- Nakagami-m (siehe Gleichung 2.25),
- Rice (siehe Gleichung 2.20) und
- Rayleigh (siehe Gleichung 2.16).

Die Berechnung der mittleren Empfangsleistung der probabilistischen Modelle stützt sich jeweils auf das verallgemeinerte Free-Space Modell. Die Implementierung des Rice-Modells stützt sich auf Punnoose et al. [90].

Die in der Erweiterung enthaltenen probabilistischen Modelle stellen eine Auswahl verbreiteter und anerkannter Kanalmodelle dar. Sie sind für ein weites Spektrum unterschiedlicher Umgebungen geeignet. Das Log-Normal Shadowing Modell folgt aus der Beobachtung, dass die Leistung eines Signals, welches in unterschiedlich reflektierenden Umgebungen aufgezeichnet wurde, jeweils eine Log-Normal Verteilung (bzw. in Dezibel eine Normalverteilung) aufweist [93]. Das Nakagami-m Modell zeigt nach Sarkar et al. [98] sehr gute Übereinstimmung mit der in urbanen Umgebungen beobachtbaren Signalstreuung. Die Modelle Rayleigh und Rice basieren auf der mathematischen Modellierung der Signalamplitude in charakteristischen Umgebungen. Rayleigh geht von einem vollständig gestreuten Signalpfad aus, d. h. zwischen Sender und Empfänger besteht keinerlei Sichtverbindung [93, 98]. Rice geht von einer Kombination aus gestreutem und nichtgestreutem Signalpfad aus, dessen Verhältnis durch einen Parameter justierbar ist [93, 98]. Durch die ausgewählten probabilistischen Modelle ist ein weites Spektrum an möglichen Anwendungsfällen abgedeckt.

6.2 Methode zur Parametrisierung und Bewertung der Kanalmodelle

Die Parametrisierung eines Kanalmodells beeinflusst einerseits die mittlere Reichweite der Systeme und damit die effektive Funkabdeckung. Diese ist von vielen Faktoren, wie beispielsweise den Leistungsverlusten innerhalb des Systems, der Art und Beschaffenheit der Antenne sowie in wesentlichem Maße von der Umgebung, in der das WSAN ausgebracht ist, abhängig. Neben der mittleren Reichweite spielt auch die Charakteristik des Kanals, welche sich in der Form des Abfalls der Empfangsrate mit zunehmender Distanz bemerkbar macht, eine wesentliche Rolle. Diese Eigenschaften sind durch die Wahl des Kanalmodells und dessen Parametrisierung für die Simulation festgelegt.

Bei der Simulation drahtloser Sensor-Aktor-Netze stellt sich daher die Frage nach der Eignung der Kanalmodelle sowie nach einer realistischen Parametrisierung. D. h. es muss einerseits geklärt werden, ob sich die Modelle in ihrer Eignung zur Modellierung des drahtlosen Kanals in WSAN -Simulationen unterscheiden. Andererseits muss eine glaubwürdige und geeignete Parametrisierung der Modelle des drahtlosen Kanals sowie der Sender- und Empfänger-Transceiver gefunden werden. Da für WSANs derzeit noch keine standardisierten Hardwareplattformen mit festem Transceiver und zugehöriger Antenne etabliert sind, fehlt eine realistische und daher glaubwürdige Parametrisierung für vorhandene Hardware. Ferner werden WSANs in unterschiedlichsten Umgebungen eingesetzt, welche sich in unterschiedlichen Parametrisierungen der Kanalmodelle widerspiegeln.

In diesem Abschnitt wird ein Verfahren vorgestellt, welches eine szenariospezifische Parametrisierung und die Bewertung von Kanalmodellen ermöglicht. Das Verfahren weist die folgenden Besonderheiten auf:

- Das Verfahren ist unabhängig vom jeweils zu parametrisierenden Modell und ermöglicht die Parametrisierung unterschiedlicher Modelle auf derselben Datenbasis. Dies stellt die Vergleichbarkeit der Modelle unter den so ermittelten Parametrisierungen sicher.

- Die zur Parametrisierung notwendige Datenbasis wird direkt durch die Systeme des WSANs erhoben. Insbesondere sind keinerlei zusätzliche Messgeräte zum Erfassen des drahtlosen Kanals notwendig. Wird die Datenbasis durch die Systeme des WSANs erfasst, können aus dieser Datenbasis auch die hardwarespezifischen Parameter der Kanalmodelle – wie Leistungsverluste innerhalb des Systems und der Einfluss der verwendeten Antenne und ihrer Beschaltung – ermittelt werden. Dies ist insbesondere dann vorteilhaft, wenn diese Parameter nicht den Datenblättern der Hardware zu entnehmen sind.

Gerade für die Planung eines WSANs spielt die Kenntnis der Charakteristik des drahtlosen Kanals und der erwarteten Funkabdeckung eine große Rolle, da diese Daten über die notwendige Dichte und Größe des Netzes zur Realisierung einer Anwendung entscheiden.

6.2.1 Verwandte Arbeiten

Die Vorstellung der verwandten Arbeiten gliedert sich in zwei Abschnitte. Zunächst werden Verfahren und Arbeiten vorgestellt, welche sich mit der Parametrisierung einzelner Kanalmodelle auseinandersetzen. Anschließend werden konkrete Parametrisierungen und Wertebereiche für typische Umgebungen aus der Literatur vorgestellt.

Methoden zur Parametrisierung

Eine in der Literatur häufig beschriebene Methode zur Parametrisierung eines Large-Scale-Fading Modells ist die Bestimmung des Pfadverlustes $PL(d_0)$ zwischen Sender und einer Referenzdistanz d_0. Dazu wird die mittlere Empfangsleistung $P_{rx}(d_0)$ an der Referenzdistanz in dBm ermittelt. Der Pfadverlust berechnet sich zu $PL(d_0) = P_{tx} - P_{rx}(d_0)$ mit P_{tx} der Sendeleistung in dBm. Die Empfangsleistung für eine beliebige Distanz d berechnet sich dann zu

$$P_{rx}(d) \quad = \quad P_{tx} - PL(d_0) - 10 \log\left(\frac{d}{d_0}\right)^{\alpha} \qquad (6.1)$$

mit $\alpha \geq 2$, dem Pfadverlust-Exponent aus dem verallgemeinerten Free-Space Modell. Gleichung 6.1 ist eine alternative Darstellung des verallgemeinerten Free-Space

159

Modells aus Gleichung 2.4. Diese Vorgehensweise wird beispielsweise von [93] beschrieben. Der Pfadverlust an der Referenzdistanz $PL(d_0)$ umfasst die hardwarespezifischen Modellparameter des Free-Space Modells. Diese sind der Systemverlust und die Verstärkungsfaktoren der Antennen. Die Empfangsleistung an der Referenzdistanz $P_{rx}(d_0)$ muss für die Referenzdistanz mit einem hinreichend genauen Messgerät ermittelt werden. Da die Empfangsleistung durch ein Messgerät und nicht durch ein System des WSANs ermittelt wird, kann so lediglich die Charakteristik des Senders, nicht aber die eines Empfängers, erfasst werden. Die System- und Antennenparameter des Empfängers gehen so nicht in die Modellierung ein. Ebenfalls wird auf diese Weise der Exponent des Pfadverlustes α nicht bestimmt. Dazu wären mehrere Messungen in unterschiedlichen Distanzen notwendig.

Die Parametrisierung des Small-Scale-Fadings setzt typischerweise ebenfalls auf Messwerten der Empfangsleistung auf. Anstatt der mittleren Empfangsleistung wird hierbei die Streuung der Leistung ermittelt. Für das Nakagami-m Modell stellen Cheng und Beaulieu [23] einen Maximum Likelihood Schätzer und in [24] einen momentenbasierten Ansatz vor. Die Ansätze beruhen darauf, den m-Parameter des Nakagami-m Modells aus der Verteilung der empfangenen Leistung zu schätzen. Die Schätzer werden auf synthetisch erzeugten Verteilungen evaluiert und führen dort zu guten Ergebnissen. Die Schätzer sind jedoch spezifisch für das Nakagami-m Modell.

Su und Alzaghal [108] untersuchen das Abstrahlverhalten der Antenne für MICAz - Sensorsysteme. Dabei haben sie Umgebungen innerhalb von Gebäuden sowie urbane Umgebungen im Fokus. Die Untersuchungen werden in einem reflexionsarmen Raum und auf dem Dach eines Gebäudes durchgeführt. Die Empfangsleistung wird mit einem sensiblen Spektrum Analysator erfasst. Dabei werden für unterschiedliche Distanzen drei Übertragungsversuche gemittelt. Die Autoren stellen fest, dass das Abstrahlverhalten der MICAz-Antenne richtungsabhängig ist. Außerdem beobachten die Autoren einen nicht-monotonen Abfall des Signalpegels mit zunehmender Distanz. Diesen führen sie auf Interferenzen, bedingt durch Mehrwegeausbreitung, zurück. Für das Szenario wird ein Pfadverlust-Exponent von $\alpha = 2{,}4$ – also nahe der Freiraumausbreitung – angegeben. Ein vollständiger Parametersatz für ein probabilistisches Kanalmodell wird in der Arbeit nicht angegeben.

Die hier beschriebenen Vorgehensweisen zur Parametrisierung der Modelle basieren auf Messwerten der empfangenen Leistung. Diese Datensätze sind abhängig von der Umgebungssituation, der verwendeten Hardware und dem zur Funkübertragung gewählten Frequenzbereich. Da nicht nur die mittlere empfangene Leistung, sondern auch deren Streuung bestimmt werden muss, sind zur Erhebung der Datensätze sehr sensible Messgeräte notwendig, welche auch sehr geringe Leistungen korrekt erfassen können.

Parametrisierung typischer Szenarien

Der Literatur können Wertebereiche für die Parameter der untersuchten Modelle entnommen werden. Tabelle 6.1 fasst die Umgebungen, Wertebereiche und zugehörigen Quellen für die Modelle Log-Normal Shadowing, Nakagami-m und Rice zusammen. Freie Felder in der Tabelle bedeuten, dass für diese Parameter aus der

Log-Normal Shadowing	$PL(1\,m)\,[dBm]$	α	σ^2	Quelle
Freifläche		2		[93]
Stadtgebiet mit Abschattungen		3 – 5		[93]
Sandstrand	-40,8 – -37,5	4,2	4,0	[103]
Parkplatz	-36,0 – -32,7	3,0	7,9	[103]
Hecke	-38,2 – -34,5	4,9	9,4	[103]
Dichter Bambus	-38,2 – -35,2	5,0	11,6	[103]

Nakagami-m	$PL(1\,m)\,[dBm]$	α	m	Quelle
Freifläche		2; 4	1 – 4	[111]
Autobahn		2; 4	0,5 – 1	[111]
Straße			0,7 – 1,8	[126]

Rice	$PL(1\,m)\,[dBm]$	α	$k\,[\mathrm{dB}]$	Quelle
Keine Sichtverbindung			$-\infty$	[93]
Dominanter Signalanteil			$\gg 1$	[93]

Tabelle 6.1 Parametrisierungen typischer Szenarien für die Kanalmodelle Log-Normal Shadowing, Nakagami-m und Rice

jeweiligen Untersuchung keine Werte vorliegen. Für das Log-Normal Shadowing Modell wird der Pfadverlust-Exponent α zwischen 2 (freies Gelände) und 5 (Gebiet mit Abschattungen und Hindernissen) angegeben [93, 103]. Für die Streuung σ des Log-Normal Shadowing Modells finden sich Werte zwischen 3 (freies Gelände) und 12 (dichte Vegetation) [103]. Letztere Angaben gelten für einen breitbandigen Kanal von 200 MHz Bandbreite um 900 MHz als zentrale Frequenz. Je reflexions- und hindernisreicher die Umgebung, desto größer die beobachtete Streuung des Signals. Der Pfadverlust an der Referenzdistanz von einem Meter wird zwischen $-40{,}8\,\mathrm{dBm}$ und $-32{,}7\,\mathrm{dBm}$ angegeben.

Für das Nakagami-m Modell geben Taliwal et al. [111] Werte zwischen $m = 1$ und $m = 4$ für Freiflächen und zwischen $m = 0{,}5$ bis $m = 1$ für Autobahnen an. Auf den linearen Anteil des Pfadverlustes wird in der Arbeit nicht eingegangen. Der Exponent des Pfadverlustes α wird bis zu einer Sender-Empfänger-Distanz von 160 m mit $\alpha = 2$, in größeren Distanzen mit $\alpha = 4$ angegeben. Yin et al. [126] untersuchen die Streuung des Empfängersignals aus Messungen der Fahrzeug-zu-Fahrzeug-Kommunikation im Straßenverkehr um Detroit, USA. Aus diesen Datensätzen geben die Autoren Nakagami-m Parameter zwischen $m = 1{,}0$ und $m = 1{,}8$ für Distanzen kleiner 100 m an. Für größere Distanzen ermitteln die Autoren Werte zwischen $m = 0{,}7$ und $m = 1{,}0$. Diese Erhebungen wurden im 5,9 GHz-Band vorgenommen. Werte für den Pfadverlust und dessen Exponenten liegen aus dieser Studie nicht vor.

Nach [93] modelliert der Rice'sche k-Faktor mit $k = -\infty$ Szenarien ohne Sichtverbindung, da in diesem Fall das Rice-Modell in das Rayleigh Modell übergeht. Für $k \gg 1$ modelliert das Rice-Modell einen Kanal mit dominantem Signalanteil, wie er beispielsweise bei Sichtverbindung vorliegt. Da diese Angaben auf theoretischen

Zusammenhängen der Modellierung beruhen, beschränken sich die Aussagen auf den Streuparameter k des Rice-Modells.

Die genannten Arbeiten wurden zum Teil in unterschiedlichen Frequenzbereichen und insbesondere mit Hardware durchgeführt, welche im WSAN-Bereich keine Anwendung findet. Sie enthalten keinerlei Vergleich der Modelle und geben keine Anhaltspunkte für die Modell-Auswahl bzw. zur Güte der Modellierung.

Fazit

Die Parametrisierung der Kanalmodelle geschieht in den aufgeführten Arbeiten aufgrund der Messung der empfangenen Signal-Leistung sowie deren Streuung. Dazu sind spezielle, für den jeweiligen Frequenzbereich geeignete Messgeräte notwendig. Zur Erfassung der Signal-Streuung werden modellspezifische Schätzer eingesetzt.

Die Parametrisierung der Kanalmodelle hängt sowohl von der untersuchten Umgebungssituation als auch von der verwendeten Hardware ab. Da in WSANs häufig nicht-standardisierte Systeme mit spezieller, für den jeweiligen Einsatzzweck angepasster Hardware zum Einsatz kommen, ist für diese Netze eine Methode zur szenariospezifischen Parametrisierung der Kanalmodelle besonders wertvoll. So sind beispielsweise für die MICAz-Sensorsysteme, welche einen CC2420 Transceiver Chip einsetzen, keine vollständige Parametrisierung vorhanden.

Die aus der Literatur bekannten Parametrisierungen gelten jeweils für spezielle Umgebungen und sind meist nur für ein einziges Modell verfügbar. Keine der Arbeiten vergleicht die Güte der durch unterschiedliche Modelle erreichten Approximation der empirischen Messwerte oder macht Angaben zu ihrer Qualität. Dies erschwert die Identifikation des für eine konkrete Situation am besten geeigneten Kanalmodells.

6.2.2 Parametrisierung von Kanalmodellen anhand der beobachteten Empfangsrate

Es wird eine Methode zur szenariospezifischen Parametrisierung von Kanalmodellen anhand der beobachteten Empfangsrate vorgestellt. Die Vorgehensweise unterscheidet sich von den aus der Literatur bekannten Verfahren, welche auf der Empfangsleistung als beobachtetes Phänomen zur Parametrisierung beruhen.

Die Eignung der Modelle zur Repräsentation des untersuchten Kanals wird anhand der Übereinstimmung der Modell-Vorhersage mit den Beobachtungen der empirischen Datenbasis überprüft. Dabei ist dasjenige Modell als am glaubwürdigsten – und daher auch als am besten geeignet – anzusehen, welches sich so parametrisieren lässt, dass es die beste Übereinstimmung mit der Beobachtung liefert. Im Folgenden werden

- die Wahl der *Empfangsrate* als beobachtetes Phänomen, auf welchem die Bewertung vorgenommen wird,
- die Erhebung der *empirischen Datenbasis* sowie
- die Wahl einer geeigneten *Metrik* zur Bewertung der Übereinstimmung zwischen Modellvorhersage und empirischer Datenbasis

diskutiert.

6.2.2.1 Die Empfangsrate als beobachtetes Phänomen

Die Wahl des beobachteten Phänomens legt das Abstraktionsniveau fest, auf welchem die Bewertung der Modelle vorgenommen wird. Als beobachtetes Phänomen wird hier die Änderung der *Empfangsrate* $Pr_{rx}(d, P_{tx})$ in Abhängigkeit von der Distanz d zwischen Sender und Empfänger sowie der Sendeleistung P_{tx} betrachtet. Die Empfangsrate wird in diesem Zusammenhang als der Anteil der empfangenen Dateneinheiten bezogen auf die Gesamtzahl übertragener Dateneinheiten verstanden und *nicht* als eine zeitbezogene Größe (wie z. B. Empfangsereignisse pro Zeitintervall). Die Empfangsrate ist wie folgt definiert:

$$Pr_{rx}(d, P_{tx}) := \frac{RX(d, P_{tx})}{TX(d, P_{tx})} \tag{6.2}$$

Darin steht $RX(d, P_{tx})$ für die Anzahl empfangener Dateneinheiten, welche in einer Entfernung d mit der Sendeleistung P_{tx} übertragen wurden, $TX(d, P_{tx})$ für die Gesamtzahl in Entfernung d mit Sendeleistung P_{tx} übertragenen Dateneinheiten. Die Empfangsrate ist ein Maß für die Qualität der Verbindung zwischen Sender und Empfänger. Sie hat direkten Einfluss auf das Protokollverhalten, wie z. B. auf Übertragungswiederholungen, Erreichbarkeit von Systemen und Funktionalität im Netz.

Alternativ zur Empfangsrate würde die Änderung der *Empfangsleistung* in Abhängigkeit der Distanz als beobachtetes Phänomen in Frage kommen. Zur Parametrisierung der Modelle stünden dann die in Abschnitt 6.2.1 vorgestellten Verfahren zur Verfügung. Die Beobachtung der Empfangsleistung bringt jedoch die folgenden Schwierigkeiten mit sich:

- Einige Transceiver-Chips erlauben die Empfangsleistung für eine empfangene Dateneinheit zu ermitteln. Für Systeme, welche auf dem CC2420 Transceiver-Chip [25] basieren, kann hierfür der RSSI-Wert (engl.: received signal strength indicator) herangezogen werden. Dieser Wert kann direkt in die Empfangsleistung umgerechnet werden. Die Messung der Empfangsleistung durch den Transceiver-Chip der Systeme im WSAN trägt jedoch einen systematischen Fehler. Die Empfangsleistung kann nur bis zum Sensitivitätsschwellenwert des Transceivers ermittelt werden. Geringere Leistungen kann der Transceiver nicht korrekt wahrnehmen. Da der Sensitivitätsschwellenwert aber einen wesentlichen Einfluss darauf hat, ob eine Dateneinheit korrekt empfangen werden kann oder nicht, ist die Streuung der Empfangsleistung um diesen Schwellenwert von besonderem Interesse für die Parametrisierung der Kanalmodelle (vgl. hierzu auch Abschnitt 2.4 und Abschnitt 2.5). Die Verteilung der Leistung beim Empfänger kann jedoch nur für Signale aufgezeichnet werden, deren Leistung größer als der Sensitivitätsschwellenwert des Transceivers ist. Signale mit geringerer Leistung können nicht wahrgenommen werden. Eine durch die Systeme des WSANs erhobene empirische Datenbasis der Empfangsleistungen enthält daher einen systematischen Fehler, welcher die korrekte Rekonstruktion der Verteilung der Empfangsleistung wesentlich erschwert, wahrscheinlich sogar unmöglich macht.

- Die korrekte Bestimmung der Verteilung der Empfangsleistung ohne den beschriebenen systematischen Fehler erfordert genaue Messgeräte. Die Sensitivität der Messgeräte muss dabei mindestens die Sensitivität der zur Kommunikation verwendeten Transceiver überschreiten.

Die Beobachtung der Empfangsrate hat gegenüber der Beobachtung der Leistung die folgenden Vorteile (+) bzw. Nachteile (−) :

+ Die Empfangsrate ist auf einfache Weise mit hoher Genauigkeit durch dir Systeme des WSANs messbar. Die Genauigkeit der Messung ist abhängig von der Anzahl beobachteter Empfangsereignisse. Zur Verbesserung der Genauigkeit muss lediglich die Zahl übertragener Dateneinheiten erhöht werden.

+ Die Empfangsrate ist eine wichtige, beobachtbare Größe, welche Auswirkungen des unzuverlässigen Kanals auf Protokolle höherer Schichten verdeutlicht.

− Die Messung der Empfangsrate erfordert die wiederholte Beobachtung übertragener Dateneinheiten, da die Aussagekraft eines einzelnen Empfangsereignisses gering ist.

− Werden Empfangsereignisse oberhalb der Sicherungsschicht (welche häufig im Transceiver-Chip integriert ist) ausgewertet, können innerhalb der Dateneinheit entdeckte Bitfehler zum Verwerfen der Dateneinheit durch den Transceiver führen. Dadurch wird eine eigentlich empfangene, aber durch den Transceiver verworfene Dateneinheit nicht korrekt bewertet. Dies führt zu einer Verfälschung der beobachteten Empfangsrate. Da die Wahrscheinlichkeit für mindestens einen Bitfehler in einer Dateneinheit exponentiell mit der Länge der Dateneinheit in Bit steigt, sollten zur Bewertung der Empfangsrate möglichst kurze Dateneinheiten übertragen werden.

6.2.2.2 Erhebung der Datenbasis

Zur Parameterschätzung wird die Empfangsrate durch eine Reihe von Bernoulli-Experimenten ermittelt. Ein Sender überträgt eine zuvor festgelegte Anzahl von Dateneinheiten. Empfänger in unterschiedlichen Distanzen zum Sender zählen die korrekt empfangenen Dateneinheiten. Die empirische Empfangsrate für die jeweilige Distanz zwischen Sender und Empfänger ergibt sich direkt aus dem Quotienten der Anzahl empfangener zu gesendeter Dateneinheiten (siehe Gleichung 6.2). Durch Wiederholung des Experimentes lässt sich das Konfidenzniveau der Aussage erhöhen (vgl. [47, Kap. 28.6]).

Die Empfänger müssen so platziert sein, dass sich Empfänger in allen relevanten Entfernungen zum Sender befinden. Als relevant wird hier der gesamte Bereich betrachtet, in dem die Empfangsrate von 100 % auf einen Wert nahe 0 % abfällt. D. h. die Empfänger müssen sich vom Nahbereich des Senders, in welchem eine nahezu hundertprozentige Empfangsrate beobachtet wird, bis in großer Entfernung zum Sender, in welcher eine nahezu nullprozentige Empfangsrate erreicht wird, erstrecken.

Die Empfangsrate sollte bei unterschiedlichen Sendeleistungen beobachtet werden, da dies die Rekonstruktion der Parametrisierung verbessert. Bei der Betrachtung einer einzigen Sendeleistung kann es vorkommen, dass mehrere unterschiedliche

Parametrisierungen des Modells zu einer vergleichbar guten Übereinstimmung zwischen Beobachtung und Modellvorhersage führen. Die gleichzeitige Betrachtung unterschiedlicher Sendeleistungen verbessert die Sensitivität des Verfahrens.

Die Länge der übertragenen Dateneinheiten sollte so gering wie möglich gewählt werden. Hierdurch wird die Wahrscheinlichkeit von Bitfehlern in der empfangenen Dateneinheit reduziert. Damit einhergehend reduziert sich ebenfalls die Wahrscheinlichkeit, dass eine aufgrund der Empfangsleistung eigentlich empfangbare Dateneinheit durch die Sicherungsschicht des Transceivers verworfen wird und dadurch nicht als korrekt empfangen gezählt werden kann. Je länger die übertragene Dateneinheit, desto größer wird der Einfluss der Sicherungsschicht auf die Ergebnisse. Daher sollte die Länge der übertragenen Dateneinheiten so gering wie möglich gewählt werden.

6.2.2.3 Metrik zur Bewertung der Übereinstimmung zwischen empirischen Beobachtungen und Modellvorhersage

Als Metrik zur Bewertung der Übereinstimmung zwischen den empirischen Beobachtungen und den Modellvorhersagen unter einer konkreten Parametrisierung des Modells wird die mittlere empirische Empfangsrate mit der aus dem jeweiligen Modell analytisch bestimmten Vorhersage der erwarteten Empfangswahrscheinlichkeit verglichen. Als Abstandsmaß kommt der *mittlere quadratische Fehler* (MSE für engl.: mean squared error) zum Einsatz. Als alternative Metrik wurde in [31] der Einsatz modellspezifischer Maximum Likelihood Schätzer untersucht, welche aufgrund numerischer Instabilität zu schlechteren Ergebnissen führen.

Insgesamt soll die Parametrisierung des Modells gefunden werden, welche für alle empirischen Datensätze, also für alle Distanzen $d \in \mathcal{D}$ und für alle Sendeleistungen $p \in \mathcal{P}$, die geringste Abweichung zur Modellvorhersage zeigt. Der Grad der Abweichung zwischen den empirischen Ergebnissen und den Vorhersagen des Modells wird durch den mittleren quadratischen Fehler E bestimmt. Dieser ist definiert durch:

$$E := \frac{1}{|\mathcal{P}| \cdot |\mathcal{D}|} \sum_{p \in \mathcal{P}} \sum_{d \in \mathcal{D}} \left(\overline{Pr_{rx}}(d,p) - Pr_{rx}^{Modell}(d,p) \right)^2 \qquad (6.3)$$

Die Mengen $\mathcal{P}$ und $\mathcal{D}$ stehen für die Menge der untersuchten Sendeleistungen bzw. die untersuchten Distanzen zwischen Sender und Empfänger. $\overline{Pr_{rx}}(d,p)$ repräsentiert die empirische Empfangsrate unter der Sendeleistung p in der Entfernung d und $Pr_{rx}^{Modell}(d,p)$ die zugehörige Vorhersage des Modells über die Empfangswahrscheinlichkeit. Für die in dieser Arbeit betrachteten Kanalmodelle wurde die jeweils durch das Modell prognostizierte Empfangswahrscheinlichkeit in Abhängigkeit von der Distanz zwischen Sender und Empfänger sowie der Sendeleistung in Abschnitt 2.5 hergeleitet.

Der Wert der Metrik E dient sowohl zur Identifikation der besten Parametrisierung eines Modells als auch zur Bewertung der Eignung der Modelle zur Repräsentation des beobachteten drahtlosen Kanals. Denn für jedes Modell führt die Parametrisierung zur besten Übereinstimmung zwischen Beobachtung und Vorhersage, welche

Modell	Parameter
Log-Normal Shadowing	L', α, σ
Nakagami-m	L', α, m
Rice	L', α, k

Tabelle 6.2 Freie Parameter der betrachteten Kanalmodelle

zum geringsten Fehler E führt. Insgesamt ist das Modell als das glaubwürdigste zu bewerten, welches unter der jeweils besten Parametrisierung zum geringsten Fehler E führt.

6.2.3 Einfluss der Modellparameter auf die analytische Empfangswahrscheinlichkeit

Im Folgenden wird der Einfluss der Modellparameter auf die Modellvorhersage der Empfangswahrscheinlichkeit betrachtet. Dabei werden die in der Erweiterung des Mobility Frameworks enthaltenen probabilistischen Modelle (vgl. Abschnitt 6.1.2) untersucht. Diese sind die Modelle Log-Normal Shadowing, Nakagami-m und Rice. Das Rayleigh Modell wird im Folgenden nicht weiter explizit betrachtet, da dieses Modell sowohl durch das Nakagami Modell mit $m = 1$ als auch durch das Rice Modell mit $k = \infty$ dargestellt werden kann. Die Betrachtungen für das Nakagami Modell mit $m = 1$ gelten daher implizit ebenso für das Rayleigh Modell. Die Vorhersage der Empfangswahrscheinlichkeit für das Log-Normal Shadowing Modell wird nach Gleichung 2.42, für das Nakagami-m Modell nach Gleichung 2.48 und für das Rice Modell nach Gleichung 2.44 ermittelt. Bei bekannter mittlerer Empfangsleistung hat jedes der probabilistischen Modelle – Log-Normal Shadowing, Nakagami-m und Rice – genau einen Parameter, welcher die Streubreite der Empfangsleistung festlegt. Dieser Parameter wird im Folgenden auch als der Streuparameter des jeweiligen Kanalmodells bezeichnet. Die Streubreite des Rayleigh Modells ist nicht parametrisierbar.

Die mittlere Empfangsleistung der Modelle ist dabei jeweils durch das verallgemeinerte Free-Space Modell nach Gleichung 2.4 modelliert. Dabei wurden die konstanten unbekannten Parameter der Hardware, nämlich die Antennen Verstärkungsfaktoren G_t und G_r sowie der Systemverlustfaktor L zu einem kombinierten Faktor $L' := \frac{L}{G_t G_r}$ zusammengefasst, welcher im Folgenden als Dämpfung bezeichnet wird. Da $L > 1$ und $G_t, G_r > 0$ sind, gilt $L' > 0$. Die Dämpfung L' wird im Weiteren auch in Dezibel angegeben. Hier gilt entsprechend $-\infty\,dB < L' < \infty\,dB$.

Die Free-Space Formel hat damit die Form

$$P_{rx}^{FreeSpace}(d) = \frac{P_{tx}\lambda^2}{(4\pi)^2} \cdot \frac{1}{L'} \cdot \frac{1}{d^\alpha} \qquad (6.4)$$

mit den beiden unbekannten Parametern α und L'. Die Sendeleistung P_{tx} ist jeweils bekannt, die Wellenlänge λ ist durch die Trägerfrequenz von $2,4\,GHz$ auf den Wert $\lambda = 0,125\,m$ festgelegt.

Somit ergeben sich für jedes der drei probabilistischen Modelle drei Freiheitsgrade zur Parametrisierung, welche in Tabelle 6.2 aufgeführt sind. Die Dämpfung L' sowie der Pfadverlust-Exponent α gehen in das Free-Space Modell zur Berechnung der mittleren Leistung ein. Diese beiden Parameter sind allen drei probabilistischen Modellen gemeinsam. Darüber hinaus hat jedes der probabilistischen Modelle einen weiteren Parameter, den Streuparameter, welcher die Streubreite der Verteilung beeinflusst. Für Log-Normal Shadowing ist das die Streuung der Log-Normalverteilung σ. Der m-Parameter des Nakagami Modells geht als Parameter in die zugrunde liegende Gamma Verteilung ein. Der Rice'sche k-Faktor gibt das Verhältnis von ungestreutem zu gestreutem Signalanteil in Dezibel an.

Im Folgenden wird der Einfluss der variablen Parameter auf die Empfangswahrscheinlichkeit jeweils isoliert betrachtet. Der Einfluss der Parameter L' und α wird beispielhaft anhand des Log-Normal Shadowing Modells besprochen, die modellspezifischen Streuparameter σ, m und k anhand der jeweiligen Modelle.

Zur Diskussion des Verlaufs der Empfangswahrscheinlichkeit werden die Begriffe „mittlere Reichweite" und „Übergangsbereich" eingeführt: Die *mittlere Reichweite* ist die größte Distanz, bis zu welcher die Empfangswahrscheinlichkeit von 50 % nicht unterschritten wurde. Im Falle einer monoton fallenden Empfangswahrscheinlichkeit entspricht dies der Distanz, in der die Empfangswahrscheinlichkeit von 50 % erreicht wird. Der *Übergangsbereich* ist der Bereich zwischen dem ersten Unterschreiten der 80 %igen Empfangswahrscheinlichkeit und dem letzten Überschreiten der 20 %igen Empfangswahrscheinlichkeit. Bei monoton fallender Empfangswahrscheinlichkeit ist dies der Bereich zwischen 80 %iger und 20 %iger Empfangswahrscheinlichkeit. Die Schranken sind frei gewählt und dienen einzig dazu, eine einheitliche und wohldefinierte Vergleichsgrundlage zu schaffen.

6.2.3.1 Einfluss der Dämpfung L' und des Pfadverlust-Exponenten α auf die Empfangswahrscheinlichkeit

Abbildung 6.1(a) zeigt den Einfluss der Dämpfung auf die Empfangswahrscheinlichkeit in Abhängigkeit von der Distanz zwischen Sender und Empfänger. Dargestellt ist die Empfangswahrscheinlichkeit unter dem Log-Normal Shadowing Modell mit $\sigma = 3$, $\alpha = 3$ und einer Sendeleistung von $P_{tx} = 0\,dBm$. Die drei Kurven zeigen die Entwicklung unter einer Dämpfung von $L' = 0\,dB$, $L' = 9\,dB$ und $L' = 18\,dB$. Dieser Parameter wirkt sich dämpfend auf die Empfangsleistung aus, wodurch die Empfangswahrscheinlichkeit mit steigendem Parameter enorm sinkt. Eine größere Dämpfung L' senkt also die mittlere Reichweite. Weiter reduziert sich die Breite des Übergangsbereiches, in welchem die Empfangswahrscheinlichkeit am stärksten sinkt. Das maximale Gefälle der Kurve nimmt daher mit wachsendem L' zu. Je größer die Dämpfung L', desto geringer die erwartete mittlere Reichweite und desto steiler der Abfall der Empfangswahrscheinlichkeit.

Der Parameter α charakterisiert als Exponent des Pfadverlustes den mittleren Signalabfall in Abhängigkeit von der Distanz. Ähnlich der Dämpfung L' wirkt sich α sowohl auf die mittlere erwartete Reichweite als auch auf das maximale Gefälle der Kurve aus. Für $\alpha \in \{2{,}5; 3; 4\}$ und $P_{tx} = 0\,dBm$, $L' = 9\,dB$, $\sigma = 3$ ist dies in

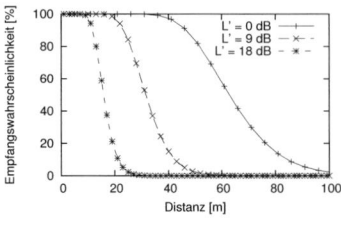
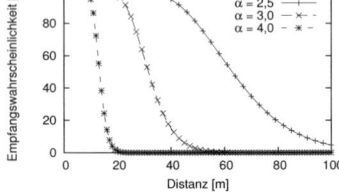

(a) Einfluss der Dämpfung   (b) Einfluss des Pfadverlust-Exponenten

Abbildung 6.1 (a) Einfluss der Dämpfung $L' \in \{0; 9; 18\}$ dB (bei $P_{tx} = 0\,dBm$, $\alpha = 3$, $\sigma = 3$) sowie (b) Einfluss des Pfadverlust-Exponenten $\alpha \in \{2,5; 3; 4\}$ (bei $P_{tx} = 0\,dBm$, $L' = 9$, $\sigma = 3$) auf die Empfangswahrscheinlichkeit.

Abbildung 6.1(b) dargestellt. Je größer α, desto geringer die mittlere Reichweite und desto steiler ist der Abfall der Kurve.

Bei der Betrachtung unterschiedlicher Sendeleistungen in Abbildung 6.2 wird der gemeinsame Einfluss von L' und α sichtbar. Je größer α und je kleiner L', desto steiler ist der Abfall der Graphen und desto „enger" liegen die Graphen der Empfangswahrscheinlichkeit für unterschiedliche Sendeleistungen beieinander. Als Abstandsmaß der Graphen wird hier der Unterschied der jeweils mittleren Reichweite herangezogen. Abbildung 6.2(a) veranschaulicht die Auswirkungen für die drei Sendeleistungen $P_{tx} \in \{0\,dBm; -5\,dBm; -10\,dBm\}$ bei der bereits bekannten Parametrisierung $L' = 0\,dB$, $\alpha = 3$, $\sigma = 3$. Abbildung 6.2(b) zeigt für dieselben drei Sendeleistungen eine alternative Parametrisierung $L' = 16{,}5\,dB$, $\alpha = 2$, $\sigma = 3$. Letztere wurde so gewählt, dass die beiden mittleren Kurven für $P_{tx} = -5\,dBm$ bei unterschiedlichem Wert des Pfadverlust-Exponenten dieselbe mittlere Reichweite aufweisen. Da der Einfluss der Dämpfung und des Pfadverlust-Exponenten betrachtet werden, blieb der Streuparameter des Modells dabei unverändert. Durch die gleichzeitige Anpassung von α und L' kann Einfluss auf den „Abstand" der Kurven genommen werden, welche unter verschiedenen Sendeleistungen beobachtet werden. Eine Verringerung der Dämpfung L' bei gleichzeitiger Vergrößerung des Pfadverlust-Exponenten α führt zu einer Reduktion des Abstandes der Kurven. Gleichzeitig wächst die Steilheit des Abfalls der Kurven.

6.2.3.2 Einfluss der Streuparameter σ, m, k auf die Empfangswahrscheinlichkeit

Die Streuparameter der Modelle machen sich anschaulich durch die maximale Steilheit des Abfalls der Empfangswahrscheinlichkeit bemerkbar. Je „breiter" die Empfangsleistung durch die modellierte Verteilung gestreut wird, desto flacher wird der Abfall der Empfangswahrscheinlichkeit. Für das Log-Normal Shadowing Modell

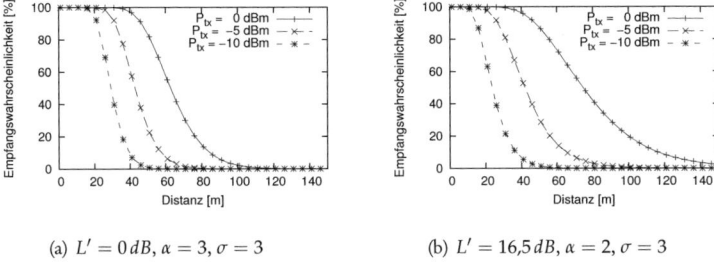

(a) $L' = 0\,dB$, $\alpha = 3$, $\sigma = 3$ (b) $L' = 16{,}5\,dB$, $\alpha = 2$, $\sigma = 3$

Abbildung 6.2 Gemeinsamer Einfluss von L' und α auf die Empfangswahrscheinlichkeit bei unterschiedlichen Sendeleistungen P_{tx}

und das Rice Modell ergeben große Werte für σ bzw. k eine breite Streuung der Empfangsleistung und damit einen flachen Abfall der Empfangswahrscheinlichkeit. Für das Nakagami-m Modell verbreitern kleinere Werte des Parameters m die Streuung der Empfangsleistung und führen so zu einem flacheren Abfall der Empfangswahrscheinlichkeit.

Abbildung 6.3 veranschaulicht diesen Sachverhalt für (a) das Log-Normal Shadowing Modell mit $\sigma \in \{1;3;9\}$,(b) das Nakagami-m Modell mit $m \in \{0,5;1;3;9\}$ und (c) das Rice Modell mit $k \in \{-100;10;50\}$ in Dezibel. Alle Empfangswahrscheinlichkeiten beziehen sich auf einen Sender mit Sendeleistung $P_{tx} = 0\,dBm$, einen Verlustfaktor von $L' = 6\,dB$ sowie einen Pfadverlust-Exponenten von $\alpha = 3$. Für das Log-Normal Shadowing Modell führt ein großer Wert des Streuparameters zu einem flachen Abfall der Empfangswahrscheinlichkeit. Für die Modelle Nakagami-m und Rice führt jeweils ein kleiner Wert des Streuparameters zu einem flachen Abfall.

6.2.3.3 Fazit

Tabelle 6.3 fasst den Einfluss einer Veränderung der variablen Parameter auf die Entwicklung der Empfangswahrscheinlichkeit zusammen. Die Parameter L' und α beeinflussen die mittlere Reichweite. Kleinere Werte führen zu größeren mittleren Reichweiten, während größere Werte der Parameter die mittlere Reichweite verringern. Damit einhergehend verändert sich auch die Breite des Übergangsbereiches. Bei kleinen mittleren Reichweiten ist tendenziell ein schmalerer Übergangsbereich und daher auch ein steilerer Abfall der Kurve zu beobachten, als bei großen mittleren Reichweiten.

Die gleichzeitige gemeinsame Veränderung beider Parameter L' und α führt dazu, dass die Kurven bei unterschiedlicher Sendeleistung enger beieinander bzw. weiter voneinander entfernt liegen. Eine Vergrößerung des Pfadverlust-Exponenten α führt bei gleichzeitiger Reduktion der Dämpfung L' zur Verkleinerung des Abstandes der zugehörigen Kurven.

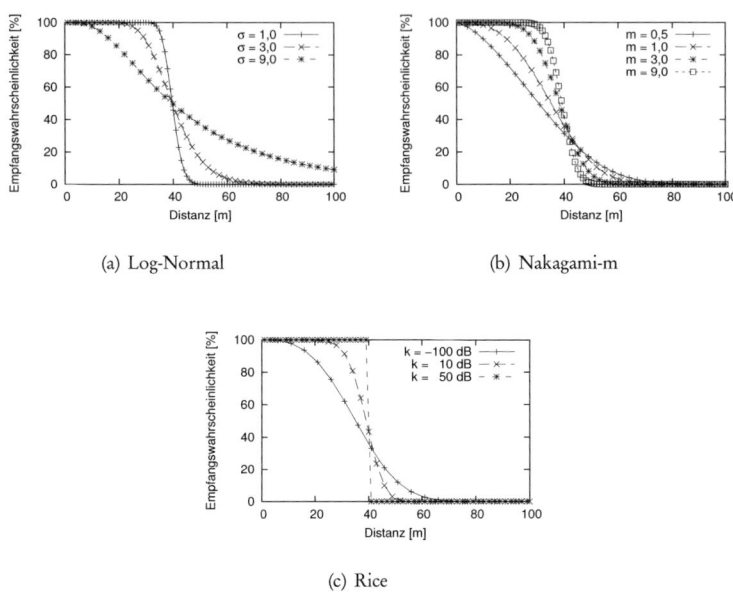

(a) Log-Normal

(b) Nakagami-m

(c) Rice

Abbildung 6.3 Auswirkung des jeweiligen Streuparameters der Verteilung des Log-Normal Shadowing Modells mit $\sigma \in \{1; 3; 9\}$, des Nakagami-m Modells mit $m \in \{0{,}5; 1; 3; 9\}$ sowie des Rice Modells mit $k \in \{-100dB; 10dB; 50dB\}$.

Parameter	Verkleinern des Wertes	Vergrößern des Wertes
L'	Größere mittlere Reichweite, breiterer Übergangsbereich	Kleinere mittlere Reichweite, schmalerer Übergangsbereich
α	Größere mittlere Reichweite, breiterer Übergangsbereich	Kleinere mittlere Reichweite, schmalerer Übergangsbereich
σ	Schmalerer Übergangsbereich	Breiterer Übergangsbereich
m	Breiterer Übergangsbereich	Schmalerer Übergangsbereich
k	Breiterer Übergangsbereich	Schmalerer Übergangsbereich

Tabelle 6.3 Einfluss der Veränderung eines Parameters auf die Entwicklung der Empfangswahrscheinlichkeit

Die Streuparameter beeinflussen die Breite des Übergangsbereiches und damit die Steilheit des Abfalls. Große Werte für σ und kleine Werte für m und k verbreitern den Übergangsbereich zwischen hoher und niedriger Empfangswahrscheinlichkeit und führen so zu einem flacheren Abfall der Kurve. Umgekehrt führen kleine Werte für σ und große Werte für m und k zu einem entsprechend schmaleren Übergangsbereich und damit zu einem steileren Abfall der Kurve. Der Einfluss der Streuparameter auf die mittlere Reichweite ist wesentlich geringer als der Einfluss der Parameter L' und α und wird daher in der Übersicht vernachlässigt.

6.3 Feldversuch zur Parametrisierung und Bewertung der Kanalmodelle

In diesem Abschnitt wird die Eignung der vorgestellten Kanalmodelle bewertet, den drahtlosen Kanal zwischen MICAz-Sensorsystemen in einem Freiland-Szenario zu modellieren. Dazu wird die in Abschnitt 6.2 vorgestellte Methode zur Parametrisierung der Kanalmodelle anhand der empirisch ermittelten Empfangsrate angewandt. Anhand der Güte der besten Übereinstimmung zwischen Modellvorhersage und Beobachtung wird schließlich die Eignung der untersuchten Modelle bewertet.

Zur Erhebung der Datenbasis wurde eine Reihe von Feldversuchen durchgeführt, welche im Folgenden vorgestellt werden. Daran anschließend werden die Auswertung der Datenbasis, die ermittelten Parametrisierungen sowie die Bewertung der Eignung der Kanalmodelle diskutiert.

6.3.1 Erhebung der Datenbasis

Die Empfangsrate wurde durch eine Reihe von Bernoulli-Experimenten, wie bereits in Abschnitt 6.2.2.2 diskutiert, ermittelt. Ein Sender überträgt eine zuvor festgelegte Anzahl von Dateneinheiten. Empfänger in unterschiedlichen Distanzen zum Sender zählen die korrekt empfangenen Dateneinheiten. Die empirische Empfangsrate für die jeweilige Distanz zwischen Sender und Empfänger ergibt sich direkt aus dem Quotient der Anzahl empfangener zu gesendeter Dateneinheiten (siehe Gleichung 6.2).

Die empirischen Daten wurden an mehreren Tagen in zwei unterschiedlichen Umgebungen erhoben. Dabei handelt es sich jeweils um freie Flächen ohne Hindernisse, d. h. zwischen Sender und Empfänger war jeweils eine direkte Sichtverbindung vorhanden. Einer der Messorte – im Folgenden kurz mit „Wald" bezeichnet – befand sich auf einer Grünfläche parallel zu einem geraden, ebenen Waldweg. Weg und Grünfläche zusammen boten eine Freifläche von etwa 12 Metern Breite und mehreren hundert Metern Länge. Die Messungen wurden etwa in der Mitte der Fläche vorgenommen, also mit jeweils gleichem Abstand zu den nächsten Bäumen. Diese Fläche war von einem dichten Wald umgeben, welcher als weitgehende Abschirmung gegenüber Störeinflüssen des in urbanen Gebieten intensiv genutzten ISM-Bandes diente. Mit Hilfe eines Spektrum Analyzers, welcher auf dem Texas Instruments CC2500-Transceiver [112] basiert, konnte im ISM-Band keine Aktivität festgestellt

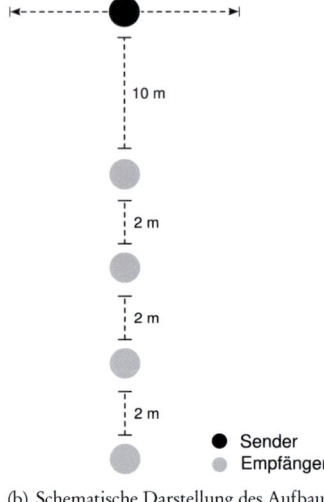

(a) Aufbau am Messort Wiese   (b) Schematische Darstellung des Aufbaus

Abbildung 6.4 Aufbau der Experimente zur Erhebung der Datenbasis

werden. Neben dem abschirmenden Effekt führte die Nähe zu den Bäumen auch zu Reflexionen des Sender-Signals und daher zu Mehrwegeausbreitung.

Eine zweite, im Folgenden mit *„Wiese"* bezeichnete Freifläche hatte eine Länge von über 270 Metern und eine Breite von ca. 20 Metern. Seitlich ist die Fläche durch einen lichten Wald begrenzt. Durch den größeren Abstand des Messaufbaus zu den nächsten Bäumen und der lichteren Bewaldung sind an diesem Ort weniger Reflexionen zu erwarten. Abbildung 6.4(a) zeigt ein Foto des Aufbaus an diesem Messort.

Zur Erhebung der Daten kamen MICAz-Sensorsysteme [29] zum Einsatz, welche „out of the box", also ohne Veränderungen der Antenne oder Ähnlichem, verwendet wurden. Die Systeme verwenden einen Chipcon CC2420 Transceiver-Chip [25] von Texas Instruments, welcher den IEEE 802.15.4 Standard [52] als Bitübertragungs- und Sicherungsschicht implementiert. Angesteuert wird der Transceiver von einem Atmel ATmega128L [7] Microcontroller unter TinyOS [113], einem Betriebssystem für WSANs.

Im Folgenden wird auf den Aufbau der Experimente, die Ergebnisse der Voruntersuchungen und die Durchführung der Datenerhebung genauer eingegangen. Die Systeme wurden wie in Abbildung 6.4(b) skizziert angeordnet. Die Empfänger wurden entlang einer geraden Linie im Abstand von jeweils zwei Metern platziert. In Verlängerung dieser Linie befand sich der Sender. Sender und Empfänger befanden sich auf etwa derselben Höhe, ca. 0,4 m über dem Boden. Der Abstand zwischen Sender und Empfängern wurde so eingerichtet, dass der nächstgelegene Empfänger

Parameter	Wert
Anzahl Empfänger	25 und 36
Abstand zwischen Sender und erstem Empfänger	10 m
Abstand zweier benachbarter Empfänger	2 m
Höhe der Empfänger über dem Boden	40 cm
Dateneinheiten pro Experiment	10 000
Verzögerung zwischen zwei Sendevorgängen	15 ms
Sendeleistung	0 dBm, -5 dBm und -10 dBm

Tabelle 6.4 Randbedingungen der Experimente

bei der geringsten untersuchten Sendeleistung von $P_{tx} = -10\,dBm$ alle Dateneinheiten korrekt empfangen konnte. Die Voruntersuchungen ergaben hier eine Entfernung von zehn Metern. Zu Beginn der Untersuchungen standen 25 Systeme, ab dem dritten Tag der Datenerhebung 36 Systeme als Empfänger zur Verfügung. So konnte zunächst der Abfall der Empfangsrate bis in einer Entfernung von 58 m erfasst werden. Nach Erweiterung des Aufbaus auf 36 Empfänger betrug die Distanz zum entferntesten Empfänger 80 m. Durch diese Erweiterung des Aufbaus konnte auch bei der größten untersuchten Sendeleistung von $P_{tx} = 0\,dBm$ der gesamte Abfall der Empfangsrate bis auf null Prozent beobachtet werden.

Die Voruntersuchungen zeigten insbesondere, dass innerhalb eines kurzen Zeitraums wiederholte Sendevorgänge von einem unbewegten Sender – also aus exakt derselben Position – statistisch nicht unabhängig sind. Eine kleine Veränderung der Position des Senders führt zu einer wesentlichen Veränderung der beobachteten Empfangsrate. Die Beobachtung lässt sich durch Small-Scale-Fading (vgl. Abschnitt 2.4.1) aufgrund von Interferenzen und Mehrwegausbreitung erklären, welche sich aufgrund der geringen Wellenlänge des Senders ($\lambda = 0{,}125\,m$) schon bei kleinen Positionsänderungen dramatisch verändern. Die aus unterschiedlichen Sender-Positionen beobachteten Empfangsereignisse können daher als statistisch unabhängig betrachtet werden. Daher wurde der Sender während des Sendens mit langsamer, gleichmäßiger Geschwindigkeit von etwa 0,3 m/s orthogonal zur Linie der Empfänger bewegt. Der maximale Abstand des Senders zur Linie der Empfänger betrug ca. zwei Meter. In [93, Kapitel 3.1] wird die Effektivität der Vorgehensweise bestätigt. Danach wird die empfangene Leistung zur Elimination von Small-Scale-Fading Effekten durch Mittelung mehrerer Einzelmessungen bestimmt. Diese werden typischerweise über eine Strecke der Länge zwischen 5λ und 40λ aufgezeichnet. Mit $\lambda = 0{,}125$ Metern ergibt sich eine für das 2,4 GHz ISM-Band vorgeschlagene Strecke von 0,626 m bis 5 m. Die hier gewählte Bewegung der Position des Senders um insgesamt bis zu vier Metern liegt innerhalb des vorgeschlagenen Intervalls.

Während der Voruntersuchungen wurden weiterhin die Anzahl übertragener Dateneinheiten, die Verzögerung zwischen den Dateneinheiten sowie die Abstufung der untersuchten Sendeleistungen festgelegt. Tabelle 6.4 fasst die Parametrisierung der Experimente zusammen. Ein *Experiment* bestand aus der Untersuchung der drei unterschiedlichen Sendeleistungen $P_{tx} = 0\,dBm, -5\,dBm$ und $-10\,dBm$. Für jede Sendeleistung wurde eine Folge von 10 000 Dateneinheiten in einem zeitlichen Abstand von jeweils 15 ms übertragen. Die Dateneinheit wurde im Broadcast-Modus

Datensatz	Anzahl Empfänger	Gesamtzahl Experimente
Wald 1	25	30
Wald 2	25	20
Wald 3	36	36
Wald 4	36	36
Wald 5	36	36
Wiese 1	36	29
Wiese 2	36	36
Wiese 3	36	38

Tabelle 6.5 Ort der Messung sowie Anzahl der Empfänger und Experimente für die verschiedenen Tage der Datenerhebung

des Transceivers übertragen, um Bestätigungsnachrichten der Empfänger zu vermeiden. Die Empfänger zählten die korrekt empfangenen Dateneinheiten und teilten diese am Ende eines Experiments einer Basisstation mit, welche die Messdaten zur Speicherung an einen Laptop übergab. Die Übertragung der Ergebnisse an die Basisstation erfolgte jeweils nach dem Ablauf eines vollständigen Experiments. Etwaige Übertragungsfehler beim Einsammeln der Ergebnisse konnten durch Wiederholung der Übertragung ausgeglichen werden. Die Funktion der Basisstation wurde vom Sender übernommen, welcher die Durchführung der Experimente koordinierte und die einzelnen Messergebnisse entgegennahm.

Die Länge der übertragenen Nutzdaten wurde auf das Minimum von 1 Byte festgelegt. Dies verringert die Wahrscheinlichkeit, dass der Transceiver eine eigentlich bereits empfangene Dateneinheit aufgrund von Bit- und Paketfehlern verwirft. Inklusive aller Paketköpfe, welche durch TinyOS und dem Transceiver hinzugefügt wurden, erreichte die Dateneinheit auf dem Medium eine Gesamtlänge von 19 Byte[24].

Die Durchführung eines einzelnen Experiments – ohne Übertragung der Ergebnisse an die Basisstation – dauerte 7,5 Minuten[25]. An einem Tag konnten so bis zu 38 Experimente durchgeführt werden. Die Datenerhebung musste daher an mehreren Tagen vorgenommen werden. Im Folgenden werden jeweils alle Experimente eines Tages als ein Datensatz bezeichnet. Die Zuordnung von Datensatz, Messort und Anzahl der durchgeführten Experimente ist Tabelle 6.5 zu entnehmen. Am Messort „Wald" konnten 5 Datensätze, bestehend aus insgesamt 158 einzelnen Experimenten aufgezeichnet werden. Davon wurden die Experimente der ersten beiden Datensätze mit 25 Empfängern, alle weiteren mit 36 Empfängern durchgeführt. Vom Messort „Wiese" sind 3 Datensätze mit insgesamt 103 einzelnen Experimenten verfügbar. Hier wurden alle Datensätze mit 36 Empfängern erhoben.

---

[24]Phy: 4 Byte Preambel, 1 Byte Start of Frame Delimiter, 1 Byte Frame Length Field. Mac: 2 Byte Frame Control Field, 1 Byte Data Sequence Number, 6 Byte Address Information (je 2 Byte DestPan, Destination, Source), 2 Byte Frame Check Sequence. TinyOS: 1 Byte AM-Type, 1 Byte Payload

[25]Übertragung von 10 000 Dateneinheiten mit jeweils 15 ms Verzögerung bei 3 Sendeleistungen.

6.3.2 Ergebnisse der empirischen Datenerhebung

Die Messungen ergaben empirische Werte der Empfangsrate in Abhängigkeit der Sendeleistung und der Distanz zwischen Sender und Empfänger. Es wurden drei Sendeleistungen und Entfernungen bis zu 80 m zum Sender untersucht. Für jeden Tag der Datenerhebung liegt die empirische Empfangsrate für jede Distanz und Sendeleistung aus 20 – 38 Experimenten vor (vgl. Tabelle 6.5). Durch Mittelwertbildung aller Experimente eines Tages wurde für jedes Tupel aus Empfangsrate, Distanz und Sendeleistung die *mittlere empirische Empfangsrate* gebildet. Diese Werte bilden die Grundlage des Vergleichs mit den Vorhersagen der Kanalmodelle und dienen daher als Referenz für das Verhalten eines realen Kanals.

Die mit Hilfe der Kanalmodelle modellierte Empfangswahrscheinlichkeit entspricht der erwarteten Empfangsrate, welche im Mittel über viele Experimente zu erwarten ist. Daher ist zur Mittelung der Experimente das arithmetische Mittel dem Median vorzuziehen, da der Median die Streuung der beobachteten Werte verbirgt. Ein Beispiel verdeutlicht dies: Sei {100 %, 100 %, 100 %, 80 %, 60 %} die geordnete Reihe der empirischen Empfangsraten welche in fünf Experimenten durch einen Empfänger in einer festen Distanz beobachtet wurden. Der Median beträgt hier 100 % und suggeriert die Beobachtung einer perfekten Verbindung. Das arithmetische Mittel der Werte beträgt hier 88 % und bringt damit zum Ausdruck, dass der beobachtete Verbindung nicht perfekt ist.

Die Graphen der mittleren empirischen Empfangsraten der Datensätze Wald 1 – 5 und Wiese 1 – 3 sowie deren 90 % Konfidenzintervalle sind in den Abbildungen 6.5(a) bis 6.5(h) dargestellt. In jeder der Abbildungen ist die Entwicklung der Empfangsrate mit zunehmender Entfernung zwischen Sender und Empfänger dargestellt. Die drei Graphen zeigen jeweils die Ergebnisse der drei untersuchten Sendeleistungen 0 dBm, -5 dBm und -10 dBm.

In allen Graphen nimmt die mittlere empirische Empfangsrate mit steigender Entfernung zwischen Sender und Empfänger tendenziell ab. In jeder Entfernung führten größere Sendeleistungen zu größeren mittleren Empfangsraten. Die höchsten Empfangsraten werden jeweils von den drei dem Sender am nächsten gelegenen Empfängern beobachtet. Im überwiegenden Teil der Fälle wird hier das Maximum von 100 % erreicht. Bis auf zwei Ausnahmen konnte der Abfall der Empfangsrate auf 0 % beobachtet werden. Je nach Sendeleistung wird dieser Wert in unterschiedlichen Entfernungen erreicht. Bei $P_{tx} = -10\,dBm$ fällt die mittlere empirische Empfangsrate zwischen 28 m und 38 m auf 0 %; für die Sendeleistung $P_{tx} = 0\,dBm$ ist dies erst zwischen 68 m und 80 m der Fall. Da bei der Erhebung der Datensätze Wald 1 und Wald 2 nur 25 Empfänger zur Verfügung standen, konnte hier die Empfangsrate nur bis in eine Entfernung von 58 m zum Sender beobachtet werden. Die beobachtete Empfangsrate für die Sendeleistung $P_{tx} = 0\,dBm$ fällt in diesen Datensätzen daher nicht unter 20 % ab. Da in diesen beiden Datensätzen der Abfall der Empfangsrate für die Sendeleistungen $P_{tx} = -5\,dBm$ und $P_{tx} = -10\,dBm$ vollständig und für die Sendeleistung $P_{tx} = 0\,dBm$ zumindest größtenteils beobachtbar war, werden die beiden Datensätze im Folgenden ebenfalls betrachtet.

Der Abfall der mittleren empirischen Empfangsrate verläuft jedoch nicht wie erwartet streng monoton fallend. Ein solches Verhalten wäre nur mit idealer Hardware

175

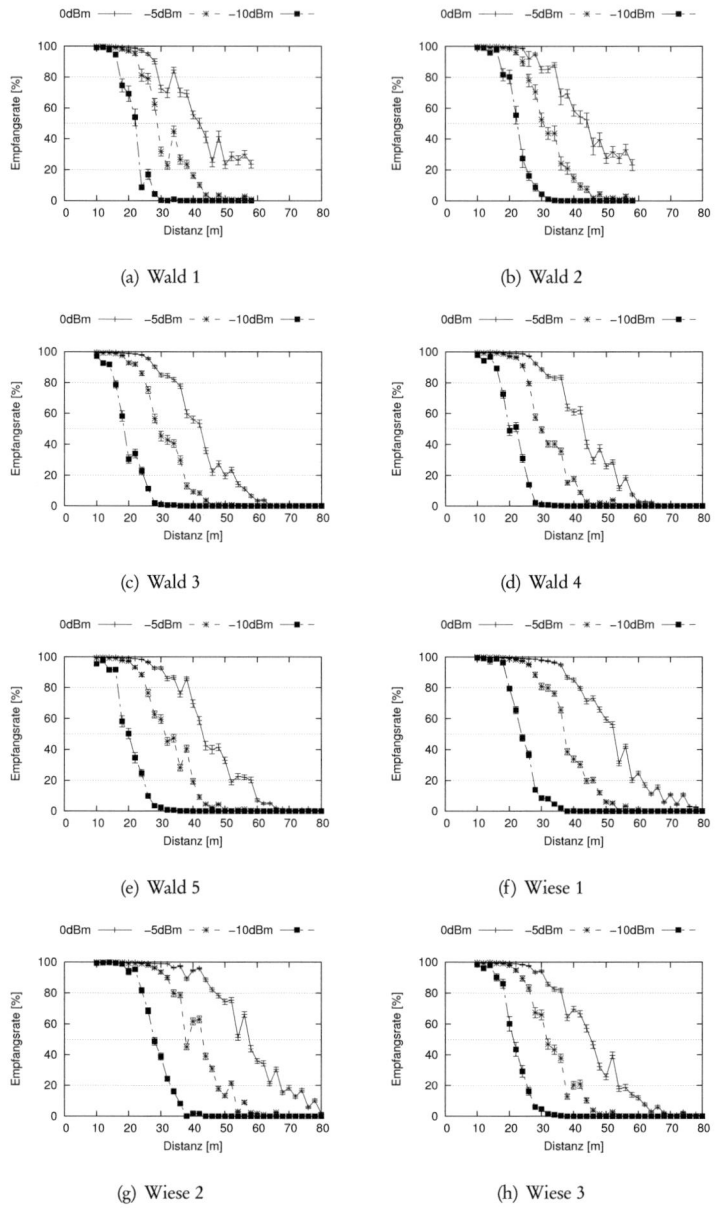

Abbildung 6.5 Empfangsraten der Feldmessung

unter vollständig statischen Bedingungen erreichbar. In einem realen Setup führen kleine Unterschiede der Hardware sowie Einflüsse der Umgebung zu Abweichungen vom idealen Verhalten. An einigen Stellen ist beobachtbar, dass bei unveränderter Sendeleistung ein weiter entferntes System eine größere Empfangsrate als ein nahes System aufweist. So nimmt die beobachtete mittlere Empfangsrate beispielsweise im Datensatz Wald 1 (vgl. Abb. 6.5(a)) für die Sendeleistung $P_{tx} = -5\,dBm$ von 23 % bei 32 m auf 45 % bei 34 m um 13 % zu. Statt einer Zunahme der beobachteten Empfangsrate wäre ihre Abnahme zu erwarten gewesen. Dieses Verhalten ist in jedem der Experimente dieses Datensatzes sowie für die Sendeleistungen $P_{tx} = -5\,dBm$ und $P_{tx} = 0\,dBm$ zu beobachten. Dieses Phänomen kann beispielsweise durch Fertigungsungenauigkeiten der Hardware, unterschiedliche Dämpfung der Steckkontakte der Antennen oder beispielsweise deren individuelle Ausrichtungen erklärt werden.

Um die Beobachtungen der unterschiedlichen Tage miteinander vergleichen und diskutieren zu können wurden Datensätze in Tabelle 6.6 auf wenige Maßzahlen reduziert. Diese sind, analog zu den Definitionen aus Abschnitt 6.2.3, der Beginn und das Ende des Übergangsbereiches sowie die mittlere Reichweite. Die Maßzahlen sind für jeden Datensatz und jede darin enthaltene Sendeleistung angegeben. Der Beginn des Übergangsbereiches bezeichnet die Entfernung, bis zu welcher eine mittlere Empfangsrate von mindestens 80 % nicht unterschritten wurde. Er ist in der Tabelle durch das Symbol „> 80 %" kenntlich gemacht. Der Bereich bis zum Beginn des Übergangsbereiches wird im Folgenden kurz als Bereich mit *gutem Kanal* bezeichnet. Ein guter Kanal setzt damit den Empfang eines überwiegenden Anteils (von mindestens 80 %) der Dateneinheiten voraus. Weiter ist die Distanz angegeben, bis zu welcher eine Empfangsrate größer 50 % beobachtet wurde. Diese Distanz wird im Folgenden auch als mittlere Reichweite bezeichnet. In der Tabelle ist sie mit dem Symbol „> 50 %" bezeichnet. Die dritte angegebene Distanz, welche in der Tabelle durch „< 20 %" bezeichnet ist, markiert das Ende des Übergangsbereiches. Dies ist die Entfernung, ab der eine Empfangsrate von höchstens 20 % nicht mehr überschritten wurde. Alle größeren Entfernungen werden im Folgenden als Bereich mit *schlechtem Kanal* bezeichnet, da dort eine sinnvolle Kommunikation kaum noch möglich ist.

Ein guter Kanal wurde jeweils im nahen Umfeld des Senders festgestellt. Hier wurde der überwiegende Anteil der Dateneinheiten empfangen. In den Datensätzen Wald 1 – 5 ist dieser für eine Sendeleistung von $P_{tx} = 0\,dBm$ bis zu einer Entfernung zwischen 28 m und 36 m, für $P_{tx} = -10\,dBm$ bis zu einer Entfernung zwischen 14 m und 20 m zu beobachten. In den Datensätzen Wiese 1 – 3 liegt der Bereich in dem ein guter Kanal festgestellt wurde für die Sendeleistungen $P_{tx} = 0\,dBm$ zwischen 36 m und 46 m, für $P_{tx} = -10\,dBm$ zwischen 18 m und 24 m. Am Messort Wiese erstreckt sich dieser Bereich für $P_{tx} = 0\,dBm$ im Mittel 7,4 m weiter als am Messort Wald; für $P_{tx} = -10\,dBm$ beträgt die Differenz 3,6 m.

---

[26]Die Datensätze Wald 1 und Wald 2 wurde mit 25 Empfängern aufgenommen, weshalb die Unterschreitung der 20 % Marke für die Sendeleistung $P_{tx} = 0\,dBm$ außerhalb des Messbereiches lag (vgl. Abb. 6.5(a) und 6.5(b)).

Datensatz	$P_{tx} = 0\,dBm$			$P_{tx} = -5\,dBm$			$P_{tx} = -10\,dBm$		
	> 80 %	> 50 %	< 20 %	> 80 %	> 50 %	< 20 %	> 80 %	> 50 %	< 20 %
Wald 1	28 m	42 m	> 58 m[26]	24 m	28 m	40 m	16 m	22 m	24 m
Wald 2	34 m	44 m	> 58 m	24 m	30 m	40 m	20 m	22 m	26 m
Wald 3	34 m	42 m	54 m	24 m	28 m	38 m	14 m	18 m	26 m
Wald 4	36 m	42 m	54 m	24 m	30 m	38 m	16 m	18 m	26 m
Wald 5	34 m	42 m	60 m	24 m	28 m	40 m	16 m	20 m	26 m
Wald ⌀	33,2 m	42,4 m	> 56,8 m	24,0 m	28,8 m	39,2 m	16,4 m	20,0 m	25,6 m
Wiese 1	40 m	52 m	62 m	30 m	36 m	48 m	18 m	22 m	28 m
Wiese 2	46 m	56 m	68 m	32 m	36 m	54 m	24 m	26 m	34 m
Wiese 3	36 m	44 m	54 m	26 m	30 m	44 m	18 m	20 m	26 m
Wiese ⌀	40,6 m	50,7 m	61,3 m	29,3 m	34,0 m	48,6 m	20,0 m	22,6 m	29,3 m

Tabelle 6.6 Distanz bis zu welcher mindestens 80 % bzw. ab welcher höchstens 20 % Empfangsrate beobachtet wurde.

Ein schlechter Kanal, mit einer Empfangsrate kleiner 20 %, ist am Messort Wald für die Sendeleistung $P_{tx} = 0\,dBm$ ab einer Entfernung von 54 m zu beobachten, für $P_{tx} = -10\,dBm$ ab einer Entfernung von 24 m. Am Messort Wiese beginnt der Bereich für $P_{tx} = 0\,dBm$ ebenfalls bei 54 m, für $P_{tx} = -10\,dBm$ bei 26 m. Im Mittel ist am Messort Wald für $P_{tx} = 0\,dBm$ ein schlechter Kanal ab 56,8 m, für $P_{tx} = -10\,dBm$ ab 25,6 m zu beobachten. Für den Messort Wiese liegen die entsprechenden Werte bei 61,3 m für $P_{tx} = 0\,dBm$ bzw. bei 29,3 m für $P_{tx} = -10\,dBm$. Der Übergang zu einem schlechten Kanal ist damit am Messort Wiese in größerer Entfernung als am Messort Wald zu beobachten.

Dazwischen befindet sich ein Übergangsbereich, in dem die Übertragung von Dateneinheiten mit einer Verlustwahrscheinlichkeit zwischen 20 % und 80 % behaftet ist. Die Breite des Übergangsbereichs unterscheidet sich dabei stark für die unterschiedlichen Sendeleistungen. In allen Datensätzen wird der breiteste Übergangsbereich für die größte Sendeleistung von $P_{tx} = 0\,dBm$ beobachtet. Dieser liegt bei den Datensätzen Wald 1 – 5 zwischen 18 m und 30 m in den Datensätzen Wiese 1 – 3 zwischen 18 m und 22 m. Die kleinste Sendeleistung von $P_{tx} = -10\,dBm$ zeigt jeweils den schmalsten Übergangsbereich. Für die Datensätze Wald 1 – 5 liegt hier der Übergangsbereich zwischen 6 m und 12 m, für die Datensätze Wiese 1 – 3 zwischen 8 m und 10 m.

Die durchschnittliche Breite des Übergangsbereichs beträgt am Messort Wiese für $P_{tx} = 0\,dBm$ 23,6 m und ist damit um 2,9 m schmaler als am Messort Wald. Für $P_{tx} = -10\,dBm$ beträgt der Unterschied lediglich 0,1 m. Hier ist der am Messort Wiese beobachtete Übergangsbereich größer als der am Messort Wald beobachtete.

Die Datensätze Wald 1 – 5 weisen für alle Sendeleistungen eine vergleichbare mittlere Reichweite auf. Für die Sendeleistung $P_{tx} = 0\,dBm$ liegt diese im Mittel bei 42,4 m, für $P_{tx} = -10\,dBm$ liegt sie im Mittel bei 20,0 m. Die Schwankung der mittleren Reichweite ist in diesen Datensätzen mit maximal 2 m bei $P_{tx} = 0\,dBm$ und maximal 4 m bei $P_{tx} = -10\,dBm$ gering. In den Datensätzen Wiese 1 – 3 ist die beobachtete mittlere Reichweite zwischen 13 % und 19,5 % höher. Für die Sendeleistung $P_{tx} = 0\,dBm$ liegt sie im Mittel bei 50,7 m, für $P_{tx} = -10\,dBm$ liegt sie im Mittel bei 22,6 m. Die Schwankung der mittleren Reichweite der Datensätze Wiese

1 – 3 ist mit 10 m bei $P_{tx} = 0\,dBm$ und 6 m bei $P_{tx} = -10\,dBm$ jeweils größer als die in den Datensätzen Wald 1 – 5 festgestellte Schwankung.

Auch in großen Entfernungen wurden sporadisch Dateneinheiten erfolgreich empfangen. Dies ist beispielsweise im Datensatz Wiese 1 (vgl. Abb. 6.5(f)) für die Sendeleistung $P_{tx} = 0\,dBm$ deutlich zu sehen. Dort werden in einer Distanz von 70 m und mehr von zwei Empfängern noch etwa 10 % der Dateneinheiten erfolgreich empfangen. Für alle Datensätze kann festgestellt werden, dass im untersuchten Bereich keine Distanz angegeben werden kann, ab der der Empfang von Dateneinheiten sicher ausgeschlossen werden kann.

Obwohl zwischen den einzelnen Messtagen große Schwankungen bezüglich der Lage und der Breite des Übergangsbereichs festzustellen sind, lässt sich eine Tendenz für die beiden Messorte ableiten. Für den Messort Wald ist der Bereich, in welchem ein guter Kanal zu beobachten ist, im Mittel kleiner als beim Messort Wiese. Ebenfalls ist die Definition eines schlechten Kanals im Mittel in geringerer Distanz zum Sender erfüllt. Damit liegt der gesamte Übergangsbereich näher beim Sender. Weiter ist an diesem Messort ein breiterer Übergangsbereich festzustellen. Der breitere Übergangsbereich lässt auf eine stärkere Streuung des Kanals schließen. Der im Mittel schmalere Übergangsbereich am Messort Wiese lässt auf eine weniger stark ausgeprägte Streuung des Kanals schließen. Durch die größere mittlere Reichweite und die geringere Streuung kann der Kanal am Messort Wiese insgesamt als qualitativ besser bezeichnet werden. Eine mögliche Ursache hierfür kann der am Messort Wiese größere Abstand der Systeme zu den nächsten reflektierenden Hindernissen, in diesem Fall zu den Bäumen, sein.

6.3.3 Abgleich zwischen Modellvorhersage und empirischer Empfangsrate

Wie in Kapitel 2.5 erläutert, folgt die Empfangswahrscheinlichkeit unter deterministischen Kanalmodellen einer Rechteckfunktion, welche in einer kritischen Entfernung zum Sender instantan von 100 % auf 0 % abfällt. Der charakteristische Übergangsbereich der beobachteten empirischen Empfangsrate, welcher durch die Streuung der Empfangsleistung durch den Kanal verursacht ist, wird von diesen Modellen vernachlässigt. Dieser Übergangsbereich ist in den empirischen Datensätzen deutlich ausgeprägt und erstreckt sich dort über einen Bereich von bis zu 30 m. Daher ist offensichtlich, dass die beiden deterministischen Modelle Free-Space und Two-Ray-Ground nicht in der Lage sind, den beobachteten Verlauf der empirischen Empfangsrate angemessen zu modellieren. Auf eine weitere Untersuchung der deterministischen Modelle wird daher verzichtet.

Zur Durchführung des Abgleichs zwischen empirischer Empfangsrate und Modellvorhersagen wurde der in Tabelle 6.7 aufgeführte Parameterraum abgetastet. Für jeden Punkt des Raumes wurde der Fehler E zwischen Modellvorhersage und Beobachtung nach Gleichung 6.3 berechnet. Die in Tabelle 6.1 aufgeführten Wertebereiche dienten als Anhaltspunkt zur Beschränkung des untersuchten Parameterraums. Die Schrittweite der Abtastung wurde so angepasst, dass jeder untersuchte Wertebereich in 100 Werte eingeteilt wurde. Ergebnis des Abgleichs ist eine Bewertung des

Parameter	Wertebereich	Schrittweite
Dämpfung L'	0,1 – 10	0,10
Pfadverlust-Exponent α	2 – 7	0,05
Log-Normal Shadowing σ	1 – 6	0,05
Nakagami m Parameter	1 – 3	0,02
Rice'scher k Faktor [dB]	-5 – 15	0,20

Tabelle 6.7 Untersuchter Wertebereiche der Parameter

mittleren quadratischen Fehlers E für jeden Punkt des jeweiligen Parameterraums für jedes untersuchte Kanalmodell und jeden der acht empirischen Datensätze. Die Untersuchung wurde für die probabilistischen Kanalmodelle Rayleigh, Log-Normal Shadowing, Nakagami-m und Rice vorgenommen.

Die Bewertung des gesamten Parameterraums erlaubt einen Einblick in die relative Lage der besten Parametersätze innerhalb des Parameterraums. Sie deckt die Sensibilität der Modelle gegenüber schlecht gewählter Parametrisierung auf und lässt eine Abschätzung ihrer Auswirkungen zu. Insbesondere wird der Einfluss der Parameter auf die resultierenden mittleren quadratischen Fehler E ersichtlich. Weiter ist die Vorgehensweise robust gegenüber lokalen Extrema der Bewertungsfunktion.

Die beste Parametrisierung für jedes Modell hätte alternativ auch durch ein Gradientenabstiegsverfahren (wie beispielsweise das Newton-Verfahren [14, Kap. 19.1.1.2] oder ein Quasi-Newton-Verfahren wie die BFGS-Methode [80, Kap. 8.1]) gefunden werden können. Da hier nicht nur die Parametrisierung sondern in gleichem Maße die Exploration des Parameterraums im Fokus stand, wurde der Abtastung eines beschränkten Parameterraums der Vorzug gegeben.

6.3.4 Parametrisierung und Bewertung der Kanalmodelle

Die Tabellen 6.8–6.11 zeigen die Werte der am besten bewerteten Parametrisierungen sowie in Klammern die Grenzen der Intervalle in welchen die jeweils 50 besten Parametrisierungen der drei Modelle für alle Datensätze liegen. Daneben sind die zugehörigen Werte und Intervalle des mittleren quadratischen Fehlers E angegeben. Der Fehler der besten Parametrisierungen kann als Maß dafür angesehen werden, wie gut die empirischen Daten durch die Kanalmodelle approximiert werden konnten.

Für alle vier Modelle konnten Parametrisierungen gefunden werden, welche zu einem mittleren quadratischen Fehler $E \leq 0{,}0065$ führen. Alle vier Modelle konnten am Messort Wald den Datensatz Wald 4 und am Messort Wiese den Datensatz Wiese 3 mit dem geringsten Fehler approximieren. Der Fehlerwert E liegt für diese Datensätze unter Verwendung des Rayleigh Modells im Bereich $0{,}0032 \leq E \leq 0{,}0035$. Unter Verwendung des Log-Normal Shadowing, Nakagami-m und Rice Modells liegt der Fehler für dieselben Datensätze im Bereich $0{,}0013 \leq E \leq 0{,}0015$. Für den Datensatz Wald 1 zeigen alle vier Modelle die jeweils größte Abweichung mit einem Fehler im Bereich $0{,}0048 \leq E \leq 0{,}0065$. Das Log-Normal Shadowing Modell zeigt durchgehend für alle Datensätze den jeweils besten Fehlerwert. Für fünf der acht Datensätze (Wald 4, Wald 5, Wiese 1 – 3) erreicht das Nakagami-m Modell

Datensatz	L'	α	E
Wald 1	0,30 [0,10–2,90]	3,55 [2,90–3,90]	0,0065 [0,0065–0,0091]
Wald 2	0,30 [0,10–2,70]	3,50 [2,90–3,85]	0,0048 [0,0048–0,0080]
Wald 3	0,40 [0,10–2,90]	3,50 [2,95–3,90]	0,0033 [0,0033–0,0049]
Wald 4	0,20 [0,10–2,60]	3,65 [2,95–3,90]	0,0032 [0,0032–0,0059]
Wald 5	0,40 [0,10–3,00]	3,45 [2,90–3,85]	0,0042 [0,0042–0,0057]
Wiese 1	0,20 [0,10–2,60]	3,50 [2,80–3,75]	0,0060 [0,0060–0,0099]
Wiese 2	0,10 [0,10–2,30]	3,55 [2,75–3,65]	0,0064 [0,0064–0,0131]
Wiese 3	0,30 [0,10–2,70]	3,50 [2,90–3,85]	0,0035 [0,0035–0,0060]

Tabelle 6.8 Die besten Parametrisierungen des Rayleigh Modells und zugehörige Fehler E für sämtliche Datensätze.

Datensatz	σ	L'	α	E
Wald 1	3,85 [3,45–4,10]	0,90 [0,90–1,80]	3,35 [3,15–3,35]	0,0048 [0,0048–0,0049]
Wald 2	3,60 [3,20–3,90]	0,80 [0,80–1,60]	3,35 [3,15–3,35]	0,0023 [0,0023–0,0025]
Wald 3	3,25 [3,00–3,50]	2,80 [2,00–4,00]	3,05 [2,95–3,15]	0,0015 [0,0015–0,0016]
Wald 4	3,30 [3,00–3,50]	1,20 [1,00–2,10]	3,25 [3,10–3,30]	0,0013 [0,0013–0,0014]
Wald 5	3,15 [2,95–3,40]	3,30 [2,80–4,80]	2,95 [2,85–3,00]	0,0018 [0,0018–0,0018]
Wiese 1	2,85 [2,50–3,10]	1,20 [1,00–2,10]	3,10 [2,95–3,15]	0,0017 [0,0017–0,0018]
Wiese 2	2,90 [2,50–3,30]	0,40 [0,40–0,80]	3,30 [3,10–3,30]	0,0018 [0,0018–0,0021]
Wiese 3	3,25 [2,95–3,50]	1,30 [1,10–?,20]	3,20 [3,05–3,25]	0,0013 [0,0013–0,0013]

Tabelle 6.9 Die besten Parametrisierungen des Log-Normal Shadowing Modells und zugehörige Fehler E für sämtliche Datenzsätze.

den selben Fehlerwert wie Log-Normal Shadowing. Die besten Parametrisierungen des Rice Modells führen durchgehend zu einem geringfügig größeren Fehlerwert als die besten Parametrisierungen des Log-Normal Shadowing und des Nakagami-m Modells. Das Rayleigh Modell zeigt auf allen Datensätzen den größten Fehler.

Die Tendenz, dass das Rayleigh Modell auf allen Datensätzen zu einem größeren Fehler als die Modelle Nakagami-m und Rice führt, ist auch direkt anhand der Ergebnisse des Nakagami-m bzw. anhand der Ergebnisse des Rice Modells ableitbar. Das Rayleigh-Modell entspricht dem Nakagami-m Modell für $m = 1$ bzw. dem Rice-Modell mit $k = -\infty$. Der untersuchte Parameterraum des Nakagami-m Modells schließt den Wert $m = 1$ ein, weshalb durch die Ergebnisse dieser Modelle auch eine Bewertung des Rayleigh Modells möglich ist. Die besten Parametrisierungen des Nakagami-m Modells für den Messort Wald liegen im Wertebereich $1,56 \leq m \leq 2,1$; für den Messort Wiese im Bereich $2,14 \leq m \leq 2,62$. Für das Nakagami-m Modell wurde für jeden Datensatz eine Parametrisierung mit $m \neq 1$ am besten bewertet. Damit wurde jeweils eine Parametrisierung gefunden, welche zu einem kleineren Fehler E als die beste Parametrisierung des Rayleigh Modells führt. Ebenso gilt für das Rice Modell, dass die jeweils beste Parametrisierung für Parametrisierungen $k \gg -\infty$ gefunden wurden. Daher kann gefolgert werden, dass sowohl das Nakagami-m Modell als auch das Rice Modell besser als das Rayleigh Modell geeignet sind, um die untersuchten Datensätze zu repräsentieren. Dieses Verhalten ist erklärbar, da das Rayleigh Modell einen Kanal ohne Sichtverbindung und daher mit fester Streubreite modelliert. Die Streuung des durch das Rayleigh Modell

Datensatz	m	L'	α	E
Wald 1	1,56 [1,44–1,84]	0,80 [0,80–1,40]	3,30 [3,15–3,30]	0,0051 [0,0051–0,0052]
Wald 2	1,72 [1,58–2,06]	0,60 [0,50–0,90]	3,35 [3,25–3,40]	0,0025 [0,0025–0,0026]
Wald 3	1,96 [1,82–2,18]	1,90 [1,90–2,70]	3,10 [3,00–3,10]	0,0016 [0,0016–0,0016]
Wald 4	2,06 [1,74–2,22]	1,40 [0,80–1,40]	3,15 [3,15–3,30]	0,0013 [0,0013–0,0014]
Wald 5	2,10 [1,92–2,30]	2,70 [2,20–3,30]	2,95 [2,90–3,00]	0,0018 [0,0018–0,0018]
Wiese 1	2,62 [2,44–2,98]	1,20 [1,00–1,50]	3,05 [3,00–3,10]	0,0017 [0,0017–0,0018]
Wiese 2	2,58 [2,24–2,98]	0,40 [0,40–0,50]	3,25 [3,20–3,25]	0,0018 [0,0018–0,0019]
Wiese 3	2,14 [1,88–2,38]	1,50 [1,20–1,80]	3,10 [3,05–3,15]	0,0013 [0,0013–0,0013]

Tabelle 6.10 Die besten Parametrisierungen des Nakagami-m Modells und zugehörige Fehler E für sämtliche Datensätze.

Datensatz	k	L'	α	E
Wald 1	3,20 [1,60–4,20]	1,20 [0,70–1,70]	3,20 [3,10–3,35]	0,0055 [0,0055–0,0056]
Wald 2	4,00 [2,40–5,20]	0,90 [0,50–1,50]	3,25 [3,10–3,40]	0,0028 [0,0028–0,0030]
Wald 3	4,40 [3,40–5,20]	2,30 [1,60–3,30]	3,05 [2,95–3,15]	0,0017 [0,0017–0,0018]
Wald 4	4,60 [3,20–5,40]	1,20 [0,70–1,70]	3,20 [3,10–3,35]	0,0015 [0,0015–0,0016]
Wald 5	5,00 [4,00–5,60]	3,30 [1,90–4,00]	2,90 [2,85–3,05]	0,0020 [0,0020–0,0020]
Wiese 1	6,60 [5,20–7,60]	1,50 [1,00–2,20]	3,00 [2,90–3,10]	0,0018 [0,0018–0,0020]
Wiese 2	6,00 [4,60–7,60]	0,40 [0,40–0,70]	3,25 [3,10–3,25]	0,0019 [0,0019–0,0023]
Wiese 3	4,80 [3,80–6,00]	1,50 [0,90–2,20]	3,10 [3,00–3,25]	0,0014 [0,0014–0,0016]

Tabelle 6.11 Die besten Parametrisierungen des Rice Modells und zugehörige Fehler E für sämtliche Datensätze.

prognostizierten Kanals ist größer als die hier beobachtete, weshalb Modelle mit variabler Streubreite – wie die drei hier untersuchten Modelle Log-Normal Shadowing, Nakagami-m und Rice – eine bessere Adaption der empirischen Daten erlauben.

Für die probabilistischen Modelle wird im Folgenden am Beispiel des Datensatzes Wald 4 die Qualität der Übereinstimmung zwischen Modellvorhersage und beobachteter empirischer Empfangsrate diskutiert. Abbildung 6.6 zeigt die mittlere empirische Empfangsrate des Datensatzes Wald 4 sowie die Vorhersagen der Kanalmodelle Log-Normal Shadowing, Nakagami-m, Rice und Rayleigh unter ihrer jeweils am besten bewerteten Parametrisierung des Datensatzes aus Tabelle 6.8 – 6.11. Abbildungen zur Beurteilung der besten Parametrisierung aller vier probabilistischen Kanalmodelle sind für alle Datensätze in Anhang C zu finden.

Die vier probabilistischen Modelle zeigen jeweils den ausgedehnten, charakteristisch abfallenden Übergangsbereich der Empfangsrate. Im Unterschied zu den empirischen Daten fällt die durch die Modelle prognostizierte Empfangswahrscheinlichkeit jedoch streng monoton. D. h. die in den empirischen Daten erkennbaren lokalen Extrema der Empfangsrate werden durch die vier probabilistischen Modelle nicht nachgebildet.

Unter den Modellen sind qualitative Unterschiede bezüglich der Abweichung zwischen der jeweiligen Vorhersage und den empirischen Daten zu erkennen. Das Rayleigh Modell (vgl. Abb. 6.6(a)) zeigt unter den vier Modellen die größten Abweichungen. Für alle drei Sendeleistungen werden große Empfangsraten unterschätzt

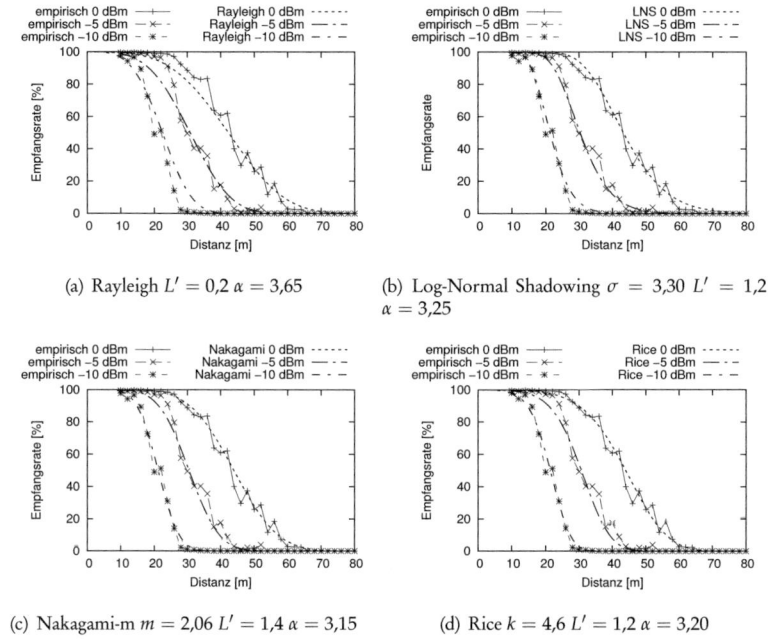

(a) Rayleigh $L' = 0,2$ $\alpha = 3,65$

(b) Log-Normal Shadowing $\sigma = 3,30$ $L' = 1,2$ $\alpha = 3,25$

(c) Nakagami-m $m = 2,06$ $L' = 1,4$ $\alpha = 3,15$

(d) Rice $k = 4,6$ $L' = 1,2$ $\alpha = 3,20$

Abbildung 6.6 Empirische Empfangsraten und jeweils beste Modellvorhersage für Log-Normal Shadowing, Nakagami-m, Rice und Rayleigh ($P_{tx} \in \{0\,dBm; -5\,dBm; -10\,dBm\}$).

und kleine Empfangsraten tendenziell zu groß vorhergesagt. Der Abfall der vorhergesagten Empfangswahrscheinlichkeit fällt im Vergleich zu den empirischen Daten zu flach aus. Die Ursache hierfür ist, dass das Rayleigh Modell fest von einem vollständig gestreuten Kanal ohne Sichtverbindung ausgeht. Die Streubreite ist bei diesem Modell nicht parametrisierbar, womit auch die Steilheit des Abfalls der Empfangswahrscheinlichkeit nicht direkt angepasst werden kann. Da die vom Rayleigh Modell prognostizierte Empfangswahrscheinlichkeit flacher abfällt als die beobachtete empirische Empfangsrate, kann geschlossen werden, dass die an den Messorten vorherrschende Streuung des Kanals geringer ist, als die dem Modell zugrunde gelegte Streuung. Aufgrund der fehlenden Parametrisierbarkeit der Streuung ist das Rayleigh Modell hier weniger gut geeignet als die probabilistischen Modelle Log-Normal Shadowing, Nakagami-m und Rice.

Die drei Modelle Log-Normal Shadowing, Nakagami-m und Rice (vgl. Abb. 6.6(b) – 6.6(d)) lassen sich – abgesehen von den lokalen Extrema der empirischen Daten – in sehr gute Übereinstimmung mit dem Verlauf der mittleren Empfangsrate bringen. Es fällt jedoch auf, dass alle drei Modelle – Log-Normal Shadowing aber in

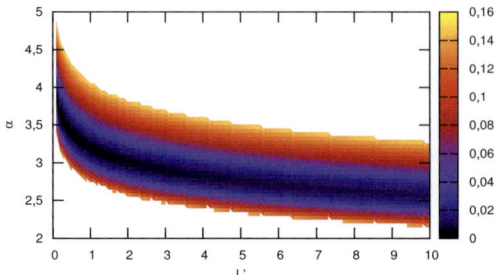

Abbildung 6.7 Parametrisierung und zugehöriger Fehler E des Rayleigh Modells für den Datensatz Wald 4. Die zwei Parameter des Modells sind in den beiden Raumdimensionen aufgetragen, der Fehler ist durch die Farbe codiert.

besonderem Maße – die Empfangsrate in großer Entfernung etwas zu optimistisch vorhersagen, insbesondere für die Sendeleistung von $P_{tx} = -10\,dBm$. Für große Empfangsraten (95 %–80 %) und damit in der Nähe des Senders tendieren die drei Modelle hingegen dazu, die Empfangsrate leicht zu unterschätzen. Dies ist besonders für die mittlere Sendeleistung ($P_{tx} = -5\,dBm$) sowie für das Rice Modell (Abbildung 6.6(d)) gut zu erkennen. Insgesamt zeigen die Modelle Log-Normal Shadowing, Nakagami-m und Rice unter ihrer jeweils besten Parametrisierung eine wesentlich bessere Übereinstimmung mit der mittleren empirischen Empfangsrate als das Rayleigh Modell unter dessen bester Parametrisierung.

Es stellt sich die Frage, wie der Fehler E in Abhängigkeit der jeweiligen Modellparameter variiert. Abbildung 6.7 und Abbildung 6.8 veranschaulichen dies für den Datensatz Wald 4 anhand eines Ausschnittes des Parameterraums der Modelle und dem zugehörigen Fehler E. Da Rayleigh einen zweidimensionalen, Log-Normal Shadowing, Nakagami-m und Rice einen dreidimensionalen Parameterraum aufweisen, werden die Modelle getrennt voneinander behandelt.

Die Streubreite des Rayleigh Modells ist durch die Modell-Annahme eines vollständig gestreuten Kanals nicht variabel. Die Parameter des Modells sind daher die Dämpfung L' und der Exponent des Pfadverlustes α. Der mittlere quadratische Fehler E zwischen der Modellvorhersage und der empirischen Empfangsrate des Datenstzes Wald 4 ist in Abbildung 6.7 aufgetragen. Der Fehler E ist in der Abbildung durch die Farbe codiert. Dunkle Farben bedeuten einen kleinen Fehler und damit eine bessere Übereinstimmung zwischen der Modellvorhersage und den empirischen Daten.

Die Abbildung zeigt deutlich, dass der Fehler E im untersuchten Parameterraum stärker vom Exponenten des Pfadverlustes α als von der Dämpfung L' abhängig ist.

Für jeden untersuchten Wert L' konnte ein Wert des Parameters α gefunden werden, sodass der Fehler E die Schranke $E < 0{,}012$ unterschreitet. Umgekehrt ist dies nicht der Fall. Bei gleichbleibendem Fehler E muss eine geringere Dämpfung L' durch die Vergrößerung des Pfadverlust-Exponenten α ausgeglichen werden. Der geringste Fehler $E = 0{,}0032$ wird hier für einen kleinen Wert der Dämpfung $L' = 0{,}2$ und einem entsprechend großen Wert des Pfadverlust-Exponenten $\alpha = 3{,}65$ erreicht. Das Verhalten kann durch die Erkenntnisse aus Abschnitt 6.2.3.1 erklärt werden, wo bereits festgestellt wurde, dass durch die Verringerung der Dämpfung bei gleichzeitiger Erhöhung des Pfadverlust-Exponenten der Abfall der prognostizierten Empfangswahrscheinlichkeit steiler wird. Der steilere Abfall der Empfangswahrscheinlichkeit führt hier insgesamt zu einer Verbesserung der Übereinstimmung zwischen der Modellvorhersage und den empirischen Daten.

Abbildung 6.8 zeigt die Lage der besten Parametrisierungen innerhalb des dreidimensionalen Parameterraums der drei Kanalmodelle Log-Normal Shadowing, Nakagami-m und Rice. Jeder Punkt im Raum steht darin für eine Parametrisierung des jeweiligen Modells. Die Farbe des Punktes steht für den Fehlerwert E, welcher sich zwischen der Vorhersage des so parametrisierten Modells und der empirischen Empfangsrate des Datensatzes Wald 4 ergibt. Dunklere Farben repräsentieren kleinere Fehler E und weisen daher auf eine bessere Parametrisierung hin.

Die besten Parametrisierungen befinden sich jeweils in einer klar begrenzten Punktwolke. Die Ausdehnung der Punktwolke ist vom maximal zulässigen Fehler E der aufgetragenen Parametrisierungen abhängig. Die Darstellung zeigt deutlich, dass für jeden festen Fehlerwert E, welcher größer ist als der kleinste erreichbare Fehler, jeweils eine Menge gleichwertiger Parametrisierungen existieren, die zum selben Fehler E führen. Die Parametrisierungen, welche zum maximalen Fehler führen, befinden sich jeweils am äußeren Rand der Punktwolke. Alle drei Modelle zeigen, dass eine größere Dämpfung L' durch einen verkleinerten Pfadverlust-Exponenten α sowie durch die Anpassung des Streuparameters ausgeglichen werden muss. Das Optimum befindet sich für alle drei Kanalmodelle in der Größenordnung um $L' \approx 1{,}2$, $\alpha \approx 3{,}2$.

Abbildung 6.9 zeigt die Lage der gemeinsamen Parameter L' und α der Modelle für die jeweils besten Parametrisierungen aller Datensätze. Abbildung 6.10 stellt dies analog für die Streuparameter der Modelle dar. Die Abbildungen ermöglichen einen Vergleich der Parametrisierungen der acht Datensätze. Es sind jeweils die beste Parametrisierung sowie die Bereiche der besten 50 und besten 500 Parametrisierungen aufgetragen. Die exakten Werte der besten sowie der Bereich der 50 besten Parametrisierungen sind den Tabellen 6.8 – 6.11 (auf Seite 181) zu entnehmen. Die beiden Intervalle dienen der Veranschaulichung und der Auswertung der Sensibilität der Modelle gegenüber der Variation des entsprechenden Parameters. Die fünf Datensätze des Messortes Wald sind in den Abbildungen jeweils von den drei Datensätzen des Messortes Wiese durch eine vertikale Linie abgegrenzt.

Abbildung 6.9 zeigt die Werte der Dämpfung L' sowie des Pfadverlust-Exponenten α der vier probabilistischen Modelle. Beide Parameter haben Einfluss auf die mittlere erwartete Reichweite. Die Werte des Rayleigh Modells heben sich deutlich von den

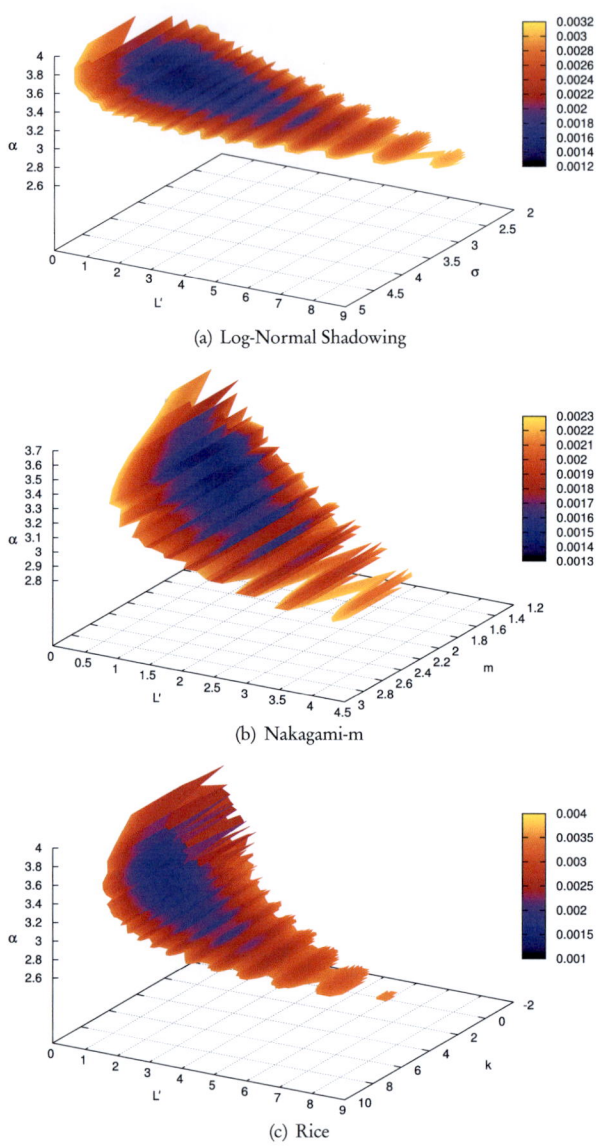

(a) Log-Normal Shadowing

(b) Nakagami-m

(c) Rice

Abbildung 6.8 Parametrisierung und zugehöriger Fehler E der Modelle Log-Normal Shadowing, Nakagami-m und Rice für den Datensatz Wald 4. Die drei Parameter der Modelle sind in den drei Raumdimensionen aufgetragen, der Fehler ist durch die Farbe codiert.

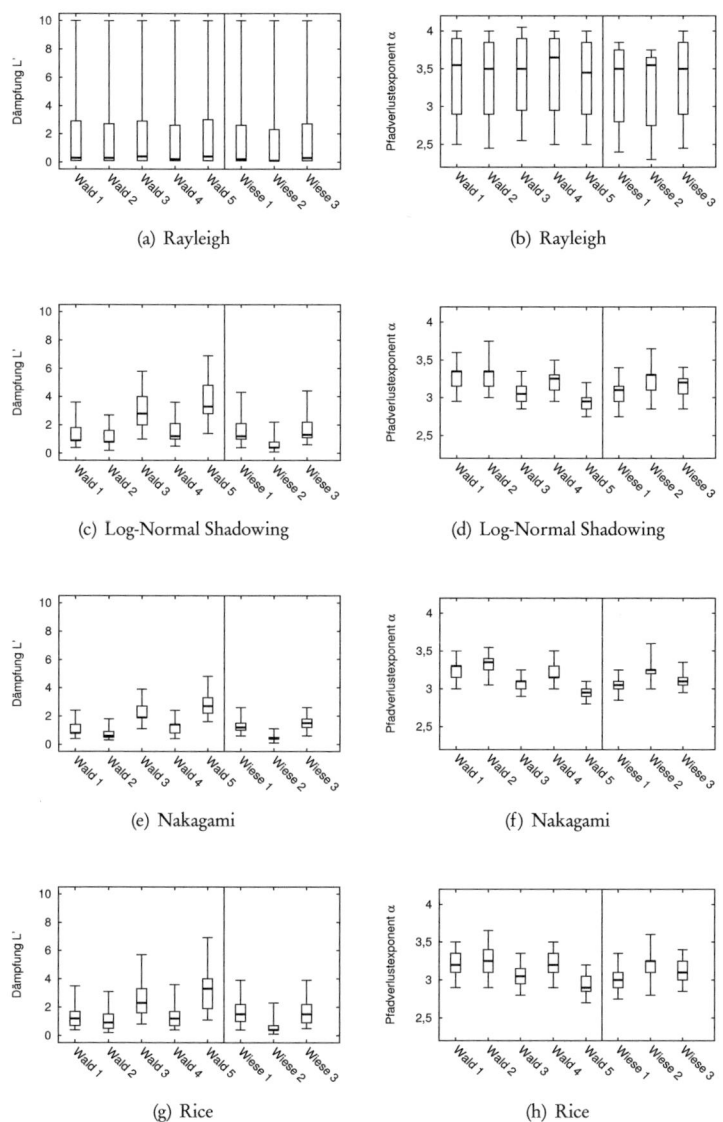

(a) Rayleigh

(b) Rayleigh

(c) Log-Normal Shadowing

(d) Log-Normal Shadowing

(e) Nakagami

(f) Nakagami

(g) Rice

(h) Rice

Abbildung 6.9 Vergleich der gemeinsamen Parameter L' und α. Jeweils beste Parametrisierung sowie der Bereich der 50 und 500 besten Parametrisierungen.

Werten der drei übrigen Modelle ab. Die Ursache liegt, wie bereits diskutiert, im fehlenden Streuparameter des Rayleigh Modells.

Nach Tabelle 6.6 in Abschnitt 6.3.2 weisen die Datensätze Wald 1 – 5 ähnliche mittlere Reichweiten und vergleichbare Übergangsbereiche auf. Daher sind für diese Datensätze für ein Modell nur geringe Abweichungen der jeweils besten Parametrisierung zu erwarten. Die Dämpfung L' der jeweils besten Parametrisierungen der Datensätze Wald 1, 2, und 4 liegen für die drei Modelle Log-Normal Shadowing, Nakagami-m und Rice jeweils im Bereich zwischen $0,6 \leq L' \leq 1,4$. Die zugehörigen Werte des Pfadverlust-Exponenten liegen im Bereich $3,15 \leq \alpha \leq 3,35$. Die Datensätze Wald 3 und Wald 5 zeigen im Vergleich dazu in allen Modellen einen größeren Wert der Dämpfung $1,9 \leq L' \leq 3,3$. Die zugehörigen Pfadverlust-Exponenten liegen im Bereich $2,90 \leq \alpha \leq 3,10$ und sind damit im Mittel kleiner als die Werte der Datensätze Wald 1, 2 und 4. Eine größere Dämpfung würde bei gleichem Pfadverlust-Exponenten auf eine geringere mittlere Reichweite hindeuten. Da die Datensätze Wald 3 und Wald 5 neben der höheren Dämpfung aber auch einen kleineren Pfadverlust-Exponenten aufweisen, sind die gefundenen Parametrisierungen plausibel.

Die mittlere Reichweite der Datensätze Wiese 1 – 3 ist zwischen 8 % und 18 % größer als die in den Datensätzen Wald 1 – 5 beobachtete mittlere Reichweite. Diese Tendenz ist ebenfalls in den Werten der besten Parametrisierungen ablesbar. Während die Dämpfung der Datensätze Wiese 1 – 3 vergleichbar mit der Dämpfung der Datensätze Wald 1, 2 und 4 ist, weisen die Pfadverlust-Exponenten der Datensätze Wiese 1 – 3 im Mittel geringere Werte als die Pfadverlust-Exponenten der Datensätze Wald 1, 2 und 4 auf. Kleinere Pfadverlust-Exponenten bei unveränderter Dämpfung führen zu einer entsprechend größeren mittleren Reichweite.

Die Tendenzen, welche in Abschnitt 6.3.2 für die beiden Messorte bezüglich der Breite des Übergangsbereiches festgestellt wurden, sind ebenfalls in den gefundenen Parametrisierungen zu beobachten. Demnach weisen die Datensätze Wald 1 – 5 einen breiteren Übergangsbereich und damit einen flacheren Abfall der Empfangsrate als die Datensätze Wiese 1 – 3 auf. Abbildung 6.10(a) zeigt die Werte des Streuparameters σ des Log-Normal Shadowing Modells. Für die Datensätze Wald 1 – 5 weist dieser Streuparameter einen größeren Wert auf als für die Datensätze Wiese 1 – 3. Ein größerer σ-Wert führt zu einer größeren Streuung der Leistung, welche sich in einem flacheren und daher auch breiteren Übergangsbereich der Empfangsrate bemerkbar macht. Diese Beobachtung stimmt mit der oben festgestellten Tendenz eines breiteren Übergangsbereiches und daher auch breiter streuenden Kanals für den Messort Wald überein.

Die Streuparameter der Modelle Nakagami-m und Rice zeigen in Abbildung 6.10(b) und 6.10(c) ein analoges Verhalten. Für diese beiden Modelle führt ein kleinerer Wert des Parameters m bzw. k zu einer größeren Streuung der Empfangsleistung und damit zu einem breiteren Übergangsbereich. Die besten Parametrisierungen für den Messort Wiese zeigen hier durchgehend größere Parameter-Werte. Diese führen in den Modellen zu einer geringeren Streuung der Empfangsleistung und zeigen so im Einklang mit der Feststellung aus Abschnitt 6.3.2 für den Messort Wiese den schmaleren Übergangsbereich an.

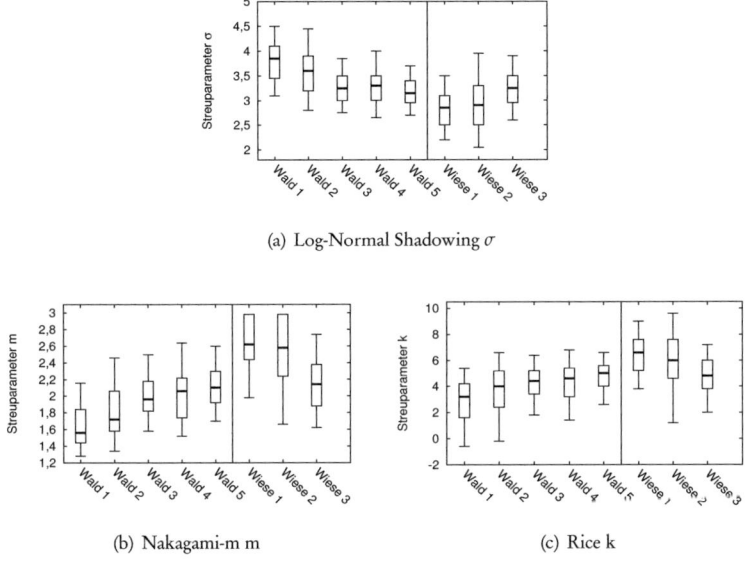

(a) Log-Normal Shadowing σ

(b) Nakagami-m m (c) Rice k

Abbildung 6.10 Vergleich der Streuparameter σ, k und m der Verteilungen. Jeweils beste Parametrisierung sowie der Bereich der 50 und 500 besten Parametrisierungen.

6.3.5 Fazit

In diesem Abschnitt wurde die Eignung der probabilistischen Kanalmodelle Log-Normal Shadowing, Nakagami-m, Rice und Rayleigh für die Modellierung des drahtlosen Kanals zur Simulation von MICAz Sensornetzen bewertet. Dazu wurden empirische Daten für die Empfangsrate der MICAz-Sensorsysteme in Abhängigkeit von der Sendeleistung sowie der Distanz zwischen Sender und Empfänger erhoben. Aus den beobachteten mittleren Empfangsraten wurden Parametrisierungen der Modelle abgeleitet, welche die empirischen Daten möglichst gut nachbilden. Anhand des Grades der besten Übereinstimmung zwischen empirischen Daten und Modellvorhersage wurde die Eignung der Modelle beurteilt, den drahtlosen Kanal in einer Simulation zu repräsentieren.

Die empirischen Daten zeigen einen breiten Übergangsbereich, in welchem die mittlere Empfangsrate mit zunehmender Distanz abfällt. Dieser Abfall verläuft jedoch nicht streng monoton, sondern weist lokale Extrema auf, d. h. ein vom Sender weiter entferntes System kann eine größere empirische Empfangsrate als ein im Vergleich dazu näheres System aufweisen. Es wurde beobachtet, dass kleine Änderungen der Distanz zwischen Sender und Empfänger große Änderungen der Empfangsrate hervorrufen können. Dies führt dazu, dass sowohl im nahen Umfeld eines Senders der Verlust von Dateneinheiten beobachtet werden konnte, als auch in großen Distanzen vereinzelte Empfangsereignisse möglich waren. Es existiert also weder ein Bereich, in dem Systeme zuverlässig miteinander kommunizieren können, noch kann ab einer festen Distanz eine erfolgreiche Kommunikation vollständig ausgeschlossen werden.

Es wurde festgestellt, dass die Charakteristik des drahtlosen Kanals am selben Messort jedoch an unterschiedlichen Tagen der Messung stark variieren kann. Dabei wurden Schwankungen der mittleren Reichweite der MICAz-Sensorsysteme von bis zu 10 m festgestellt. Die Breite des Übergangsbereichs unterlag Schwankungen von mehr als 12 m.

Durch den in allen Datensätzen ausgeprägt breiten Übergangsbereich zeigt sich, dass der Kanal an beiden untersuchten Messorten durch die deterministischen Kanalmodelle nicht adäquat repräsentiert wird. Die probabilistischen Modelle sind in der Lage, den Abfall der Empfangsrate ähnlich dem beobachteten Übergangsbereich zu modellieren. Die probabilistischen Modelle Log-Normal Shadowing, Nakagami-m und Rice sind aufgrund ihrer flexiblen Parametrisierbarkeit ähnlich gut geeignet, die empirischen Beobachtungen zu modellieren. Das Log-Normal Shadowing Modell zeigte dabei die geringsten Abweichungen zwischen Modellvorhersage und Beobachtung. Das ebenfalls probabilistische Rayleigh-Modell ist für die untersuchten Szenarien weniger gut geeignet. Rayleigh modelliert einen stärker gestreuten Kanal.

Für die Modelle Log-Normal Shadowing, Nakagami-m und Rice wurden jeweils Parametrisierungen identifiziert, welche die empirischen Empfangsraten der jeweiligen Datensätze sehr gut beschreiben. Für die folgenden Untersuchung wird für die probabilistischen Modelle jeweils die beste Parametrisierung des Datensatzes Wald 4 verwendet. Die Parameter L' und α des Free-Space Modells werden identisch zu den jeweiligen Parametern des Log-Normal Shadowing Modells gewählt.

6.4 Einfluss des Kanalmodells auf Protokolle höherer Schichten am Beispiel eines Algorithmus zur verteilten Koordinatorwahl

Die Modellierung des drahtlosen Kanals hat wesentlichen Einfluss auf die in simulativen Untersuchungen beobachtbare Effektivität und Effizienz von Protokollen höherer Schichten. Neben Routing-Protokollen sind allgemein alle Protokolle betroffen, welche von stabilen Nachbarschaftsbeziehungen abhängig sind. Dazu gehören beispielsweise Protokolle zum Austausch von Nachbarschaftinformationen wie das Entdecken von Nachbarn (Neighbor Discovery), Schlüsselaustausch zwischen benachbarten Systemen (Neighbor-Key Distribution), Protokolle zur Wegewahl (Routing) und Protokolle zur verteilten Wahl eines Koordinators (Leader Election).

Am Beispiel eines Algorithmus zur verteilten Koordinatorwahl (Leader Election) wird der Einfluss des drahtlosen Kanals auf die Funktion von Protokollen höherer Schichten analysiert. Dabei wird gezeigt, dass der Kanal nicht nur wesentlichen Einfluss auf die Effizienz der Protokolle nimmt, sondern auch weitreichende Auswirkungen auf ihre Effektivität mit sich bringt. Die Ergebnisse einer simulativen

Untersuchung sind daher in wesentlichem Maße vom verwendeten Kanalmodell abhängig.

Im Folgenden wird zunächst der untersuchte Algorithmus zur verteilten Wahl eines Koordinators vorgestellt. Anschließend werden das untersuchte Szenario sowie die ausgewerteten Messgrößen definiert. Die Diskussion der Ergebnisse und ein Fazit schließen die Untersuchung ab.

6.4.1 Algorithmus zur verteilten Wahl eines Koordinators

Jedes System nimmt eine der beiden Rollen „Koordinator" oder „Folger" ein. Der Algorithmus stellt sicher, dass jedes System entweder mindestens einen Koordinator direkt zum Nachbarn hat oder selbst Koordinator ist. Ein System, welches keinen Koordinator als direkten Nachbarn hat, nimmt daher selbst die Rolle des Koordinators an. Jeder Koordinator versendet periodisch Baken, welche seine Rolle gegenüber Nachbarn bekannt machen. Empfängt ein Koordinator eine fremde Bake, kann dieser daraus ableiten, dass einer der Nachbarn ebenfalls Koordinator ist. Von zwei direkt benachbarten Koordinatoren verliert dasjenige System die Koordinator-Rolle, dessen System-Identifikator den kleineren Wert hat. Der System-Identifikator des Koordinators ist in den periodisch versendeten Baken enthalten.

Abbildung 6.11 zeigt das Zustandsübergangsdiagramm der verteilten Koordinatorwahl. Zu Beginn befindet sich jedes System im Initial-Zustand. In diesem Zustand wartet ein System auf den Empfang einer Bake eines benachbarten Koordinators. Wird im Initial-Zustand innerhalb einer festen Wartezeit keine Bake empfangen, tritt ein Timeout-Ereignis auf und das System nimmt selbst die Rolle des Koordinators an. Es beginnt in regelmäßigen Abständen Baken auszusenden und informiert damit benachbarte Systeme über seine Rolle als Koordinator. Die Bake enthält den System-Identifikator ihres Senders. Dieser Identifikator macht einerseits die Adresse des Koordinators bei potentiellen Folgern bekannt, andererseits dient er zur Auflösung von Konkurrenzsituationen, d. h. zur Entscheidung, welcher von zwei benachbarten Koordinatoren seine Koordinator-Rolle aufgeben muss. Empfängt ein Koordinator eine Bake eines fremden Koordinators mit kleinerem System-Identifikator, legt der Empfänger der Bake die Koordinator-Rolle ab und nimmt die Rolle des „Folgers" an.

Ebenso wird ein System zum Folger, wenn es im Initial-Zustand eine Bake von einem Koordinator empfangen hat. Ein Folger erwartet nun den periodischen Empfang von Baken seines Koordinators. Können g_{max} aufeinanderfolgende Baken des Koordinators nicht korrekt empfangen werden, geht der Folger davon aus, dass der Koordinator nicht erreichbar ist und wird selbst zum Koordinator. g_{max} gibt also die tolerierte Anzahl verpasster Baken des Koordinators an. Jeder Folger pflegt einen Zähler g, welcher die „Toleranz" des Folgers gegenüber ausbleibenden Baken des Koordinators widerspiegelt. Bei jedem Empfang einer Bake setzt der Folger den Zähler g auf seinen Maximalwert g_{max} und erwartet weitere Baken des Koordinators. Wird innerhalb eines vorgegebenen Intervalls keine Bake des Koordinators empfangen, so tritt ein Timeout-Ereignis ein und der Zähler g wird um eins vermindert. Sobald der Zähler nach g_{max} aufeinanderfolgenden Timeouts den Wert null erreicht hat, ohne dass eine einzige Bake des Koordinators k empfangen wurde, geht der Folger

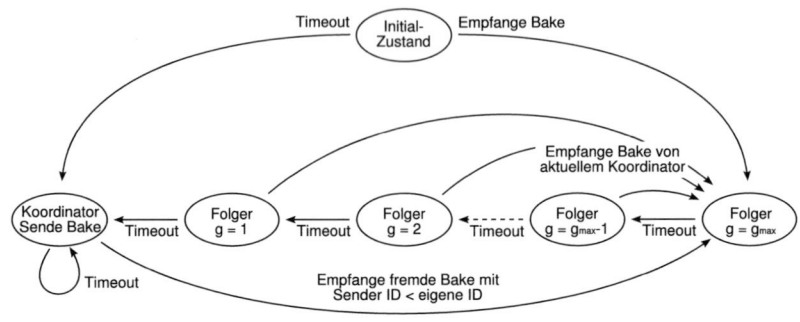

Abbildung 6.11 Zustandsübergangsdiagramm der verteilten Koordinatorwahl

davon aus, dass der Koordinator nicht mehr erreichbar ist oder dieser seine Rolle als Koordinator verloren hat. Der Folger wird daraufhin selbst zum Koordinator und beginnt mit dem periodischen Versenden von Baken.

6.4.2 Szenario und Parametrisierung

Zur Demonstration des Einflusses der Kanalmodelle auf Protokolle höherer Schichten wurde das Konvergenzverhalten des Algorithmus zur verteilten Wahl eines Koordinators simulativ untersucht. Der Begriff Konvergenz bezieht sich hier auf das Erreichen einer stabilen Zuordnung der Rollen zu den Systemen des Netzes. D. h. sobald der Algorithmus stabilisiert ist, dürfen keine Rollenwechsel mehr auftreten. Es wird untersucht, ob und wie schnell der Algorithmus konvergiert.

Tabelle 6.12 gibt die untersuchte Parametrisierung an. Auf einer Simulationsfläche von $1000\,m \times 1500\,m$ wurden 1024 Systeme zufällig positioniert. Jedes der Systeme führte den Algorithmus zur verteilten Wahl eines Koordinators aus. Die Dauer der Simulation betrug 43 200 Sekunden (12 Stunden), die Periodendauer zwischen dem Versenden zweier Baken durch einen Koordinator betrug 60 Sekunden. Die maximal tolerierte Anzahl verpasster Baken war in jedem Simulationslauf fest und wurde in unterschiedlichen Simulationsläufen zwischen $g_{max} \in \{1; 3; 5; 7\}$ variiert. Die Simulationsläufe wurden jeweils für die Kanalmodelle Free-Space, Log-Normal

Parameter	Belegung
Kanalmodell	Free-Space, Log-Normal Shadowing, Nakagami-m, Rice, Rayleigh
g_{max}	1, 3, 5, 7
Periodendauer	60 s
Simulationsdauer	43 200 s (= 12 h)
Netz-Größe	1 024 Systeme
Simulationsfläche	1000 m × 1500 m

Tabelle 6.12 Belegung der variablen und festen Parameter der Untersuchung

Modell	Streuparameter	L'	α
Free-Space		1,2	3,25
Log-Normal Shadowing	$\sigma = 3{,}3$	1,2	3,25
Nakagami-m	$m = 2{,}06$	1,4	3,15
Rice	$k = 4{,}6$	1,2	3,20
Rayleigh		0,2	3,65

Tabelle 6.13 Parametrisierung der Kanalmodelle zur Untersuchung des Algorithmus zur verteilten Koordinator-Wahl

Shadowing, Nakagami-m, Rice und Rayleigh wiederholt. Die Modelle wurden entsprechend den Ergebnissen aus Abschnitt 6.3.4 parametrisiert. Die Parametrisierung ist Tabelle 6.13 zu entnehmen.

Während der Simulationsläufe wurden die Zeitdauer bis zum letzten Rollenwechsel, die Häufigkeit der Rollenwechsel sowie die Dauer, für welche ein System eine Rolle bekleidet, betrachtet. Die beobachteten Messgrößen sind im Folgenden definiert:

Mittlere Anzahl der Koordinatorwechsel [Anzahl]: Die mittlere Anzahl der Koordinatorwechsel zählt die Häufigkeit, mit der ein System im Mittel einen neuen Koordinator auswählt. Ein Koordinatorwechsel tritt auf, wenn entweder ein benachbartes System als neuer Koordinator ausgewählt wird oder wenn das System selbst die Koordinator-Rolle übernimmt.

Dauer bis zum letzten Rollenwechsels [s]: Die mittlere Dauer bis zum letzten Rollenwechsels gibt die mittlere Zeitdauer in Sekunden bis zur Konvergenz des Algorithmus (falls dieser konvergiert) an. Dies ist die Dauer zwischen dem Start der Simulation bis zu dem Zeitpunkt, zu dem das letzte System einen neuen Koordinator auswählt, also zum letzten Mal seine Rolle wechselt.

Mittlere Dauer der Koordinator-Rolle [s]: Die mittlere Dauer der Koordinator-Rolle gibt die Zeitdauer in Sekunden an, welche ein System die Rolle des Koordinators im Mittel durchgängig innehat. Sie wird durch die Zeitdauer zwischen der Übernahme der Koordinator-Rolle bis zum Verlust dieser Rolle bestimmt.

Mittlere Dauer der Folger-Rolle [s]: Die mittlere Dauer der Folger-Rolle gibt die Zeitdauer in Sekunden an, welche ein System die Rolle des Folgers im Mittel durchgängig bekleidet. Sie wird bestimmt als die Dauer zwischen dem Zeitpunkt der Übernahme der Rolle als Folger bis zum Zeitpunkt, zu dem die Rolle verloren wird, das System also seinen Koordinator verliert und daher selbst zum Koordinator wird.

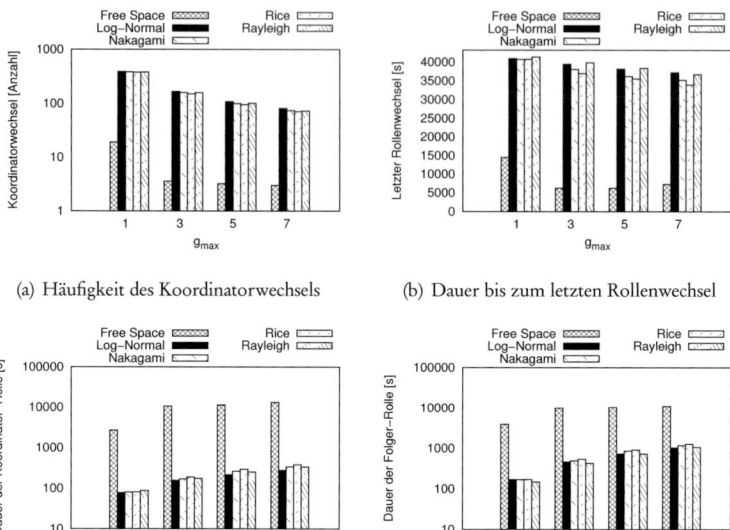

(a) Häufigkeit des Koordinatorwechsels

(b) Dauer bis zum letzten Rollenwechsel

(c) Dauer der Koordinator-Rolle

(d) Dauer der Folger-Rolle

Abbildung 6.12 Statistik zum Rollenwechsel des Algorithmus zur verteilten Koordinator-Wahl

6.4.3 Bewertung

Abbildung 6.12 zeigt die Ergebnisse für die fünf untersuchten Kanal-Modelle Free-Space, Log-Normal Shadowing, Nakagami, Rice und Rayleigh. Die Ergebnisse sind jeweils nach steigender tolerierter Anzahl verpasster Baken g_{max} aufgeschlüsselt.

Die mittlere Gesamtzahl der Koordinatorwechsel pro Simulationslauf ist in Abbildung 6.12(a) dargestellt. Zur Verdeutlichung der Unterschiede sind die Werte auf einer logarithmischen Skala aufgetragen. Unter Verwendung des Free-Space Modells ist bei allen untersuchten Parametrisierungen die geringste Anzahl an Koordinatorwechseln zu beobachten. Sie liegt zwischen 19 Wechseln (bei $g_{max} = 1$) und knapp 3 Wechseln (bei $g_{max} = 7$). Bei Verwendung probabilistischer Modelle ist die Zahl der Wechsel wesentlich größer. Für das Log-Normal Shadowing Modell liegt sie zwischen 389 Wechseln (bei $g_{max} = 1$) und etwa 82 Wechseln (bei $g_{max} = 7$). Die Werte der anderen probabilistischen Modelle liegen jeweils sehr dicht an den Werten des Log-Normal Shadowing Modells, weshalb Log-Normal Shadowing im Folgenden repräsentativ für alle probabilistischen Modelle besprochen wird. Insgesamt sind in diesem Szenario unter Verwendung der probabilistischen Modelle um einen Faktor 20 bis 30 mehr Wechsel als bei der Verwendung des deterministischen Free-Space Modells zu beobachten. Daher kann bereits hier festgestellt werden, dass die Charakteristik des Kanalmodells einen wesentlichen Einfluss auf das Verhalten des hier untersuchten Protokolls hat.

Die mittlere Dauer bis zum letzten Rollenwechsels ist in Abbildung 6.12(b) dargestellt. Sie entspricht der Dauer, bis das Netz einen stabilen Zustand erreicht. Die Dauer ist in Sekunden angegeben und linear aufgetragen. Die unter dem deterministischen Free-Space Modell beobachtete Dauer hebt sich deutlich von der Dauer ab, welche unter Verwendung probabilistischer Modelle beobachtet wurde. Für das deterministische Modell liegt die Dauer bis zum letzten Rollenwechsels zwischen 14 495 Sekunden (ca. 242 Perioden) bei $g_{max} = 1$ und 7 251 Sekunden (ca. 120 Perioden) bei $g_{max} = 7$. Nach dieser Dauer finden bis zum Ende des jeweiligen Simulationslaufs keine Koordinatorwechsel mehr statt. Die gesamte Simulation betrachtet einen Zeitraum von 43 200 Sekunden, d. h. das Netz befindet sich etwa 66,45 % (bei $g_{max} = 1$) bzw. 83,22 % (bei $g_{max} = 7$) der Simulationsdauer in einem stabilen Zustand. Unter Verwendung eines probabilistischen Kanalmodells – hier repräsentativ für das Log-Normal Shadowing Modell diskutiert – findet der letzte Koordinatorwechsel bei $g_{max} = 1$ nach 40 968 Sekunden (ca. 683 Perioden) bzw. bei $g_{max} = 7$ nach 37 229 Sekunden (ca. 621 Perioden) statt. Das Netz befindet sich hier nur während der letzten 5,17 % (bei $g_{max} = 1$) bzw. 13,82 % der Simulationsdauer in einem stabilen Zustand. Die unter den probabilistischen Modellen beobachteten Dauer bis zum letzten Rollenwechsel ist um ein Vielfaches größer als die unter dem Einfluss des deterministischen Free-Space Modell beobachtete. Es ist anzunehmen, dass die für die probabilistischen Modelle beobachtete mittlere Dauer wesentlich durch die beschränkte Simulationsdauer von 43 200 Sekunden beeinflusst sind und hier keine echte Konvergenz des Algorithmus beobachtet werden kann.

Dieses Verhalten – vorläufige Konvergenz unter deterministischem Kanalmodell, keine Konvergenz bei probabilistischem Modell – ist auf die unterschiedlichen Empfangswahrscheinlichkeiten der Kanalmodelle zurückführbar. Nach dem Algorithmus zur verteilten Koordinatorwahl wählt ein System denjenigen Nachbarn zum Koordinator, von welchem die erste Bake empfangen wurde[27]. Die Kanalqualität zum jeweiligen Nachbarn, also die Wahrscheinlichkeit wiederholt eine Bake des Nachbarn empfangen zu können, fließt nicht in die Entscheidung ein. Bei Verwendung deterministischer Modelle beträgt die Empfangswahrscheinlichkeit eines Nachbarn immer 100 %. Kann von einem System also eine Bake empfangen werden, ist dieses System ein Nachbar. Folgende Baken können – unter Vernachlässigung von Kollisionen – immer empfangen werden. Daher sind hier alle Nachbarn gleichermaßen gut als Koordinator geeignet. Bei Verwendung probabilistischer Modelle lässt der bloße Empfang einer Bake noch nicht auf einen qualitativ guten Kanal zum jeweiligen Sender schließen. D. h. es kann nicht davon ausgegangen werden, dass zukünftige Baken ebenfalls erfolgreich empfangen werden. Die Empfangswahrscheinlichkeit zweier Sender kann sich stark voneinander unterscheiden. Dabei ist ein Koordinator mit großer Empfangswahrscheinlichkeit einem Koordinator mit geringer Empfangswahrscheinlichkeit vorzuziehen, da von ersterem mit entsprechend höherer Wahrscheinlichkeit der Empfang einer Bake erwartet werden kann. Der Algorithmus zur verteilten Koordinatorwahl bezieht die Kanalqualität zum potentiellen

---

[27]Falls das System selbst gerade Koordinator ist, muss der Nachbar zusätzlich noch eine kleinere System-ID aufweisen.

Koordinator nicht in die Entscheidung mit ein. Daher existieren Systeme, welche einen Nachbarn mit schlechtem Kanal, also geringer Empfangswahrscheinlichkeit, zum Koordinator gewählt haben. Für diese Systeme ist die Wahrscheinlichkeit g_{max} Baken des Koordinators nicht empfangen zu können entsprechend höher als für Systeme mit gutem Kanal zum jeweiligen Koordinator. Mit steigender Wahrscheinlichkeit, dass mindestens ein System einen Koordinatorwechsel durchführen muss, fällt die Wahrscheinlichkeit, dass sich die Rollenverteilung im Netz in einem stabilen Zustand befindet, bzw. dass eine dauerhaft stabile Rollenverteilung überhaupt gefunden werden kann.

Abbildung 6.12(c) und 6.12(d) zeigen die mittlere Dauer, für welche ein System die Rolle des Koordinators bzw. die Rolle des Folgers im Mittel durchgängig bekleidet. Die Dauer ist auf einer logarithmischen Skala aufgetragen. Die Zeiten geben die Stabilität der Rollenverteilung wieder. Je instabiler die Rollenverteilung, desto häufiger wechseln Systeme ihre Rolle und desto kürzer ist die Dauer, für welche ein System dieselbe Rolle innehat. Analog dazu zeichnet sich eine stabile Rollenverteilung dadurch aus, dass alle Systeme ihre Rolle sehr lange, im Idealfall dauerhaft, bekleiden. Für alle Kanalmodelle gilt, dass mit größerer Toleranz gegenüber nicht empfangenen Baken (also mit steigendem g_{max}) die mittlere Dauer, für welche ein System eine der beiden Rollen Koordinator und Folger innehat, jeweils wachsen. Mit steigendem Parameter g_{max} nimmt also die Stabilität einer gefundenen Rollenzuteilung zu.

Weiter ist unter Verwendung des deterministischen Modells eine wesentlich stabilere Rollenverteilung als unter Verwendung probabilistischer Modelle zu beobachten. Für das Free-Space Modell behält ein Koordinator im Mittel zwischen 2720 Sekunden (ca. 45 Perioden, für $g_{max} = 1$) und 13 109 Sekunden (ca. 218 Perioden, für $g_{max} = 7$) seine Rolle. Ein Folger behält seine Rolle im Mittel zwischen 3956 Sekunden (ca. 66 Perioden, für $g_{max} = 1$) und 11 297 Sekunden (ca. 188 Perioden, für $g_{max} = 7$) bei. Die Dauer, für welche ein System dieselbe Rolle behält, fällt unter Verwendung probabilistischer Modelle wesentlich geringer aus. Die vier untersuchten Kanalmodelle zeigen jeweils dieselben Tendenzen; unter Verwendung des Log-Normal Shadowing Modells ergeben sich insbesondere die folgenden Werte: Für $g_{max} = 1$ verliert ein Koordinator im Mittel nach 77 Sekunden (1 Periode) seine Rolle, für $g_{max} = 7$ nach 277 Sekunden (ca. 5 Perioden). Ein Folger behält unter diesem Kanalmodell seine Rolle bei $g_{max} = 1$ für 170 Sekunden (ca. 3 Perioden) und bei $g_{max} = 7$ für 1027 Sekunden (ca. 17 Perioden) bei.

Diese sehr geringen mittleren Verweildauern der Systeme in einer Rolle untermauern obige Vermutung, dass der betrachtete Algorithmus zur verteilten Wahl eines Koordinators unter Verwendung probabilistischer Kanalmodelle nicht konvergiert, also keine feste Rollenzuteilung der Systeme gefunden wird.

Die Untersuchung führt abhängig von der Charakteristik des verwendeten Kanalmodells (deterministisch vs. probabilistisch) zu unterschiedlichen Ergebnissen. Bei Verwendung eines deterministischen Modells zeigt der Algorithmus eine kurze Dauer bis zum letzten Rollenwechsel, eine geringe Anzahl von Rollenwechseln mit langen Verweildauern in derselben Rolle. Werden der Untersuchung probabilistische Modelle zugrunde gelegt, ergeben sich davon wesentlich verschiedene Ergebnisse.

Die Systeme wechseln wesentlich häufiger ihre Rollen und weisen eine entsprechend geringere mittlere Verweildauer in den jeweiligen Rollen auf. Die Konvergenz des Algorithmus muss in diesem Fall bezweifelt werden.

6.4.4 Fazit

Die Untersuchung, welche unter Verwendung des deterministischen Kanalmodells durchgeführt wurde, legt den Schluss nahe, dass der untersuchte Algorithmus zur Wahl eines Koordinators nach kurzer Zeit zur Zuordnung der Rollen konvergiert und sich jeweils eine feste Gruppe von Koordinatoren und Folgern im Netz ausbildet. Die Analyse unter Verwendung probabilistischer Kanalmodelle legt den Einfluss der Kanalqualität zum jeweiligen Nachbarn auf den untersuchten Algorithmus offen: Die Rollenzuordnungen unterliegen einem ständigen Wechsel, was durch die erhöhte Anzahl der Rollenwechsel sowie die geringere Verweildauer der Systeme in den Rollen belegt wird. Diese Beobachtung ist durch den probabilistischen Charakter der drahtlosen Verbindungen begründet, welche durch den untersuchten Algorithmus nicht berücksichtigt wird.

Die unter Verwendung probabilistischer Modelle gewonnenen Ergebnisse unterscheiden sich nur wenig voneinander. Die Ergebnisse zeigen jeweils dieselben Tendenzen und die absoluten Zahlenwerte unterscheiden sich nur geringfügig voneinander.

Je nach Charakteristik des verwendeten Kanalmodells – ob deterministisch oder probabilistisch – führt die Untersuchung des Algorithmus also zu einem anderen Ergebnis. Die Ergebnisse unterscheiden sich dabei jedoch nicht nur in der ermittelten Effizienz des untersuchten Verfahrens sondern liefern auch hinsichtlich der Effektivität unterschiedliche Ergebnisse. Während unter Verwendung deterministischer Kanalmodelle eine schnellen Konvergenz der Rollenzuweisung beobachtet wurde, kann diese Konvergenz unter Verwendung probabilistischer Modelle nicht nachgewiesen werden. Stattdessen muss in letzterem Fall die Konvergenz bezweifelt werden.

6.5 Zusammenfassung

In diesem Kapitel wurden Erweiterungen des OMNeT++ Mobility Frameworks zur realitätsnahen Simulation drahtloser WSANs vorgestellt. Die Erweiterungen umfassen einerseits drei WSAN-spezifische Protokolle zum Medienzugriff sowie flexible Modelle des drahtlosen Kanals.

Weiter wurde eine Methode vorgestellt, wie durch Messung der Empfangsrate eine Parametrisierung der Kanalmodelle durchgeführt werden kann. Die Erhebung der empirischen Daten erfolgt direkt durch die Systeme des WSANs. Daher werden Eigenschaften der im WSAN verwendeten Hardware, wie Dämpfungsverluste innerhalb der analogen Schaltungen und die Abstrahl-Charakteristik der Antenne, implizit berücksichtigt. Insbesondere ermöglicht die Methode eine szenariospezifische Parametrisierung der Kanalmodelle vorzunehmen, ohne dass dazu außer den Systemen des WSANs zusätzliche Messgeräte notwendig sind.

Die Kanalmodelle wurden bezüglich ihrer Eignung bewertet, den drahtlosen Kanal zwischen MICAz-Sensorsystemen in einem Freiland-Szenario zu modellieren. Dazu

197

wurden für unterschiedliche Sendeleistungen und Distanzen zwischen Sender und Empfänger die Entwicklung der Empfangsraten beobachtet. Die empirischen Daten belegen den probabilistischen Charakter des drahtlosen Kanals, welcher sich durch einen ausgeprägten Übergangsbereich zwischen hundertprozentiger Empfangsrate und einer Empfangsrate nahe null auszeichnet. Bei der Bewertung der Kanalmodelle wurde festgestellt, dass deterministische Modelle die Charakteristik des Kanals nur unzureichend abbilden können. Das probabilistische Rayleigh-Modell zeigt, im Gegensatz zu den deterministischen Modellen, den in den empirischen Datensätzen enthaltenen charakteristischen Übergangsbereich. Dieser kann aber aufgrund des fehlenden Streuparameters nur bedingt an die empirischen Daten angeglichen werden. Für die drei probabilistischen Modelle Log-Normal Shadowing, Nakagami-m und Rice konnten jeweils Parametrisierungen angegeben werden, welche die Modellprognosen in sehr gute Übereinstimmung mit den empirischen Beobachtungen bringen. Die Modelle zeigen den Übergangsbereich und sind hinreichend flexibel parametrisierbar, um für jeden der untersuchten Datensätze zu einer sehr guten Übereinstimmung zwischen Modellvorhersage und mittlerer empirischer Empfangsrate zu führen. Es konnte insgesamt gezeigt werden, dass die probabilistischen Modelle in der Lage sind, den Übergangsbereich zwischen hunderprozentiger Empfangswahrscheinlichkeit und nullprozentiger Empfangswahrscheinlichkeit als wichtige Charakteristik des drahtlosen Kanals abzubilden. Diese Modelle sind daher in der Lage, den drahtlosen Kanal realistischer als deterministische Modelle zu modellieren.

Weiter wurde am Beispiel eines Algorithmus zur verteilten Wahl eines Koordinators gezeigt, dass die Wahl des Kanalmodells einen wesentlichen Einfluss auf die Ergebnisse einer simulativen Untersuchung haben kann. Die Ergebnisse, welche sich unter Verwendung deterministischer Kanalmodelle beobachten lassen, unterscheiden sich hierbei wesentlich von den unter Verwendung probabilistischer Modelle gewonnenen Ergebnissen. Dagegen zeigen alle untersuchten probabilistischen Kanalmodelle sehr ähnliche Resultate mit identischen Tendenzen, welche sich lediglich geringfügig in den beobachteten Zahlenwerten unterscheiden.

7. Leistungsbewertung

Die Bewertung des Verhaltens und der Leistungsfähigkeit der ServiceCast -Architektur wird anhand von simulativen Untersuchungen vorgenommen. Zur Simulation wird auf das in Kapitel 6 vorgestellte Rahmenwerk zur Simulation drahtloser Sensor-Aktor-Netze sowie die dort gewonnenen Erkenntnisse zur Verwendung und Parametrisierung zurückgegriffen. Zu Beginn des Kapitels werden in Abschnitt 7.1 zunächst Randbedingungen und Definitionen der Leistungsbewertung vorgestellt. Dazu zählen die Konfiguration der Simulationsumgebung sowie die Definition der untersuchten Messgrößen und der veränderlichen Parameter. Die eigentliche Leistungsbewertung schließt sich daran an und gliedert sich in zwei Teile: Der erste Teil widmet sich in Abschnitt 7.2 der Untersuchung der ServiceCast-Adressierungsmodi Q_ANY, Q_SOME, Q_ALL, Q_INSTsowie der Untersuchung der lokationsbeschränkten Zustellung. Dieser Teil dient der Bewertung der Effektivität und der Effizienz der ServiceCast-Architektur. Im zweiten Teil wird in Abschnitt 7.3 eine Leistungsbewertung anhand eines Anwendungsszenarios durchgeführt. Dazu wird das bereits in Kapitel 4 eingeführte Szenario „Autonomes Gewächshaus" herangezogen. Anhand des Szenarios wird die Praxistauglichkeit der ServiceCast-Architektur für reale WSAN-Anwendungen demonstriert. Eine Zusammenfassung der Erkenntnisse der Leistungsbewertung in Abschnitt 7.4 schließt das Kapitel ab.

7.1 Randbedingungen und Definitionen

Die Vorstellung der Randbedingungen und die Definitionen zur Leistungsbewertung sind in fünf Abschnitte gegliedert:

1. Grundlegende Konfiguration der Simulationsumgebung
2. Definition der untersuchten Messgrößen
3. Definition der veränderlichen Parameter und deren Wertebereich
4. Definition der Dichte eines Netzes
5. Definition der untersuchten Topologien

Parameter	Wert
Szenario	
Simulationsdauer	43 200 s (12 Stunden)
Simulationsfläche	500 m x 750 m
System	
Sendeleistung P_{tx}	0 dBm
Sensitivität P_{Sens}	-94 dBm
Kanal	
Modell	Log-Normal Shadowing (LNS), Free-Space (FS)
Systemloss L	1,2
Pfadverlust-Exponent α	3,25
Streuung σ	3,3
Trägerfrequenz	2,4 GHz (ISM Band)
Übertragungsrate	250 kBit/s

Tabelle 7.1 Parametrisierung der Simulationsumgebung

7.1.1 Konfiguration der Simulationsumgebung

Die Simulationen wurden mit OMNeT++ [117] (Version 3.4b2), einem diskret ereignisorientierten Simulationswerkzeug für Netze, dem Mobility Framework [64] (Version 2.0p3), einem Rahmenwerk zur Simulation drahtloser Netze und den in Kapitel 6 vorgestellten Erweiterungen zur Simulation drahtloser Sensor-Aktor-Netze durchgeführt.

Die den Simulationen zugrunde liegende Parametrisierung ist in Tabelle 7.1 aufgeführt. Die Hardware-Parameter der Systeme orientieren sich am Datenblatt der MICAz Sensorknoten [29]. Als Kanalmodell kommt – wie in Abschnitt 6.3 begründet – das probabilistische Log-Normal Shadowing Modell (LNS) sowie zum Vergleich auch das deterministische Free-Space Modell (FS) zum Einsatz. Beide Modelle sind mit identischem Pfadverlustexponent α und identischer Dämpfung L' parametrisiert, wodurch beide Modelle eine vergleichbare mittlere Reichweite aufweisen. Abbildung 7.1(a) veranschaulicht die unter den beiden so parametrisierten Modellen beobachtbaren Empfangswahrscheinlichkeiten in Abhängigkeit von der Distanz zum Sender. Aufgrund dieser Parametrisierung ist unter dem Log-Normal Shadowing Modell bis zu einer Distanz von etwa 30 m eine Empfangswahrscheinlichkeit von 95 % zu erwarten. 50 % Empfangswahrscheinlichkeit werden in etwa 44 m erreicht, bei 103 m fällt die Empfangswahrscheinlichkeit unter 0,01 %. Tabelle 7.1(b) zeigt weitere Werte für ausgewählte Empfangswahrscheinlichkeiten. Die mittlere Reichweite des Free-Space Modells beträgt unter der gegebenen Konfiguration $d_{max}^{FreeSpace} = 43{,}23$ m. Die Parameter gelten für alle in diesem Kapitel vorgestellten Simulationsläufe. Sollte für eine Untersuchung eine abweichende Parametrisierung notwendig sein, ist das an entsprechender Stelle ausdrücklich erwähnt.

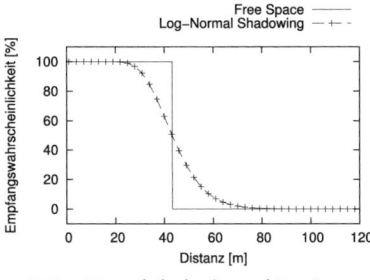

Pr_{rx}	Distanz
99,00 %	25,51 m
95,00 %	29,85 m
50,00 %	43,59 m
10,00 %	58,56 m
1,00 %	74,48 m
0,10 %	88,81 m
0,01 %	102,64 m

(a) Log-Normal Shadowing und Free-Space

(b) Ausgewählte Werte für Log-Normal Shadowing

Abbildung 7.1 Entwicklung der Empfangswahrscheinlichkeit unter den zur Leistungsbewertung herangezogenen Parametrisierungen der Modelle Free-Space und Log-Normal Shadowing.

7.1.2 Definition der untersuchten Messgrößen

Die Bewertung der Simulationsergebnisse wird anhand der im Folgenden definierten Messgrößen vorgenommen. Diese werden in zwei Gruppen vorgestellt. Die erste Gruppe umfasst die Messgrößen zur Bewertung der Effektivität, die zweite umfasst die Messgrößen zur Bewertung der Effizienz.

Messgrößen zur Bewertung der Effektivität

Erfolgsrate [%]: Der Anteil an erfolgreichen Ende-zu-Ende-Übertragungen bezogen auf die Gesamtzahl der Ende-zu-Ende-Übertragungsversuche wird als Erfolgsrate bezeichnet. Sie dient zur Bewertung der erfolgreichen Adressierungs- und Übertragungsvorgänge. Die Erfolgsrate ist daher ein Maß zur Bewertung der Effektivität eines Adressierungs- und Übertragungsmodus der ServiceCast-Architektur. Sie wird für die Zustellung von Anfragen per Anycast (Q_ANY) und die Zustellung von Antworten per Unicast (Q_INST) untersucht. Dabei wird sowohl der Fall betrachtet, dass sich die Adressierung auf das gesamte Netz bezieht, als auch der Fall einer regional beschränkten Ziel-Adresse. Die Bewertung des Somecast (Q_SOME) und des Broadcast (Q_ALL) kann nicht anhand der Erfolgsrate geschehen, da bei diesen Adressierungsmodi die Dateneinheit an mehr als nur einen einzelnen Empfänger gerichtet ist. Für diese beiden Modi wird stattdessen die nachfolgend definierte Abdeckung als Messgröße herangezogen.

Abdeckung [%]: Die Abdeckung ist die Metrik zur Bewertung der Effektivität des Somecast (Q_SOME) und des Broadcast (Q_ALL). Die Abdeckung ist definiert als der Anteil der Systeme der adressierten Region, welche die übertragene Dateneinheit empfangen haben. Die Abdeckung wird sowohl für die Zustellung von Dateneinheiten mit beschränkter als auch mit unbeschränkter Ziel-Region untersucht.

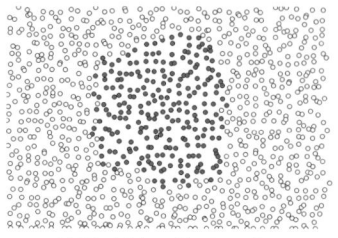
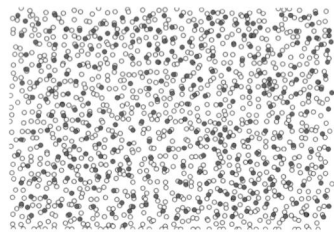

(a) Ungleichmäßige Verteilung   (b) Gleichmäßige Verteilung

Abbildung 7.2 Zwei Beispiele für die räumliche Verteilung von Empfängern. Empfänger sind hier dunkler dargestellt als nicht empfangende Systeme.

Verteilung der Abdeckung [%]: Der Wert der oben definierten Abdeckung macht keinerlei Aussage über die Verteilung der Empfänger innerhalb der Ziel-Region. Jede Abdeckung ist auf unterschiedliche Weisen realisierbar: Eine extreme Verteilung der Abdeckung ist in Abbildung 7.2(a) dargestellt. Darin befinden sich – in der Abbildung dunkel dargestellt – alle Empfänger innerhalb einer kleinen Region. Große Teile des Netzes enthalten keine Empfänger. Diese Verteilung der Abdeckung führt zu einer nicht repräsentativen Stichprobe und ist daher nicht das durch den Somecast angestrebte Verhalten. Zur Erhebung einer repräsentativen Stichprobe müssen die erreichten Systeme gleichmäßig im gesamten WSAN verteilt sein (vgl. Abb. 7.2(b)), sodass keine Gruppe von Systemen – oder einzelne Systeme – besonders für den Empfang begünstigt sind.

Eine gleichmäßige Verteilung kann dadurch charakterisiert werden, dass jede (hinreichend große) Partition einer Region dieselbe *lokale Abdeckung* aufweist. Insbesondere weist jede dieser Partitionen dieselbe lokale Abdeckung wie die gesamte bewertete Region auf. Aus diesem Kriterium lässt sich eine Metrik zur Bewertung der Verteilung ableiten.

Dazu wird die gesamte Fläche des WSANs in eine Menge gleichgroßer, disjunkter Felder $\mathcal{F}$ aufgeteilt. Für jedes der Felder $f \in \mathcal{F}$ wird getrennt die darin erreichte lokale Abdeckung, als Quotient aus der Anzahl der Empfänger in f bezogen auf die Anzahl der Systeme in f, bewertet. Abbildung 7.3 veranschaulicht dies an einem Beispiel. Darin ist die gesamte Fläche des Netzes durch ein gleichmäßiges Gitter in 16 Felder gleicher Größe aufgeteilt. Für jedes der Felder wird einzeln die erreichte lokale Abdeckung bestimmt. Die Standardabweichung der Abdeckung der Felder von der mittleren Abdeckung wird als Maß μ_{cov} zur Bewertung der Verteilungsgüte genutzt.

$$\mu_{cov} := \sqrt{\frac{1}{|\mathcal{F}| - 1} \sum_{f \in \mathcal{F}} \left(\frac{\text{Anzahl Empfänger in } f}{\text{Anzahl Systeme in } f} - \frac{\text{Anzahl Empfänger im WSAN}}{\text{Anzahl Systeme im WSAN}} \right)^2} \qquad (7.1)$$

In einem Netz mit gleichmäßiger Verteilung weist jedes Feld ungefähr dieselbe lokale Abdeckung wie das gesamte Netz auf: die Abweichung der lokalen Abdeckungen

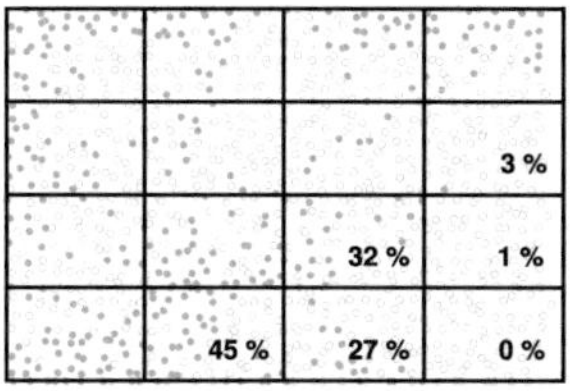

Abbildung 7.3 Beispiel für die Bewertung der Qualität der Abdeckung auf 16 Feldern

der Felder von der mittleren Abdeckung ist daher gering. In einem Netz mit ungleichmäßiger Verteilung sind sowohl viele Felder mit relativ großer Abdeckung als auch viele Felder mit relativ geringer Abdeckung zu finden. Bezugspunkt für groß bzw. gering ist die mittlere Abdeckung des gesamten Netzes. Die Abweichung der lokalen Abdeckung der Felder von der mittleren Abdeckung ist in diesem Fall also hoch.

Die Anzahl der Felder $|\mathcal{F}|$ sowie die Anzahl Systeme im WSAN wirken sich ebenfalls auf die beobachtete Standardabweichung μ_{cov} aus. Je größer die Anzahl Systeme im WSAN und je kleiner die Anzahl der Felder, desto größer die im Mittel erwartete Anzahl Systeme pro Feld. Mit steigender erwarteter Anzahl Systeme pro Feld sinkt der mittlere beobachtete Wert der Standardabweichung. μ_{cov} wird nachfolgend zur Bewertung und zum Vergleich unterschiedlicher Varianten der Zustellung herangezogen. Zur Warhung der Vergleichbarkeit werden jeweils paarweise identische Randbedingungen bzgl. Netzgröße und Anzahl Felder betrachtet.

Messgrößen zur Bewertung der Effizienz

Sendevorgänge [*Anzahl*]: Die Zahl der Sendevorgänge misst die gesamte Anzahl der durch den Transceiver übertragenen Dateneinheiten. Sie umfasst sowohl die Übertragungen als auch die Übertragungswiederholungen, welche durch die ServiceCast-Schicht angestoßen werden. Sie erlaubt eine Bewertung der Effizienz unterschiedlicher Protokoll-Varianten und ist insbesondere zum Vergleich der Varianten geeignet. Je mehr Sendevorgänge zur Übertragung einer Dateneinheit notwendig sind, desto größer sind der verursachte Energieverbrauch und die vom Protokoll benötigte Datenrate. Da die Auswirkungen der Protokolle auf das gesamte Netz untersucht werden, ist hier besonders die mittlere Zahl der Sendevorgänge pro System von Interesse. Diese berechnet sich aus der Gesamtzahl der Sendevorgänge aller Systeme normiert auf die Zahl der Systeme im Netz.

Overhead [%]: Zusätzlich zu den eigentlichen Nutzdaten übertragene Daten werden als Overhead bezeichnet. Overhead entsteht sowohl durch die den Nutzdaten vorangestellten Paketköpfe, als auch durch die zusätzliche Übertragung von Signalisierungsdateneinheiten sowie durch Sendewiederholungen. Der Begriff Overhead umfasst hier die Summe aller genannter Unterarten. Sendewiederholungen werden dabei nur insoweit betrachtet, wie sie von einer Komponente der ServiceCast-Schicht, wie beispielsweise dem OARQ, initiiert werden. Der Overhead wird hier als Anteil aller zur Signalisierung notwendigen Daten bezogen auf die insgesamt übertragene Datenmenge angegeben.

$$\text{Overhead} := 100 \cdot \frac{\text{SigHdr} + \text{SigPay} + \text{DataHdr} + \text{RetrHdr} + \text{RetrPay}}{\text{SigHdr} + \text{SigPay} + \text{DataHdr} + \text{DataPay} + \text{RetrHdr} + \text{RetrPay}} \% \qquad (7.2)$$

Darin stehen SigHdr für die Länge des Paketkopfs der Signalisierungsdateneinheiten, SigPay für die Länge der in den Signalisierungsdateneinheiten enthaltenen Signalisierungsdaten, DataHdr für die Länge des Paketkopfs von Anwendungsdaten und DataPay für die Länge der in den Anwendungsdaten enthaltenen Nutzdaten. RetrHdr und RetrPay stehen für die Länge des Headers und der Nutzdaten von wiederholt übertragenen Dateneinheiten. Die Leistungsbewertung der ServiceCast-Architektur soll unabhängig von Eigenschaften des Medienzugriffsprotokolls und der Bitübertragungsschicht sein. Daher werden ausschließlich Paketköpfe und Signalisierungsdateneinheiten der ServiceCast-Architektur betrachtet. Overhead, welcher beispielsweise durch Präambeln des Transceiver-Moduls verursacht wird, bleibt hier unbeachtet.

Speicherbedarf [*Anzahl Einträge*]: Eine weitere Kenngröße einer Kommunikationsarchitektur für WSANs ist ihr Speicherbedarf. Die Größe der ServiceCast-Datenstrukturen werden während des Simulationslaufs anhand der Anzahl ihrer Einträge ermittelt. Die Größe eines einzelnen Eintrages ist für jede Datenstruktur konstant. Daher ist der für eine Datenstruktur insgesamt erforderliche Speicherbedarf direkt proportional zur Anzahl ihrer Einträge. Im Einzelnen werden die Größen der Routing-Tabelle, der Nachbar-Tabelle, der Spur-Tabelle sowie der Duplikat-Tabelle überwacht und ausgewertet.

Latenz [s]: Die Latenz wird als Zeitdauer zwischen dem Versenden einer Dateneinheit durch eine Dienst-Instanz und dem Empfang durch die adressierte Instanz in Sekunden gemessen. Bei der Adressierung mehrerer Dienst-Instanzen ergibt sich ggf. eine minimale, maximale und durchschnittliche Latenz.

7.1.3 Definition der veränderlichen Parameter

Die veränderlichen Parameter der Simulationen werden im Folgenden definiert. Tabelle 7.2 zeigt die Parameter und die zugehörigen Wertebereiche im Überblick.

Netzgröße [*Anzahl*]: Die Untersuchung der Architektur bei unterschiedlichen Netzgrößen ist ein wichtiger Indikator zur Bewertung der Skalierbarkeit. Die Netzgröße N wird als Anzahl der am Netz beteiligten Sensor-Aktor-Systeme gegeben.

Instanzdichte [%]: Die Instanzdichte eines Dienstes bezeichnet den erwarteten Anteil der Systeme, welche den Dienst erbringen und daher über eine Instanz des Dienstes verfügen. Eine Instanzdichte von 10 % sagt beispielsweise aus, dass von 100 Systemen 10 Systeme eine Instanz des fraglichen Dienstes instanziieren. Es werden Instanzdichten zwischen 1 % und 100 % betrachtet. Die Instanzdichte ist in jedem Szenario und darin für jeden Dienst fest gewählt.

Name	Wertebereich
Netzgröße [Anzahl Systeme]	512, 724, 1024, 1448, 2048
Instanzdichte [%]	1, 2, 5, 10, 50, 100
Dienste [Anzahl]	2–2048
Routing-Metrik	probabilistisch, deterministisch
Kanalmodell	probabilistisch, deterministisch

Tabelle 7.2 Untersuchte veränderliche Parameter und zugehöriger Wertebereich

Dienste [*Anzahl*]: Die Anzahl unterschiedlicher Dienste ist ein Anhaltspunkt zur Bewertung der Komplexität der Anwendung. Je mehr unterschiedliche Dienste zur Modellierung einer Anwendung notwendig sind, desto komplexer ist diese. Zur Leistungsbewertung der ServiceCast-Architektur werden unterschiedlich komplexe Szenarien betrachtet. Die untersuchten Szenarien haben zwischen 2 und 2048 unterschiedliche Dienste. Die obere Grenze des betrachteten Wertebereichs wird in dem Fall erreicht, dass jedes System des WSANs einen eigenen, von den anderen Diensten unterschiedlichen Dienst anbietet. Der aufgeführte Wertebereich wird in der Leistungsbewertung nicht vollständig, sondern nur auszugsweise betrachtet.

Routing-Metrik: Neben den in Kapitel 5 vorgestellten probabilistischen Routing-Metriken der dienstbasierten und lokationsbasierten Routingdienste wurde zum Vergleich zusätzlich jeweils eine deterministische Routing-Metrik implementiert. Beim dienstbasierten Routingdienst wird statt der erwarteten Zahl an Übertragungen die Zahl der Hops verwendet, um die Distanz zur Dienst-Instanz auszudrücken. Beim lokationsbasierten Routing basiert die Nachbarwahl im Greedy-Modus ausschließlich auf der Distanz zum jeweiligen Nachbarn. Sowohl Ausbreitungswinkel als auch die Bewertung der Kanalqualität entfallen. Die genaue Definition der deterministischen Metriken befindet sich in der Beschreibung des Basis-Szenarios in Abschnitt 7.2.1.

Kanalmodell: Zur Untersuchung der Auswirkungen des drahtlosen Kanals werden zwei unterschiedliche Kanalmodelle betrachtet. Diese sind das deterministische Free-Space Modell und das probabilistische Log-Normal Shadowing Modell. Die genaue Parametrisierung der Modelle wurde bereits in Abschnitt 7.1.1 diskutiert.

7.1.4 Dichte des Netzes und probabilistische Nachbarschaft

Eine wichtige Größe zur Charakterisierung einer Topologie ist die *mittlere Dichte des Netzes*. Diese ist in der vorliegenden Arbeit definiert als die im Mittel mit einer Übertragung erreichbare Anzahl von Nachbarn. Sie entspricht dem Erwartungswert für die Zahl der Empfänger einer einzelnen 1-Hop Broadcast-Übertragung eines beliebigen Systems. Die Definition der Dichte schließt sowohl die Anzahl der Systeme pro Fläche als auch die Charakteristik des Kanalmodells und die Parameter des Transceivers, wie beispielsweise dessen Sendeleistung, mit ein. Daher ist die

Dichte eine aussagekräftigere Größe als beispielsweise die Zahl der Systeme pro Fläche.

Die Dichte eines Netzes wird im Folgenden sowohl für deterministische als auch für probabilistische Kanalmodelle definiert. Da die Definition der Dichte für probabilistische Modelle eine Erweiterung des Dichtebegriffs für deterministische Modelle darstellt, wird der Begriff zunächst für deterministische Modelle definiert und anschließend für probabilistische Modelle erweitert.

Deterministische Kanalmodelle

Die Berechnung der mittleren Dichte des Netzes stützt sich auf die mittlere Zahl der Nachbarn für alle Systeme des Netzes. Für deterministische Kanalmodelle ist die Menge der Nachbarn $\mathcal{N}_s$ des Systems s wohldefiniert als die Menge der Systeme, welche eine Empfangswahrscheinlichkeit von 100 % haben:

$$\mathcal{N}_s := \{n \mid Pr_{rx}(s,n) = 100\,\%, \forall n \in \mathcal{S}\} \tag{7.3}$$

$Pr_{rx}(s,n)$ drückt dabei die Wahrscheinlichkeit aus, dass das System n eine von s versendete Dateneinheit empfängt. $\mathcal{S}$ bezeichnet die Menge aller Systeme des Netzes. Die Zahl der Nachbarn des Systems s ist somit durch $|\mathcal{N}_s|$ bestimmt. Die mittlere Dichte D^{det} des Netzes berechnet sich wie folgt als die mittlere Anzahl Nachbarn aller Systeme:

$$D^{det} := \frac{1}{|\mathcal{S}|} \cdot \sum_{s \in \mathcal{S}} |\mathcal{N}_s| \tag{7.4}$$

Probabilistische Kanalmodelle

Für probabilistische Modelle kann der Begriff der Nachbarschaft und die Menge der Nachbarn $\mathcal{N}$ nicht scharf definiert werden. Die Menge der Empfänger einer Broadcast-Dateneinheit ist variabel und es stellt sich die Frage, ab welcher Empfangswahrscheinlichkeit oder ab wieviel erfolgreichen Empfängen ein System als Nachbar zu zählen ist. Da diese Frage nicht allgemeingültig entscheidbar ist, wird hier der Begriff der *probabilistischen Nachbarschaft* eingeführt. Grundlegend ist dabei der Gedanke, dass ein System, welches mit einer Wahrscheinlichkeit von beispielsweise 80 % erreichbar ist, auch nur anteilig zu 80 % als Nachbar gezählt werden soll. Die exakte Menge der Nachbarn, welche ein System zu einem bestimmten Zeitpunkt hat, bleibt damit weiterhin undefiniert, da sie Anteile von Systemen enthalten müsste. Die im Mittel erwartete Anzahl erreichbarer Nachbarn ist so jedoch als Anzahl probabilistischer Nachbarn formulierbar.

Die Anzahl der probabilistischen Nachbarn $Nb(s)$ eines Systems s ist wie folgt über die Summe der Empfangswahrscheinlichkeiten zu allen Systemen des Netzes definiert:

$$Nb(s) := \sum_{n \in \mathcal{S}} Pr_{rx}(s,n), \tag{7.5}$$

mit $Pr_{rx}(s,n)$ der Empfangswahrscheinlichkeit zwischen System s und Nachbar n und $\mathcal{S}$ der Menge aller Systeme des Netzes. Sie entspricht der im Mittel erwarteten Anzahl Empfänger einer 1-Hop Broadcast-Übertragung. Die Charakteristik des drahtlosen Kanals geht dabei in die Empfangswahrscheinlichkeit $Pr_{rx}(s,n)$ ein. Die Zahl der probabilistischen Nachbarn eines Systems s wird im Folgenden auch als die *lokale Dichte des Netzes* an der Position des Systems s bezeichnet.

Die mittlere Dichte D^{prob} des Netzes unter Verwendung probabilistischer Kanalmodelle wird hieraus wie folgt definiert:

$$D^{prob} := \frac{1}{|\mathcal{S}|} \cdot \sum_{s \in \mathcal{S}} Nb(s) \qquad (7.6)$$

Die Definition der Zahl der probabilistischen Nachbarn nach Gleichung 7.5 ist eine Verallgemeinerung des deterministischen Nachbarschaftsbegriffs nach Gleichung 7.3, wonach die Zahl der deterministischen Nachbarn durch $|\mathcal{N}_s|$ bestimmt ist. Wie die folgenden Umformungen zeigen, gilt unter Verwendung deterministischer Kanalmodelle $Nb(s) = |\mathcal{N}_s|$:

$$
\begin{aligned}
Nb(s) &= \sum_{n \subset \mathcal{S}} Pr_{rx}(s,n) = \sum_{n \in \mathcal{N}_s} Pr_{rx}(s,n) + \sum_{n \in \mathcal{S} \setminus \mathcal{N}_s} Pr_{rx}(s,n) \qquad (7.7) \\
&= \sum_{n \in \{n | Pr_{rx}(s,n) = 100\,\%\}} Pr_{rx}(s,n) + \sum_{n \in \{n | Pr_{rx}(s,n) = 0\}} Pr_{rx}(s,n) \qquad (7.8) \\
&= |\{n | Pr_{rx}(s,n) = 100\,\%\}| + 0 = |\mathcal{N}_s| \qquad (7.9)
\end{aligned}
$$

Damit wurde gezeigt, dass die deterministische Formulierung der Dichte D^{det} ein Spezialfall der probabilistischen Dichte-Formulierung D^{prob} ist.

Beispiel

Zur Verdeutlichung des Zusammenhangs zwischen der Anzahl Systeme in der Ebene und der resultierenden Dichte wurde die Dichte nach Gleichung 7.4 und 7.6 experimentell in einer Simulation ermittelt. Als Repräsentanten eines deterministischen bzw. probabilistischen Kanalmodells wurden das Free-Space sowie das Log-Normal Shadowing Modell herangezogen. Es wurden zwischen 32 und 65 536 Systeme zufällig gleichverteilt auf einer Simulationsfläche von 750 m x 500 m platziert. In der resultierenden Topologie wurde die Dichte unter Verwendung des Free-Space Modells (D^{FS}) nach Gleichung 7.4 sowie unter Verwendung des Log-Normal Shadowing Modells (D^{LNS}) nach Gleichung 7.6 ermittelt. Die Parametrisierung der Modelle erfolgte nach den Angaben in Tabelle 7.1. Neben der Dichte wurden außerdem jeweils die minimale Distanz d_{min} zum nächstgelegenen System und die Empfangswahrscheinlichkeit $Pr_{rx}(d_{min})$ zu diesem, unter Annahme des Log-Normal Shadowing Modells, ermittelt. Die Empfangswahrscheinlichkeit des nächstgelegenen Systems kann als die mittlere untere Schranke für die Wahrscheinlichkeit gesehen werden, dass ein System mit mindestens einem anderen System des Netzes verbunden ist. Der Vorgang wurde für jede Netzgröße 100 Mal wiederholt. Tabelle 7.3 zeigt gemittelte Ergebnisse für die im Folgenden relevanten Netzgrößen, welche zwischen 512

Systeme	D^{FS}	D^{LNS}	d_{min} [m]	$Pr_{rx}(d_{min})$
512	7,91	8,9459	13,7852	100 %
724	11,26	12,6727	11,5343	100 %
1024	15,94	17,7453	9,6922	100 %
1448	21,91	24,5788	8,1511	100 %
2048	33,01	36,5470	6,8294	100 %

Tabelle 7.3 Entwicklung der beobachtbaren Netzdichte unter Verwendung des Free-Space sowie des Log-Normal Shadowing Modells auf einer 500 x 750 m^2 großen Simulationsfläche.

und 2048 Systeme beinhalten. Eine umfassende Auflistung der Werte ist in Tabelle B.1 in Anhang B zu finden. Dabei ist festzuhalten, dass ab einer Anzahl von 512 Systemen auf der Simulationsfläche im deterministischen Fall eine mittlere Dichte von etwa 7,9 Nachbarn, im probabilistischen Fall eine mittlere Dichte von 8,9 Nachbarn erreicht wird. Eine Verdopplung der Anzahl Systeme zieht näherungsweise eine Verdopplung der Anzahl Nachbarn nach sich; der Zusammenhang zwischen der Anzahl Systeme pro Fläche und der mittleren Dichte ist linear. Unter Verwendung des probabilistischen Modells werden generell größere Dichten beobachtet.

Die mittlere Dichte unter Verwendung des Free-Space Modells kann auch analytisch erfasst werden. Diese wird im Folgenden mit D^A, für analytische Dichte, bezeichnet. Sie lässt sich angeben durch die Anzahl der Systeme, welche sich im Mittel innerhalb des maximalen Kommunikationsradius $d_{max}^{FreeSpace}$ um ein beliebiges System befinden. Unter Annahme einer zufälligen, gleichverteilten Platzierung der Systeme auf einer rechtwinklig begrenzten Fläche ergibt sich:

$$D^A = \frac{n \cdot \pi \cdot r^2}{x \cdot y} \tag{7.10}$$

Darin bezeichnet n die Anzahl Systeme im Netz, x und y die Abmessungen der Fläche sowie $r = d_{max}^{FreeSpace}$ die maximale Kommunikationsreichweite unter Verwendung des Free-Space Modells nach Gleichung 2.34. Unter Parametrisierung des Modells nach den Angaben in Tabelle 7.1 ergibt sich $r = d_{max}^{FreeSpace} \approx 43,23$ m und D^A lässt sich für diesen Spezialfall in Abhängigkeit der Systeme angeben als $D^A(n) \approx n \cdot 15,6563 \cdot 10^{-3}$.

Abbildung 7.4(a) zeigt die Entwicklung der Dichte mit zunehmender Zahl an Systemen im Netz für die beiden Modelle Free-Space D^{FS} und Log-Normal Shadowing D^{LNS} sowie die analytisch berechnete Dichte D^A nach Gleichung 7.10. Unter allen drei Modellierungen steigt die Dichte mit zunehmender Zahl Systeme im Netz linear an. Der Graph der analytisch ermittelten Dichte D^A zeigt eine sehr gute Übereinstimmung mit den empirischen Daten der Dichte D^{FS}. Die unter Verwendung des probabilistischen Modells beobachtete Dichte D^{LNS} ist stets größer als die unter Verwendung des Free-Space Modells beobachtete Dichte D^{FS}. Abbildung 7.4(b) zeigt das Verhältnis der beobachteten mittleren Dichten zueinander. Dabei wird

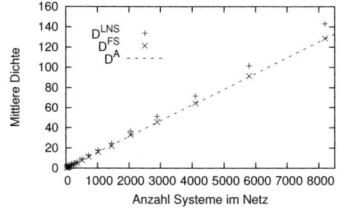

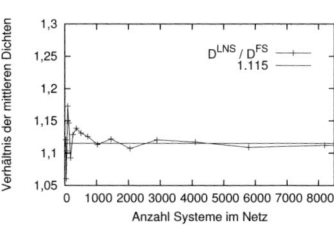

(a) Mittlere Dichte bei wachsender Netzgröße

(b) Verhältnis probabilistischer zu deterministischer Dichte

Abbildung 7.4 (a) Lineare Entwicklung der beobachtbaren Netzdichte unter Verwendung des Free-Space Modells (D^{FS}) und des Log-Normal Shadowing Modells (D^{LNS}) bei zunehmender Anzahl Systeme im Netz. (b) Das Verhältnis der Dichten zwischen probabilistischem und deterministischem Kanalmodell ist näherungsweise konstant.

festgestellt, dass das Verhältnis für große Netze näherungsweise konstant um den Wert 1,115 liegt. D. h., dass unter Verwendung des probabilistischen Log-Normal Shadowing Modells in der gewählten Parametrisierung jedes System im Mittel etwa 11,5 % mehr Nachbarn hat als unter Verwendung des deterministischen Free-Space Modells beobachtet wurden.

Fazit

Insgesamt kann festgehalten werden, dass die Formulierung der Dichte nach Gleichung 7.6 sowohl für probabilistische als auch für deterministische Kanalmodelle anwendbar ist. Die Dichte eines Netzes, dessen Systeme gleichverteilt zufällig auf einer Fläche fester Größe ausgebracht sind, verhält sich proportional zur Anzahl Systeme im Netz. Dieser Zusammenhang wurde sowohl für das deterministische Free-Space Modell als auch für das probabilistiche Log-Normal Shadowing Modell beobachtet.

7.1.5 Untersuchte Topologien

Die Simulationen werden auf drei unterschiedlichen Typen von Topologien durchgeführt. Diese sind:

- *Gitter-Topologie:* Die Systeme sind in einem regelmäßigen, achsparallelen Gitter auf der Simulationsfläche verteilt. Der Abstand zum jeweils nächstgelegenen System ist sowohl in x- als auch in y-Richtung identisch. Abbildung 7.5(a) zeigt ein Beispiel der Gitter-Topologie.
- *Random-Topologie:* Die Systeme sind zufällig gleichverteilt auf der Simulationsfläche angeordnet. Dazu wurden die x- und y-Koordinaten der Systeme unabhängig voneinander aus einer Gleichverteilung gezogen. Abbildung 7.5(c) zeigt ein Beispiel der Random-Topologie.

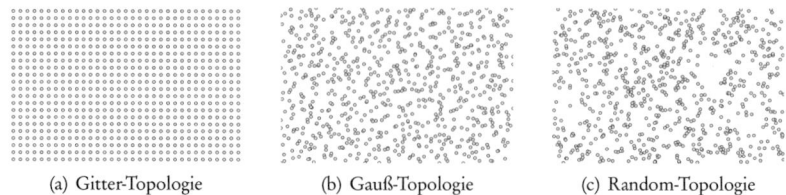

(a) Gitter-Topologie   (b) Gauß-Topologie   (c) Random-Topologie

Abbildung 7.5 Beispiele der untersuchten Topologie-Typen Gitter, Gauß und Random.

- *Gauß-Topologie:* Die Gauß-Topologie entsteht, wenn Systeme näherungsweise entlang eines regelmäßigen Gitters platziert werden. Anstatt die Systeme jedoch exakt an den Knotenpunkten des Gitters auszurichten, wird die Position der Systeme aus einer gauss'schen Normalverteilung gezogen, welche den jeweiligen Knotenpunkt als Zentrum hat. Im Folgenden wird die Standardabweichung σ der Gauß-Topologie immer als Vielfaches s der Distanz d zwischen zwei benachbarten Gitterpunkten angegeben, $\sigma := d \cdot s$. Abbildung 7.5(b) zeigt ein Beispiel der Gauß-Topologie für $s = 0{,}5$.

Mit $\sigma = 0$ geht die Gauß-Topologie in die Gitter-Topologie über, für $\sigma = \infty$ wird sie zur Random-Topologie. Random- und Gitter-Topologie sind damit Spezialfälle der Gauß-Topologie. Die Standardabweichung der Gauß-Topologie ermöglicht dabei einen kontinuierlichen Übergang zwischen den Topologien.

Die drei Topologien unterscheiden sich in der resultierenden Charakteristik bezüglich der minimalen Distanz zum nächsten Nachbarn sowie in der lokal von jedem System wahrnehmbaren Dichte (vgl. Gleichung 7.5), welche als die mittlere erwartete Anzahl Empfänger interpretiert werden kann. Die beiden Aspekte werden im Folgenden untersucht.

Distanz zum nächsten Nachbarn

Unter Verwendung probabilistischer Kanalmodelle wird davon ausgegangen, dass sich die mittlere Empfangswahrscheinlichkeit zweier Systeme mit zunehmender Distanz verringert. Die größte Empfangswahrscheinlichkeit und damit auch der qualitativ beste Kanal, ist zum nächsten Nachbarn zu erwarten. Unter Vernachlässigung von Hindernissen ist die Distanz zum nächsten Nachbarn für jedes System ein Maß für die untere Schranke der Verbundenheit zum übrigen Netz. Liegt der nächste Nachbar sehr nahe, kann mit hoher Wahrscheinlichkeit davon ausgegangen werden, dass es zumindest über diesen Nachbarn gut mit dem WSAN verbunden ist. Ist der nächste Nachbar weit entfernt, muss davon ausgegangen werden, dass die Verbindung zum übrigen Netz ebenfalls schlecht ist. Ein System mit großer Distanz zum nächsten Nachbarn läuft daher Gefahr vom WSAN isoliert zu sein.

Abbildung 7.6 zeigt die Histogramme der Distanzen zum jeweils nächsten Nachbarn für die drei untersuchten Topologien Gitter, Gauß und Random. Die Histogramme stellen die jeweils gemittelten Ergebnisse aus der Analyse von 100 stati-

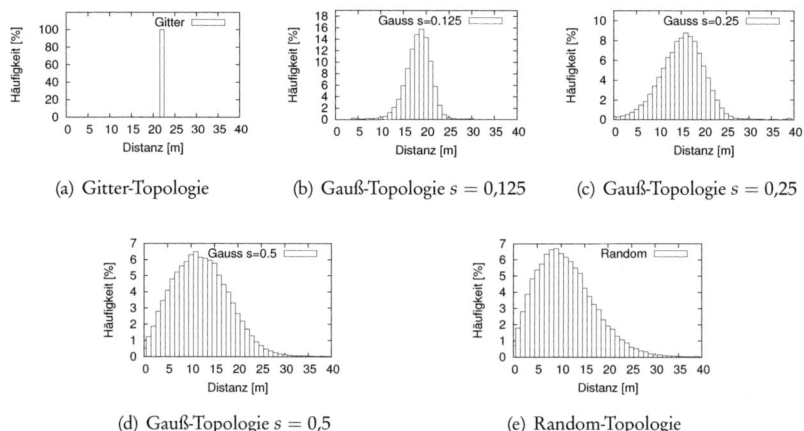

(a) Gitter-Topologie   (b) Gauß-Topologie $s = 0{,}125$ (c) Gauß-Topologie $s = 0{,}25$

(d) Gauß-Topologie $s = 0{,}5$ (e) Random-Topologie

Abbildung 7.6 Histogramme der Distanz zum jeweils nächsten Nachbarn

stisch unabhängig generierten Exemplaren der jeweiligen Topologie dar. Die Systeme in der Gitter-Topologie sind entlang eines regelmäßigen Gitters ausgerichtet. Daher weist jedes System dieselbe Distanz zum nächsten Nachbarn auf und das Histogramm zeigt nur einen einzigen Wert (vgl. Abb. 7.6(a)). In diesem Beispiel finden alle Systeme den nächsten Nachbarn in einer Distanz von 22 m. Die Abstände zum nächsten Nachbarn in der Gauß- und Random-Topologie weisen dagegen eine Spanne unterschiedlicher Distanzen auf. Die beiden zugehörigen Verteilungen unterscheiden sich wesentlich in der Form und der Lage der häufigsten Distanz. Die Gauß-Topologie (vgl. Abb. 7.6(b)–7.6(d)) weist bei $0{,}125 \leq s \leq 0{,}5$ im Vergleich zur Gitter-Topologie sowohl mehr kurze als auch mehr weite Distanzen zum nächsten Nachbarn auf. Die Breite der Streuung dieser Distanzen nimmt mit steigendem s-Parameter zu. Damit verlagern sich auch Schwerpunkt und Modus[28] der Verteilung in Richtung kleinerer Distanzen. Im Beispiel führt $s = 0{,}125$ dazu, dass die häufigste Distanz zum nächsten Nachbarn etwa 19 m beträgt, für $s = 0{,}25$ beträgt sie 16 m und für $s = 0{,}5$ noch etwa 11 m. Das Histogramm der Random-Topologie (vgl. Abb. 7.6(e)) weist eine ausgeprägt asymmetrische Form zugunsten kleinerer Distanzen auf. Die häufigste Distanz zum nächstgelegenen Nachbarn beträgt hier etwa 9 m. Je weiter sich die Gauß-Topologie der Random-Topologie annähert, desto breiter streut das Histogramm der Distanzen zum jeweils nächsten Nachbarn.

Die Histogramme lassen erahnen, dass die Gauß-Topologie die beiden Topologien Gitter und Random – als jeweiligen Grenzfall für $s = 0$ bzw. $s \to \infty$ – umfasst. Die Gauß-Topologie mit $s = 0{,}25$ führt zu einer gleichmäßigeren Verteilung der Systeme auf der Simulationsfläche, als dies bei der Random-Topologie gegeben ist. D. h. die Gauß-Topologie (mit $s \approx 0{,}25$) weist in wesentlich geringerem Maße Häufungen

---

[28] Häufigster Wert

von Systemen auf, d. h. Gebiete, in welchen sehr viele Systeme eng beieinander liegen. Ebenso ist die Wahrscheinlichkeit für „Inseln" oder Gebiete, welche nur wenige oder keine Systeme beinhalten, stark gegenüber der Random-Topologie reduziert.

Lokale Dichte

Abbildung 7.7 zeigt die Histogramme der lokalen Dichteverteilung nach Gleichung 7.5. Die Gitter-Topologie (vgl. Abb. 7.7(a)) zeichnet sich dabei durch eine gleichförmige Dichte aus, d. h. die Systeme im Inneren der Topologie verfügen über dieselbe Anzahl erwarteter Empfänger. Die Systeme am Rand der untersuchten Fläche weisen geringere Dichten auf, da ein Teil ihres „Kommunikationsbereiches" außerhalb der untersuchten Fläche liegt. Das Histogramm der Gauß-Topologie für $s = 0{,}125$ ist dem der Gitter-Topologie sehr ähnlich. Die Streubreite der beobachteten lokalen Dichte nimmt mit steigendem Parameter s merklich zu. Dabei ist die Streubreite der neu auftauchenden geringen Dichten größer als die der neu auftretenden hohen Dichten. Die Erklärung ist, dass die Gauß-Topologie aufgrund der Orientierung an einem regelmäßigen Gitter Anhäufungen von vielen Systemen innerhalb eines kleinen Radius vermeidet. Mit wachsendem s-Parameter nähert sich die Charakteristik der Gauß-Topologie an die der Random-Topologie an, was gut an den Histogrammen der lokalen Dichteverteilung (vgl. Abb. 7.7(b)–7.7(e)) zu erkennen ist. Die Random-Topologie zeigt die breiteste Streuung der im Netz beobachteten lokalen Dichten. So sind einerseits Systeme im Netz, welche eine lokale Dichte kleiner 1 aufweisen und damit nur mit geringer Wahrscheinlichkeit mit dem Netz verbunden sind. Andererseits zeigt das Histogramm auch, dass Systeme im Netz existieren, welche eine lokale Dichte von 27 haben, also im Mittel mit bis zu 27 Empfängern pro MAC-Broadcast Übertragung rechnen können. Die beobachteten Unterschiede in der lokalen Dichte und damit die Unterschiede in der mittleren erwarteten Anzahl an Empfängern einer Übertragung, sind in der Random-Topologie enorm. In der hier untersuchten Konfiguration wurden in der Random-Topologie Dichten zwischen 0 und 27 Nachbarn beobachtet.

Bewertung

Eine exakte Gitter-Topologie wird in realen WSANs nur dann zu finden sein, wenn das Netz auf großen, hindernisfreien Flächen ausgebracht und jedes System entweder händisch oder maschinell explizit platziert wird. In jedem Fall muss ein gewisses Interesse an der exakten Platzierung der Systeme vorausgesetzt werden. Diese Topologie könnte beispielsweise bei der Überwachung einer grünen Grenze (vgl. FleGSens [34]) zum Einsatz kommen, wo eine gleichmäßige und garantiert lückenfreie Überdeckung der überwachten Fläche für die Anwendung essentiell ist.

Die Random-Topologie führt ebenfalls zu einer flächigen Verteilung der Systeme. Im Gegensatz zur Gitter-Topologie weist sie jedoch Gebiete mit Häufungen von Systemen sowie Inseln ohne Systeme auf. Es ist anzunehmen, dass derartige Extrema der Dichteverteilung vornehmlich in Netzen aufzufinden sind, deren Ausbringung vollständig unüberwacht abläuft, wie beispielsweise beim Abwurf der Systeme aus sehr großer Höhe.

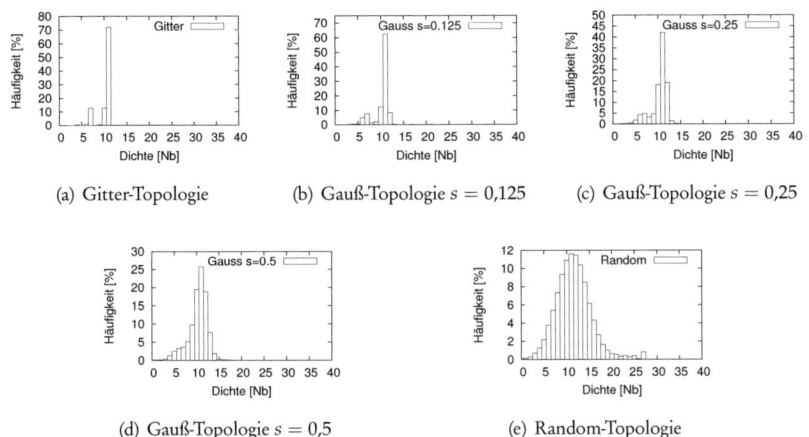

Abbildung 7.7 Histogramme der lokalen Dichteverteilung in den Topologien

Wird der Vorgang der Ausbringung kontrolliert, ist anzunehmen, dass dabei sowohl besonders dicht als auch besonders dünn besetzte Regionen im Netz vermieden werden. Wird dabei eine gleichmäßige Abdeckung, aber keine exakt regelmäßige Positionierung der Systeme gefordert, stellt die Gauß-Topologie eine gute Modellierung dar. Der Grad der Unregelmäßigkeit, also der Grad der Abweichung von einem regelmäßigen Gitter, kann durch den Parameter s justiert werden.

7.2 Bewertung der Adressierungsmodi

Die Untersuchung der Adressierungsmodi gliedert sich in sechs Teile: Zunächst wird das den Untersuchungen zugrunde liegende Basis-Szenario definiert. Daran schließt sich die Untersuchung der vier Adressierungsmodi dienstbasierter Anycast (Q_ANY), dienstbasierter Somecast (Q_SOME), dienstbasierter Broadcast (Q_ALL) und dienstbasierter Unicast (Q_INST) an. Für jeden der Modi wird dessen Effektivität und Effizienz anhand der in Abschnitt 7.1.2 definierten Metriken bewertet. Da es sich beim dienstbasierten Unicast um die Zustellung von Antwort-Dateneinheiten handelt, wird dieser jeweils in Kombination mit einem der übrigen Adressierungsmodi betrachtet. Abschließend wird die Wahrscheinlichkeit für das Erreichen der Ziel-Region sowie die Zustellraten der Adressierungsmodi Q_ANY, Q_SOME, Q_ALL und Q_INST unter lokationsbeschränkter Adressierung untersucht.

7.2.1 Definition des Basis-Szenarios

Den Untersuchungen der Effektivität und Effizienz der vier Adressierungsmodi der ServiceCast-Architektur liegt das im Folgenden definierte Basis-Szenario zugrunde. Darin werden WSANs, bestehend aus einer definierten Dienste-Menge als Beispielanwendung, untersucht. Die Anwendung besteht aus den folgenden Diensten:

- Der Dienst „*S*" dient in der Untersuchung als Sender und stellt damit den Initiator jeder Kommunikation dar. Die Instanzen dieses Dienstes senden periodisch Dateneinheiten, welche entsprechend der jeweiligen Untersuchung unterschiedlich parametrisiert sind. Insbesondere unterscheidet sich je nach untersuchtem Adressierungsmodus die Form des Adressaten, welcher in den periodisch versendeten Dateneinheiten angegeben ist. Je nach untersuchtem Modus trägt die Ziel-Adresse einen der Quantifikatoren `Q_ANY`, `Q_SOME` oder `Q_ALL`. Wahlweise kann eine Beschränkung der Ziel-Region erfolgen. Dabei wird für jede Anfrage eine neue Ziel-Region zufällig bestimmt.

- Der Dienst „*A*" dient als Adressat. Alle von *S* versendeten Dateneinheiten sind an Instanzen des Dienstes *A* adressiert. Je nach untersuchtem Adressierungsmodus beantwortet eine Instanz des Dienstes *A* jede empfangene Dateneinheit mit einer an den jeweiligen Absender adressierten Antwort-Dateneinheit. Die Ziel-Adresse der Antwort-Dateneinheit trägt den Quantifikator `Q_INST`.

- Daneben existieren Instanzen mit einem zufällig gewähltem Dienst-Bezeichner, welcher jeweils von *S* und *A* verschieden ist. Jedes System, welches weder eine Instanz des Dienstes S noch A instanziiert, führt eine Instanz mit zufällig gewähltem Dienst-Bezeichner aus. Dies erhöht die Zahl der unterschiedlichen Dienste im Netz und stellt sicher, dass Dateneinheiten zur Signalisierung realistischen Inhalt tragen und damit insbesondere eine realistische Größe aufweisen.

Jedes System des WSANs verfügt über eine vollständige Implementierung der ServiceCast-Architektur und instanziiert genau einen der genannten anwendungsspezifischen Dienste. Die Systeme sind entsprechend der drei vorgestellten Topologien – Gitter, Gauß und Random – auf der Simulationsfläche verteilt. Um Einschränkungen der Aussagekraft des Szenarios durch spezielle Diensteverteilungen zu vermeiden, wird die Zuordnung der Dienste auf die Systeme zufällig gleichverteilt vorgenommen. Die Parametrisierung der Systeme und des Kanalmodells folgt den in Tabelle 7.1 aufgeführten Werten.

Die hier vorgestellten Simulationen gliedern sich in zwei Phasen:

1. Initialisierung

2. Betrieb

Während der Initialisierung führen die Systeme eine kurz dauernde Nachbarerkennung und Kanalschätzung durch. Dazu überträgt jedes System 10 ServiceCast -Signalisierungsdateneinheiten vom Typ TSS-Reply (vgl. Abschnitt 5.7.3.3) an die benachbarten Systeme. Dadurch lernt jedes System eine initiale Schätzung der erreichbaren Nachbarn sowie der jeweiligen Kanalqualität. Weiter wird dadurch bereits die Verfügbarkeit der Dienste im Netz bekannt gemacht. Die Schätzungen werden durch die Beobachtung des Verkehrs in der zweiten Phase sukzessive weiter verfeinert. Die zweite Phase der Simulation – Betrieb – stellt den eigentlichen Betrieb des WSANs dar. Während des Betriebs nehmen die Dienste der Anwendung ihre jeweilige Aufgabe wahr. Instanzen des Dienstes S beginnen den periodischen Versand von Dateneinheiten. Instanzen des Dienstes A beantworten empfangene Dateneinheiten.

Variationen der ServiceCast-Architektur

Zum Nachweis der Effektivität der probabilistischen Routing-Metriken der Service-Cast-Architektur sind die Algorithmen der Signalisierung zum Anycast sowie der GPSR-Algorithmus zur lokationsbasierten Weiterleitung zum Vergleich zusätzlich mit deterministischen Metriken implementiert.

Der dienstbasierte Anycast verwendet die probabilistische Metrik μ_{ETX} nach Gleichung 5.9 in Abschnitt 5.7.3. Sie bewertet die erwarteten Kosten der Zustellung einer Dateneinheit in Form der mittleren erwarteten Anzahl an Übertragungen. Als deterministische Alternative ist die weit verbreitete Hop-Count-Metrik μ_{HC} implementiert:

$$\mu_{HC}(n) := 1 \qquad (7.11)$$

Sie bewertet die Distanz zu jedem Nachbarn n mit 1 und zählt damit die Zahl der Hops, welche zum Erreichen einer Dienst-Instanz notwendig sind. Die Hop-Count-Metrik ignoriert insbesondere die Qualität des Kanals zwischen zwei benachbarten Systemen.

Die lokationsbasierte Weiterleitung verwendet im Greedy-Modus die in [127] vorgeschlagene probabilistische Metrik μ_{PRRd}, welche neben der Richtung zum Ziel die Kanalqualität zu den zur Auswahl stehenden Nachbarn mit einbezieht (vgl. Abschnitt 5.8). Als deterministische Alternative wurde hier zum Vergleich zusätzlich die Original-Metrik des GPSR Algorithmus aus [60] implementiert, welche im Folgenden mit μ_{GPSR} bezeichnet wird. Nach dieser Metrik wird deterministisch immer derjenige Nachbar zur Weiterleitung ausgewählt, welcher dem Ziel am nächsten ist. Die Metrik basiert also ausschließlich auf der euklidischen Distanz zwischen dem jeweils zu bewertenden Nachbarn und dem Ziel:

$$\mu_{GPSR}(n) := dist(n,z) \qquad (7.12)$$

Darin steht n für den zu bewertenden Nachbarn, z ist die Lokation des Ziels und $dist(n,z)$ gibt die euklidische Distanz zwischen n und z an.

Eine nachteilige Auswirkung der deterministischen Metriken μ_{HC} und μ_{GPSR} ist, dass beide die Distanz zum jeweiligen Nachbarn maximieren. Für μ_{GPSR} ist dies trivialerweise der Fall, denn wird die Distanz zwischen Nachbar und Ziel minimiert, vergrößert sich die Distanz zum Nachbarn[29]. μ_{HC} gibt die Zahl der Hops zwischen zwei Systemen an. Wird die Zahl der Hops minimiert, wirkt sich dies maximierend auf die mittlere Distanz zwischen den Systemen aus. Abbildung 7.8 verdeutlicht dies. Sie zeigt drei Systeme A, B und C. Darin kann System A System B entweder direkt oder indirekt über System C erreichen. Nach der Hop-Count-Metrik ist B über den direkten Pfad einen Hop, über den indirekten zwei Hops entfernt. Der Minimierung der Hop-Count-Metrik folgend müsste hier also der direkte Pfad gewählt werden, welcher pro Hop eine größere Distanz überwindet.

Deterministische Kanalmodelle vernachlässigen die mit zunehmender Distanz im Mittel abnehmende Empfangswahrscheinlichkeit. Solange zwei Systeme Nachbarn

---

[29]Nachbarn, welche weiter als das Ziel selbst entfernt sind, sind vernachlässigbar.

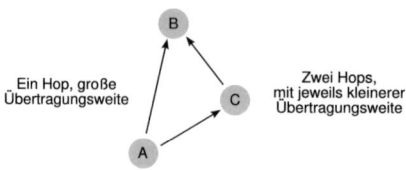

Abbildung 7.8 Minimieren der Hop-Count-Metrik maximiert die Distanz zwischen den Nachbarn

zueinander sind, beträgt ihre Empfangswahrscheinlichkeit immer 100 %. Daher hat die maximierte Distanz zwischen zwei Nachbarn unter Verwendung deterministischer Kanalmodelle keinen Einfluss auf die Empfangswahrscheinlichkeit und die resultierenden Zustellraten. Werden dagegen probabilistische Kanalmodelle eingesetzt, führt die Auswahl weit entfernter Systeme systematisch zur Auswahl von Systemen, zu welchen eine Verbindung mit niedriger Empfangswahrscheinlichkeit besteht. Dies resultiert in entsprechend niedrigen Zustellraten und soll durch die Einbeziehung der Empfangswahrscheinlichkeit in die probabilistische Routing-Metrik vermieden werden.

Die deterministischen Metriken führen jeweils zu guten Ergebnissen bei Verwendung mit einem deterministischen Kanalmodell. Wie jedoch gezeigt wird, sind diese nicht für die Verwendung mit den wesentlich realistischeren, probabilistischen Kanalmodellen geeignet. Durch diese Untersuchungen wird die Notwendigkeit geeigneter Maßnahmen im Umgang mit dem indeterministischen und unzuverlässigen drahtlosen Kanal betont.

7.2.2 Dienstbasierter Anycast (Q_ANY)

Zur Untersuchung der Leistungsfähigkeit des dienstbasierten Anycast wird zunächst die Effektivität der Routing-Metriken unter deterministischen bzw. probabilistischen Kanalmodellen betrachtet. Anschließend wird die Effizienz des Anycast anhand des notwendigen Speicherbedarfs, des erzeugten Overheads und anhand der Latenz bewertet.

Die vorgestellten Ergebnisse wurden unter Verwendung des in Abschnitt 7.2.1 vorgestellten Basis-Szenarios gewonnen. Anfragen werden mit gesetztem Trace-Flag versendet und tragen jeweils die Ziel-Adresse $<$A:Q_ANY:$>$ und Quell-Adressen der Form $<$S:INr$_S$:$>$. In Antworten ist das Trace-Flag nicht gesetzt. Sie tragen Ziel-Adressen der Form $<$S:INr$_S$:$>$ und Quell-Adressen der Form $<$A:INr$_A$:$>$. INr$_S$ und INr$_A$ stehen dabei jeweils für die Instanz-Nummern der an der Kommunikation beteiligten Instanzen. Der untersuchte Parameterraum ist in Tabelle 7.4 aufgeführt.

7.2.2.1 Effektivität der Routing-Metrik

Bei Verwendung eines probabilistischen Kanalmodells hat die verwendete Routing-Metrik wesentlichen Einfluss auf die Erfolgswahrscheinlichkeit der Ende-zu-Ende-

Parameter	Werte
Netzgröße	512, 724, 1024, 1448, 2048
Instanzdichte	2, 10, 50, 100 %
Nutzdaten	2, 16, 128 Byte
Lokationsbeschränkung	Ja, Nein
Routing-Metrik	probabilistisch, deterministisch
Topologie	Gitter, Gauß, Random
Kanalmodell	Free-Space, Log-Normal Shadowing

Tabelle 7.4 Betrachteter Parameterraum zur Bewertung des dienstbasierten Anycast.

Übertragung zwischen zwei Dienst-Instanzen. Dieser Einfluss wird im Folgenden für die in Abschnitt 5.7.3 vorgestellte Metrik des Anycast μ_{ETX} präsentiert.

Dazu wird die Erfolgswahrscheinlichkeit des Anycast unter Verwendung des deterministischen Free-Space Modells und des probabilistischen Log-Normal Shadowing Modells untersucht. Zum Vergleich ist zusätzlich zu der mit der probabilistischen Metrik μ_{ETX} erzielten Erfolgsrate jeweils die unter Verwendung der deterministischen Hop-Count-Metrik μ_{HC} erzielte Erfolgsrate angegeben. Damit ergeben sich die vier Konfigurationen, welche in Tabelle 7.5 aufgeführt sind.

Abbildung 7.9 zeigt die Erfolgsrate der Zustellung des dienstbasierten Anycast bei unterschiedlichen Netzdichten. Das Basis-Szenario ist mit einer Sender-Instanz und 2 % Empfänger-Instanzen konfiguriert, d. h. 2 % der Systeme instanziieren den Dienst A. Alle weiteren Systeme des Szenarios instanziieren einen Dienst mit zufälligem Bezeichner.

Die Kombination deterministisches Kanalmodell und deterministische sowie probabilistische Routing-Metrik (FS + μ_{HC} bzw. FS + μ_{ETX}) führt dazu, dass der Anycast immer erfolgreich zugestellt werden kann (vgl. Abb. 7.9(a)). Bei der Verwendung eines probabilistischen Kanalmodells sinkt die erzielte Erfolgsrate, in Kombination mit der deterministischen Metrik (LNS + μ_{HC}) auf Werte zwischen 45 % (bei der Dichte $\approx$ 9) und 65 % (bei der Dichte $\approx$ 24,5). Im Vergleich dazu erreicht die probabilistische Metrik (LNS + μ_{ETX}) bei allen untersuchten Netzdichten um 20 % bis 40 % höhere mittlere Erfolgsraten.

Bei zunehmender Instanzdichte nimmt die mittlere Entfernung zur nächsten Instanz ab, wodurch die Erfolgsraten des Anycast entsprechend steigen, wie die Abbildungen 7.9(b) bis 7.9(d) für die Instanzdichten von 10 %, 50 % und 100 % zeigen. Dabei ist zu bemerken, dass die deterministische Metrik bei probabilistischem Kanal (LNS + μ_{HC}) selbst bei der größtmöglichen Instanzdichte von 100 % keine Erfolgs-

	Free-Space	Log-Normal Shadowing
μ_{HC}	FS + μ_{HC}	LNS + μ_{HC}
μ_{ETX}	FS + μ_{ETX}	LNS + μ_{ETX}

Tabelle 7.5 Vier Kombinationen aus deterministischem bzw. probabilistischem Kanalmodell und Routing-Metrik für den Anycast.

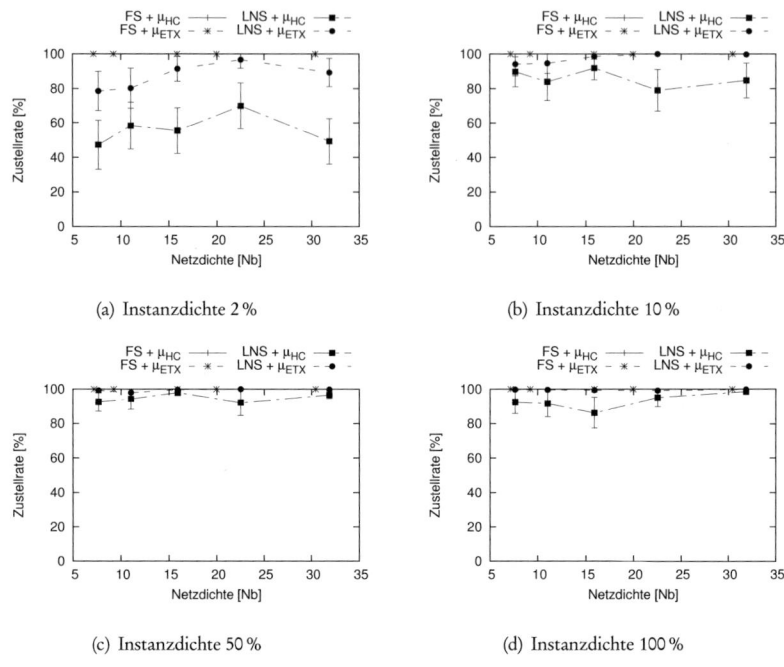

(a) Instanzdichte 2 %

(b) Instanzdichte 10 %

(c) Instanzdichte 50 %

(d) Instanzdichte 100 %

Abbildung 7.9 Erfolgsrate der Zustellung eines Anycast bei den vier möglichen Kombinationen aus deterministischem (FS) und probabilistischem (LNS) Kanalmodell sowie deterministischer (μ_{HC}) und probabilistischer (μ_{ETX}) Routing-Metrik.

rate von 100 % erreicht. Bei dieser Instanzdichte ist zwar garantiert, dass jeder der Nachbarn eine Instanz des adressierten Dienstes A enthält und daher jeweils nur ein Hop zurückgelegt werden muss. Die deterministische Metrik ist jedoch nicht in der Lage Nachbarn mit guter Verbindung von Nachbarn mit schlechter Verbindung zu unterscheiden. So kommt es häufig vor, dass der Anycast an einen Nachbarn mit geringer Empfangswahrscheinlichkeit zugestellt wird, wodurch es zu der erkennbar reduzierten Erfolgsrate in Abbildung 7.9(d) kommt. Die probabilistische Metrik erreicht nahezu 100 % Erfolgsrate, da sie Nachbarn mit hoher Empfangswahrscheinlichkeit bevorzugt.

7.2.2.2 Speicherbedarf

Der für den Anycast notwendige Speicherbedarf verhält sich proportional zur Zahl der Einträge in der Routing-Tabelle. Abbildung 7.10 zeigt die mittlere sowie die maximale Anzahl der Einträge in der Routing-Tabelle. Abbildung 7.10(a) belegt die Unabhängigkeit der Routing-Tabellen-Größe von der Anzahl der Instanzen im Netz. In

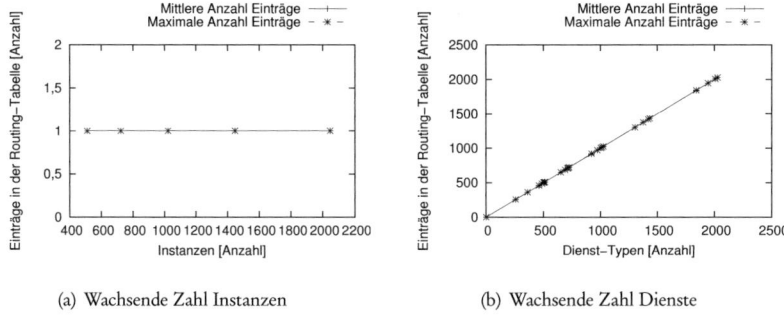

(a) Wachsende Zahl Instanzen   (b) Wachsende Zahl Dienste

Abbildung 7.10 Zahl der Einträge in der Routing-Tabelle bei veränderlicher Zahl der Instanzen sowie bei veränderlicher Zahl an Diensten

dem dort aufgeführten Szenario existieren genau die zwei unterschiedlichen Dienste S und A. Da jedes System einen der beiden Dienste selbst instanziiert, enthält die Routing-Tabelle jeweils genau einen Eintrag. Dieser verweist auf eine Instanz des jeweils anderen Dienstes. D. h. auf Systemen, welche selbst eine Instanz des Dienstes A anbieten, trägt die Routing-Tabelle einen Eintrag für den Dienst S und umgekehrt. Abbildung 7.10(b) zeigt, wie die Zahl der Einträge in der Routing-Tabelle linear mit der Zahl unterschiedlicher Dienste im Netz steigt. Bei n unterschiedlichen Diensten enthält die Routing-Tabelle maximal $(n - 1)$ Einträge. Dieser Zusammenhang stellt keine Beschränkung der Skalierbarkeit der ServiceCast-Architektur dar, da die Zahl unterschiedlicher Dienste pro Anwendung konstant und im Allgemeinen wesentlich geringer als die Zahl unterschiedlicher Systeme bzw. Instanzen im WSAN ist.

7.2.2.3 Overhead

Abbildung 7.11(a) zeigt die Entwicklung des Overheads mit steigender Netzdichte. Das Netz enthält jeweils eine Instanz des Sender-Dienstes S, auf den übrigen Systemen sind Instanzen des Dienstes A (bei Instanzdichten zwischen 10 % und 100 %) sowie Instanzen zufällig gewählter Dienste verteilt. Die Größe der Nutzdaten in den Anfragen des Senders bzw. in den Antworten des Empfängers sind in jeder Untersuchung fest gewählt. Die Abbildung zeigt den Overhead für die Nutzdaten-Größe von 2 Byte, 16 Byte und 128 Byte. Je kleiner die Nutzdaten, desto größer der Overhead. Bei einer Nutzdaten-Größe von 2 Byte ergibt sich ein Overhead von über 90 %. Bei 128 Byte Nutzdaten liegt der Overhead zwischen 10 % und 20 %.

7.2.2.4 Latenz

Abbildung 7.11(b) zeigt die Latenz der Zustellung per Anycast mit steigender Anzahl zur Zustellung notwendiger Hops. Die mittlere Latenz befindet sich im Bereich von 55 ms bei einem Hop bis etwa 65 ms bei fünf Hops.

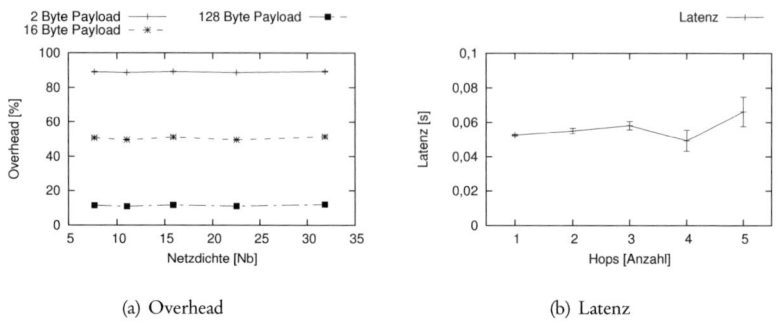

(a) Overhead (b) Latenz

Abbildung 7.11 Mittlerer Overhead und mittlere Latenz der Zustellung per Anycast

7.2.3 Dienstbasierter Somecast (Q_SOME)

Zur Untersuchung der Leistungsfähigkeit des dienstbasierten Somecast wird dessen Effektivität anhand der erreichten Abdeckung und deren Verteilung bewertet. Die Effizienz des Somecast wird anhand des notwendigen Aufwands zum Erreichen einer vorgegebenen Abdeckung, des Speicherbedarfs sowie des Overheads durch Signalisierung und der Latenz der Zustellung untersucht.

Die vorgestellten Ergebnisse wurden unter Verwendung des in Abschnitt 7.2.1 vorgestellten Basis-Szenarios gewonnen. Anfragen werden mit gesetztem Trace-Flag versendet und tragen jeweils die Ziel-Adresse `<A:Q_SOME:>` und Quell-Adressen der Form `<S:INr_S:>`. Jeder Empfänger einer Anfrage beantwortet diese durch eine Antwort-Dateneinheit. In Antworten ist das Trace-Flag nicht gesetzt. Sie tragen Ziel-Adressen der Form `<S:INr_S:>` und Quell-Adressen der Form `<A:INr_A:>`. INr_S und INr_A stehen dabei jeweils für die Instanz-Nummern der an der Kommunikation beteiligten Instanzen. Der untersuchte Parameterraum ist in Tabelle 7.6 aufgeführt.

7.2.3.1 Abdeckung

Die Abdeckung wird anhand von vier Aspekten untersucht. Diese sind:

1. Die mittlere erreichte Abdeckung
2. Die Streuung der Abdeckung bei fester Parametrisierung und variabler Dichte
3. Die Streuung der Abdeckung bei fester Parametrisierung und fester Dichte
4. Die Verteilung der erreichten Systeme

Mittlere erreichte Abdeckung

Abbildung 7.12 zeigt die auf unterschiedlich dichten Netzen unter unterschiedlichen Parametrisierungen erreichte mittlere Abdeckung. Exakte numerische Werte der Abdeckung sowie weitere statistische Größen sind in Tabelle D.1 in Anhang D

Parameter	Werte
Segmentlänge h	2, 3, 4, 5, 6
Verzweigungsgrad b	2, 3, 4, 5, 6
OARQ tx_{max}	1, 2, 3, 4, 5, 10, 15, 20, 25
OARQ-Wahrscheinlichkeitsniveau ϵ	25, 50, 75, 85, 95, 99 %
Q_SOME-Metrik	$\Psi_0, \Psi_1, \Psi_2, \Psi_3$
Netzgröße	512, 724, 1024, 1448, 2048
Instanzdichte	10, 50, 100 %
Nutzdaten	2, 16, 128 Byte
Topologie	Gitter, Gauß, Random
Kanalmodell	Free-Space, Log-Normal Shadowing

Tabelle 7.6 Betrachteter Parameterraum zur Bewertung des dienstbasierten Some-cast.

zu finden. Untersucht wurden Netze mit 512 bis 2048 Systemen auf einer Simulationsfläche der Größe $750 \times 500\, m^2$. Die Netze weisen eine mittlere Dichte von 9 bis 36,5 auf. D. h. die mittlere erwartete Anzahl Empfänger einer MAC Broadcast-Übertragung beträgt entsprechend der jeweiligen Dichte 9 bis 36,5 Nachbarn. Dargestellt sind die Abdeckungen für Parametrisierungen mit Segmentlängen h = 2 bis h = 6 und Verzweigungsgrade b = 2 bis b = 6. Diese Parametrisierung wird im Folgenden kurz in Form des Tupels (Verzweigungsgrad / Segmentlänge) angegeben.

Generell sind in allen Netzen für kleine Segmentlängen und große Verzweigungsgrade die höchsten Abdeckungen zu beobachten. Bei festem Verzweigungsgrad und steigender Segmentlänge sinkt die erreichte Abdeckung, da mit ihr die Anzahl der Weiterleitungsschritte, welche nur an einen einzelnen Nachbarn gerichtet sind, steigt. Es wird zunächst auf den Einfluss der variablen Segmentlänge bei festem Verzweigungsgrad eingegangen, bevor der Einfluss des Verzweigungsgrades bei fester Segmentlänge untersucht wird.

Bei kleinen Segmentlängen h werden häufiger Verzweigungen vorgenommen als bei großen Segmentlängen. Daher ist bei den kleinsten untersuchten Segmentlängen (hier für h = 2) die größte Spanne an unterschiedlichen mittleren Abdeckungen zu beobachten. Diese liegen je nach Netzgröße bzw. Dichte zwischen etwa 16 % und 81 % (vgl. die Parametrisierung (2/2) in Abb. 7.12(a) und (6/2) in Abb. 7.12(e)). Die maximale Spanne der beobachteten Abdeckungen bei *fester* Segmentlänge beträgt hier ca. 58 % und wurde in den dichtesten untersuchten Netzen (vgl. die Parametrisierungen (2/2) und (6/2) in Abb. 7.12(e)) festgestellt.

Mit steigender Segmentlänge h sinkt die Abdeckung und mit ihr die Spanne der, unter Variation des Verzweigungsgrades, möglichen Abdeckungen. Bei einer Segmentlänge von 6 ist in allen Netzen eine Variation der mittleren Abdeckung von nicht mehr als 10 % zu beobachten. Die mittlere Abdeckung liegt hier im Bereich von 8,8 % bis 18,6 %. Bei 512 Systemen (Dichte $\approx$ 9, vgl. Abb 7.12(a)) wird ab einer Segmentlänge von 4 im Mittel die Abdeckung von 30 % nicht mehr erreicht. Diese und größere mittlere Abdeckungen können bei der gegebenen Netzgröße nur mit kleineren Segmentlängen erreicht werden.

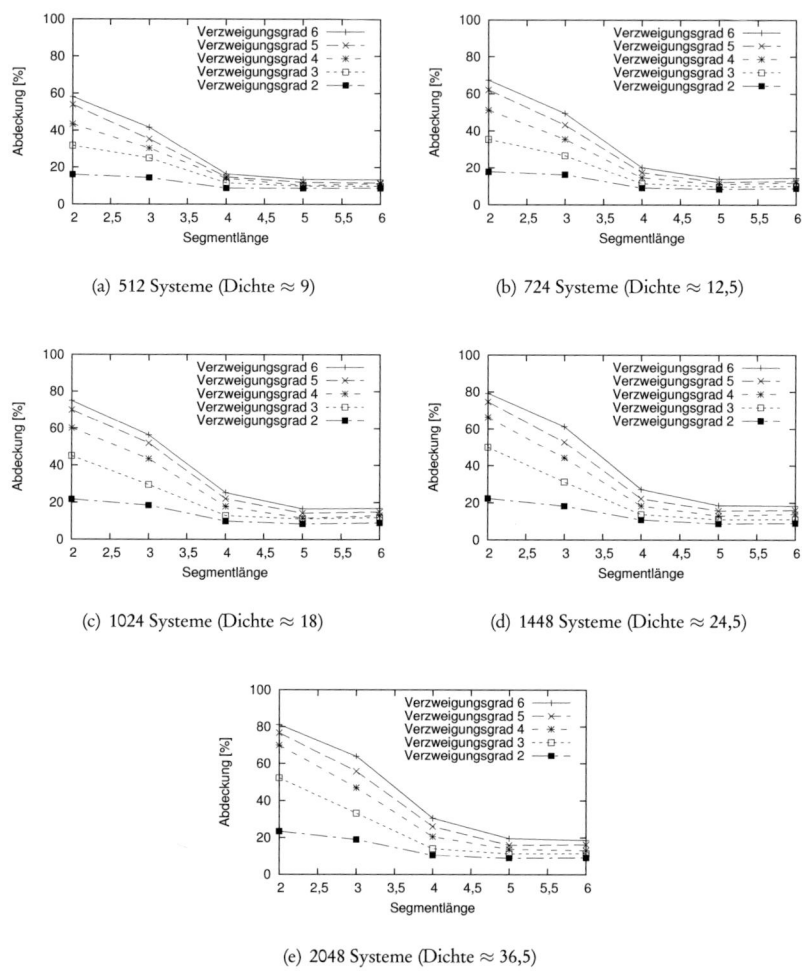

(a) 512 Systeme (Dichte ≈ 9)

(b) 724 Systeme (Dichte ≈ 12,5)

(c) 1024 Systeme (Dichte ≈ 18)

(d) 1448 Systeme (Dichte ≈ 24,5)

(e) 2048 Systeme (Dichte ≈ 36,5)

Abbildung 7.12 Q_SOME Abdeckung bei unterschiedlichen Netzgrößen (entspricht den Dichten 9–36,5)

Der Verzweigungsgrad b hat ebenso wie die Segmentlänge h einen entscheidenden Einfluss auf die mittlere erreichte Abdeckung: Je größer der Verzweigungsgrad b, desto größer die erreichte mittlere Abdeckung. Bei der minimalen untersuchten Segmentlänge von h = 2 wird mit Verzweigungsgrad b = 2 in einem Netz aus 512 Systemen eine Abdeckung von etwa 16,0 % erreicht (vgl. Abb. 7.12(a)). Der Verzweigungsgrad b = 6 führt bei derselben Segmentlänge zu einer mittleren Abdeckung von ca. 58,2 %.

Mit zunehmender Dichte des Netzes nimmt die erreichte mittlere Abdeckung tendenziell zu. Führt beispielsweise die Parametrisierung (2/2) in den Netzen aus 512 Systemen (Dichte $\approx$ 9) zu einer mittleren Abdeckung von 16,0 %, wird unter derselben Parametrisierung in den Netzen mit 2048 Systemen (Dichte $\approx$ 36,5) eine mittlere Abdeckung von 23,5 % beobachtet. Ebenso nimmt die unter der Parametrisierung (6/2) beobachtete mittlere Abdeckung von 58 % auf 81 % zu. Dabei ist besonders hervorzuheben, dass die Zunahme der Dichte um den Faktor vier *nicht* zu einer Zunahme der mittleren Abdeckung um denselben Faktor führt. Die Zunahme der mittleren Abdeckung fällt wesentlich geringer aus.

Anhand der Entwicklung der Abdeckung bei fester Netzdichte, fester Segmentlänge und wachsendem Verzweigungsgrad ist – innerhalb des untersuchten Wertebereiches – erkennbar, dass die durch den Somecast erreichte Abdeckung hier einen Sättigungsprozess beschreibt: Bei linear steigendem Verzweigungsgrad sinkt die jeweilige Zunahme der Abdeckung. Diese Beobachtung ist dadurch erklärbar, dass ein jeweils vergrößerter Verzweigungsgrad einen Anteil der bisher noch nicht erreichten Systeme zusätzlich erreicht. Dadurch ist die Steigerung der Abdeckung vom jeweils vorhandenen Anteil nicht erreichter Systeme abhängig. Die Steigerung der Abdeckung sinkt daher entsprechend mit zunehmender Abdeckung.

Streubreite der Abdeckung bei fester Parametrisierung und variabler Dichte

Die durch den Somecast erreichte Abdeckung ist wesentlich abhängig von dessen Parametrisierung, also der Wahl des Verzweigungsgrades b und der Segmentlänge h. Daneben können zahlreiche weitere Faktoren Einfluss auf die Ausbreitung des Somecast-Baumes im Netz und damit auf die in einem bestimmten Netz erreichte Abdeckung nehmen. Dazu gehören der drahtlose Kanal, die relative Lage der Systeme zueinander sowie die Dichte und die Ausdehnung des Netzes.

Im Folgenden wird die Streubreite der Abdeckung bei fester Parametrisierung in unterschiedlich dichten Netzen untersucht. Dazu wird die Streuung der erreichten Abdeckung betrachtet, welche bei fester Parametrisierung bezüglich Verzweigungsgrad b und Segmentlänge h bei Netzdichten zwischen 9 und 36,5 Nachbarn sowie bei unterschiedlichen Topologien (Gitter, Gauß, Random) erreicht wurde. Diese Streubreite gibt Aufschluss darüber, mit welcher Genauigkeit die Abdeckung durch den Somecast unabhängig von der Netzgröße und Topologie gesteuert werden kann.

Abbildung 7.13 zeigt die Streuung der erreichten mittleren Abdeckung für alle betrachteten Kombinationen aus Verzweigungsgrad b und Segmentlänge h. Die Streuhöhe der jeweiligen Punktwolken entspricht der Streubreite der Abdeckung.

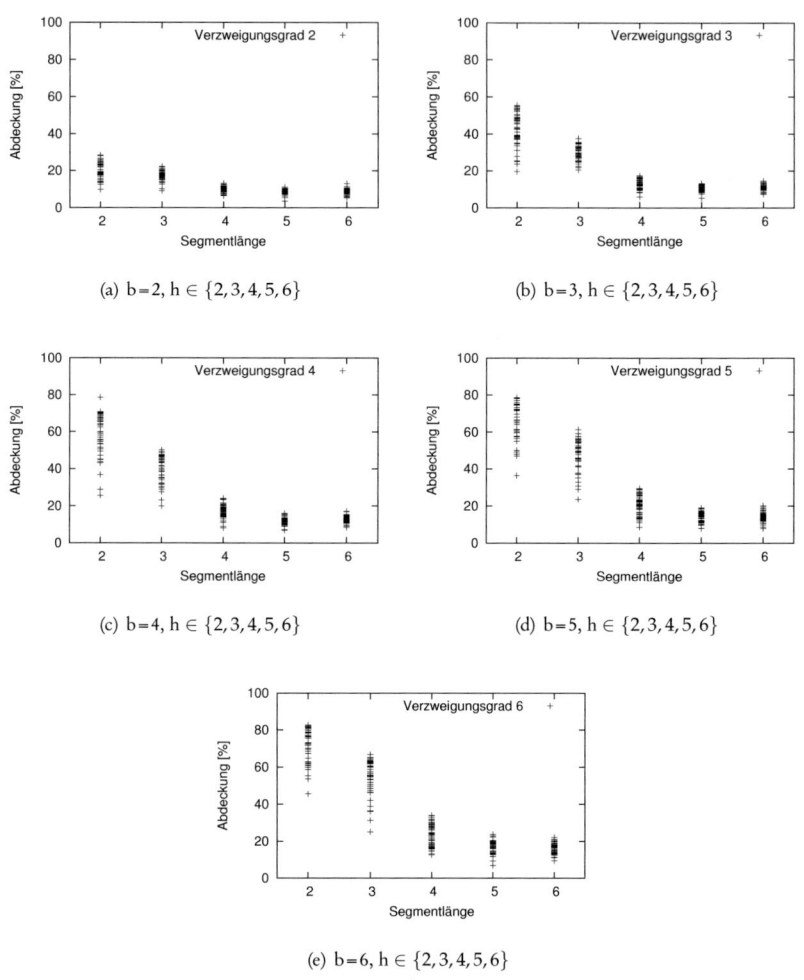

(a) b=2, h ∈ {2,3,4,5,6}

(b) b=3, h ∈ {2,3,4,5,6}

(c) b=4, h ∈ {2,3,4,5,6}

(d) b=5, h ∈ {2,3,4,5,6}

(e) b=6, h ∈ {2,3,4,5,6}

Abbildung 7.13 Abdeckung bei gegebenem Verzweigungsgrad b und Segment-länge h für unterschiedliche Dichten und Topologien

Verzweigungsgrad b	Segmentlänge h	Mittlere Abdeckung [%]	Std-Abweichung	Streubreite	25 %-Quantil	75 %-Quantil	Minimum	Maximum
2	5	8,66	1,29	7,54	8,27	9,33	3,62	11,16
2	6	9,02	1,40	7,63	8,39	9,84	5,35	12,98
2	4	9,83	1,58	6,72	8,82	11,00	6,45	13,17
3	5	10,61	1,63	7,82	9,55	11,97	5,37	13,19
3	6	10,90	1,59	7,14	9,79	11,70	7,40	14,54
4	5	11,90	2,10	9,15	10,32	13,20	6,86	16,00
4	6	12,68	1,91	8,66	11,28	13,64	8,39	17,06
3	4	12,77	2,57	11,44	10,95	14,79	5,95	17,40
5	5	14,01	2,69	11,03	11,96	15,90	7,96	18,99
5	6	14,37	2,68	12,18	12,63	15,69	7,99	20,17
6	6	16,38	3,03	12,84	13,86	18,79	9,35	22,18
6	5	16,45	3,62	16,83	13,75	19,28	6,86	23,69
4	4	17,11	3,56	15,92	15,17	18,70	8,12	24,03
2	3	17,27	2,85	13,11	15,54	19,34	9,16	22,28
2	2	20,28	4,55	18,43	17,59	24,20	9,83	28,26
5	4	20,55	5,24	20,88	16,60	24,49	8,59	29,47
6	4	23,97	6,07	21,48	18,23	29,06	12,54	34,02
3	3	29,14	4,19	17,08	25,82	32,41	20,49	37,57
4	3	40,12	7,41	30,18	34,96	46,35	19,90	50,08
3	2	42,89	9,37	35,86	37,49	50,52	19,64	55,50
5	3	47,83	9,20	37,80	41,64	54,97	23,57	61,37
6	3	54,42	9,58	41,60	49,72	62,26	25,13	66,73
4	2	58,12	11,44	53,06	51,49	67,47	25,61	78,67
5	2	67,43	10,25	42,13	60,11	75,09	36,41	78,55
6	2	72,17	9,31	37,08	64,72	80,52	45,57	82,66

Tabelle 7.7 Mittlere Abdeckung und weitere statistische Größen bei gegebener Segmentlänge und Verzweigungsgrad, ausgewertet über alle untersuchte Dichten und Topologien.

Tabelle 7.7 zeigt die zugehörigen numerischen Werte der mittleren Abdeckung, ihre Standardabweichung sowie die jeweilige Streubreite, Quartile, Minima und Maxima. Die Werte der Tabelle sind nach aufsteigender mittlerer Abdeckung sortiert. Für den Verzweigungsgrad 2, und speziell für die Parametrisierung (2/5), wird insgesamt die geringste mittlere Abdeckung von 8,7 % erreicht. Diese weist in den untersuchten Netzgrößen und Topologien eine ebenfalls sehr geringe Streubreite auf. Die beobachteten Werte der mittleren Abdeckung sind im Bereich zwischen 3,6 % – 11,2 %, also mit einer Streubreite von 7,6 %, gestreut. Je geringer die Streubreite der Abdeckung, desto weniger anfällig ist der Algorithmus gegenüber einer Variation der Dichte und der Topologie. Prinzipiell sind zum Erreichen einer bestimmten Abdeckung Parametrisierungen mit geringer Streubreite gegenüber Parametrisierungen mit größerer Streubreite zu bevorzugen. Die geringste Streubreite wurde für die Parametrisierung (2/4) bei einer mittleren Abdeckung von 9,8 % beobachtet. Die beobachteten Abdeckungen liegen im Bereich zwischen 6,4 % bis 13,2 %

gestreut, d. h. die Streubreite beträgt hier 6,7 %. Die Parametrisierung (3/3) führt zu einer mittleren Abdeckung von 29,1 %. Die Streuung der Werte umfasst eine Breite von 17,1 %. Wie an den Quantilen und Extrema zu erkennen ist, liegen die Werte der Abdeckung nahezu symmetrisch um den Mittelwert gestreut. Diese Tendenz ist ähnlich auch für die anderen Parametrisierungen zu beobachten. Bei mittleren Abdeckungen um 40 % bis 60 % sind die größten Streubreiten zu beobachten. Dies lässt den Schluss zu, dass der Algorithmus in diesem Abdeckungsbereich besonders sensibel auf Veränderungen der Topologie und der Dichte des Netzes reagiert. Die Parametrisierung (4/2) weist die größte Streubreite von 53,1 % auf. Sie liegt bei einer mittleren Abdeckung von 58,1 %.

Einen genaueren Einblick in die Streuung der Abdeckung liefern Histogramme der erreichten Abdeckungen für feste Parametrisierungen. Abbildung 7.14 zeigt die Histogramme[30] der Abdeckungsstreuung für die drei ausgewählte Parametrisierungen (3/4), (3/3) und (3/2). Die Histogramme umfassen die Abdeckungen aller untersuchten Dichten und Topologien. Sie veranschaulichen daher die Genauigkeit mit der die zu erwartende Abdeckung unter einer festen Parametrisierung bei unbekannter Topologie und Netzdichte erreicht werden kann. Je geringer die Segmentlänge, desto größer die erzielte mittlere Abdeckung. Unter diesen Parametrisierungen werden mittlere Abdeckungen von 12,8 %, 29,1 % und 42,9 % erreicht. Die größeren Abdeckungen weisen größere Streubreiten auf. Diese liegen bei 11,4 %, 17,1 % bzw. 35,9 %. Die Histogramme zeigen deutlich, dass für die Parametrisierungen (3/4) und (3/3) (vgl. Abb. 7.14(a) und 7.14(b)) die jeweilige mittlere Abdeckung am häufigsten zu beobachten war. Größere Abweichungen vom Mittelwert treten entsprechend ihrer Abweichung seltener auf. Das Histogramm der Parametrisierung (3/2) zeigt drei ausgeprägte Häufungen. Diese liegen, wie in Abbildung 7.14(c) angedeutet, bei Abdeckungen zwischen 37,5 % – 40,0 %, 47,5 % – 50,0 % und 52,5 % – 55,0 %. Diese Häufungen sind auf die Variation der beobachteten Abdeckung bei unterschiedlichen Netzdichten zurückzuführen. Der Einfluss der Netzdichte auf die Abdeckung bei fester Parametrisierung wird im folgenden Abschnitt diskutiert.

Streubreite der Abdeckung bei fester Parametrisierung und fester Dichte

Abbildung 7.15 und 7.16 zeigen die Histogramme der Abdeckungen, welche unter jeweils fester Parametrisierung in Netzen unterschiedlicher Dichte beobachtet wurden. Die Histogramme vereinigen jeweils die Werte der drei Topologien Gitter, Gauß und Random. Damit wird beispielhaft anhand von zwei Parametrisierungen die Genauigkeit veranschaulicht, mit welcher bei bekannter Netzdichte die Abdeckung eines Somecast gesteuert werden kann.

Zur Veranschaulichung wurden die bereits aus den Abbildungen 7.14(b) und 7.14(c) bekannten Parametrisierungen (3/3) und (3/2) dargestellt. Dort wurde die Abdeckung bei variabler Netzdichte untersucht. Im Unterschied dazu zeigen die Abbildungen 7.15 und 7.16 die Verteilung der erreichten Abdeckung für unterschiedliche, aber jeweils feste Netzdichten. Die dritte in Abbildung 7.14 dargestellte Parametrisierung (3/4) (vgl. Abb. 7.14(a)) führt bereits bei variabler Netzdichte zu einer

---

[30]Die Auflösung der Histogramme beträgt je 2,5 %.

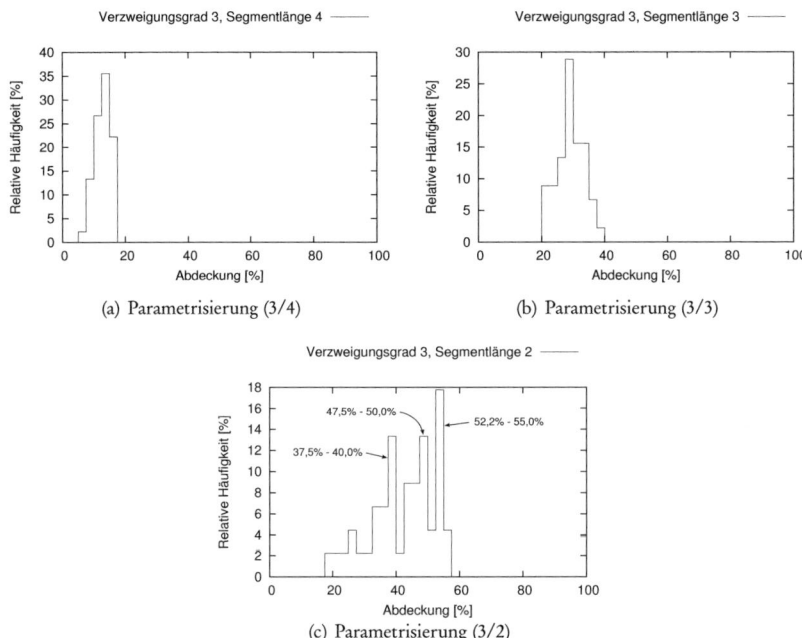

(a) Parametrisierung (3/4)

(b) Parametrisierung (3/3)

(c) Parametrisierung (3/2)

Abbildung 7.14 Verteilung der Abdeckung für drei ausgewählte Parametrisierungen über alle untersuchte Netzgrößen und Topologien.

geringen Streubreite von weniger als 11,5 %. Die Streuung dieser Parametrisierung wird daher im Folgenden nicht weiter analysiert.

Abbildung 7.15 zeigt die Histogramme der Parametrisierung (3/3) in Netzen der Dichte 9 – 36,5. Deutlich zu erkennen ist, dass die Streubreite der Abdeckung bei fester Dichte jeweils geringer ist als die Streubreite bei variabler Dichte (vgl. Abb. 7.14(b)). Je nach Dichte des Netzes liegt die Streubreite der Abdeckung zwischen 8,6 % und 11,8 %. Mit steigender Dichte des Netzes steigt ebenfalls die beobachtete mittlere Abdeckung an. Für die Dichte von 9 liegt die mittlere Abdeckung bei 25,0 % (vgl. Abb. 7.15(a)) und steigt um 8,2 % bis zu einer mittleren Abdeckung von 33,2 % in Netzen der Dichte 36,5 (vgl. Abb. 7.15(e)). Das Histogramm zur Verteilung der Abdeckung unter variabler Dichte in Abbildung 7.14(b) entsteht durch Vereinigung der Histogramme aus Abbildung 7.15(a) bis 7.15(e).

Abbildung 7.16 zeigt die Histogramme der Parametrisierung (3/2) für die Dichten 9 – 36,5. Mit steigender Netzdichte nimmt ebenfalls die beobachtete mittlere Abdeckung zu. Die Mittelwerte liegen bei 31,7 % für Netze der Dichte 9 (Abb. 7.16(a)) und steigen um 20,5 % bis zu einer mittleren Abdeckung von 52,2 % in Netzen der Dichte 36,5 (Abb. 7.16(e)). Wie bereits in Abbildung 7.14(c) gesehen, zeigt die Para-

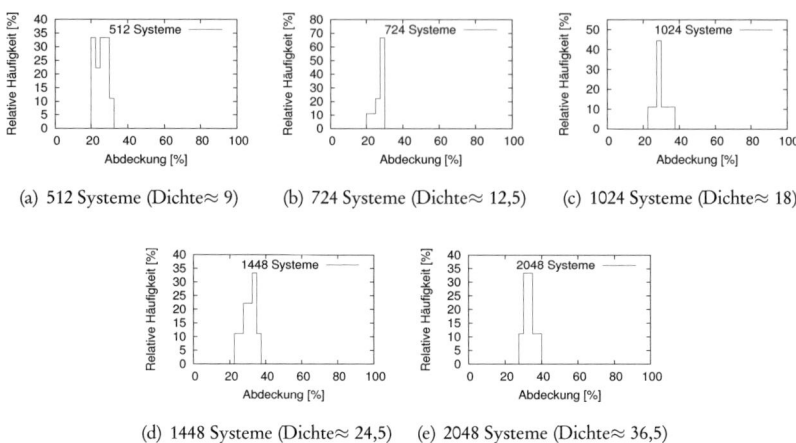

Abbildung 7.15 Verteilung der Abdeckung bei fester Parametrisierung (3/3) und den Netzgrößen 512, 724, 1024, 1448 und 2048 Systeme.

metrisierung (3/2) bei Variation der Netzdichte eine breitere Streuung als die Parametrisierungen (3/3) und (3/4). Eine Erklärung hierfür ist die bei Parametrisierung (3/2) stärkere Variation der mittleren Abdeckung bei unterschiedlichen Netzdichten.

Die Parametrisierung (3/2) führt zu insgesamt größeren mittleren Abdeckungen als die Parametrisierung (3/3). Dabei steigt gleichzeitig die Sensibilität der erzielten Abdeckung gegenüber der Variation der Netzdichte. So zeigt die Parametrisierung (3/2) eine größere Abhängigkeit der mittleren Abdeckung von der Dichte des Netzes als dies bei der Parametrisierung (3/3) zu erkennen ist. Die erhöhte Sensibilität gegenüber der Variation der mittleren Netzdichte spiegelt sich in der Streubreite der beobachteten Abdeckungen wider (vgl. Abb 7.14(c) und 7.13(b)).

Insgesamt konnte eine Abhängigkeit der Streubreite von der mittleren erreichten Abdeckung beobachtet werden. Kleine mittlere Abdeckungen (im Bereich von etwa 10 % bis 30 %) können selbst bei unbekannter Netzdichte mit einer jeweils festen Parametrisierung des Verzweigungsgrades und der Segmentlänge erreicht werden. Beispielsweise führt die Parametrisierung (2/3) über alle betrachteten Netzdichten zu einer Abdeckung zwischen 9,2 % und 22,3 %. Im Mittel führt diese Parametrisierung zu einer Abdeckung von etwa 17 %. Für größere mittlere Abdeckungen im Bereich zwischen ca. 40 % – 60 % steigt die Streubreite der beobachteten Abdeckungen stark an, wodurch die Genauigkeit abnimmt, mit welcher die erwartete mittlere Abdeckung vorhergesagt werden kann. Bei bekannter Netzdichte kann die erwartete mittlere Abdeckung exakter bestimmt werden. Dies wird durch die reduzierte Streubreite bei bekannter Netzdichte (vgl. Abb. 7.15 und 7.16) deutlich.

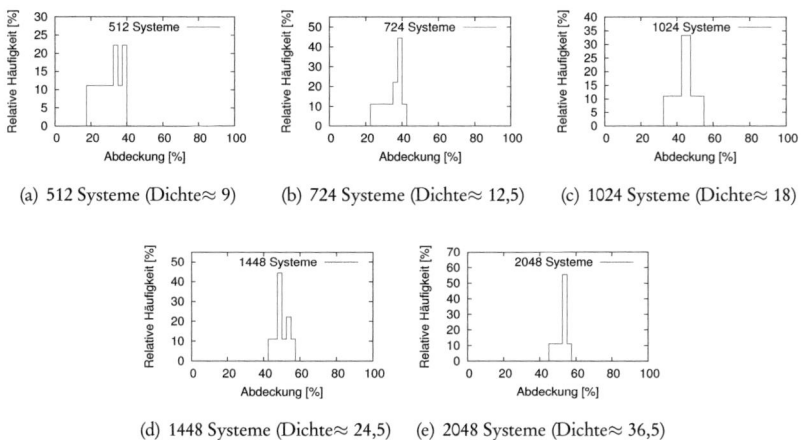

(a) 512 Systeme (Dichte≈ 9)   (b) 724 Systeme (Dichte≈ 12,5)   (c) 1024 Systeme (Dichte≈ 18)

(d) 1448 Systeme (Dichte≈ 24,5)   (e) 2048 Systeme (Dichte≈ 36,5)

Abbildung 7.16 Verteilung der Abdeckung bei fester Parametrisierung (3/2) und den Netzgrößen 512, 724, 1024, 1448 und 2048 Systeme.

Verteilung der erreichten Systeme

Neben der im WSAN erreichten Abdeckung ist ebenso die Verteilung der erreichten Systeme wichtig. Der Begriff Verteilung wird hier zunächst zeitlich aufgefasst. Dazu wird anhand eines Beispiels die Variabilität der durch mehrere nacheinander durchgeführte Somecast erreichten Systeme betrachtet. Anschließend wird auf die räumliche Verteilung der durch einen einzigen Somecast erreichten Systeme eingegangen.

Der Somecast soll eine repräsentative Stichprobe erlauben, weshalb bei mehreren hintereinander ausgeführten Somecasts nicht dieselbe Menge an Systemen erreicht werden soll. Abbildung 7.17 zeigt ein Beispiel für vier aufeinanderfolgende Somecasts auf derselben Gauß-Topologie. Die randomisierte Auswahl der Nachbarn während der verteilten Konstruktion des Zufallsbaumes führt dazu, dass bei jedem neuen Somecast die Nachbarn zur Weiterleitung weitgehend unabhängig vom vorhergehenden Somecast ausgewählt werden. Dies gilt nicht nur für die Nachbarwahl an Verzweigungsstellen, sondern auch für jede Weiterleitung an einen einzelnen Nachbarn zwischen zwei Verzweigungen. Daher unterscheidet sich die Menge der von zwei aufeinanderfolgenden Somecasts erreichten Systeme zu einem großen Teil. Das Beispiel demonstriert, dass bei je zwei Somecasts ein großer Anteil unterschiedlicher Systeme erreicht wird. Je weiter die Systeme von der Quelle des Somecast und vom Rand des Netzes entfernt sind, desto besser ist die Verteilung der Systeme. An der Quelle des Somecast kann die Varianz in der Auswahl der Systeme prinzipbedingt nur gering sein, da nur relativ wenige Systeme für die Weiterleitung des Somecast zur Verfügung stehen. Ähnlich ist die Situation am Rand des Netzes. Da das OARQ-Verfahren die Ausbreitung der Äste des Somecast-Baumes bis zum

229

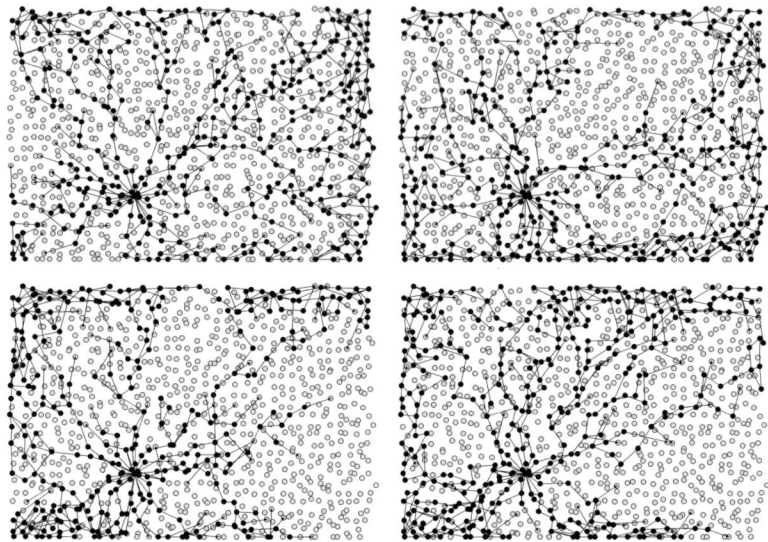

Abbildung 7.17 Beispiel für vier aufeinanderfolgende Somecast auf derselben Topologie (1024 Systeme, Dichte 18). Es wird jeweils ein großer Anteil unterschiedlicher Systeme erreicht.

Netzrand begünstigt, erreichen viele der Äste den Rand des Netzes. Werden mehrere Äste entlang des Randes fortgesetzt, führt dies bereits zu einer Verdichtung der
Ausbreitung am Netzrand.

Die räumliche Verteilung der erreichten Systeme wird im Folgenden anhand einer
Metrik bestimmt und bewertet. Dazu wurde in Abschnitt 7.1.2 durch Gleichung
7.1 μ_{cov} als Metrik für die räumliche Verteilung der Abdeckung eingeführt. Anhand dieser Metrik wird die Qualität der Verteilung innerhalb des Netzes bewertet. Das Netz wird in 64 Felder gleicher Größe aufgeteilt und die in jedem Feld
erreichte lokale Abdeckung bestimmt. Die Standardabweichung μ_{cov} der lokalen
Abdeckung aller Felder dient als Maß für die Qualität der Verteilung. Bei idealer
Verteilung weist jedes der Felder dieselbe Anzahl an erreichten Systemen und daher auch dieselbe lokale Abdeckung auf. Die Standardabweichung ist daher im Idealfall null. Je ungleichmäßiger die Verteilung im Netz ist, desto größer wird die
Standardabweichung. Abbildung 7.18 zeigt die Standardabweichung μ_{cov} der vier
in Abschnitt 5.7.4 vorgestellten Metriken Ψ_0, Ψ_1, Ψ_2 und Ψ_3. Die Standardabweichung der lokalen Abdeckung ist jeweils über die im gesamten Netz erreichte Abdeckung aufgetragen. Letztere wird hier zur besseren Unterscheidbarkeit als „globale Abdeckung" bezeichnet.

Für alle vier Metriken liegt die Standardabweichung der lokalen Abdeckung μ_{cov}
im Bereich zwischen 0,05 und 0,45. Kleine und besonders große globale Abdeckun-

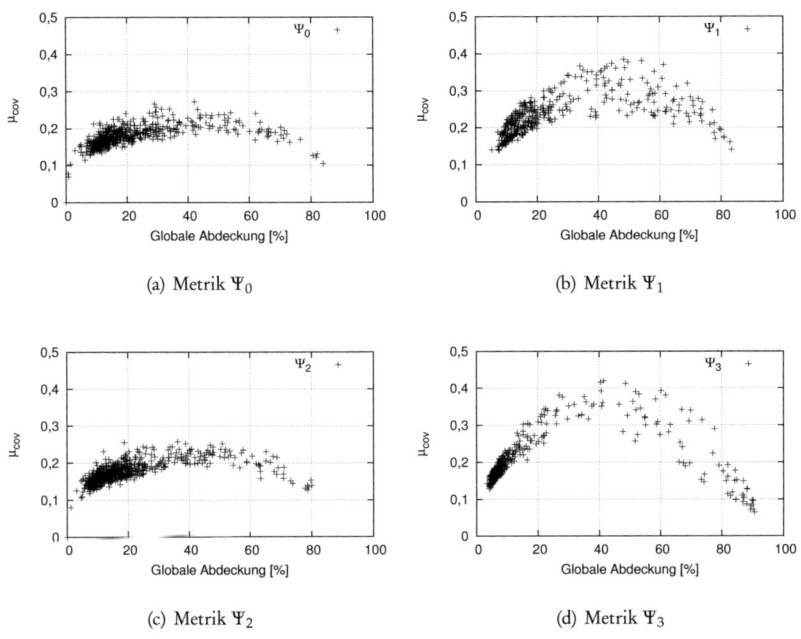

(a) Metrik Ψ_0 (b) Metrik Ψ_1

(c) Metrik Ψ_2 (d) Metrik Ψ_3

Abbildung 7.18 Streuung der Abdeckung eines Somecast unter Verwendung der vier Metriken $\Psi_0, \Psi_1, \Psi_2, \Psi_3$ im Vergleich.

gen führen jeweils zu geringerer Standardabweichung als mittlere globale Abdeckungen. Dabei unterscheidet sich die genaue Lage der maximalen Standardabweichung je nach Metrik. Insgesamt zeigt die Standardabweichung der lokalen Abdeckung μ_{cov} ihr Maximum bei einer globalen Abdeckung zwischen 30 % und 60 %. Die Bewertung durch μ_{cov} ist für die Metriken Ψ_0 und Ψ_2 für alle globalen Abdeckungen sehr ähnlich (vgl. Abb. 7.18(a) und 7.18(c)). Diese beiden Metriken führen zu vergleichbar gut verteilten Abdeckungen. Ψ_1 und Ψ_3 zeigen für die meisten Werte der globalen Abdeckung eine tendenziell größere Standardabweichung μ_{cov}, als die beiden Metriken Ψ_0 und Ψ_2. Speziell liegt μ_{cov} für Ψ_1 (vgl. Abb 7.18(b)) ab einer globalen Abdeckung von etwa 10 % deutlich über den korrespondierenden Werten für Ψ_0 und Ψ_2. Daraus kann geschlossen werden, dass Ψ_1 zu einer tendenziell schlechteren Verteilung führt. Dieses Ergebnis stimmt mit den Beobachtungen aus Abschnitt 5.7.4 überein. Dort wurde für die Metrik Ψ_1 bereits die Tendenz zur Verklumpung des Ausbreitungsbaumes aufgrund ihrer Bewertung der Nachbarn begründet. Wie in Abbildung 7.18(d) zu sehen ist, führt Ψ_3 bei einer globalen Abdeckung von bis zu 70 % zu überwiegend schlechteren Ergebnissen als die Metriken Ψ_0 und Ψ_2. Für globale Abdeckungen größer als 70 % führt Ψ_3 zu vergleichbaren und teilweise auch zu besser bewerteten Verteilungen als Ψ_0 und Ψ_2. Die überwiegend schlechter bewerteten Verteilungen sind auf die geringere Winkelabhängigkeit der Metrik Ψ_3 zurückzuführen, welche die radiale Ausbreitung des Somecast von dessen Wurzel weg weniger stark begünstigt, als dies die Metriken Ψ_0, Ψ_1 und Ψ_2 tun.

Insgesamt führen also die Metriken Ψ_0 und Ψ_2 zu besseren Verteilungen als die Metriken Ψ_1 und Ψ_3. Eine weitere Unterscheidung der Metriken kann anhand des Aufwandes zur Zustellung einer Dateneinheit vorgenommen werden. Dieser wird im folgenden Abschnitt diskutiert.

7.2.3.2 Aufwand zum Erreichen einer Abdeckung

Eine wichtige Maßzahl zur Bewertung des Adressierungs- und Übertragungsmodus Somecast ist der notwendige Aufwand für die Zustellung der Dateneinheiten. Je größer der Aufwand, desto geringer der Nutzen des Somecast. Zur Bewertung des Aufwands wurde die Gesamtzahl der durch einen Somecast verursachten Übertragungen des Transceivers, normiert auf die Anzahl insgesamt erreichter Systeme, herangezogen:

$$\text{Aufwand} := \frac{\text{Anzahl Übertragungen}}{\text{Anzahl erreichter Systeme}} \qquad (7.13)$$

Die Zahl der Übertragungen des Transceivers ist identisch mit der Zahl der Übertragungen durch das OARQ-Verfahren, da die Dateneinheiten per MAC-Broadcast übertragen werden und der Transceiver für einen MAC-Broadcast keine eigenständigen Übertragungswiederholungen durchführt. Wird beispielsweise eine Dateneinheit in einem WSAN von jedem Empfänger genau einmal per MAC-Broadcast weitergeleitet, so ergibt sich für die Zustellung der Dateneinheit ein Aufwand von 1,0.

Abbildung 7.19 zeigt den Aufwand der Zustellung einer Dateneinheit per Somecast unter Verwendung der vier Metriken Ψ_0, Ψ_1, Ψ_2 und Ψ_3. Alle vier Metriken führen zu einem Aufwand zwischen 1,9 und 2,5 Übertragungen pro erreichtem Empfänger. Der zum Erreichen einer bestimmten Abdeckung verursachte mittlere Aufwand steigt im Bereich zwischen 10 % und etwa 60 % Abdeckung für alle vier Metriken leicht an. Die Zustellung unter Verwendung der Metrik Ψ_1 zeigt insgesamt den geringsten Aufwand (vgl. Abb 7.19(b)). Da diese Metrik aber nach Abbildung 7.19(b) für alle Abdeckungen zu schlechteren Verteilungen als die Metriken Ψ_0 und Ψ_2 führt, wird sie im Folgenden nicht weiter betrachtet. Die Metriken Ψ_0 und Ψ_2 führen zu einem ähnlichen Aufwand, wobei Ψ_0 für fast alle globalen Abdeckungen geringfügig kleinere Werte als Ψ_2 zeigt (vgl. Abb. 7.19(a) und 7.19(c)). Der unter Verwendung der Metrik Ψ_3 beobachtete Aufwand (vgl. Abb. 7.19(d)) liegt deutlich über den Werten für Ψ_0 und Ψ_1. Diese Beobachtungen bestätigen die in Abschnitt 5.7.4 festgestellten Tendenzen der Metriken Ψ_0, Ψ_2 und Ψ_3.

Insgesamt führen – wie im vorherigen Abschnitt gesehen – die Metriken Ψ_1 und Ψ_3 zu einer schlechteren Verteilung der erreichten Systeme als die Metriken Ψ_0 und Ψ_2. Letztere unterscheiden sich geringfügig im verursachten Aufwand zur Zustellung

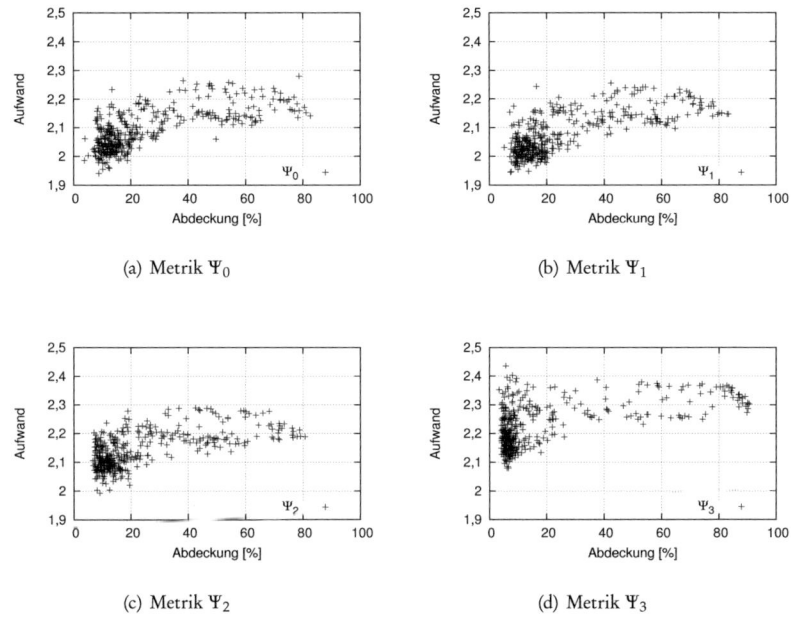

(a) Metrik Ψ_0 (b) Metrik Ψ_1

(c) Metrik Ψ_2 (d) Metrik Ψ_3

Abbildung 7.19 Aufwand der Zustellung eines Somecast unter Verwendung der vier Metriken Ψ_0, Ψ_1, Ψ_2 und Ψ_3 im Vergleich.

eines Somecast. Ψ_0 zeigt einen etwas geringeren Aufwand als Ψ_2. Daher wurde Ψ_0 als Grundlage der Analysen in diesem Kapitel gewählt.

Abbildung 7.20 zeigt die Abhängigkeit des Aufwands des Somecast von der erzielten Abdeckung. Die Maximalzahl der Übertragungen wurde zwischen $tx_{max} = 1$ und $tx_{max} = 7$ variiert. Die Daten sind getrennt nach unterschiedlicher maximaler Anzahl an Übertragungen tx_{max} durch das OARQ-Verfahren dargestellt. Dabei ist erkennbar, dass die Maximalzahl der Übertragungen einen wesentlichen Einfluss auf den insgesamt notwendigen Aufwand hat. Für eine effiziente Übertragung wird bei fester Abdeckung ein möglichst geringer Aufwand angestrebt. Je größer tx_{max} gewählt wird, desto größer ist der Aufwand, welcher zum Erreichen einer Abdeckung notwendig ist. Für ein festes tx_{max} steigt der Aufwand linear mit der erzielten Abdeckung. Das Spektrum an möglichen Abdeckungen variiert mit der Wahl von tx_{max}. Für $tx_{max} = 1$ wurden ausschließlich Abdeckungen kleiner 5 % erzielt. Die größte unter $tx_{max} = 2$ beobachtete Abdeckung beträgt etwa 60 %. Für $tx_{max} = 3$ sind Abdeckungen bis zu 85 % möglich. Wird die Maximalzahl an Übertragungen weiter erhöht, sind auch größere Abdeckungen möglich. Dabei fällt auf,

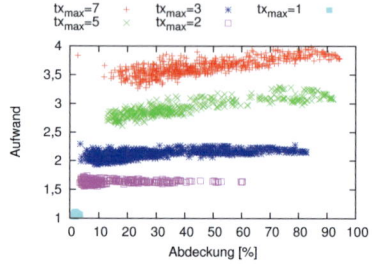

Abbildung 7.20 Aufwand der Zustellung per Somecast in Abhängigkeit der Maximalzahl an Übertragungswiederholungen tx_{max}.

dass für $tx_{max} > 3$ das beobachtete Spektrum an Abdeckungen nicht wesentlich breiter ist, sondern – bis auf Ausreißer – zugunsten größerer Abdeckungen um etwa 10 % verschoben ist.

Ein Ziel des Somecast ist die effiziente Erhebung von Stichproben. Um den Aufwand der Zustellung einer Dateneinheit möglichst gering zu halten, sollte für tx_{max} der kleinste Wert gewählt werden, welcher ein hinreichend großes Spektrum an unterschiedlichen Abdeckungen ermöglicht. Für die Untersuchungen in dieser Arbeit fiel die Wahl auf $tx_{max} = 3$, da dieser Wert ein signifikant größeres Spektrum an Abdeckungen zulässt als dies für $tx_{max} = 2$ beobachtet werden konnte.

In Abschnitt 7.2.3.1 wurde festgestellt, dass sehr ähnliche Abdeckungen mit unterschiedlichen Parametrisierungen erzielt werden können. Hier soll anhand einer Analyse des Aufwandes die Frage geklärt werden, welche der Parametrisierungen in solch einem Fall zu bevorzugen ist. Dazu zeigt Abbildung 7.21 den Aufwand der Zustellung einer Dateneinheit per Somecast in Abhängigkeit von der Segmentlänge[31] h. Die Maximalzahl zulässiger Übertragungswiederholungen beträgt konstant $tx_{max} = 3$. Die Werte sind für die fünf untersuchten Netzdichten getrennt voneinander dargestellt.

Die Darstellung verdeutlicht, dass bei gleicher Abdeckung eine größere Segmentlänge h tendenziell zu geringerem Aufwand führt als kleine Segmentlängen. Diese Beobachtung gilt für Abdeckungen größer 20 % und ist in Netzen großer Dichte besonders ausgeprägt (vgl. z. B. Abb. 7.21(e)). Für kleinere Abdeckungen ist diese Tendenz in Netzen geringer Dichte (Dichte $\leq$ 12,5 vgl. Abb. 7.21(a) und 7.21(b)) sowie in allen Netzen für Segmentlängen $h \geq 4$ weniger stark ausgeprägt. Je dichter das Netz ist, desto deutlicher unterscheidet sich der Aufwand in Abhängigkeit von der Segmentlänge. Kann eine Abdeckung ($> 20 \%$) mit mehreren unterschiedlichen Parametrisierungen bezüglich der Segmentlänge erreicht werden, so verursacht die Parametrisierung mit der größeren Segmentlänge tendeziell einen geringeren Aufwand und ist daher zu bevorzugen.

---

[31]Für den Verzweigungsgrad b ist ein derartiger Zusammenhang nicht festzustellen, weshalb hier auf die Darstellung des Aufwandes in Abhängigkeit vom Verzweigungsgrad verzichtet wurde.

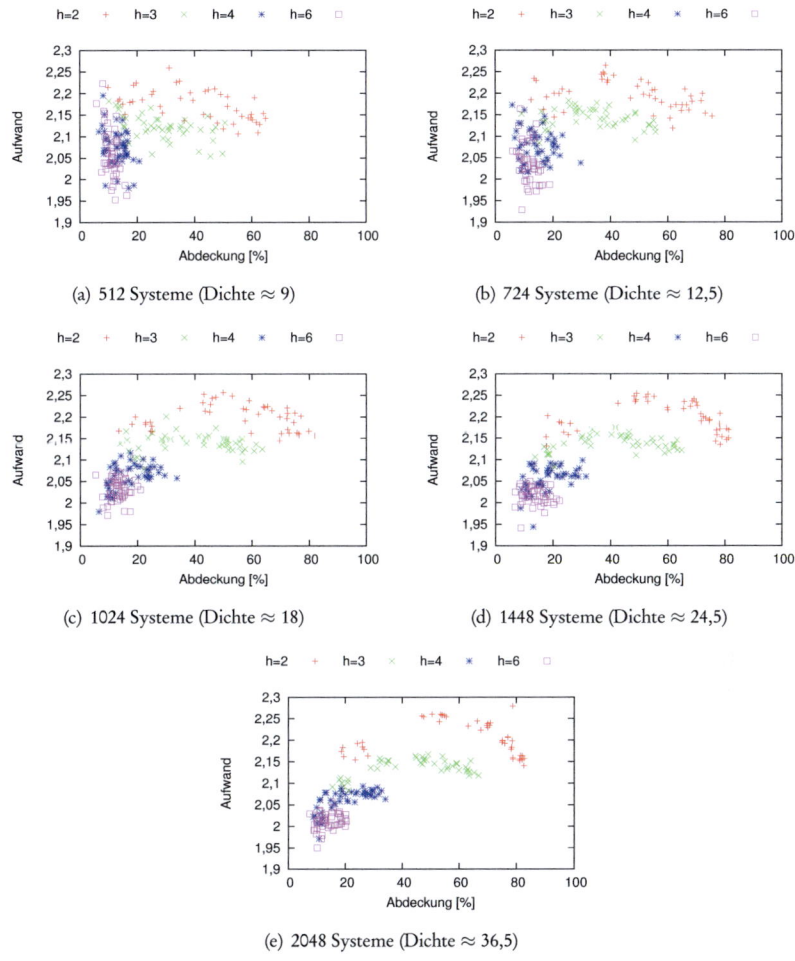

Abbildung 7.21 Aufwand der Zustellung einer Dateneinheit per Somecast in Abhängigkeit von der Segmentlänge h.

235

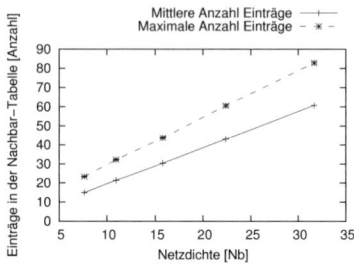

Abbildung 7.22 Zahl der Einträge in der Nachbar-Tabelle bei wachsender Netzdichte

7.2.3.3 Speicherbedarf

Alle zur Weiterleitung einer Dateneinheit per Somecast notwendigen Informationen sind in der Nachbar-Tabelle abgelegt. Daher ergibt sich der Speicherbedarf des Somecast durch die Größe der Nachbar-Tabelle und verhält sich proportional zur Anzahl ihrer Einträge. Die Zahl notwendiger Einträge in der Nachbar-Tabelle steigt linear mit der Anzahl bekannter Nachbarn, welche wiederum proportional zur Dichte des Netzes steigt. Abbildung 7.22 zeigt die Entwicklung der Größe der Nachbar-Tabelle in Netzen wachsender Dichte. Darin ist sowohl die mittlere als auch die maximale Anzahl Einträge aufgetragen. In den dichtesten untersuchten Netzen (Dichte $\approx$ 36,5) beträgt die beobachtete Maximalzahl notwendiger Einträge etwa 85 Einträge. Die Zahl der Einträge überschreitet den Wert der Dichte, da die Dichte als Erwartungswert für die Anzahl der Empfänger eines MAC-Broadcast Systeme anteilig entsprechend ihrer Empfangswahrscheinlichkeit berücksichtigt. Während ein benachbartes System entsprechend anteilig in den Wert der Netzdichte eingeht, beansprucht es aber immer einen vollständigen Eintrag in der Nachbar-Tabelle. Es ist anzunehmen, dass ein reales WSAN keine unbeschränkt große Dichte aufweist. Daher kann für eine konkrete Anwendung die maximal erwartete Größe der Nachbar-Tabelle bestimmt werden.

7.2.3.4 Overhead

Abbildung 7.23 zeigt den Overhead des Somecast für die Nutzdatengrößen von 2 Byte, 16 Byte und 128 Byte in Abhängigkeit der Netzdichte. Bei 2 Byte Nutzdaten beträgt der Overhead für alle untersuchten Netzdichten konstant etwa 89 %. Bei 16 Byte bzw. 128 Byte Nutzdaten sinkt der Overhead auf 51 % bzw. 11 % ab. Der große Overhead wird dadurch verursacht, dass die in WSANs typischerweise versendeten Nutzdaten im Verhältnis zu den zum Transport der Dateneinheit notwendigen Informationen im Paketkopf sehr klein sind. Deutlich zu erkennen ist, dass bei steigender Nutzdatengröße der Overhead signifikant sinkt.

Bei zunehmender Netzdichte bleibt der Overhead konstant (vgl. Abb 7.23(a)), da für den Somecast nur die Signalisierung von Nachbarschaftsinformationen notwendig ist, falls die Nachbar-Tabelle bei Weiterleitung einer Dateneinheit leer sein soll-

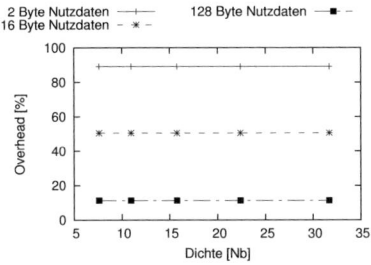 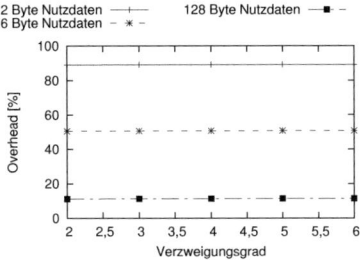

(a) Overhead in Abhängigkeit der Netzdichte

(b) Overhead in Abhängigkeit des Verzweigungsgrades

Abbildung 7.23 Overhead des Somecast

te. Dies ist gerade in dichten Netzen äußerst selten der Fall, da hier häufig fremde Kommunikation mitgehört werden kann, wodurch entsprechende Einträge in der Nachbar-Tabelle angelegt werden. Der Overhead wird daher fast ausschließlich durch die Größe der ServiceCast-Dateneinheit (incl. Optionsfelder) bestimmt. Der Verzweigungsgrad legt die Größe des in der ServiceCast-Dateneinheit enthaltenen OARQ-Optionsfeldes fest, indem er die Zahl der dort eingebetteten MAC-Adressen angibt. Abbildung 7.23(b) zeigt den Overhead in Abhängigkeit des Verzweigungsgrades. Im untersuchten Bereich zeigt der Verzweigungsgrad keinen erkennbaren Einfluss auf den Overhead.

7.2.3.5 Latenz

Abbildung 7.24 zeigt die mittlere Latenz des Somecast, für den jeweils längsten Pfad in Hops. Dies entspricht der mittleren Dauer, bis die Dateneinheit an das jeweils letzte System zugestellt wurde. Mit zunehmender Zahl notwendiger Übertragungen steigt die Latenz. Der Anstieg ist zwischen 15 und 42 Hops nahezu linear. Für größere Hop-Distanzen (größer 40 Hops) ist ein ausgeprägter Anstieg der Streuung der Latenz der Zustellung zu beobachten. Dies liegt einerseits an der zunehmenden Zahl notwendiger Übertragungswiederholungen und die dadurch verursachte Verzögerung der Weiterleitung. Andererseits ist dafür auch der für große Distanzen geringere Stichprobenumfang verantwortlich, da diese sehr großen Distanzen wesentlich seltener beobachtet werden. Für Distanzen, welche weniger als 3 Datenpunkte aufweisen, sind keine Konfidenzintervalle angegeben. Eine Zustellung über eine Entfernung von bis zu 60 Hops kann bis zu 120 Sekunden in Anspruch nehmen.

7.2.3.6 Fazit

Mit dem Somecast kann eine Dateneinheit an einen zuvor spezifizierbaren Anteil der Systeme des WSANs zugestellt werden. Sind Abweichungen in der resultierenden Abdeckung von bis zu 40 % vertretbar, kann eine Parametrisierung unabhängig

237

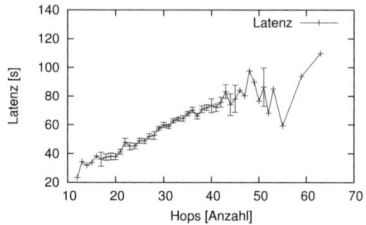

Abbildung 7.24 Latenz des Somecast

von der Dichte des Netzes angegeben werden. Bei bekannter mittlerer Dichte des Netzes kann die Abdeckung wesentlich genauer gesteuert werden. Typischerweise kann eine Parametrisierung mit weniger als 20 % Abweichung in der Abdeckung angegeben werden.

Der Aufwand der Zustellung per Somecast ist abhängig von der gewählten Parametrisierung bezüglich der Segmentlänge. Tendenziell wird für größere Segmentlängen ein kleinerer Aufwand beobachtet. Ist eine gewünschte Abdeckung (> 20 %) daher mit mehreren unterschiedlichen Parametrisierungen erreichbar, führt die Parametrisierung mit größerer Segmentlänge zu geringerem Aufwand und ist daher zu bevorzugen.

Der Somecast stellt damit eine Möglichkeit zur kontrollierten Emission von Dateneinheiten dar. Er ist besonders bei der Erhebung einer Stichprobe von Sensor-Daten vorteilhaft und aufgrund der kontrollierbaren Abdeckung einem Fluten des gesamten Netzes vorzuziehen.

7.2.4 Dienstbasierter Broadcast (Q_ALL)

Die im Folgenden vorgestellten Ergebnisse wurden unter Verwendung des in Abschnitt 7.2.1 definierten Basis-Szenarios gewonnen. Anfragen tragen jeweils die Ziel-Adresse <A:Q_ALL:> und Quell-Adressen der Form <S:INr$_S$:>. INr$_S$ steht darin für die Instanz-Nummer des an der Kommunikation beteiligten Senders. Der untersuchte Parameterraum ist in Tabelle 7.8 aufgeführt.

7.2.4.1 Erreichte Abdeckung

Der Adressmodus Broadcast (Q_ALL) wird durch einfaches Fluten realisiert. Die hierdurch erreichte Abdeckung ist in Abbildung 7.25(a) für Netze unterschiedlicher Dichte dargestellt. In allen Netzdichten liegt die erreichte Abdeckung im Mittel bei etwa 70 %. Eine 100-prozentige Abdeckung wird nicht erreicht, da Dateneinheiten während der Übertragung aufgrund von Kollisionen verloren gehen können und keine Übertragungswiederholungen vorgenommen werden. Einen genaueren Einblick in die Werteverteilung der erreichten Abdeckungen gibt das Histogramm in

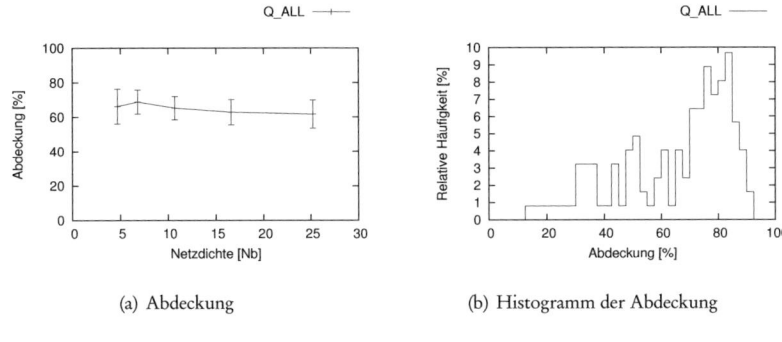

(a) Abdeckung (b) Histogramm der Abdeckung

Abbildung 7.25 Abdeckung der Zustellung per Q_ALL.

Abbildung 7.25(b). Es zeigt, dass das durch Fluten des Netzes erreichte Spektrum an Abdeckungen sehr breit ist. Die erreichten Abdeckungen streuen zwischen 12,5 % und 90,0 %, wobei im Bereich zwischen 70 % und 90 % eine deutliche Häufung der Werte ausgebildet ist. Das Histogramm verdeutlicht, dass die durch Fluten erreichte Abdeckung in einem ausgedehnten WSAN nur schwer mit Sicherheit vorhergesagt werden kann.

Analog zu der Analyse der Verteilung des Somecast wird in Abbildung 7.26(a) Verteilung der erreichten Systeme bewertet. Zur Bewertung wird ebenfalls die Metrik μ_{cov} nach Gleichung 7.1 herangezogen, welche über die jeweils erreichte globale Abdeckung aufgetragen ist. Die Bewertung der Verteilungen liegt im Bereich zwischen $0{,}18 \leq \mu_{cov} \leq 0{,}5$. Dabei erhalten besonders kleine und besonders große Abdeckungen tendenziell bessere Bewertungen als mittlere Abdeckungen. Am schlechtesten werden die globalen Abdeckungen zwischen 40 % und 60 % bewertet. Daraus kann geschlossen werden, dass diese mittleren Abdeckungen eine besonders schlechte Verteilung der erreichten Systeme aufweisen. Im Vergleich zum Somecast erreicht die Zustellung per Q_ALL für alle globalen Abdeckungen wesentlich schlechter bewertete Verteilungen der erreichten Systeme (vgl. Abb 7.18(a)).

Der Aufwand der Zustellung per Q_ALL ist in Abbildung 7.26(b) dargestellt. Der Aufwand beträgt nur wenig mehr als eine Übertragung pro erreichtem System. Da-

Parameter	Werte
Netzgröße	512, 724, 1024, 1448, 2048
Instanzdichte	100 %
Nutzdaten	2, 16, 128 Byte
Routing-Metrik	probabilistisch, deterministisch
Topologie	Gitter, Gauß, Random
Kanalmodell	Free-Space, Log-Normal Shadowing

Tabelle 7.8 Betrachteter Parameterraum zur Bewertung des dienstbasierten Broadcast.

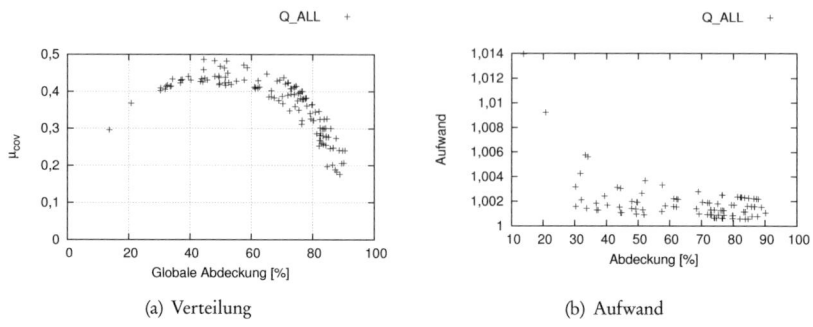

(a) Verteilung (b) Aufwand

Abbildung 7.26 Verteilung und Aufwand der Zustellung per Q_ALL.

mit zeigt die Zustellung per Q_ALL einen geringeren Aufwand als der Somecast (vgl. Abb 7.21).

7.2.4.2 Speicherbedarf

Die Weiterleitung per Broadcast benötigt keinerlei lokale Datenstrukturen. Die Betrachtung des notwendigen Speicherbedarfs entfällt daher.

7.2.4.3 Overhead

Abbildung 7.27(a) zeigt den Overhead der Zustellung per Q_ALL. Da Fluten ohne den Austausch von Dateneinheiten zur Signalisierung realisiert wird, ist der gesamte beobachtete Overhead durch den Paketkopf der ServiceCast-Dateneinheit verursacht. Der Overhead ist daher auch für alle Netzdichten konstant und ist nur abhängig von der Größe der transportierten Nutzdaten. Für Nutzdaten der Größe 2 Byte ergibt sich der größte Overhead von 88 %. Für 16 Byte Nutzdaten ergeben sich 50 % Overhead und mit 128 Byte Nutzdaten reduziert sich der beobachtete Overhead auf 11 %. Broadcast und Somecast weisen etwa denselben Overhead auf.

7.2.4.4 Latenz

Abbildung 7.27(b) zeigt die mittlere Latenz der Zustellung per Q_ALL. Da der Broadcast an mehrere Systeme zugestellt wird, ist die Latenz hier als Dauer zwischen Versand der Dateneinheit bis zur Zustellung an das letzte System definiert. Diese Definition entspricht der Definition der Latenz beim Somecast. Die Latenz ist in Abhängigkeit von der größten Hop-Anzahl, also der Anzahl von Weiterleitungsschritten auf dem längsten Pfad, gegeben. Die Latenz steigt mit zunehmender Pfadlänge tendenziell an. Für große Distanzen (ab ca. 50 Hops) steigt die Streuung der Mittelwerte stark an. Die Ursache liegt darin begründet, dass der Stichprobenumfang für große Distanzen geringer ist, da diese seltener als kurze Distanzen auftraten. Für Distanzen, welche weniger als drei Datenpunkte aufweisen, sind keine Konfidenzintervalle angegeben.

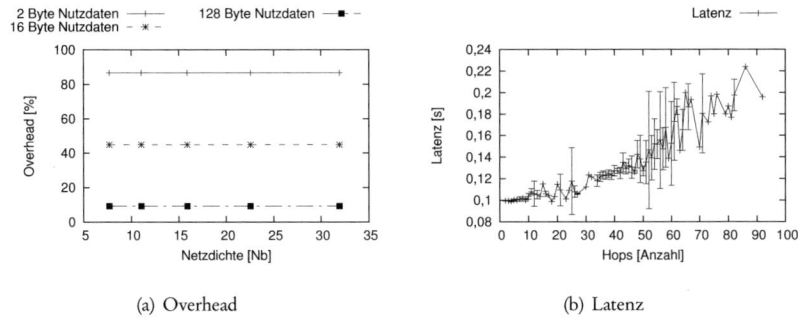

(a) Overhead   (b) Latenz

Abbildung 7.27 Mittlerer Overhead und mittlere Latenz der Zustellung per `Q_ALL`.

Die Latenz des Broadcast ist geringer als die Latenz des Somecast. Die größere Verzögerung der Zustellung per Somecast ist durch die Wartezeit vor einer Übertragungswiederholung zu erklären. Das vom Somecast verwendete OARQ-Verfahren basiert auf impliziten Bestätigungen. Erst nach Ablauf einer festen Zeitspanne wird davon ausgegangen, dass die Dateneinheit durch den Nachbarn nicht empfangen wurde und eine Übertragungswiederholung wird angestoßen. Diese notwendige Wartezeit des Somecast führt zu einer größeren Latenz in jedem Weiterleitungsschritt als dies bei der Zustellung per Broadcast der Fall ist.

Die maximale beobachtete Pfadlänge liegt zwischen zwei und 92 Hops. Im Vergleich zum Somecast fällt insbesondere das Vorkommen von ausgesprochen kurzen längsten Pfaden auf. Dies bedeutet, dass in einigen Fällen das Fluten bereits nach wenigen Schritten endet. Eine Ursache kann beispielsweise in einer ungünstigen Positionierung der Systeme liegen. Da der korrekte Empfang einer Dateneinheit vom Sender nicht überwacht wird, kann es dazu kommen, dass die Ausbreitung der Dateneinheit bereits nach wenigen Schritten endet. Dies erklärt auch die in Abbildung 7.25(b) beobachteten, teilweise sehr geringen Abdeckungen.

7.2.5 Dienstbasierter Unicast (`Q_INST`)

Der dienstbasierte Unicast (`Q_INST`) dient der Zustellung von Antwort-Dateneinheiten nach vorherigem Empfang einer Anfrage. Die Zustellung des dienstbasierten Unicast ist an den Instanz-Identifikator des Adressaten gebunden, welcher über die Spur-Tabelle in einen Pfad zum Adressaten aufgelöst wird. Bei zufälliger Wahl der Instanz-Nummern kann es zu mehrfach vergebenen Instanz-Identifikatoren kommen. Das Vorhandensein duplizierter Instanz-Identifikatoren kann zu der Zustellung der Dateneinheit an eine zusätzliche Instanz führen, welche denselben Instanz-Identifikator wie die eigentlich adressierte Instanz trägt. In Abschnitt 7.2.5.1 wird die Wahrscheinlichkeit der Zustellung einer Dateneinheit an mehrere Instanzen untersucht. Daran anschließend wird in Abschnitt 7.2.5.2 die Zustellrate der Übertragung per `Q_INST` untersucht. Diese empirischen Daten untermauern die analytische Untersuchung aus Abschnitt 5.7.2.

7.2.5.1 Auswirkungen duplizierter Instanz-Identifikatoren

Das Vorhandensein mehrfacher Instanz-Identifikatoren muss nicht zwangsläufig zur Zustellung der Dateneinheit an mehrere Instanzen führen. Wie in Abschnitt 5.7.2 diskutiert, ist eine weitere notwendige Voraussetzung, dass sich die Spuren zweier identischer Instanz-Identifikatoren in mindestens einem System überschneiden. Die Wahrscheinlichkeit hierfür ist abhängig von der Anzahl Instanzen eines Dienstes, der Länge des Instanz-Identifikators sowie vom Verkehr der Anwendung.

Im Folgenden wird die relative Häufigkeit für die Zustellung einer Dateneinheit an eine zusätzliche Instanz bei unterschiedlich langen Instanz-Nummern simulativ untersucht. Dazu wurden Anycast-Übertragungen in WSANs mit variabler Anzahl Sender- und Empfänger-Instanzen untersucht. Jede Instanz des Sender-Dienstes S fordert jeweils periodisch eine neue Instanz-Nummer von der Dienste-Verwaltung der ServiceCast-Schicht an. Daraufhin versendet sie per `Q_ANY` eine Anfrage an eine Instanz des Empfänger-Dienstes A, welche die Dateneinheit per `Q_INST` beantwortet.

Da die Sender-Instanz vor jeder Übertragung eine neue Instanz-Nummer angefordert hat, wird mit der Übertragung der Anfrage jeweils eine neue Spur im Netz etabliert. Bei der Zustellung der Antwort per `Q_INST` wird evaluiert, wie häufig die Dateneinheit von einem System empfangen wurde, welches nicht Sender der zugehörigen Anfrage war. Abbildung 7.28(a) zeigt die relative Häufigkeit der zusätzlichen Zustellung an ein System. Die relative Häufigkeit ist in Abhängigkeit der Anzahl Sender-Instanzen (entspricht der Anzahl Empfänger der Zustellung per `Q_INST`) aufgetragen. Die Anzahl der Sender-Instanzen entspricht daher der theoretisch notwendigen Anzahl unterschiedlicher Instanz-Nummern. Für Instanz-Nummern mit der Länge 12 Bit liegt hier die relative Häufigkeit einer mehrfachen Weiterleitung unter 1 %, für Instanz-Nummern der Länge 16 Bit liegt diese relative Häufigkeit bereits unter 0,07 %. Mit steigender Länge der Instanz-Nummern sinkt die relative Häufigkeit der Zustellung an eine zusätzliche Instanz. Für Instanz-Nummern der Länge 20 Bit und 24 Bit sind in den Szenarien keine zusätzlichen Zustellungen beobachtet worden. Die zugehörigen Wahrscheinlichkeiten (0 %) sind auf der logarithmischen Skala nicht darstellbar.

Daneben ist zum Vergleich in Abbildung 7.28(b) die theoretische Wahrscheinlichkeit für das Auftreten mehrfacher Instanz-Nummern bei gegebener fester Länge nach Formel 5.5 (auf Seite 119) dargestellt. Für eine Instanz-Nummer der Länge 12 Bit ist die Wahrscheinlichkeit dafür ab 128 Instanzen nahezu 100 %. Die zugehörige Wahrscheinlichkeit für die zusätzliche Zustellung liegt unter 0,4 %. Dies bestätigt die Vermutung aus Abschnitt 5.7.2, dass die Wahrscheinlichkeit für eine zusätzliche Zustellung um Größenordnungen unterhalb der Wahrscheinlichkeit für das Auftreten mehrfacher Instanz-Nummern liegt.

Es ist anzunehmen, dass auch die zufällige Wahl der Instanz-Nummern in realen Anwendungen nur äußerst selten zur mehrfachen Zustellung einer Dateneinheit führt und daher in vielen Fällen praktisch vernachlässigbar ist.

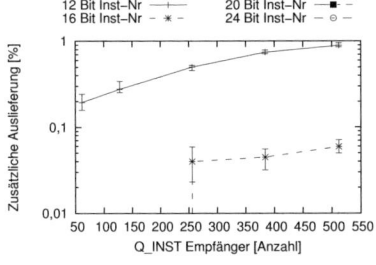 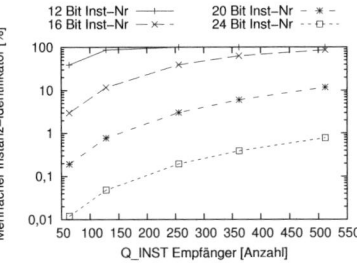

(a) Duplikat aufgrund eines mehrdeutigen Instanz-Identifikators

(b) Theoretische Wahrscheinlichkeit für mehrfach vergebene Instanz-Identifikator

Abbildung 7.28 Wahrscheinlichkeit für die mehrfache Weiterleitung einer Dateneinheit per `Q_INST` sowie für die zusätzliche Auslieferung an eine nicht adressierte Instanz, verursacht durch duplizierte Instanz-Identifikatoren

7.2.5.2 Zustellrate der Antworten

Im Folgenden werden die Zustellraten des dienstbasierten Unicast (`Q_INST`) untersucht. Der Unicast wird immer als Antwort einer vorhergehenden Anfrage, anhand der durch die Anfrage im Netz etablierten Spur, zugestellt. Daher ist die Zustellrate wesentlich von der Qualität des Pfades abhängig, welcher zuvor von der jeweiligen Anfrage gefunden wurde. D. h., wurde die Anfrage auf einem Pfad mit geringer Empfangswahrscheinlichkeit zugestellt, ist auch die Wahrscheinlichkeit, über diesen Pfad eine Antwort zuzustellen, gering. Wurde die Anfrage auf einem Pfad mit hoher Empfangswahrscheinlichkeit zugestellt, ist die Wahrscheinlichkeit für die erfolgreiche Zustellung der Antwort entsprechend größer. Daher sind die Zustellraten des dienstbasierten Unicast je nach Adressierungsmodus der Anfrage (`Q_ANY`, `Q_SOME`, `Q_ALL`) unterschiedlich und werden im Folgenden getrennt voneinander betrachtet. Abbildung 7.29 zeigt die Zustellrate der Weiterleitung per `Q_INST` für Anfragen, welche per Anycast, Somecast sowie per Broadcast in WSANs unterschiedlicher Dichte zugestellt wurden.

Für den Anycast beeinflusst die Instanzdichte des adressierten Dienstes – also der Anteil der Systeme, welche eine Instanz des adressierten Dienstes tragen – wesentlich die resultierende Pfadlänge in Hops. Je geringer die Instanzdichte, desto länger der Pfad zur nächsten Instanz und desto geringer ist die Wahrscheinlichkeit einer erfolgreichen Zustellung. Daher sind für den Anycast Ergebnisse für geringe Instanzdichten von 10 % und 2 % dargestellt. Für die Instanzdichte von 10 % (und ebenso für alle größeren, hier nicht dargestellten Instanzdichten) erreicht der Anycast eine mittlere Zustellrate von bis zu 100 %. In den weniger dichten Konfigurationen, mit Dichten zwischen 8 und 18 Nachbarn, wird dieser Mittelwert nicht immer erreicht. An der Kurve für die Instanzdichte von 2 % ist erkennbar, dass die Zustellrate des Anycast mit steigender Netzdichte tendenziell wächst. Ursache hierfür ist, dass in

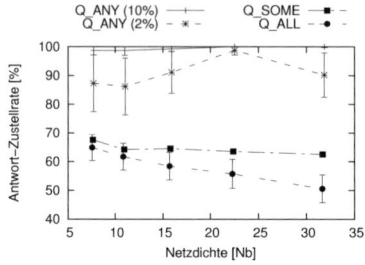

Abbildung 7.29 Zustellrate der Antworten auf einen Anycast, Somecast und Broadcast

dichteren Netzen die nächste Instanz in geringer Entfernung (gemessen in Hops) gefunden wird und dadurch die Zahl notwendiger Übertragungen zum Erreichen der nächsten Instanz kleiner ist. Außerdem ist in dichteren Netzen, aufgrund der geringeren Distanz zwischen den Systemen, eine höhere Empfangswahrscheinlichkeit zwischen den Systemen zu erwarten. Durch die geringere Anzahl notwendiger Übertragungen sowie die höhere Empfangswahrscheinlichkeit, steigt die Wahrscheinlichkeit einer erfolgreichen Ende-zu-Ende Übertragung.

Die Zustellrate der Antworten auf einen Somecast liegt zwischen etwa 70 % (bei Dichte $\approx$ 7) und etwa 60 % (bei Dichte $\approx$ 32). Die Zustellrate der Antworten in dichteren Netzen liegt unterhalb der Rate, welche in weniger dichten Netzen erreicht wird. Bei der Beantwortung einer Anfrage per Somecast werden die Antworten aller erreichten Systeme innerhalb einer kurzen Zeitspanne an das anfragende System übertragen. Dabei treten vermehrt Kollisionen auf, je dichter das Netz ist und je mehr Antworten gleichzeitig zugestellt werden.

Noch deutlicher ist dieses Verhalten bei der Beantwortung eines dienstbasierten Broadcast erkennbar. Schon in den dünnsten Konfigurationen (Dichte $\approx$ 7) liegt die Zustellrate der Antworten etwa bei 65 %. In Netzen der Dichte $\approx$ 32 sinkt die Zustellrate bis auf wenig über 50 % ab. Die beobachteten Zustellraten zeigen deutlich, dass der Somecast besser zur Anfrage von Sensor-Messwerten in WSANs geeignet ist als der Broadcast.

7.2.6 Erreichen der Ziel-Region

Die Untersuchung zum Erreichen der Ziel-Region gliedert sich in die Untersuchung der folgenden Aspekte:

- Wahrscheinlichkeit für das Erreichen einer Ziel-Region bei probabilistischer und deterministischer Metrik bzw. Kanal
- Zustellrate des lokationsbeschränkten Anycast bei probabilistischer sowie deterministischer Metrik bzw. Kanal
- Zustellrate der Antworten auf eine lokationsbeschränkte Anfrage

	Free-Space	Log-Normal Shadowing
μ_{GPSR}	FS + μ_{GPSR}	LNS + μ_{GPSR}
μ_{PRRd}	FS + μ_{PRRd}	LNS + μ_{PRRd}

Tabelle 7.9 Vier Kombinationen aus deterministischem bzw. probabilistischem Kanalmodell und Routing-Metrik für die lokationsbasierte Zustellung.

Die vorgestellten Ergebnisse wurden unter Verwendung des in Abschnitt 7.2.1 vorgestellten Basis-Szenarios gewonnen. Anfragen werden mit gesetztem Trace-Flag versendet und tragen jeweils die Ziel-Adresse <A:Q:R> und Quell-Adressen der Form <S:INr$_S$:>. Darin steht Q für einen der Quantifikatoren Q_ANY, Q_SOME bzw. Q_ALL. R bezeichnet die jeweilige Ziel-Region der Anfrage, welche für jede Anfrage neu zufällig gezogen wird. In Antworten ist das Trace-Flag nicht gesetzt. Antworten tragen Ziel-Adressen der Form <S:INr$_S$:> und Quell-Adressen der Form <A:INr$_A$:>. INr$_S$ und INr$_A$ stehen dabei jeweils für die Instanz-Nummern der an der Kommunikation beteiligten Instanzen. Der hier untersuchte Parameterraum entspricht dem Parameterraum, welcher bereits zur Bewertung der drei Adressierungsmodi Q_ANY, Q_SOME und Q_ALL herangezogen wurde (vgl. Tabellen 7.4, 7.6 und 7.8).

7.2.6.1 Wahrscheinlichkeit für das Erreichen der Ziel-Region

Abbildung 7.30 zeigt die Zustellrate einer Anfrage an eine zufällig gewählte Ziel-Region bei den vier möglichen Kombinationen aus probabilistischer und deterministischer Routing-Metrik und Kanalmodell aus Tabelle 7.9. In dieser Untersuchung wird lediglich der Transport zwischen Sender und dem Erreichen der Ziel-Region bei regional beschränkter Zustellung untersucht. Dieser Teil der Zustellung ist für alle regional beschränkten Adressen identisch. Die Untersuchung ist daher unabhängig von einem konkreten Adressierungsmodus und bezieht sich ausschließlich auf die lokationsbasierte Zustellung durch den lokationsbasierten Routing-Dienst.

Unter Verwendung des deterministischen Kanalmodells führen beide Routing-Metriken für alle untersuchten Netzdichten zu Zustellraten von 90 %–100 %. Unter Verwendung des probabilistischen Kanalmodells reduziert sich die Zustellrate der deterministischen Metrik μ_{GPSR} auf unter 50 %. Die Ursache dafür ist die in Abschnitt 7.2.1 diskutierte Tendenz der deterministischen Metriken vorwiegend weit entfernte Nachbarn und damit Systeme mit geringer Empfangswahrscheinlichkeit für die Weiterleitung auszuwählen. Die probabilistische Metrik μ_{PRRd} führt auch unter Verwendung des probabilistischen Kanalmodells zu vergleichsweise hohen mittleren Zustellraten zwischen 75 % und 90 %. Die probabilistische Metrik ist daher auch bei der lokationsbasierten Weiterleitung der deterministischen Metrik überlegen, da sie unter Verwendung des, die Realität wesentlich besser nachbildenden, probabilistischen Kanalmodells zu signifikant höheren Zustellraten führt.

7.2.6.2 Zustellrate des lokationsbeschränkten Anycast

Bei der Untersuchung des Anycast mit lokationsbeschränkter Zustellung sind die Auswirkungen des probabilistischen Kanalmodells im Vergleich zum deterministischen Modell am differenziertesten nachvollziehbar. In diesem Fall werden sowohl

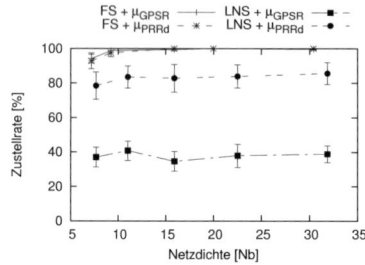

Abbildung 7.30 Wahrscheinlichkeit für das Erreichen der Ziel-Region

der Einfluss der Metrik zur lokationsbasierten Weiterleitung als auch der Einfluss der Routing-Metrik des Anycast in Kombination erkennbar. Dazu wurden die Zustellraten von Anfragen per lokationsbeschränktem Anycast untersucht. Es wurde eine Instanzdichte des adressierten Dienstes von 2 % gewählt, um die Zustellung des Anycast durch lange Pfade innerhalb der Ziel-Region gezielt zu erschweren. Dadurch verlängert sich die notwendige Zahl der Weiterleitungen per `Q_ANY` innerhalb der Ziel-Region. Je mehr Weiterleitungsschritte durchgeführt werden, desto geringer die erwartete Zustellrate.

Dabei kommt neben der deterministischen und probabilistischen Metrik des Anycast (μ_{HC} und μ_{ETX}) auch die deterministische und die probabilistische Metrik der lokationsbasierten Weiterleitung (μ_{GPSR} und μ_{PRRd}) zum Einsatz. Da entweder beide deterministischen oder beide probabilistischen Routing-Metriken verwendet werden, erhalten diese für die folgende Diskussion eine gemeinsame Bezeichnung: μ_{det} für die Verwendung der deterministischen und μ_{prob} für die Verwendung der beiden probabilistischen Metriken. Tabelle 7.10 zeigt die vier untersuchten Kombinationen.

Durch den Transport der Dateneinheit zur Ziel-Region wird der zwischen Sender-Instanz und Empfänger-Instanz zurückgelegte Pfad, im Vergleich zu einer regional unbeschränkten Zustellung per Anycast, verlängert. Damit einhergehend sinkt die Erfolgsrate, da mit jeder notwendigen Übertragung die Wahrscheinlichkeit steigt, dass die Dateneinheit auf mindestens einer Übertragung – trotz Übertragungswiederholungen des Transceivers – verloren geht. Wie Abbildung 7.31 zeigt, führen

	Free-Space	Log-Normal Shadowing
μ_{det}	FS + μ_{GPSR} + μ_{HC}	LNS + μ_{GPSR} + μ_{HC}
μ_{prob}	FS + μ_{PRRd} + μ_{ETX}	LNS + μ_{PRRd} + μ_{ETX}

Tabelle 7.10 Vier Kombinationen aus deterministischem bzw. probabilistischem Kanalmodell und Routing-Metriken für die lokationsbeschränkte Zustellung eines Anycast.

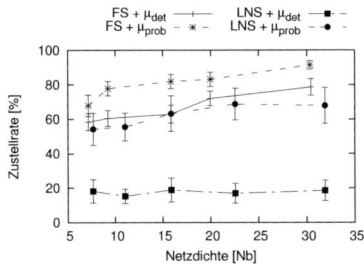

Abbildung 7.31 Zustellrate des lokationsbeschränkten Anycast bei deterministischen sowie probabilistischen Routing-Metriken auf deterministischem und probabilistischem Kanal-Modell. Die Instanzdichte des adressierten Dienstes beträgt hier 2 %.

die deterministischen Routing-Metriken μ_{det} bei Verwendung in Kombination mit dem deterministischen Kanalmodell (FS) zu Zustellraten zwischen etwa 60 % bis 80 %. Bei Verwendung der probabilistischen Metriken mit dem deterministischen Kanalmodell (FS + μ_{prob}) werden Zustellraten von 65 % bis etwa 90 % erreicht.

Bei Verwendung der deterministischen Metriken in Kombination mit dem probabilistischen Kanal (LNS + μ_{det}) werden die schlechtesten Zustellraten der vier Kombinationen beobachtet. Diese liegen für alle Netzdichten im Mittel unter 20 %. Dies ist durch die in Abschnitt 7.2.1 beschriebene systematische Auswahl von Nachbarn mit geringer Empfangswahrscheinlichkeit zurückzuführen, welche zur Wahl von Pfaden mit geringer Wahrscheinlichkeit der Zustellung führt.

Bei Verwendung der probabilistischen Metriken (LNS + μ_{ETX}) werden Pfade über Nachbarn mit jeweils hoher Empfangswahrscheinlichkeit bevorzugt, wodurch die Wahrscheinlichkeit der Multi-Hop-Zustellung über den Pfad steigt. Die mittleren Zustellraten liegen hier zwischen 50 % und 70 %.

7.2.6.3 Zustellrate der Antworten auf eine lokationsbeschränkte Anfrage

Im Gegensatz zur Diskussion in Abschnitt 7.2.5.2, wo die Zustellraten von Antworten auf nicht lokationsbeschränkte Anfragen untersucht wurden, wird hier die Zustellrate der Antworten untersucht, welche auf lokationsbeschränkte Anfragen übertragen wurden. Der wesentliche Unterschied besteht darin, dass die Spur, welche jeweils zur Zustellung der Antwort genutzt wird, zu einem Teil durch die lokationsbasierte Weiterleitung und zu einem anderen Teil durch die Weiterleitung der drei Adressierungsmodi Q_ANY, Q_SOME und Q_ALL im Netz etabliert wurde.

Abbildung 7.32 zeigt die resultierenden Zustellraten für Antworten auf Anfragen per Q_ANY, Q_SOME und Q_ALL. Alle Zustellraten sind im Vergleich zu den nicht-lokationsbeschränkten Raten (vgl. Abb. 7.29) geringer. Dies liegt an den durch die

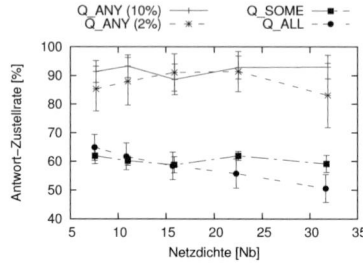

Abbildung 7.32 Zustellrate der Antworten auf einen lokationsbeschränkten Anycast, Somecast und Broadcast

lokationsbasierte Zustellung verlängerten Pfaden, welche zu höheren Paketverlustwahrscheinlichkeiten bei der Weiterleitung führen.

7.3 Bewertung im Szenario „Autonomes Gewächshaus"

Im Folgenden wird die Leistungsbewertung der ServiceCast-Architektur anhand des Szenarios „Autonomes Gewächshaus" vorgenommen. Diese Untersuchung weist die Praxistauglichkeit der ServiceCast-Architektur für den Einsatz in realen WSAN-Anwendungen nach. Im Vergleich zur Analyse in Abschnitt 7.2, worin die Adressierungsmodi der ServiceCast-Architektur jeweils getrennt voneinander betrachtet wurden, veranschaulicht die Analyse der Beispielanwendung Leistungsdaten der ServiceCast-Architektur aus einem realistischen Anwendungsszenario. Das Szenario vereinigt insbesondere mehrere unterschiedliche Adressierungsmodi in derselben Anwendung.

Um einen Vergleich der gewonnenen Leistungsdaten zu ermöglichen, wurde zusätzlich zur Modellierung des Szenarios unter Verwendung der ServiceCast-Architektur eine zweite, systemzentrisch adressierte Modellierung erstellt und ausgewertet. Die Ergebnisse der unterschiedlichen Adressierungsparadigmen werden jeweils gegenübergestellt. Nachfolgend wird die Modellierung des Szenarios vorgestellt.

7.3.1 Modellierung des Szenarios

Das Szenario „Autonomes Gewächshaus" wurde in Abschnitt 4.1.1 eingeführt. Es besteht aus dem Instruktor-Dienst und für jedes der Phänomene Helligkeit, Lufttemperatur und Feuchte der Erde aus jeweils einem Regelkreis. Der Regelkreis besteht für jedes der Phänomene aus einem Regler-, einem Sensor- und einem Aktor-Dienst. Das Szenario besteht insgesamt also aus 10 unterschiedlichen Diensten. Die Kommunikationsbeziehungen sind für alle drei Phänomene identisch, d. h. der Instruktor instruiert den jeweiligen Regler-Dienst. Die Instruktion des Instruktor-Dienstes gilt jeweils für eine feste Zeitdauer, der Lease-Time. Nach Ablauf dieser Zeit muss der Instruktor seine Anweisung zur Temperatur-Regelung wiederholen. Die instruierten Instanzen der Regler-Dienste registrieren jeweils ihr Daten-Interesse per Somecast bei den Instanzen des entsprechenden Sensor-Dienstes. Liegen die Messwerte des Sensor-Dienstes außerhalb der vorgegebenen Schwellenwerte, überträgt dieser die Messungen an die Instanz des Regler-Dienstes, welcher ursprünglich das Daten-Interesse geäußert hat. Der Regler bestimmt die Abweichung des gemessenen Ist-Wertes vom Soll-Wert und berechnet daraus eine neue Anweisung für den Aktor-Dienst.

Das Szenario wurde beispielhaft für die Temperatur-Regelung durch die Dienste Instruktor-Dienst (I), Temperatur-Regler-Dienst (TR), Temperatur-Sensor-Dienst (TS) und Temperatur-Aktor-Dienst (TA) implementiert und im Simulator evaluiert. Diese Regelung enthält aus Sicht der Kommunikation alle charakteristischen Kommunikationsbeziehungen. Abbildung 7.33(a) zeigt ein Weg-Zeit-Diagramm der Kommunikation im Szenario. Die zugehörigen Quell- und Ziel-Adressen der ServiceCast-basierten Modellierung sind in Abbildung 7.33(b) aufgeführt. Im Vergleich zu der in Abschnitt 4.5 vorgestellten Modellierung sind hier auch alle Empfangsbestätigungen aufgeführt. Diese sind die Dateneinheit (1b) zur Bestätigung des Empfangs durch den Temperatur-Regler-Dienstes an den Instruktor-Dienst sowie die Bestätigung (4c) des Temperatur-Aktor-Dienstes an den Temperatur-Regler-Dienst. Besonders zu beachten sind auch die Adressierung der Dateneinheiten (4a) und (4b), welche die Übertragung der Vorgabe des Temperatur-Regler-Dienstes an eine Instanz des Temperatur-Aktor-Dienstes referenzieren. Die jeweils erste Dateneinheit während einer Lease-Time (4a) wird per Anycast an eine beliebige Instanz des Temperatur-Aktor-Dienstes in der Umgebung der Pflanze übermittelt. Alle weiteren Dateneinheiten des Reglers an den Aktor werden daraufhin per Unicast (4b) an dieselbe Instanz des Temperatur-Aktor-Dienstes übertragen.

Systemzentrische Referenz Modellierung

Zum Vergleich wurde dasselbe Szenario außerdem unter Verwendung systemzentrischer Adressierung modelliert, implementiert und evaluiert. Es wird davon ausgegangen, dass zur systemzentrischen Modellierung der Unicast sowie ein Multi-Hop Broadcast zur Verfügung stehen. Die Verfügbarkeit von Multicast-Adressen und einer entsprechenden Zustellung der Dateneinheiten wurde nicht angenommen. Weiter wurde das Dienste-Verzeichnis sowie die eigentlich notwendige Kommunikation zur Namensauflösung vernachlässigt. Durch diese Vereinfachung wurde der Kommunikationsbedarf der systemzentrischen Modellierung reduziert. Stattdessen trägt jedes System eine vollständige Liste der Adressen aller Systeme, deren Funktionalität in Anspruch genommen wird. Beispielsweise kennt der Temperatur-Regler-Dienst die Adressen aller Instanzen des Temperatur-Sensor-Dienstes sowie aller Instanzen des Temperatur-Aktor-Dienstes. Die Systeme können daher direkt anhand ihres System-Identifikators adressiert werden.

Die Kommunikationsbeziehungen zwischen den Diensten des Szenarios sind sowohl in der ServiceCast-basierten als auch in der systemzentrischen Modellierung identisch. Die beiden Modellierungen unterscheiden sich dagegen in der Adressierung der Dienst-Instanzen sowie in der Zustellung der Dateneinheiten. Die Ziel-

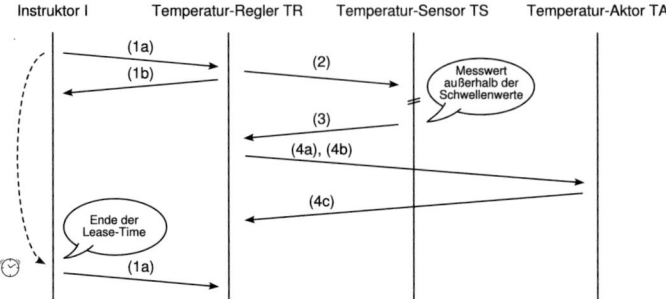

(a) Weg-Zeit-Diagramm des Szenarios Autonomes Gewächshaus

Nr.	Ziel-Adresse	Quell-Adresse	Trace-Flag
(1a)	`<TR:Q_ANY:>`	`<I:INr_I:Pkt_I>`	Wahr
(1b)	`<I:INr_I:>`	`<TR:INr_{TR}:>`	Falsch
(2)	`<TS:Q_SOME:Reg_I>`	`<TR:INr_{TR}:>`	Wahr
(3)	`<TR:INr_{TR}:>`	`<TS:INr_{TS}:Pkt_{TS}>`	Falsch
(4a)	`<TA:Q_ANY:Reg_{TS}>`	`<TR:INr_{TR}:>`	Wahr
(4b)	`<TA:INr_{TA}:>`	`<TR:INr_{TR}:>`	Falsch
(4c)	`<TR:INr_{TR}:>`	`<TA:INr_{TA}:>`	Falsch

(b) ServiceCast-Adressierung

Nr.	Ziel-Adresse	Quell-Adresse
(1a)	Sys-ID$_{TR}$	Sys-ID$_I$
(1b)	Sys-ID$_I$	Sys-ID$_{TR}$
(2)	Broadcast	Sys-ID$_{TR}$
(3)	Sys-ID$_{TR}$	Sys-ID$_{TS}$
(4a)	Sys-ID$_{TA}$	Sys-ID$_{TR}$
(4b)	Sys-ID$_{TA}$	Sys-ID$_{TR}$
(4c)	Sys-ID$_{TR}$	Sys-ID$_{TA}$

(c) Systemzentrische Adressierung

Abbildung 7.33 Weg-Zeit-Diagramm der Kommunikation im Szenario Autonomes Gewächshaus sowie Adressen der Dateneinheiten bei Service-Cast- und systemzentrischen Adressierung.

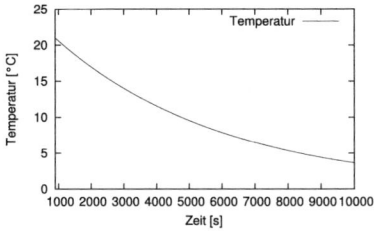

Abbildung 7.34 Verlauf der Temperatur ohne Regelung

und Quell-Adressen der systemzentrischen Modellierung sind in Abbildung 7.33(c) aufgeführt. Die Nummern der Dateneinheiten beziehen sich ebenfalls auf das Weg-Zeit-Diagramm in Abbildung 7.33(a). Bei der systemzentrischen Adressierung trägt jedes System genau eine Dienst-Instanz. Die Instanz kann daher eindeutig durch den System-Identifikator adressiert werden, welcher in der Abbildung durch Sys-ID$_{Dienst}$ mit dem Dienst der jeweiligen Instanz im Index dargestellt ist.

Jeder Anycast sowie jeder Unicast der ServiceCast-basierten Modellierung wurde in der systemzentrischen Modellierung durch einen Unicast an eine Instanz des jeweils gewünschten Dienstes ersetzt. Konkret werden die Dateneinheiten (1a), (1b), (3), (4a), (4b) und (4c) als Unicast adressiert. Der Somecast wurde in der systemzentrischen Modellierung auf eine Zustellung per Multihop Broadcast abgebildet. Dadurch wird die Interessensbekundung des Reglers – Dateneinheit (2) – in das gesamte WSAN geflutet. Jede der Dateneinheiten trägt als Quell-Adresse den System-Identifikator des Absenders.

Für die Zustellung der Unicast-Dateneinheiten wurde angenommen, dass jedes System über eine vollständige Routing-Tabelle verfügt, welche für alle Systeme des Netzes jeweils den nächsten Hop in die entsprechende Richtung verzeichnet. Als Routing-Metrik wurde μ_{ETX}, also dieselbe Metrik verwendet, welche in der Service-Cast-Architektur zur Berechnung der Routing-Tabelle des Anycast verwendet wird.

Temperatur-Modell

Die Temperatur wird durch das exponentielle Modell nach Gleichung 7.14 repräsentiert. Das Modell wurde mit einer Halbwertszeit von $\tau = 3600\,s$ und einer Start-Temperatur von $\theta_0 = 21\,°C$ zum Start-Zeitpunkt $t_0 = 900\,s$ nach Start der Simulation parametrisiert. Der zeitliche Verlauf der Temperatur ist in Abbildung 7.34 dargestellt. Die Temperatur fällt exponentiell bis auf einen Referenz-Wert ab. Dieser repräsentiert beispielsweise die Außentemperatur des Gewächshauses, welche mit $0\,°C$ festgelegt wurde. Ohne Regelung fällt die Temperatur im Gewächshaus innerhalb von $3600\,s$ auf den jeweils halben Wert ab, d. h. innerhalb von $3600\,s$ würde die Temperatur von $21\,°C$ auf $10{,}5\,°C$ abfallen.

$$T(t) = \theta_0 \cdot 2^{-\frac{t-t_0}{\tau}} \qquad (7.14)$$

251

Modellierung der Dienste

Instruktor-Dienst: Eine Instanz des Instruktor-Dienstes trägt die Vorgabewerte der Pflanzenart. Für jedes Phänomen hält der Instruktor zwei Werte: den Soll-Wert und die zulässige Abweichung. Der Soll-Wert dient dem Regler als Vorgabe. Die zulässige Abweichung gibt an, ab welcher Abweichung des Messwertes vom Soll-Wert ein Sensor-Dienst den aktuellen Messwert an den Regler-Dienst übermitteln muss.

Der Instruktor-Dienst übermittelt periodisch nach Ablauf einer Lease-Time den Soll-Wert der Temperatur sowie die zugehörige zulässige Abweichung an eine Instanz des Temperatur-Regler-Dienstes. Damit wird die erreichte Instanz zur Regelung der Temperatur instruiert.

Temperatur-Regler-Dienst Nach Erhalt des Soll-Wertes und der zulässigen Abweichung registriert die instruierte Instanz des Temperatur-Regler-Dienstes ihr Dateninteresse beim Temperatur-Sensor-Dienst. Dazu übermittelt sie den oberen und unteren Schwellenwert der Temperatur, welche sich aus dem Soll-Wert und der zulässigen Abweichung berechnen.

Zur Temperatur-Regelung ist ein PID-Regler [39] implementiert. Dieser ist durch die folgende Gleichung gegeben:

$$
\begin{aligned}
a_t &:= k_p \cdot e_t + k_i \cdot \tilde{e}_t + k_d \cdot \dot{e}_t & (7.15)\\
e_t &:= s - i_t \\
\tilde{e}_t &:= \sum_t e_t = \tilde{e}_{t-1} + e_t \\
\dot{e}_t &:= e_{t-1} - e_t
\end{aligned}
$$

Der Regler berechnet zu einem Zeitpunkt t eine Ausgabe a_t, welche von der aktuellen Regelabweichung e_t, der Summe vergangener Regelabweichungen $\tilde{e}_t$ sowie der Differenz $\dot{e}_t$ zwischen der aktuellen und der letzten Regelabweichung abhängt. Die Regelabweichung e_t wird bestimmt aus der Differenz aus Soll-Wert s und Ist-Wert i_t. Die Konstanten k_p, k_i und k_d bestimmen den proportionalen, integralen und differentiellen Einfluss der Regelabweichung auf die Ausgabe a_t des Reglers.

Erhält eine Instanz des Temperatur-Regler-Dienstes einen neuen Messwert eines Temperatur-Sensor-Dienstes, so geht dieser Messwert als Ist-Wert i_t in die Gleichung 7.15 ein. Die Parametrisierung des Temperatur-Regler-Dienstes ist in Tabelle 7.11 gegeben. Der Soll-Wert s der Regelung ist der vom Instruktor-Dienst der Pflanze erhaltene Vorgabewert. Die Ausgabe der Regelungsvorschrift a_t wird als neue Aktion an den Aktor versendet.

Parameter	Wert
k_p	0,65
k_i	0,05
k_d	-0,125

Tabelle 7.11 Parametrisierung des Temperatur-Regler Dienstes

Parameter	Wert
Dienste	Instruktor-Dienst (I), Temperatur-Regler-Dienst (TR), Temperatur-Sensor-Dienst (TS), Temperatur-Aktor-Dienst (TA)
Instanzdichte	Jeweils 33 % für die Dienste TR, TS, TA
	1 Instanz des Instruktor-Dienstes
Soll-Wert	23,0 °C
Zulässige Abweichung	0,0 °C, 0,25 °C, 1,0 °C
Lease-Time	900 s (15 Minuten)
Simulationsdauer	43 200 s (12 Stunden)
Somecast-Parameter	Verzweigungsgrad b = 3; Segmentlänge h = 3
Systeme	512, 724, 1024, 1448, 2048
Topologien	Gitter, Gauß, Random
Simulationsfläche	750 m x 500 m
Kanalmodell	Free-Space, Log-Normal Shadowing

Tabelle 7.12 Parametrisierung des Szenarios „Autonomes Gewächshaus"

Temperatur-Sensor-Dienst: Eine Instanz des Temperatur-Sensor-Dienstes liest für die Dauer einer Lease-Time periodisch den Zustand des simulationsglobalen Temperatur-Modells aus und erhält so den Wert $T(t)$ nach Gleichung 7.14, wobei t für den aktuellen Zeitpunkt steht.

Falls der Messwert der Temperatur außerhalb der Schwellenwerte liegt, übermittelt die Instanz den Messwert an den Temperatur-Regler-Dienst.

Temperatur-Aktor-Dienst: Eine Instanz des Temperatur-Aktor-Dienstes übergibt eine Temperatur-Änderung a an das simulationsglobale Temperatur-Modell. Der Aktor agiert daher zu diskreten Zeitpunkten. Die neue Temperatur T' des Modells nach einer Aktion a_t des Aktors zum Zeitpunkt t ergibt sich zu

$$T'(t) = T(t) + a_t. \tag{7.16}$$

7.3.2 Auswertung des Szenarios

Zur Auswertung des Szenarios wird hier zunächst die Kommunikation während eines einzelnen Kommunikationszyklus der Regelung analysiert. Die Effektivität der Kommunikation wird anhand der Regelabweichung und der Erfolgsrate der Zustellung der Dateneinheiten dargestellt. Zur Bewertung der Effizienz dienen die Evaluierung des Datenaufkommens sowie die Größe der Datenstrukturen im Szenario. Dabei wird jeweils ein Vergleich zwischen den Werten der Modellierung mittels ServiceCast-Adressierung und der systemzentrischen Adressierung vorgenommen.

Das Szenario wurde unter der in Tabelle 7.12 angegebenen Parametrisierung durchgeführt. Der Soll-Wert der Regelung beträgt 23 °C, die maximal zulässige Abweichung wurde mit den Werten 0,0 °C, 0,25 °C und 1,0 °C belegt. Die Dauer einer Lease-Time beträgt 15 Minuten, die Simulationsdauer beträgt 12 Stunden.

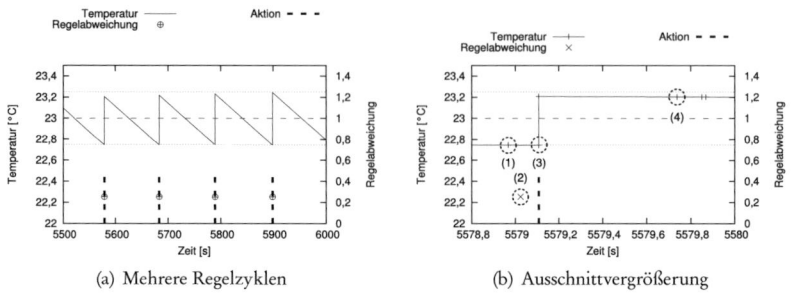

(a) Mehrere Regelzyklen   (b) Ausschnittvergrößerung

Abbildung 7.35 Zyklen der Temperaturregelung

7.3.2.1 Kommunikation während eines Regel-Zyklus

Abbildung 7.35 zeigt einen Ausschnitt des Temperatur-Verlaufs im Szenario über eine Zeitdauer von 500 Sekunden. Der Soll-Wert der Regelung beträgt 23 °C, die maximal zulässige Abweichung wurde im dargestellten Simulationslauf mit ±0,25 °C festgelegt, sodass sich die obere Schranke der Temperatur zu 23,25 °C und die untere Schranke zu 22,75 °C ergibt. Die Vorgabe sowie die Schranken sind in der Abbildung durch horizontale Linien markiert. Es ist ein Ausschnitt des stationären Zustandes dargestellt, die Regelung ist bereits eingeschwungen und weist ein zyklisches Verhalten auf. Die Temperatur fällt mit der Zeit langsam ab, sodass regelmäßig nach etwa 110 s die untere zulässige Temperaturschranke von 22,75 °C erreicht wird. Die Instanz des Temperatur-Sensor-Dienstes, welche die Unterschreitung der Schranke als erste feststellt, meldet einen Temperatur-Messwert an die bei ihm registrierte Instanz des Temperatur-Regler-Dienstes. Letzerer berechnet die Regelabweichung und instruiert einen Temperatur-Aktor neu. Die angesprochene Instanz des Temperatur-Aktor-Dienstes führt die vom Regler berechnete Aktion durch, welche die Temperaturdifferenz korrigiert. Erst nach der Feststellung einer hinreichend großen Regelabweichung wird eine erneute Kommunikation im Netz notwendig. Im Beispiel ist das jeweils nach etwa 110 Sekunden der Fall.

Ein solcher Kommunikationszyklus ist in der Ausschnittvergrößerung in Abbildung 7.35(b) hervorgehoben. In der Abbildung sind vier wichtige Zeitpunkte markiert:

(1) Eine Instanz des Temperatur-Sensor-Dienstes stellt fest, dass der Temperatur-Messwert unter die untere Schranke von 22,75 °C gefallen ist. Sie überträgt den Messwert an die bei ihr registrierte Instanz des Temperatur-Regler-Dienstes. Die Übertragung entspricht Dateneinheit (3) in Abbildung 7.33.

(2) Die Instanz des Temperatur-Regler-Dienstes empfängt den Messwert und berechnet die Regelabweichung (hier 0,25 °C) und die nach Gleichung 7.15 daraus resultierende Anweisung für den Temperatur-Aktor. Die Anweisung wird

an eine Instanz des Temperatur-Aktor-Dienstes übertragen. Die Übertragung entspricht der Dateneinheit (4b) in Abbildung 7.33.[32]

(3) Nach Empfang der neuen Anweisung bestätigt die adressierte Instanz des Temperatur-Aktors den Erhalt der Anweisung (Dateneinheit (4c) in Abbildung 7.33) und führt die angewiesene Aktion aus. In dem hier vereinfachten Temperatur-Modell führt die Aktion zu einem sofortigen Anstieg der Temperatur auf 23,2 °C.

(4) Eine Instanz des Temperatur-Sensor-Dienstes (nicht notwendigerweise dieselbe wie in Schritt (1)) nimmt eine Messung der Temperatur vor. Der Messwert liegt innerhalb der vorgegebenen Schranken, weshalb keine weitere Aktion ausgeführt wird.

7.3.2.2 Erfolgsrate der Anfragen und Antworten

Zur Feststellung der Effektivität der Kommunikation werden im Folgenden die Regelabweichung sowie die Erfolgsrate der einzelnen Adressierungsmodi untersucht.

Regelabweichung

Die Regelabweichung ist die Differenz zwischen der vorgegebenen Temperatur, also dem Soll-Wert der Regelung und der jeweils aktuellen vom Temperatur-Modell berechneten Temperatur. Die Aufgabe der Regelung besteht darin, die Regelabweichung zu minimieren. Daher ist die Regelabweichung ein Maß der Effektivität der Regelung. Zur Ermittlung der mittleren Regelabweichung wurde während der gesamten Simulationsdauer periodisch einmal pro Sekunde die Regelabweichung ermittelt. Da die Regelung im Szenario im Wesentlichen abhängig ist vom Erfolg der Kommunikation, ist die Regelabweichung ebenso ein Maß der Effektivität der Adressierung und Zustellung der Dateneinheiten.

Abbildung 7.36 zeigt die mittlere sowie die maximale Regelabweichung unter Verwendung der ServiceCast-Adressierung und systemzentrischer Adressierung. Die drei Graphen unterscheiden die Werte, welche bei unterschiedlichen Schwellenwerten der Temperatur-Sensor-Dienste für die Zustellung aufgenommen wurden.

Die unter ServiceCast-Adressierung beobachtete mittlere Regelabweichung (vgl. Abb. 7.36(a)) befindet sich für die beiden Werte der zulässigen Abweichung von 1,0 °C und 0,25 °C jeweils unterhalb des resultierenden Schwellenwertes. Bei einer zulässigen Abweichung von 0,0 °C – d. h. es wird praktisch jeder Messwert übermittelt, welcher vom Soll-Wert der Regelung abweicht – erreicht die mittlere Regelabweichungen die Größenordnung von 0,002 °C bis etwa 0,02 °C. Bei diesem Wert ist eine Abnahme der mittleren Regelabweichung mit zunehmender Anzahl von Systemen im Netz deutlich erkennbar. Die Ursache liegt in der größeren Anzahl von Instanzen des Temperatur-Sensor-Dienstes begründet. Je mehr Instanzen ein Phänomen periodisch überwachen, desto kleiner ist die erwartete Latenz zwischen der Unterschreitung des Schwellenwertes bis zur Detektion durch die erste Instanz. Da bereits die Übertragung des Messwertes durch eine Instanz hinreichend

---

[32]Wäre hier die erste Übertragung einer Anweisung abgebildet, entspräche die übertragene Dateneinheit der Dateneinheit (4a) in Abbildung 7.33.

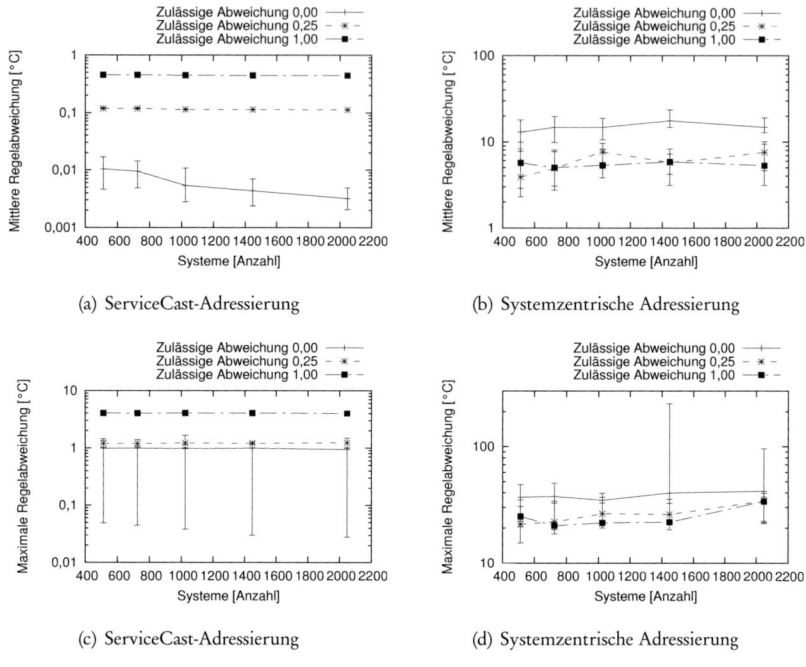

(a) ServiceCast-Adressierung

(b) Systemzentrische Adressierung

(c) ServiceCast-Adressierung

(d) Systemzentrische Adressierung

Abbildung 7.36 Mittlere Regelabweichung unter Verwendung der ServiceCast - Adressierung und der systemzentrischen Adressierung

ist, um eine Korrektur des Reglers zu veranlassen, wird die reduzierte Latenz der Detektion direkt in der mittleren Regelabweichung sichtbar.

Die maximalen unter ServiceCast-Adressierung beobachteten Regelabweichungen (vgl. Abb. 7.36(c)) übersteigen für die beiden zulässigen Abweichungen 1,0 °C und 0,25 °C den jeweiligen Mittelwert etwa um den Faktor zehn. Die maximalen Abweichungen kommen beispielsweise durch ein Überschwingen des Reglers zustande und sind daher von der Größe des Netzes unabhängig.

Im Vergleich dazu liegen die unter systemzentrischer Adressierung beobachteten Werte der mittleren Regelabweichung (vgl. Abb. 7.36(b)) wesentlich über den Werten der zulässigen Abweichungen. Im Gegensatz zu den Ergebnissen unter Verwendung der ServiceCast-Adressierung sind bei der systemzentrischen Adressierung die kleinsten mittleren Regelabweichung nicht für die zulässige Abweichung von 0,0 °C zu beobachten. Stattdessen führt dieser Wert der zulässigen Abweichung zu den größten beobachteten mittleren und auch maximalen Regelabweichungen. Eine Ursache liegt in der Art der Auswahl der instruierten Sensor-Dienste. Bei systemzentrischer Adressierung steht hierfür im Szenario ausschließlich ein Fluten des Netzes per Multi-Hop-Broadcast zur Verfügung. Daraus resultierend überwachen wesentlich mehr Instanzen des Temperatur-Sensor-Dienstes den Verlauf der Temperatur und melden ihre Messwerte an den zuständigen Regler, was zu einer Überlastung des Netzes führt. Daher resultiert eine Reduktion der zulässigen Abweichung unter der systemzentrischen Modellierung *nicht*, wie zu erwarten wäre, zu einer besseren Einhaltung der Regel-Vorgabe, sondern bewirkt exakt das Gegenteil: je geringer der Wert der zulässigen Abweichung zur Übertragung der Temperatur-Messwerte, desto schlechter kann die vorgegebene Temperatur durch die Regelung eingehalten werden.

Empfangsraten

Abbildung 7.37 zeigt die Empfangsstatistiken der drei im Szenario verwendeten Adressierungsmodi für die ServiceCast-basierte Modellierung. Für die Zustellung per Q_ANY und Q_INST sind jeweils die Empfangsrate gegeben. Für dem Somecast ist eine Empfangsrate aufgrund der 1-zu-viele Beziehung nicht definiert. Stattdessen ist hier die Zahl der erreichten Empfänger gegeben.

Der Anycast wird durch den Instruktor zur Instruktion des Regler-Dienstes sowie vom Regler-Dienst zur initialen Instruktion des Aktors verwendet. Aufgrund der Instanzdichte von 33 % kann in allen Netzgrößen und auf allen drei Topologien eine Instanz des adressierten Dienstes mit einer mittleren Zustellrate von 100 % erreicht werden (vgl. Abb 7.37(a)).

Der Somecast wird durch den Regler-Dienst zur Instruktion der Temperatur-Sensoren genutzt. Statt der Erfolgsrate ist in Abbildung 7.37(b) die Zahl der Empfänge pro Sendevorgang angegeben und damit also die absolute Zahl der Empfänger, welche innerhalb der Ziel-Region bei einem Somecast erreicht wurden. Die mittlere Zahl der Empfänger liegt in dünnen Netzen zwischen zwei und fünf Systemen, in den dichtesten untersuchten Topologien liegt sie zwischen 8 und 16 Systemen.

Die Zustellung von Antworten per Q_INST wurde durch die Instanzen des Sensor-Dienstes zur Zustellung ihrer Messwerte an den Regler-Dienst sowie für die Zustellung von Empfangsbestätigungen des Regler-Dienstes an den Instruktor und des Aktor-Dienstes an den Regler genutzt. Die mittleren Empfangsraten der Antworten sind in Abbildung 7.37(c) dargestellt. Diese liegen bei allen untersuchten Netzdichten im Mittel zwischen 98 % und 100 %.

Die Empfangsstatistiken der systemzentrischen Modellierung sind in Abbildung 7.38 dargestellt. Der Unicast wird bei der systemzentrischen Modellierung anstelle des Anycasts und der Zustellung per Q_INST genutzt. D. h. per Unicast werden die Nachricht des Instruktors an einen Regler, dessen Empfangsbestätigung an den Instruktor, die Messwerte der Sensoren an den Regler, die Dateneinheit des Reglers an den Aktor sowie die Empfangsbestätigung des Aktors an den Regler übertragen. Die mittlere Empfangsrate des Unicast liegt zwischen 50 % und 85 % und damit im Vergleich zu den Werten der Zustellung des Anycast und der Zustellung per Q_INST wesentlich niedriger als bei der Modellierung per ServiceCast. Eine Ursache liegt darin, dass die systemzentrische Adressierung aufgrund des fehlenden Anycasts, welcher Dateneinheiten immer zur nächstgelegenen Instanz zustellt, im Mittel längere

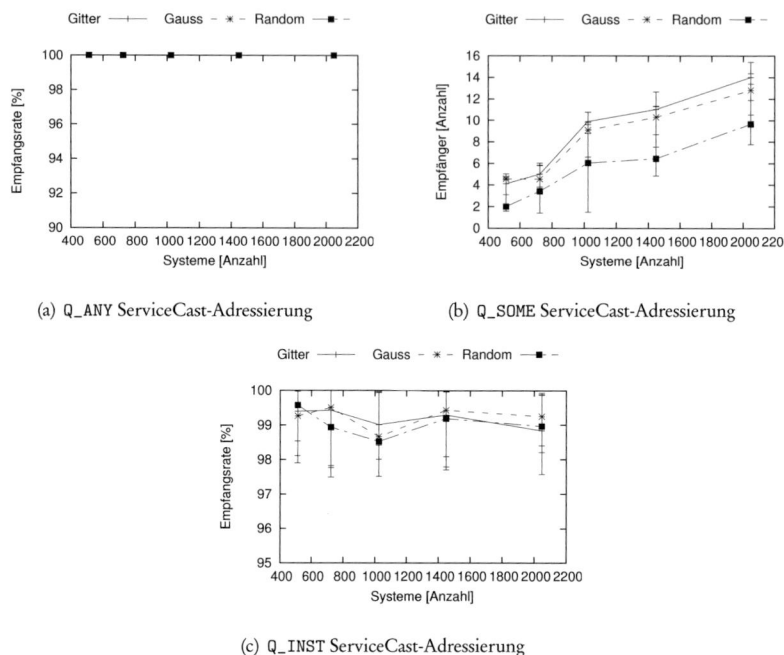

(a) Q_ANY ServiceCast-Adressierung   (b) Q_SOME ServiceCast-Adressierung

(c) Q_INST ServiceCast-Adressierung

Abbildung 7.37   Empfangsstatistik bei ServiceCast-Adressierung

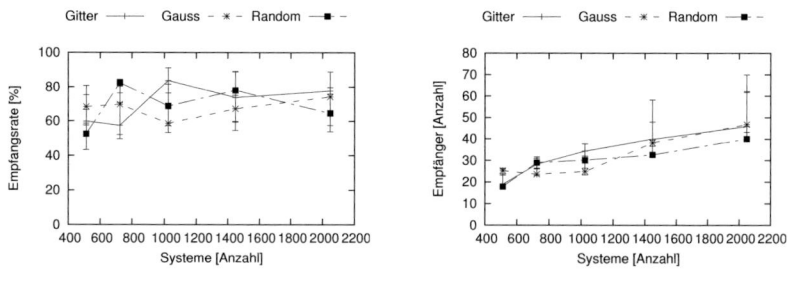

(a) Unicast bei systemzentrischer Adressierung   (b) Broadcast bei systemzentrischer Adressierung

Abbildung 7.38   Empfangsstatistik bei systemzentrischer Adressierung

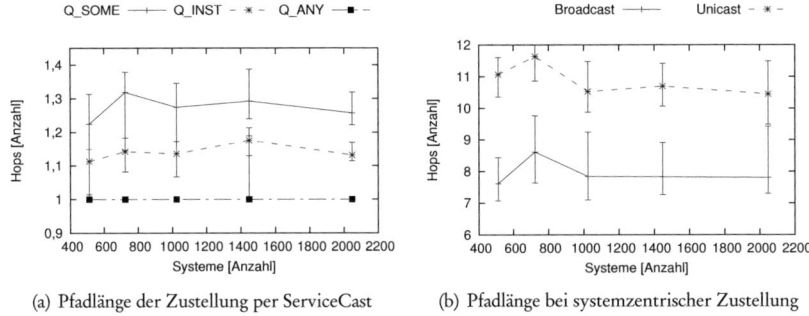

(a) Pfadlänge der Zustellung per ServiceCast (b) Pfadlänge bei systemzentrischer Zustellung

Abbildung 7.39 Mittlere Pfadlänge der Adressierungsmodi

Pfade aufweist. Die mittlere Pfadlänge ist für beide Modellierungen zum Vergleich in Abbildung 7.39 dargestellt.

Die Dateneinheit des Reglers zur Interessensbekundung an die Sensoren wird per Broadcast zugestellt. Abbildung 7.38(b) zeigt, dass je nach Dichte des Netzes mit jeder Broadcast-Übertragung im Mittel zwischen 15 und 50 Systeme erreicht werden. Damit werden im Vergleich zur ServiceCast-Modellierung jeweils etwa dreimal so viele Systeme wie durch den Somecast erreicht.

7.3.2.3 Datenaufkommen

Abbildung 7.40 zeigt das Datenaufkommen für die beiden Modellierungen. Es ist jeweils die Zahl der Nutzdaten enthaltenden Dateneinheiten sowie die Zahl der Dateneinheiten zur Signalisierung aufgetragen.

Die Zahl der Nutzdaten tragenden Dateneinheiten steigt in beiden Modellierungen mit der Zahl der Systeme im WSAN sowie mit sinkender zulässiger Abweichung (vgl. Abb 7.40(a) und 7.40(b)). Die Abhängigkeit von der Anzahl der Systeme im Netz kann durch die resultierende größere Dichte des Netzes erklärt werden. Je dichter das Netz ist, desto mehr Systeme liegen innerhalb der adressierten Ziel-Region und desto mehr Instanzen des Temperatur-Sensor-Dienstes überwachen den Verlauf der Temperatur. Dies gilt für die Zustellung des Dateninteresses in der systemzentrischen Modellierung per Broadcast. Dieser erreicht nahezu alle Systeme innerhalb der Ziel-Region. Bei der Zustellung in der ServiceCast-basierten Modellierung per Somecast werden mit steigender Netzdichte ebenfalls mehr Instanzen des Temperatur-Sensor-Dienstes erreicht, da der Somecast jeweils einen festen Anteil der Instanzen innerhalb der Ziel-Region adressiert. Die Abhängigkeit des Nutzdatenaufkommen von der zulässigen Abweichung der Temperatur ist direkt einsichtig, da bei geringerer zulässiger Abweichung häufiger ein Messwert an die Instanz des Regler-Dienstes übermittelt werden muss, womit die Zahl der übertragenen Nutzdaten steigt.

Unter systemzentrischer Modellierung werden jeweils mehr Nutzdaten übertragen als unter der ServiceCast-basierten Modellierung. Dies ist durch die Zustellung des

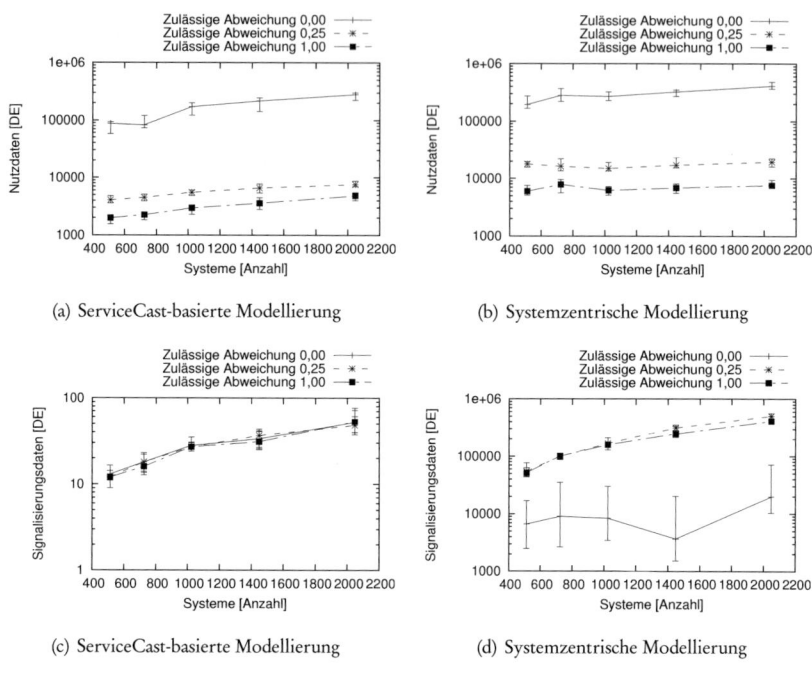

Abbildung 7.40 Datenaufkommen bei ServiceCast-basierter und systemzentrischer Modellierung.

Dateninteresses per Broadcast bzw. Somecast zu erklären. Per Broadcast werden insgesamt mehr Instanzen mit der Überwachung der Temperatur beauftragt als durch den Somecast. Daher werden hier auch mehr Messwerte an den Regler übertragen.

In der systemzentrischen Modellierung werden wesentlich mehr Signalisierungsdateneinheiten übertragen als in der ServiceCast-basierten Modellierung. Die Ursache ist, dass in der ServiceCast-basierten Modellierung – abgesehen von Dateneinheiten zur Erkennung von Nachbarschaften – Signalisierung nur für die Zustellung der beiden per Anycast übertragenen Dateneinheiten notwendig ist. Dies sind die Dateneinheiten (1a) und (4a) in Abbildung 7.33(b). Die Zustellung der Dateneinheiten (1b), (3) sowie (4b) und (4c) basiert auf der bereits etablierten Spur, weshalb keine explizite Signalisierung notwendig ist. Die Zustellung der Dateneinheit (2) per Somecast erfordert ebenfalls keine expliziten Dateneinheiten zur Signalisierung. In der systemzentrischen Adressierung werden alle Dateneinheiten – außer Nummer (2) – per Unicast zugestellt. Für die Zustellung per Unicast benötigen die Systeme Routing-Informationen in den Routing-Tabellen, wodurch der dargestellte Signalisierungsaufwand verursacht wird. Da das Dateninteresse des Regler-Dienstes per Broadcast

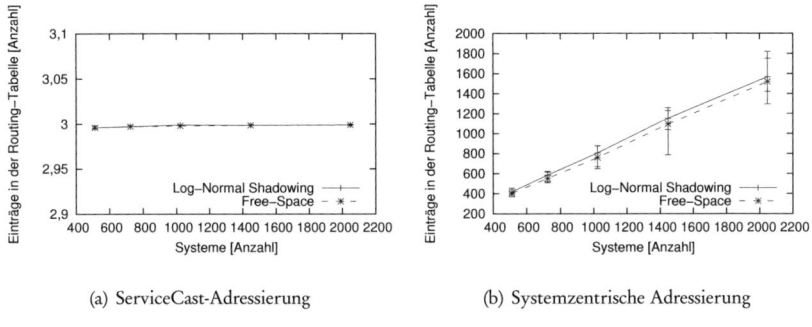

(a) ServiceCast-Adressierung   (b) Systemzentrische Adressierung

Abbildung 7.41 Größe der Routing-Tabellen bei ServiceCast- und systemzentrischer Adressierung.

zugestellt wird, melden insgesamt mehr unterschiedliche Systeme Messwerte an den Regler, als dies bei der Zustellung des Dateninteresses per Somecast der Fall ist.

7.3.2.4 Speicherbedarf

Abbildung 7.41 zeigt die mittlere Größe der Routing-Tabelle bei unterschiedlichen Netzgrößen. Bei Verwendung der ServiceCast-Adressierung (vgl. Abb. 7.41(a)) ändert sich die Anzahl der Einträge in der Routing-Tabelle nicht, da unabhängig von der Netzgröße immer dieselbe Anzahl unterschiedlicher Dienste (nicht Instanzen!) im Netz sind. Über alle Netzgrößen bleibt die mittlere Anzahl der Einträge bei jedem System bei etwa drei Einträgen. Bei Verwendung systemzentrischer Adressierung (vgl. Abb. 7.41(b)) steigt die mittlere Zahl der Einträge in der Routing-Tabelle auf jedem System linear mit der Anzahl im Netz befindlicher Systeme. Im Mittel benötigt jedes System in diesem Szenario einen Eintrag für 75 %–80 % der im Netz vorhandenen Systeme. Dieser Unterschied ist erklärbar, da bei der systemzentrischen Adressierung jedes System für jedes andere adressierte System eine Pfadinformation benötigt und dazu einen Eintrag in der Routing-Tabelle anlegt. Die ServiceCast-Adressierung benötigt dagegen nur einen Eintrag pro adressiertem Dienst, sodass die Größe der Routing-Tabelle hier wesentlich kleiner ausfällt und insbesondere unabhängig von der Größe des WSANs ist. In großen WSANs mit vielen Systemen skaliert dieser Ansatz daher wesentlich besser als die hier untersuchte systemzentrische Variante.

Während die Weiterleitung bei systemzentrischer Adressierung vollständig auf den Einträgen in der Routing-Tabelle basiert, benötigt die ServiceCast-Architektur für die Zustellung der Antworten die Spur-Tabelle als separate Datenstruktur. Abbildung 7.42 zeigt die mittlere Größe dieser Spur-Tabelle für unterschiedliche Netzgrößen. Im Mittel benötigt jedes System weniger als zwei Einträge. Dabei unterscheidet sich die Zahl notwendiger Einträge je nach Annahme über den drahtlosen Kanal. Bei Annahme eines deterministischen Kanals sind die nachbarschaftlichen Beziehungen zwischen den Systemen des WSANs stabil, sodass Übertragungen wiederholt an

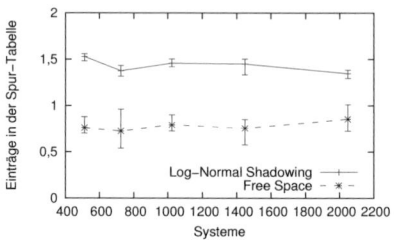

Abbildung 7.42 Größe der Spur-Tabelle mit wachender Netzgröße.

dieselben Nachbarn gerichtet werden können. Dies schlägt sich in der geringeren Anzahl notwendiger Einträge in der Spur-Tabelle nieder, welche im Mittel bei etwas unter einem Eintrag je System liegt. Wird dagegen ein probabilistisches Kanalmodell angenommen, sind die Nachbarschaftsbeziehungen weniger stabil, was sich durch geringfügig mehr Einträge in der Spur-Tabelle bemerkbar macht. Im Mittel sind hier auf jedem System 1,5 Einträge notwendig.

Die Summe der zur ServiceCast-basierten Weiterleitung notwendigen Einträge in den Datenstrukturen (Einträge der Routing-Tabelle und Einträge der Spur-Tabelle) liegt für die gezeigten Netzgrößen wesentlich unter der Anzahl der für die systemzentrische Adressierung benötigten Einträge der Routing-Tabelle.

Die Größe der weiteren Datenstrukturen (Duplikat-Tabelle und Nachbar-Tabelle) sind unabhängig vom verwendeten Adressierungsschema. Daher wird auf deren Größe hier nicht eingegangen.

7.4 Zusammenfassung

Die Evaluierung zeigt die Effektivität und Effizienz der ServiceCast-Architektur zur dienstbasierten Adressierung in WSANs. Dazu wurden die Adressierungsmodi der ServiceCast-Architektur getrennt voneinander untersucht. Für alle Modi der Adressierung konnte gezeigt werden, dass sie ihren jeweiligen Einsatzzweck erfüllen.

Durch die Analyse der Zustellraten unter Verwendung eines deterministischen sowie eines probabilistischen Kanalmodells wird die Notwendigkeit für geeignete Routing-Metriken zum Umgang mit dem indeterministischen drahtlosen Kanal festgestellt und die Effektivität der in der ServiceCast-Architektur verwendeten Routing-Metriken bestätigt.

Es wird gezeigt, dass durch den Somecast eine Dateneinheit an einen zuvor spezifizierbaren Anteil der Instanzen im Netz zugestellt werden kann. Der Somecast ist besonders für die Zustellung von Anfragen zur Erhebung einer zufälligen Stichprobe geeignet. Bei bekannter Netzdichte kann die durch den Somecast erreichte Abdeckung mit einer Genauigkeit von etwa 20 % vorhergesagt werden. Bei unbekannter Netzdichte reduziert sich die Vorhersagegenauigkeit auf etwa 40 %. Damit kann die durch den Somecast erreichte Abdeckung wesentlich genauer vorhergesagt werden als bei einer Zustellung per Broadcast. Dabei führt die Zustellung einer Dateneinheit an mehrere Instanzen eines Dienstes per Somecast zu einer deutlich gleichmäßigeren Verteilung der erreichten Instanzen, als dies bei einer Zustellung per Broadcast der Fall ist. Weiter zeigen die beobachteten Zustellraten der Antwort-Dateneinheiten deutlich, dass der Somecast besser zur Anfrage von Sensor-Messwerten in WSANs geeignet ist, als der Broadcast. Insgesamt konnten Parametrisierungen für mittlere Abdeckungen zwischen etwa 10 % und 70 % angegeben werden. Diese gelten für Netze mit mittleren Dichten zwischen 9 und 36 Nachbarn.

Es konnte gezeigt werden, dass Mehrfachzustellungen aufgrund von duplizierten Instanz-Identifikatoren in der Praxis sehr selten auftreten. Ihre Wahrscheinlichkeit liegt in den durchgeführten Untersuchungen mehrere Größenordnungen unter der für die Wahrscheinlichkeit des Auftretens mehrfacher Instanz-Identifikatoren.

Anhand der Untersuchung im Szenario „Autonomes Gewächshaus" konnte die Praxistauglichkeit der ServiceCast-Architektur zur Modellierung realer WSAN-Anwendungen festgestellt werden. Der Vergleich mit einer systemzentrischen Modellierung bestätigte die Effizienz des dienstbasierten Ansatzes zur Kommunikation in WSANs.

8. Zusammenfassung und Ausblick

Drahtlose Sensor-Aktor-Netze (WSANs) ermöglichen die Verschmelzung der analogen und digitalen Welt. Dadurch machen sie die analoge Realität digital erfassbar und erlauben die Interaktion mit ihrer jeweiligen Umgebung. So bieten Sensor-Aktor-Netze die Möglichkeit abgeschlossene Anwendungen autonom, also selbständig und unüberwacht, zu erbringen.

Die Integration von Aktorik in Sensornetze führt zu neuen Anforderungen bezüglich der Adressierung. Diese Anforderungen sind gegensätzlich zu den Anforderungen reiner Sensornetze. So ist zur Adressierung von Sensorik und zustandslosen Diensten die exakte Kenntnis der Identität des Kommunikationspartners nicht erforderlich und aufgrund der Ressourcenbeschränkung der Systeme sowie der Notwendigkeit zur flexiblen Nutzung redundant vorhandener Ressourcen häufig auch nicht wünschenswert. Andererseits kann zur Adressierung von Aktorik der Bedarf für eine enge Bindung der Kommunikationspartner entstehen, welcher sich in der Notwendigkeit einer eindeutigen Adressierung sowie einer spezifizierbaren Multiplizität niederschlägt.

Zur Unterstützung dieser gegensätzlichen Anforderungen wurde in dieser Arbeit die *ServiceCast-Architektur* entworfen, umgesetzt und evaluiert, welche durch eine flexible Form der Adressierung sowohl eine lose als auch eine enge Bindung der Kommunikationspartner unterstützt und dabei die Spezifikation der Multiplizität der Adressierung ermöglicht.

8.1 Ergebnisse dieser Arbeit

Die ServiceCast-Architektur ist eine modulare Architektur zur dienstbasierten Kommunikation in WSANs. Sie stellt alle notwendigen Protokolle, Datenstrukturen und Mechanismen bereit, welche zur Realisierung einer dienstbasierten Anwendung und zur Kommunikation, basierend auf der ServiceCast-Adressierung, notwendig sind. Dazu gehören die Verwaltung lokaler Dienst-Instanzen sowie die netzweite Multi-Hop-Übertragung und -Zustellung von Dateneinheiten an die jeweils adressierten Dienst-Instanzen. Der modulare Aufbau der ServiceCast-Architektur stellt die Erweiterbarkeit der Architektur sicher und ermöglicht die Integration von Komponenten zur Realisierung spezieller Protokollanforderungen.

Die Architektur bietet mit der ServiceCast-Adressierung ein flexibles Adressierungsschema, welches in der Lage ist, die charakteristischen Dienstgeber-Dienstnehmer-Beziehungen der Anwendung direkt in Adressen der ServiceCast-Architektur abzubilden. Dadurch entfällt der sonst in systemzentrisch adressierten WSANs notwendige Schritt zur Namensauflösung. Weiter ermöglicht die ServiceCast-Adressierung wahlweise lose oder enge Bindung an den Kommunikationspartner. Diese wird durch die wahlweise Adressierung von Funktionalität, sowie die Möglichkeit zur gezielten Adressierung von Instanzen bei Bedarf, ermöglicht. Als Komponenten der der ServiceCast-Adresse wurden

- die *Funktionalität*, repräsentiert durch den Dienst-Typ,
- die *Multiplizität* der Adressierung, repräsentiert durch den Quantifikator,
- die *Lokation*, repräsentiert durch die Spezifikation einer Region bzw. eines Punktes und
- der *Identifikator*, repräsentiert durch eine Instanz-Nummer

identifiziert. Die vier Komponenten geben an, „was", „wieviele" sowie ggf. „wo" und „wer" adressiert werden soll. Unter den Komponenten wurden die Funktionalität und die Multiplizität als notwendige, die Lokation und der Identifikator als optionale Bestandteile der Adresse erkannt. Anhand der Modellierung des Beispielszenarios „Autonomes Gewächshaus" konnte gezeigt werden, dass die Modellierung aller für die Anwendung wichtigen Kommunikationsbeziehungen durch das Adressierungsschema direkt in ServiceCast-Adressen abgebildet werden kann.

Die ServiceCast-Architektur stellt, entsprechend der vier möglichen Werte des Quantifikators, vier Modi der Adressierung zur Verfügung. Drei der Modi entsprechen den aus klassischen Netzen bekannten Konzepten Unicast, Anycast und Multi-Hop Broadcast. Die Wirkung jeder ServiceCast-Adresse kann durch die Angabe einer Ziel-Region räumlich beschränkt werden. Der vierte Adressierungsmodus ist der *Somecast*. Durch diesen wird ein neues Konzept zur Adressierung und Zustellung von Dateneinheiten mit graduell abstufbarer Netz-Abdeckung vorgestellt. Eine zentrale Anwendungsmöglichkeit des Somecast ist die Erhebung von repräsentativen Stichproben innerhalb der Instanzen eines beliebigen Dienstes. Er adressiert einen zufällig gewählten, aber gleichmäßig verteilten graduell abstufbaren Anteil der Instanzen eines Dienstes. Die Ausbreitung des Somecast kann sich ebenfalls wahlweise entweder auf das gesamten Netz beziehen oder auf eine definierbare Region beschränkt werden. In vielen WSAN-Anwendungen kann der Somecast als Alternative zum Fluten des gesamten Netzes zum Einsatz kommen. Durch die Leistungsbewertung konnte gezeigt werden, dass der Somecast eine wesentlich gleichmäßigere Verteilung der erreichten Systeme aufweist, als dies bei der Zustellung durch Fluten der Fall ist. Ein weiterer wichtiger Unterschied ist, dass der Somecast die Kontrolle der erreichten Abdeckung ermöglicht. Diese wurde in Netzen mit mittleren Dichten zwischen 9 und etwa 36 Nachbarn untersucht. Bei bekannter Netzdichte kann die erreichte Abdeckung mit einer Genauigkeit von etwa 20 % gesteuert werden.

Zur realitätsnahen Leistungsbewertung der ServiceCast-Architektur wurde das Mobility Framework des Simulationswerkzeuges OMNeT++ erweitert. Dabei wurden insbesondere flexible Kanalmodelle eingeführt, welche eine realitätsnahe Modellierung des drahtlosen Kanals erlauben. Zur Parametrisierung der Kanalmodelle wurde eine Methode entwickelt, die es ermöglicht, Kanalmodelle anhand der durch die Systeme des WSANs beobachtbaren Empfangsrate für ein konkretes Szenario zu parametrisieren und gleichzeitig auch die Eignung des Modells zur Repräsentation des beobachteten Kanals zu bewerten.

Anhand dieser Methode wurde die Eignung der probabilistischen Kanalmodelle Log-Normal Shadowing, Nakagami-m, Rice und Rayleigh bewertet, den drahtlosen Kanal zwischen MICAz-Sensorknoten in zwei überwiegend hindernisfreien Outdoor-Szenarien zu beschreiben. Dabei konnte festgestellt werden, dass die Modelle Log-Normal Shadowing, Nakagami-m und Rice in der Lage sind, die beobachteten empirischen Empfangsraten in sehr guter Näherung für eine simulative Untersuchung zu modellieren. Das Rayleigh-Modell ist aufgrund seiner eingeschränkten Parametrisierbarkeit weniger gut geeignet. Für jedes der probabilistischen Modelle wurde die Parametrisierung bestimmt, welche zur jeweils besten Übereinstimmung zwischen Modellvorhersage und empirischer Beobachtung führte.

Die Methode zur Parametrisierung der Kanalmodelle zeichnet sich dadurch aus, dass die notwendige empirische Datenbasis direkt mit den Systemen des WSANs erhoben werden kann. Außer diesen Systemen sind keine weiteren Messgeräte notwendig. Dadurch kann auf sehr einfache Weise mit geringem technischen Aufwand eine szenariospezifische Parametrisierung, welche die Charakteristik der verwendeten Hardware am geplanten Einsatzort des WSANs abbildet, gefunden und in eine Simulation übertragen werden.

Am Beispiel eines Algorithmus zur verteilten Koordinator-Wahl konnte demonstriert werden, dass die Charakteristik des drahtlosen Kanals einen wesentlichen Einfluss auf Protokollmechanismen höherer Schichten nimmt, und dass die Ergebnisse einer simulativen Untersuchung stark vom verwendeten Kanalmodell abhängen können. Die Untersuchung der ServiceCast-Architektur zeigt weiterhin, dass die eingesetzten Protokollmechanismen der ServiceCast-Architektur sehr gut zum Umgang mit dem indeterministischen drahtlosen Medium geeignet sind.

8.2 Ausblick und weiterführende Arbeiten

Der mit dem Aufkommen von Sensor- und Sensor-Aktor-Netzen zunehmende Trend zu Netzen aus intelligenten und interaktionsfähigen Systemen, welche entweder durch Objekte des Alltags allgegenwärtig sind oder auf spezialisierte Anwendungen zugeschnitten sind, setzt sich in sogenannten Nano-Netzen fort. Dabei handelt es sich um Netze aus noch stärker ressourcenbeschränkten Systemen, welche zwar fähig sind ihre Umgebung wahrzunehmen und eigene Messungen zu kommunizieren, die aber nicht mit der Weiterleitung fremder Dateneinheiten betraut werden können. Diese Systeme könnten – wie das beispielsweise bei RFID-basierten Systemen der Fall ist – vollständig auf eine externe, drahtlose Energieversorgung angewiesen sein oder geringe Energiemengen ihrer Umgebung entziehen und daher über noch weniger Ressourcen zur Kommunikation verfügen. Hier stellt sich die Frage, wie solche Systeme sinnvoll in andere Netze integriert werden können. Die ServiceCast-Architektur stellt hier aufgrund ihres modularen Aufbaus einen vielversprechenden Ansatz dar.

Ein weiterer Aspekt für zukünftige Untersuchungen ist die Integration der ServiceCast-Architektur in Weitverkehrsnetze. Dies umfasst einerseits die Anbindung an bereits existierende Weitverkehrsnetze wie beispielsweise das heutige Internet, andererseits auch die Integration in zukünftige Weitverkehrsnetze, welche möglicherweise ganz anderen Paradigmen der Architektur folgen. Bei der Anbindung an das heutige Internet gilt zu klären, wie die Kommunikation beim Übergang zwischen WSAN und Internet in die jeweiligen Protokoll- und Adress-Architekturen übersetzt werden können. Zukünftige Weitverkehrsnetze verfolgen möglicherweise andere Architektur-Paradigmen, welche beispielsweise die gleichzeitige Koexistenz mehrerer Kommunikationsparadigmen durch Virtualisierung von Teil-Netzen ermöglichen. In diesem Kontext ist zu klären, inwieweit das Konzept der ServiceCast-Architektur für solche Netze adaptiert werden kann, sodass vom Weitverkehrsnetz bis hin zum WSAN ein einheitliches Kommunikationsparadigma zum Einsatz kommen kann.

Weiter stellt sich die Frage, inwieweit die hier vorgestellte Möglichkeit der Kanalschätzung durch die Systeme des WSANs positiv für intelligenteres Protokollverhalten ausgenutzt werden kann. So könnten die Systeme des WSANs während der Laufzeit die Eigenschaften des drahtlosen Kanals modellbasiert lernen. Neben der Anpassung des eigenen Protokollverhaltens gegenüber bekannten Systemen könnte dies insbesondere zu einer schnellen und zuverlässigen Bewertung des Kommunikationskanals zu neu hinzukommenden Systemen dienen. Dies könnte beispielsweise die korrekte Bewertung von nachbarschaftlichen Beziehungen in dynamischen Netzen erleichtern.

A. Notation

A.1 Überblick der verwendeten Notation

Die Notation ist angelehnt an [93]:

Symbol	Beschreibung
P_{rx}	Empfangsleistung [in Watt]
$P_{rx}[dB]$	Empfangsleistung [in Dezibel]
P_{tx}	Sendeleistung [in Watt]
P_{sens}	minimale Sensitivität des Empfängers [in Watt]
ρ	mindest Signal zu Interferenz- und Rausch-Abstand (SINR)
$Pr\{event\}$	Wahrscheinlichkeit des Ereignisses *event*
$\overline{event}$	bezeichnet das Gegenereignis zu *event*
$\overline{Pr\{event\}}$	bezeichnet die Wahrscheinlichkeit des Gegenereignisses zu *event*: $\overline{Pr\{event\}} = Pr\{\overline{event}\} = 1 - Pr\{event\}$
$f^{Verteilung}(\cdot)$	Dichte Funktion einer Wahrscheinlichkeitsverteilung
$F^{Verteilung}(\cdot)$	kummulative Verteilungsfunktion einer Wahrscheinlichkeitsverteilung
$\log$	bezeichnet den dekadischen Logarithmus
$\Gamma(\cdot)$	die Gamma-Funktion (nicht die Verteilung!)
$\gamma(\cdot)$	die unvollständige Gamma-Funktion

A.2 Überblick der Parameter der Kanalmodellierung und Parameterschätzung

Parameter	Name	Einheit
P_{rx}	Empfangsleistung	[dBm]
P_{tx}	Sendeleistung	[dBm]
d	Distanz zw. Sender & Empfänger	[m]
d_0	Referenzdistanz	[m]
$PL(d_0)$	Pfadverlust zw. Sender und Referenzdistanz	[dB]
λ	Wellenlänge	[m]
G_t	Verstärkungsfaktor der Antenne des Senders	[keine Einheit]
G_r	Verstärkungsfaktor der Antenne des Empfängers	[keine Einheit]
L	Systemverlustfaktor	[keine Einheit]
L'	kombinierter Verlustfaktor $\left(L' = \frac{L}{G_t G_r}\right)$	[keine Einheit]
α	Exponent des Pfadverlustes	[keine Einheit]
Pr_{rx}	Empfangswahrscheinlichkeit	[Wahrscheinlichkeit]
σ	Streuparameter des Log-Normal-Shadowing Modells	[keine Einheit]
m	Streuparameter des Nakagami-m Modells	[keine Einheit]
k	Streuparameter des Rice-Modells	[dB]
E	Fehlermaß: Quadratische Abweichung zweier Wahrscheinlichkeiten	[keine Einheit]

B. Bewertung der Dichte

Systeme	D^{FS}	D^{LNS}	d_{min} [m]	$Pr_{rx}(d_{min})$
32	0,4700	0,5267	57,9896	0,10
45	0,7500	0,7954	48,4820	0,31
64	0,9700	1,0704	40,0772	0,63
90	1,3800	1,6181	33,4636	0,86
128	1,9400	2,2238	28,0162	0,97
181	3,0900	3,3760	23,5193	1,00
256	3,9200	4,4235	19,6069	1,00
362	5,0800	5,7826	16,4347	1,00
512	7,9100	8,9459	13,7852	1,00
724	11,2600	12,6727	11,5343	1,00
1024	15,9400	17,7453	9,6922	1,00
1448	21,9100	24,5788	8,1511	1,00
2048	33,0100	36,5470	6,8294	1,00
2896	45,6400	51,1444	5,7340	1,00
4096	64,2500	71,7710	4,8130	1,00
5792	91,5800	101,5605	4,0448	1,00
8192	128,7300	143,1469	3,3979	1,00
11585	181,0700	201,7591	2,8577	1,00
16384	256,9800	286,5431	2,4004	1,00
23170	363,5100	405,4851	2,0178	1,00
32768	512,1000	570,8599	1,6958	1,00
46340	725,6100	809,9369	1,4253	1,00
65536	1017,6800	1137,7068	1,1977	1,00

Tabelle B.1 Entwicklung der beobachtbaren Netz-Dichte unter Verwendung des Free-Space sowie des Log-Normal Shadowing Modells auf einer Simulationsfläche von 750 m x 500 m.

Systeme	FS-Nb	Prob-Nb	d_{min} [m]	$Pr_{rx}(d_{min})$
32	0,1500	0,1519	113,5050	0,00
45	0,1500	0,1666	95,7056	0,00
64	0,2900	0,3411	79,7296	0,00
90	0,2700	0,2890	67,0383	0,03
128	0,5300	0,5617	56,2511	0,13
181	0,6000	0,6881	47,4930	0,34
256	0,9500	1,0312	39,1426	0,66
362	1,1900	1,4033	32,9254	0,88
512	1,8700	2,1508	27,4820	0,97
724	2,6000	2,9844	23,0714	1,00
1024	4,4100	4,8680	19,3869	1,00
1448	5,8500	6,4074	16,2519	1,00
2048	8,0100	8,9278	13,6658	1,00
2896	10,9900	12,2833	11,4534	1,00
4096	16,0900	18,1783	9,6249	1,00
5792	22,9000	25,4990	8,0935	1,00
8192	31,0500	34,7834	6,7927	1,00
11585	45,3000	50,5351	5,7077	1,00
16384	64,7100	71,7877	4,7966	1,00
23170	91,7800	101,9866	4,0310	1,00
32768	129,6800	144,7404	3,3906	1,00
46340	178,1900	199,4082	2,8503	1,00
65536	254,0700	283,6390	2,3956	1,00

Tabelle B.2 Entwicklung der beobachtbaren Netz-Dichte unter Verwendung des Free-Space sowie des Log-Normal Shadowing Modells auf einer Simulationsfläche von 1500 m x 1000 m.

C. Ergebnisse der Feldmessung

In den Folgenden Abbildungen sind die mittleren empirischen Empfangsraten der Datensätze Wald 1 – 5 und Wiese 1 – 3 mit ihren jeweils besten Parametrisierungen aus Tabelle 6.8 auf Seite 181 dargestellt. Jede Abbildung zeigt die Werte eines Modells. Es sind die vier probabilistischen Kanalmodelle Rayleigh (siehe Abb. C.1), Log-Normal Shadowing (siehe Abb. C.2), Nakagami-m (siehe Abb. C.3) und Rice (siehe Abb. C.4) dargestellt.

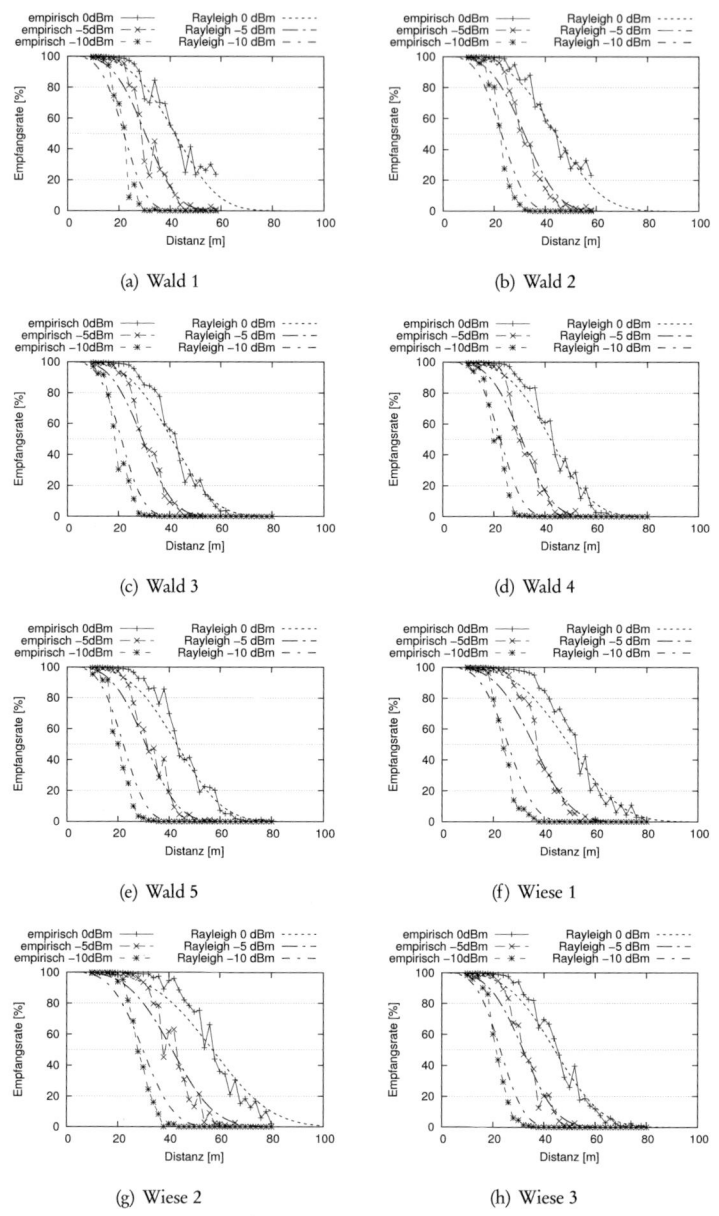

(a) Wald 1

(b) Wald 2

(c) Wald 3

(d) Wald 4

(e) Wald 5

(f) Wiese 1

(g) Wiese 2

(h) Wiese 3

Abbildung C.1 Rayleigh Modell

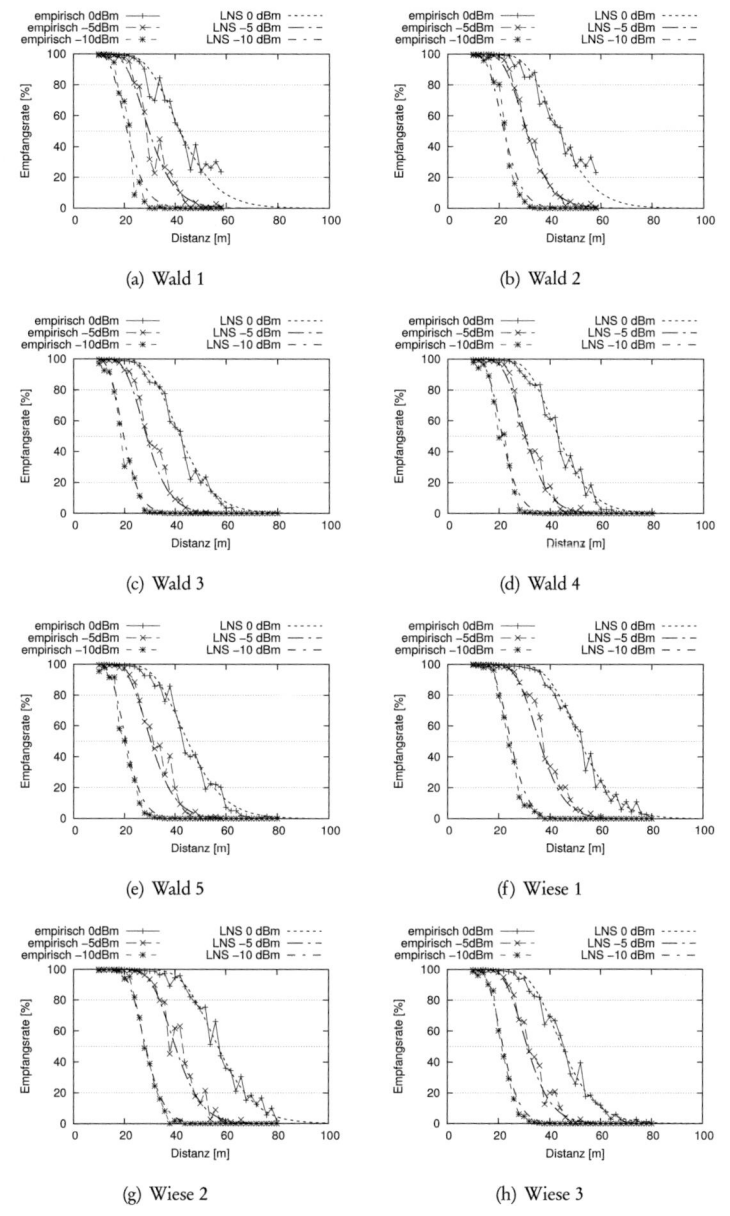

(a) Wald 1   (b) Wald 2

(c) Wald 3   (d) Wald 4

(e) Wald 5   (f) Wiese 1

(g) Wiese 2   (h) Wiese 3

Abbildung C.2 Log-Normal Shadowing Modell

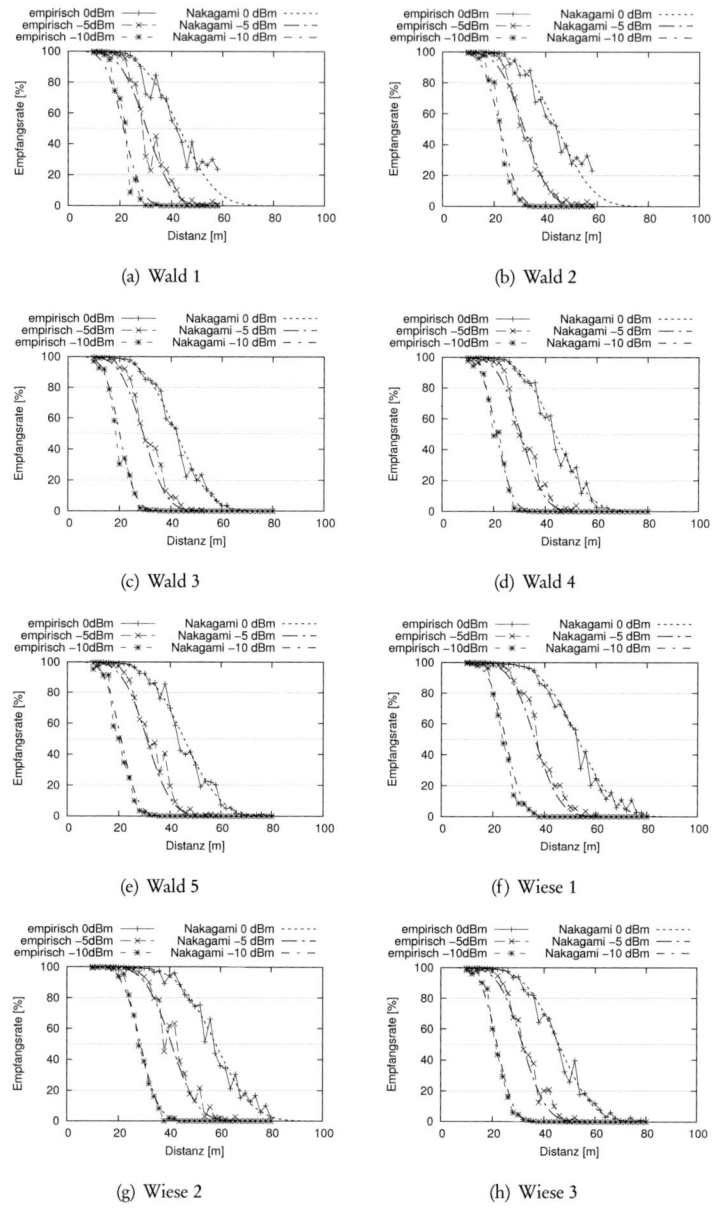

(a) Wald 1

(b) Wald 2

(c) Wald 3

(d) Wald 4

(e) Wald 5

(f) Wiese 1

(g) Wiese 2

(h) Wiese 3

Abbildung C.3 Nakagami-m Modell

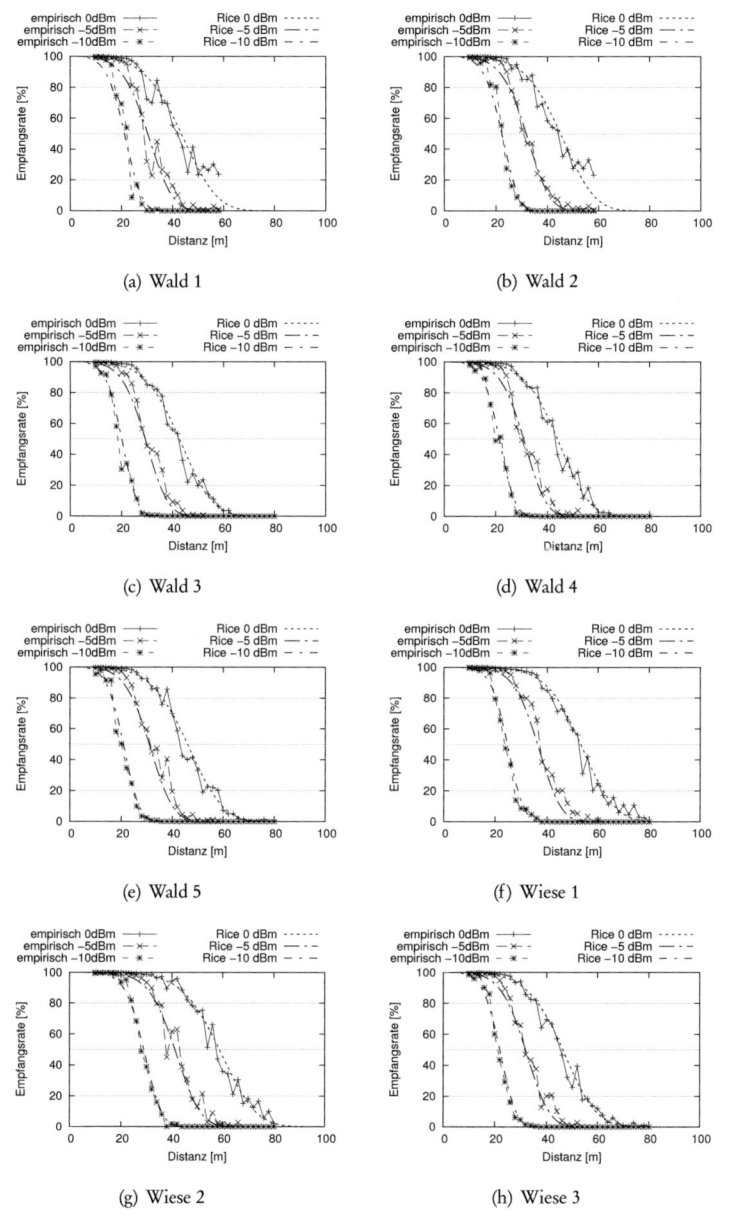

(a) Wald 1

(b) Wald 2

(c) Wald 3

(d) Wald 4

(e) Wald 5

(f) Wiese 1

(g) Wiese 2

(h) Wiese 3

Abbildung C.4 Rice Modell

D. Weitere Ergebnisse zur Leistungsbewertung des Somecast

Tabelle D.1: Mittlere Abdeckung des Somecast und weitere statistische Größen bei gegebener Netzgröße, Verzweigungsgrad und Segmentlänge

Netzgröße	Verzweigungsgrad b	Segmentlänge h	Mittlere Abdeckung [%]	Std-Abweichung	Streubreite	25%-Quantil	75%-Quantil	Minimum	Maximum
512	2	2	16,03	3,33	11,98	13,95	18,45	9,83	21,81
512	2	3	14,32	1,94	6,88	13,54	15,54	10,13	17,01
512	2	4	8,73	1,22	4,82	8,31	9,09	6,62	11,44
512	2	5	8,66	1,88	6,64	8,57	9,85	3,62	10,26
512	2	6	8,81	1,38	5,58	8,38	9,16	5,77	11,35
512	3	2	31,69	6,09	19,77	27,97	35,09	19,64	39,41
512	3	3	25,00	3,04	10,50	22,35	26,71	20,49	30,99
512	3	4	11,59	1,85	6,21	10,37	12,85	8,51	14,71
512	3	5	9,83	1,34	3,67	8,72	10,53	8,64	12,30
512	3	6	9,75	1,27	3,93	8,70	11,15	7,60	11,52
512	4	2	43,43	9,45	29,04	43,10	51,48	25,61	54,64
512	4	3	30,28	5,82	18,73	27,47	34,96	19,90	38,63
512	4	4	14,02	2,34	8,20	13,02	15,28	8,12	16,32
512	4	5	10,20	1,72	6,23	9,35	11,09	6,86	13,09
512	4	6	11,21	1,21	3,71	10,85	12,15	8,98	12,70
512	5	2	53,91	8,29	27,63	49,11	60,11	36,41	64,04
512	5	3	35,33	7,08	21,98	30,75	41,47	23,57	45,55

512	5	4	14,76	2,80	10,09	13,24	16,60	8,59	18,68
512	5	5	11,88	2,36	6,99	9,83	14,56	7,96	14,95
512	5	6	11,56	1,68	6,08	10,76	12,54	7,99	14,06
512	6	2	58,15	5,56	19,18	55,21	62,13	45,57	64,76
512	6	3	41,67	8,38	25,48	36,07	47,33	25,13	50,61
512	6	4	16,42	2,15	7,66	14,91	17,04	13,09	20,75
512	6	5	13,44	2,81	11,57	13,28	14,41	6,86	18,42
512	6	6	13,39	1,70	5,30	12,57	14,00	11,05	16,34
724	2	2	17,87	3,66	10,70	14,26	20,40	12,46	23,16
724	2	3	16,28	2,82	10,64	16,01	17,48	9,16	19,80
724	2	4	9,14	1,54	4,71	8,35	10,25	6,83	11,54
724	2	5	8,51	1,22	4,10	8,15	9,33	5,52	9,62
724	2	6	8,91	1,16	4,21	8,66	9,47	6,08	10,28
724	3	2	35,46	5,92	17,46	37,11	38,84	23,65	41,11
724	3	3	26,68	2,45	8,59	25,81	27,98	20,49	29,08
724	3	4	11,52	3,17	10,25	9,62	14,00	5,95	16,21
724	3	5	9,76	1,97	6,60	9,55	11,17	5,37	11,97
724	3	6	10,11	1,39	4,25	9,64	11,11	7,40	11,65
724	4	2	51,17	5,47	18,83	50,63	54,48	36,79	55,62
724	4	3	35,51	2,89	9,16	33,93	38,35	30,36	39,52
724	4	4	14,74	2,97	9,24	13,83	17,11	8,96	18,20
724	4	5	10,98	1,79	5,94	9,87	12,23	7,21	13,15
724	4	6	12,11	1,82	6,61	10,93	13,28	8,39	15,01
724	5	2	62,06	7,32	25,21	57,77	66,54	46,96	72,18
724	5	3	43,21	5,37	18,88	41,02	45,93	32,84	51,72
724	5	4	17,63	3,02	8,39	15,30	20,12	11,97	20,37
724	5	5	12,20	2,28	8,52	11,07	12,42	8,03	16,54
724	5	6	13,06	1,77	6,69	12,88	14,04	8,70	15,39
724	6	2	67,36	5,00	14,84	62,85	71,67	60,73	75,57
724	6	3	49,47	6,82	19,24	48,48	54,96	36,42	55,66
724	6	4	20,33	4,53	17,08	17,31	22,38	12,54	29,62
724	6	5	14,07	3,15	10,19	11,74	14,90	9,18	19,37
724	6	6	14,76	2,49	9,45	13,43	16,34	9,35	18,80
1024	2	2	21,69	3,77	11,63	19,22	24,53	13,43	25,07
1024	2	3	18,48	2,70	8,37	16,33	20,35	13,91	22,28
1024	2	4	9,91	1,57	5,88	9,30	10,61	6,45	12,33
1024	2	5	8,45	0,78	2,58	7,86	8,92	7,02	9,60
1024	2	6	9,07	1,67	5,36	7,96	10,37	5,35	10,71
1024	3	2	45,10	4,84	18,31	43,10	47,31	34,74	53,05
1024	3	3	29,55	3,51	11,84	28,48	31,46	23,69	35,53
1024	3	4	12,90	2,16	6,93	11,83	14,21	9,91	16,84
1024	3	5	11,11	1,43	4,43	10,60	12,39	8,21	12,64
1024	3	6	11,97	1,56	5,09	10,80	12,98	9,45	14,54
1024	4	2	60,18	6,24	21,74	57,96	64,33	45,13	66,87
1024	4	3	43,50	5,61	20,46	43,09	47,31	29,61	50,08
1024	4	4	17,84	3,41	12,29	16,99	20,20	11,74	24,03
1024	4	5	11,53	2,07	7,03	10,32	12,41	8,97	16,00
1024	4	6	13,00	1,40	4,83	12,30	13,64	10,54	15,36
1024	5	2	69,95	6,42	19,48	69,64	74,45	57,49	76,96
1024	5	3	51,96	6,31	24,34	50,87	55,62	37,03	61,37

1024	5	4	22,02	4,91	18,35	19,68	25,41	11,12	29,47
1024	5	5	14,24	1,88	5,76	13,45	15,79	10,39	16,16
1024	5	6	14,88	1,75	6,84	14,41	15,69	10,86	17,70
1024	6	2	74,96	3,91	12,30	72,33	76,30	69,54	81,85
1024	6	3	56,36	3,72	11,82	53,16	57,49	51,70	63,52
1024	6	4	25,27	4,04	15,81	23,70	27,40	17,93	33,73
1024	6	5	16,55	2,44	7,67	16,61	18,25	11,61	19,28
1024	6	6	16,81	2,74	8,51	14,84	19,21	12,52	21,03
1448	2	2	22,36	3,65	10,67	18,10	25,18	17,59	28,26
1448	2	3	18,25	1,90	6,53	17,89	20,04	13,84	20,37
1448	2	4	10,85	1,36	4,34	10,46	11,46	8,82	13,17
1448	2	5	8,72	1,32	4,86	8,47	9,12	6,31	11,16
1448	2	6	9,04	1,75	6,22	8,35	9,35	6,76	12,98
1448	3	2	49,97	3,51	12,48	48,45	52,85	42,55	55,03
1448	3	3	31,24	3,14	11,53	30,00	32,99	23,67	35,20
1448	3	4	13,78	2,26	7,86	12,55	15,18	9,54	17,40
1448	3	5	11,00	1,32	3,70	9,98	12,15	9,28	12,98
1448	3	6	11,17	1,37	5,36	10,43	11,76	8,57	13,93
1448	4	2	66,23	3,79	10,54	65,39	69,11	59,68	70,22
1448	4	3	44,29	2,11	6,54	43,28	46,19	40,28	46,82
1448	4	4	18,37	1,67	5,82	18,06	19,12	15,70	21,52
1448	4	5	13,01	1,42	4,78	11,87	13,41	10,59	15,37
1448	4	6	13,92	2,32	7,50	13,05	15,32	9,56	17,06
1448	5	2	74,56	2,50	6,73	72,33	77,02	71,48	78,21
1448	5	3	52,86	3,98	11,42	49,28	56,52	47,73	59,15
1448	5	4	22,25	3,36	13,27	21,39	23,47	14,42	27,69
1448	5	5	15,72	1,99	7,61	15,03	16,93	11,38	18,99
1448	5	6	16,06	2,56	9,28	14,74	17,37	10,89	20,17
1448	6	2	79,19	1,64	4,56	78,19	80,56	76,70	81,25
1448	6	3	61,21	2,81	9,99	60,30	63,11	54,74	64,73
1448	6	4	27,28	3,57	13,14	26,30	29,04	18,23	31,38
1448	6	5	18,59	2,62	9,23	16,21	19,94	13,75	22,98
1448	6	6	18,32	2,71	9,73	17,03	20,26	12,45	22,18
2048	2	2	23,46	3,36	9,31	19,42	25,99	18,59	27,90
2048	2	3	19,02	1,72	5,69	18,36	20,85	15,41	21,09
2048	2	4	10,49	1,07	3,11	9,80	11,64	8,68	11,79
2048	2	5	8,98	0,90	2,84	8,27	9,10	7,72	10,56
2048	2	6	9,26	0,80	2,70	8,98	9,97	7,43	10,13
2048	3	2	52,21	2,98	8,60	50,52	54,08	46,90	55,50
2048	3	3	33,23	2,43	8,69	32,09	34,91	28,88	37,57
2048	3	4	14,08	2,04	5,53	12,79	15,96	10,95	16,49
2048	3	5	11,35	1,24	4,23	11,25	12,25	8,96	13,19
2048	3	6	11,51	1,09	3,24	10,96	11,98	9,79	13,03
2048	4	2	69,58	3,98	15,57	67,47	70,50	63,10	78,67
2048	4	3	47,00	1,40	4,50	46,40	47,61	44,64	49,14
2048	4	4	20,56	2,33	5,99	18,52	23,31	17,99	23,98
2048	4	5	13,78	1,04	3,05	12,64	14,66	12,50	15,55
2048	4	6	13,17	1,36	4,22	12,47	14,22	10,86	15,08
2048	5	2	76,65	1,38	3,63	75,09	78,10	74,91	78,55
2048	5	3	55,77	2,43	7,81	54,18	57,68	51,34	59,15

2048	5	4	26,08	2,64	8,15	26,04	27,75	20,90	29,06
2048	5	5	16,00	1,81	5,43	14,55	17,59	13,19	18,61
2048	5	6	16,30	1,99	7,17	15,25	17,60	12,79	19,96
2048	6	2	81,17	1,40	3,92	81,09	82,08	78,74	82,66
2048	6	3	63,38	1,79	6,82	62,64	63,95	59,91	66,73
2048	6	4	30,56	2,00	7,10	29,52	31,71	26,92	34,02
2048	6	5	19,61	2,35	7,70	17,63	20,56	15,99	23,69
2048	6	6	18,63	1,19	3,33	17,72	19,94	17,06	20,38

Literaturverzeichnis

[1] W. Adjie Winoto, E. Schwartz, H. Balakrishnan und J. Lilley. The design and implementation of an intentional naming system. In *SOSP '99: Proceedings of the seventeenth ACM symposium on Operating systems principles*, Seiten 186–201. ACM Press, New York, NY, USA, 1999. ISBN 1-58113-140-2. doi:10. 1145/319151.319164.

[2] H. O. Alemdar, G. R. Yavuz, M. O. Özen, Y. E. Kara, O. D. Incel, L. Akarun und C. Ersoy. Multi-modal fall detection within the WeCare framework. In *IPSN '10: Proceedings of the 9th ACM/IEEE International Conference on Information Processing in Sensor Networks*, Seiten 436–437. ACM, New York, NY, USA, 2010. ISBN 978-1-60558-988-6. doi:10.1145/1791212.1791293.

[3] G. Anastasi, O. Farruggia, G. Lo Re und M. Ortolani. Monitoring High-Quality Wine Production using Wireless Sensor Networks. In *HICSS '09. 42nd Hawaii International Conference on System Sciences, 2009*, Seiten 1–7. 2009. ISSN 1530-1605. doi:10.1109/HICSS.2009.313.

[4] T. R. Andel und A. Yasinac. On the Credibility of Manet Simulations. *Computer*, 39(7):48–54, 2006. ISSN 0018-9162. doi:10.1109/MC.2006.242.

[5] R. Aquino Santos, A. González Potes, M. A. García Ruiz, A. Edwards Block, O. Álvarez Cárdenas, M. Mayoral Baldivia, S. Sandoval Carrillo und F. Ortigosa Martínez. Monitoring Physical Variables in Greenhouse Environments. In *Proceedings of the Ibero-American Conference on Trends in Engineering Education and Collaboration*, Seite digital proceedings. New Mexico, 2009.

[6] F. Aryanfar, F. Turney, L. Malek und N. Buris. A sensitivity study of ray-tracing based wireless channel simulators using field measurements. In *Antennas and Propagation Society International Symposium, 2007 IEEE*, Seiten 2013–2016. 2007. doi:10.1109/APS.2007.4395919.

[7] Atmel. ATmega128 Datasheet. 2008.

[8] P. D. Bamidis und N. Pallikarakis. WeCare: Wireless Enhanced Healthcare. In *XII Mediterranean Conference on Medical and Biological Engineering and Computing 2010*, IFMBE Proceedings, Seiten 855–858. Chalkidiki, Greece, 2010. doi:10.1007/978-3-642-13039-7_216.

[9] Y. Baryshnikov, E. Coffman, P. Jelenkovic, P. Momcilovic und D. Rubenstein. Flood search under the California Split rule. *Operations Research Letters*, 32(3):199 – 206, 2004. ISSN 0167-6377. doi:DOI:10.1016/j.orl.2003.08.007.

[10] S. Baydere, E. Cayirci, I. Hacıoglu, O. Ergin, A. Olero, I. Maza, P. Bonnet und M. Lijding. Applications and Application Scenarios. EW-T311-YTU-001-04 WP 3 / T3.1.1, Embedded WiSeNts consortium, 2006.

[11] R. Beckwith, D. Teibel und P. Bowen. Pervasive Computing and Proactive Agriculture. In *Adjunct Proceedings: Pervasive Computing Second International Conference, PERVASIVE 2004*. 2004.

[12] R. Bernhardt. Macroscopic Diversity in Frequency Reuse Radio Systems. *IEEE Journal on Selected Areas in Communications*, 5(5):862 – 870, 1987. ISSN 0733-8716. doi:10.1109/JSAC.1987.1146594.

[13] J. Beutel, S. Gruber, S. Gubler, A. Hasler, M. Keller, R. Lim, L. Thiele, C. Tschudin und M. Yücel. The PermaSense Remote Monitoring Infrastructure. In *Proc. International Snow Science Workshop (ISSW 09 Europe)*, Seiten 187–191. Davos, 2009.

[14] I. N. Bronstejn, K. A. Semendjajew, G. Musiol und H. Mühlig. *Taschenbuch der Mathematik*. Verlag Harri Deutsch, 1999.

[15] M. Buettner, G. V. Yee, E. Anderson und R. Han. X-MAC: a short preamble MAC protocol for duty-cycled wireless sensor networks. In *SenSys '06: Proceedings of the 4th international conference on Embedded networked sensor systems*, Seiten 307–320. ACM, New York, NY, USA, 2006. ISBN 1-59593-343-3. doi: 10.1145/1182807.1182838.

[16] K. Bur, P. Omiyi und Y. Yang. Wireless sensor and actuator networks: Enabling the nervous system of the active aircraft. *Communications Magazine, IEEE*, 48(7):118 –125, 2010. ISSN 0163-6804. doi:10.1109/MCOM.2010.5496888.

[17] Z. Butler, P. Corke, R. Peterson und D. Rus. Networked Cows: Virtual Fences for Controlling Cows. In *Digital Proceedings of WAMES 2004*. Boston, MA, 2004.

[18] A. Carzaniga und A. L. Wolf. Content-Based Networking: A New Communication Infrastructure. In *IMWS '01: Revised Papers from the NSF Workshop on Developing an Infrastructure for Mobile and Wireless Systems*, Band 2538/2002 von *Lecture Notes in Computer Science*, Seiten 59–68. Springer Berlin / Heidelberg, London, UK, 2002. ISBN 3-540-00289-8. doi:10.1007/3-540-36257-6.

[19] N. Chang und M. Liu. Revisiting the TTL-based controlled flooding search: optimality and randomization. In *MobiCom '04: Proceedings of the 10th annual international conference on Mobile computing and networking*, Seiten 85–99. ACM, New York, NY, USA, 2004. ISBN 1-58113-868-7. doi:10.1145/1023720.1023730.

[20] R. Chellappa Doss, D. Chandra, L. Pan, W. Zhou und M. Chowdhury. Address Reuse in Wireless Sensor Networks. In *ATNAC, Australian Telecommunication Networks and Applications Conference, 2006.*, Seiten 329–333. Melbourne, Australia, 2006.

[21] R. Chellappa Doss, D. Chandra, L. Pan, W. Zhou und M. Chowdhury. Lease Based Addressing for Event-Driven Wireless Sensor Networks. In *ISCC '06: Proceedings of the 11th IEEE Symposium on Computers and Communications*, Seiten 251–256. IEEE Computer Society, Washington, DC, USA, 2006. ISBN 0-7695-2588-1. doi:10.1109/ISCC.2006.93.

[22] D. Chen, J. Deng und P. K. Varshney. Efficient Data Delivery Over Address-Free Wireless Sensor Networks. In *Digital Proceedings of the 39th Annual Conference on Information Sciences and Systems (CISS 2005)*. The Johns Hopkins University, Baltimore, USA, 2005.

[23] J. Cheng und N. Beaulieu. Maximum-likelihood based estimation of the Nakagami m parameter. *Communications Letters, IEEE*, 5(3):101–103, 2001. ISSN 1089-7798. doi:10.1109/4234.913153.

[24] J. Cheng und N. Beaulieu. Moment-based estimation of the Nakagami-m fading parameter. In *PACRIM. 2001 IEEE Pacific Rim Conference on Communications, Computers and signal Processing, 2001*, Band 2, Seiten 361–364. 2001. doi:10.1109/PACRIM.2001.953644.

[25] Chipcon. CC2420 – 2.4 GHz IEEE 802.15.4 / ZigBee-ready RF Transceiver Rev. B. http://focus.ti.com/lit/ds/symlink/cc2420.pdf, 2008. SWRS041B.

[26] A. Chowdhury und S. Nandi. Survey of broadcasting techniques for dense wireless computing devices. In *IFIP International Conference on Wireless and Optical Communications Networks, 2006*, Seiten 9 pp.–9. 2006. doi:10.1109/WOCN.2006.1666566.

[27] Coalesenses GmbH. iSense CoreModule Data Sheet. http://www.coalesenses.com, 2010.

[28] D. C. Cox, R. R. Murray und A. W. Norris. 800-MHz Attenuation Measured in and around Suburban Houses. *AT&T Bell Laboratories technical journal*, 673:921–954, 1984.

[29] Crossbow Technology Inc. California USA. MICAz – wireless measurement system (Datasheet). 2007.

[30] Crossbow Technology Inc. California USA. TELOSB – Mote Platform (Datasheet). 2009. Document Part Number: 6020-0094-01 Rev B.

[31] J. Czerny. Probabilistische Wellenausbreitungsmodelle: ein Reality Check! (Studienarbeit) Universität Karlsruhe (TH), 2010.

[32] Douglas S. J. De Couto, Daniel Aguayo, John Bicket und Robert Morris. A high-throughput path metric for multi-hop wireless routing. *Wirel. Netw.*, 11(4):419–434, 2005. ISSN 1022-0038. doi:10.1007/s11276-005-1766-z.

[33] Z. Du, D. Qian, S. Stanczak, R. Heras und Yi Liu. Auto-configuration of Shared Network-layer Address in Cluster-based Wireless Sensor Network. In *ICNSC 2008. IEEE International Conference on Networking, Sensing and Control, 2008*, Seiten 148 –153. 2008. doi:10.1109/ICNSC.2008.4525200.

[34] D. Dudek, C. Haas, A. Kuntz, M. Zitterbart, D. Krüger, P. Rothenpieler, D. Pfisterer und S. Fischer. Demo Abstract: A Wireless Sensor Network for Border Surveillance. In *Proceedings of the 7th ACM Conference on Embedded Networked Sensor Systems (SenSys2009)*, Seiten 303–304. Berkeley, California, USA, 2009.

[35] J. Elson und D. Estrin. An address-free architecture for dynamic sensor networks. Technischer Bericht TR 00-724, Computer Science Dapartment, USC, 2000.

[36] J. Elson und D. Estrin. Random, Ephemeral Transaction Identifiers in Dynamic Sensor Networks. In *Proceedings of the Twenty First International Conference on Distributed Computing Systems (ICDCS-21)*, Seiten 459 – 468. Phoenix, Arizona, 2001. ISBN 0-7695-1077-9. doi:10.1109/ICDSC.2001.918976.

[37] M. K. Fonwe. Implementierung und Evaluierung des S-MAC Protokolls für das Mobility Framework. (Studienarbeit) Universität Karlsruhe (TH), 2008.

[38] C. Frank und K. Römer. Solving Generic Role Assignment Exactly. In *Proceedings of the 14th International Workshop on Parallel and Distributed Real-Time Systems (WPDRTS'06)*. Island of Rhodes, Greece, 2006. Invited paper.

[39] O. Föllinger. *Regelungstechnik: Einführung in die Methoden und ihre Anwendung.* Hüthig Verlag, 1994.

[40] A. Gehres. Implementierung und Evaluation des X-MAC Protokolls für OM-NeT++ / Mobility Framework. (Studienarbeit) Universität Karlsruhe (TH), 2009.

[41] O. Graute. Erweiterung des OMNeT++ basierten Mobility Frameworks um probabilistische Kanal- und Wellenausbreitungsmodelle. (Studienarbeit) Universität Karlsruhe (TH), 2008.

[42] A. M. Hanashi, A. Siddique, I. Awan und M. Woodward. Performance evaluation of dynamic probabilistic broadcasting for flooding in mobile ad hoc networks. *Simulation Modelling Practice and Theory*, 17(2):364–375, 2009. doi:10.1016/j.simpat.2008.09.012.

[43] V. Handziski, A. Köpke, C. Frank und H. Karl. Semantic Addressing for Wireless Sensor Networks. Technischer Bericht TKN-04-005, Telecommunication Networks Group, Technische Universität Berlin, 2004.

[44] Hans-Joachim Hof und Martina Zitterbart. SCAN: A secure service directory for service-centric wireless sensor networks. *Computer Communications*, 28(13):1517–1522, 2005. doi:10.1016/j.comcom.2004.12.039. ISSN 0140-3664.

[45] H. Hashemi. The indoor radio propagation channel. *Proceedings of the IEEE*, 81(7):943–968, 1993. ISSN 0018-9219. doi:10.1109/5.231342.

[46] J. Heidemann, F. Silva, C. Intanagonwiwat, R. Govindan, D. Estrin und D. Ganesan. Building efficient wireless sensor networks with low-level naming. *ACM SIGOPS Operating Systems Review*, 35(5):146–159, 2001. ISSN 0163-5980. doi:10.1145/502059.502049.

[47] N. Henze. *Stochastik für Einsteiger*. Vieweg, 1999.

[48] T. Houngbadji und S. Pierre. SubCast: A distributed addressing and routing system for large scale wireless sensor and actor networks. *Computer Networks*, 53(16):2840 – 2854, 2009. ISSN 1389-1286. doi:10.1016/j.comnet.2009.07.006.

[49] Y.-C. Hu und A. Perrig. A Survey of Secure Wireless Ad Hoc Routing. *IEEE Security and Privacy*, 2(3):28–39, 2004. ISSN 1540-7993. doi:10.1109/MSP. 2004.1.

[50] P. Huang, H. Chen, G. Xing und Y. Tan. SGF: A state-free gradient-based forwarding protocol for wireless sensor networks. *ACM Trans. Sen. Netw.*, 5(2):1–25, 2009. ISSN 1550-4859. doi:10.1145/1498915.1498920.

[51] P. Hurni und T. Braun. Calibrating Wireless Sensor Network Simulation Models with Real-World Experiments. In *Networking 2009*, Band 5550/2009 von *Springer LNCS*, Seiten 1–13. Aachen, Germany, 2009. ISBN 978-3-642-01398-0.

[52] IEEE. IEEE Standard for Information technology —Telecommunications and information exchange between systems — Local and metropolitan area networks — Specific requirements. Part 15.4: Wireless Medium Access Control (MAC) and Physical Layer (PHY) Specifications for Low-Rate Wireless Personal Area Networks (LR-WPANs). The Institute of Electrical and Electronics Engineers, Inc., 3 Park Avenue, New York, NY 10016-5997, USA, 2003.

[53] F. Ingelrest, D. Simplot Ryl, H. Guo und I. Stojmenovic. *The Handbook of Computer Networks*, Band II, Kapitel Broadcasting in ad hoc and sensor networks, Seiten 1–12. Wiley, 2007. Chapter 127.

[54] C. Intanagonwiwat, R. Govindan und D. Estrin. Directed Diffusion: A Scalable and Robust Communication Paradigm for Sensor Networks. In *Proceedings of the Sixth Annual International Conference on Mobile Computing and Networking (MobiCOM '00)*. Boston, Massachussetts, 2000.

[55] C. Intanagonwiwat, R. Govindan, D. Estrin, J. Heidemann und F. Silva. Directed Diffusion for Wireless Sensor Networking. *IEEE/ACM Transactions on Networking*, 11:2–16, 2003. doi:10.1109/TNET.2002.808417.

[56] A.-H. Jallad und T. Vladimirova. *Guide to Wireless Sensor Networks*, Kapitel Data-Centricity in Wireless Sensor Networks, Seiten 183–204. Computer Communications and Networks. Springer London, 2009. doi:10.1007/978-1-84882-218-4.

[57] J. M. Kahn, R. H. Katz und K. S. J. Pister. Next century challenges: mobile networking for "Smart Dust". In *MobiCom '99: Proceedings of the 5th annual ACM/IEEE international conference on Mobile computing and networking*, Seiten 271–278. ACM Press, New York, NY, USA, 1999. ISBN 1-58113-142-9. doi:10.1145/313451.313558.

[58] C. Kappler und G. Riegel. A Real-World, Simple Wireless Sensor Network for Monitoring Electrical Energy Consumption. In A. W. H. Karl, A. Willig, Herausgeber, *European Workshop on Wireless Sensor Networks 2004*, Nummer 2920 in Lecture Notes in Computer Science, Seiten 339–352. Springer Berlin / Heidelberg, Berlin, Germany, 2004.

[59] H. Karl und A. Willig. *Protocols and Architectures for Wireless Sensor Networks*. Wiley, 2005. ISBN 0-470-09510-5, 978-0-470-09510-2.

[60] B. Karp und H. T. Kung. GPSR: greedy perimeter stateless routing for wireless networks. In *MobiCom '00: Proceedings of the 6th annual international conference on Mobile computing and networking*, Seiten 243–254. ACM Press, New York, NY, USA, 2000. ISBN 1-58113-197-6. doi:10.1145/345910.345953.

[61] M. Killat. *The Impact of Inter-Vehicle Communication on Vehicular Traffic*. Doktorarbeit, Universität Karlsruhe (TH), 2009.

[62] Y.-J. Kim, R. Govindan, B. Karp und S. Shenker. On the pitfalls of geographic face routing. In *DIALM-POMC '05: Proceedings of the 2005 joint workshop on Foundations of mobile computing*, Seiten 34–43. ACM, New York, NY, USA, 2005. ISBN 1-59593-092-2. doi:10.1145/1080810.1080818.

[63] W. Knight und D. M. Bloom. A Birthday Problem. *The American Mathematical Monthly*, 80(10):1141–1142, 1973.

[64] A. Koepke, D. Willkomm, M. Loebbers, W. Drytkiewicz, C. Frank, S. Sroka, D. Kirsch, H. Scheunemann und H. Karl. Mobility framework (MF) for simulating wireless and mobile networks using OMNeT++. Available: http://mobility-fw.sourceforge.net, 2007.

[65] D. Kotz, C. Newport, R. S. Gray, J. Liu, Y. Yuan und C. Elliott. Experimental evaluation of wireless simulation assumptions. In *MSWiM '04: Proceedings of the 7th ACM international symposium on Modeling, analysis and simulation of wireless and mobile systems*, Seiten 78–82. ACM Press, New York, NY, USA, 2004. ISBN 1-58113-953-5. doi:10.1145/1023663.1023679.

[66] F. Kuhn, R. Wattenhofer und A. Zollinger. Worst-Case optimal and average-case efficient geometric ad-hoc routing. In *Proceedings of the 4th ACM international symposium on Mobile ad hoc networking & computing*, MobiHoc '03,

Seiten 267–278. ACM, New York, NY, USA, 2003. ISBN 1-58113-684-6. doi: 10.1145/778415.778447.

[67] A. Kuntz, F. Schmidt-Eisenlohr, O. Graute, H. Hartenstein und M. Zitterbart. Introducing Probabilistic Radio Propagation Models in OMNeT++ Mobility Framework and Cross Validation Check with NS-2. In *Proceedings of the 1st International Workshop on OMNeT++*. Marseille, France, 2008. (Digital Proceedings).

[68] S. Kurkowski, T. Camp und M. Colagrosso. MANET Simulation Studies: The Incredibles. *Mobile Computing and Communications Review*, 9(4):50–61, 2005.

[69] J. Lin, T. Phan und R. Bagrodia. TypeCast: Type-Based Routing in Wireless Ad-hoc Networks. In *3rd Annual International Conference on Mobile and Ubiquitous Systems - Workshops, 2006*, Seiten 1–10. 2006. doi:10.1109/MOBIQW. 2006.361742.

[70] J. Lin, E. Shing, W.-K. Chan und R. Bagrodia. TMACS: Type-based Distributed Middleware for Mobile Ad-hoc Networks. In *Proceedings of the 5th Annual International Conference on Mobile and Ubiquitous Systems: Computing, Networking and Services (MobiQuitous)*, Seite (online). Doublin, Ireland, 2008.

[71] A. Mainwaring, J. Polastre, R. Szewczyk, D. Culler und J. Anderson. Wireless Sensor Networks for Habitat Monitoring. In *Proceedings of the 1st ACM international workshop on Wireless sensor networks and applications*, Seiten 88 – 97. 2002. doi:10.1145/570738.570751.

[72] M. Mancuso und F. Bustaffa. A Wireless Sensors Network For Monitoring Environmental Variables in a Tomato Greenhouse. In *International Workshop on Factory Communication Systems*, Seiten 636–641. 2006.

[73] P. J. Marron, O. Saukh, M. Krüger und C. Große. Sensor Network Issues in the Sustainable Bridges Project. In *European Project Session in 2nd European Workshop on Wireless Sensor Networks*. 2005.

[74] K. Martinez. GLACSWEB: A Sensor Web for Glaciers. In *Proceedings of the Work-in-Progress Session of the 1st European Workshop on Wireless Sensor Networks (EWSN 2004)*, Seiten 52–55. Berlin, 2004.

[75] Matthew Caesar, Miguel Castro, Edmund B. Nightingale, Greg O'Shea und Antony Rowstron. Virtual ring routing: network routing inspired by DHTs. *SIGCOMM Comput. Commun. Rev.*, 36(4):351–362, 2006. ISSN 0146-4833. doi:10.1145/1151659.1159954.

[76] M. Mauve, A. Widmer und H. Hartenstein. A survey on position-based routing in mobile ad hoc networks. *Network, IEEE*, 15(6):30–39, 2001. doi: 10.1109/65.967595.

[77] A. Milenkovic, C. Otto und E. Jovanov. Wireless sensor networks for personal health monitoring: Issues and an implementation. *Computer Communications*, 29(13-14):2521 – 2533, 2006. ISSN 0140-3664. doi:10.1016/j.comcom. 2006.02.011. Wirelsess Senson Networks and Wired/Wireless Internet Communications.

[78] A. Muller. Monte-Carlo multipath simulation of ray tracing channel models. In *Global Telecommunications Conference, 1994. GLOBECOM '94. Communications: The Global Bridge., IEEE*, Band 3, Seiten 1446–1450 vol.3. 1994. doi: 10.1109/GLOCOM.1994.513016.

[79] M. Nakagami. The *m*-distribution — A general formula for intensity distribution of rapid fading. In W. G. Hoffman, Herausgeber, *Statistical Methods in Radio Wave Propagation*. Pergamon, Oxford, U.K., 1960.

[80] J. Nocedal und S. J. Wright. *Numerical optimization*. Springer Series in Operations Research. Springer, 1999.

[81] ns2. Network simulator NS-2. Verfügbar unter: http://www.isi.edu/nsnam/ ns/, 2008.

[82] K. Oikonomou, D. Kogias und I. Stavrakakis. Probabilistic flooding for efficient information dissemination in random graph topologies. *Computer Networks*, 54(10):1615 – 1629, 2010. ISSN 1389-1286. doi:10.1016/j.comnet.2010. 01.007.

[83] K. S. J. Pister. SMART DUST: Autonomous sensing and communication in a cubic millimeter. http://www-bsac.eecs.berkeley.edu/~pister/SmartDust/, accessed 2009.

[84] W. Pluta. Geruchssensoren sollen Wein und Sprengstoff erkennen. http:// www.golem.de/0805/59546.html, 2008.

[85] W. Pluta. Elektronische Zunge erkennt Süßes. http://www.golem.de/0908/ 69228.html, 2009.

[86] W. Pluta. Elektronische Nase erkennt Kaffee am Duft. http://www.golem. de/1002/73298.html, 2010.

[87] J. Polastre, J. Hill und D. Culler. Versatile low power media access for wireless sensor networks. In *SenSys '04: Proceedings of the 2nd international conference on Embedded networked sensor systems*, Seiten 95–107. ACM, New York, NY, USA, 2004. ISBN 1-58113-879-2. doi:10.1145/1031495.1031508.

[88] V. Potdar, A. Sharif und E. Chang. Wireless Sensor Networks: A Survey. In *WAINA '09. International Conference on Advanced Information Networking and Applications Workshops, 2009*, Seiten 636 –641. 2009. doi:10.1109/ WAINA.2009.192.

[89] J. G. Proakis und M. Salehi. *Grundlagen der Kommunikationstechnik*. Pearson Studium, 2 Auflage, 2004.

[90] R. Punnoose, P. Nikitin und D. Stancil. Efficient simulation of Ricean fading within a packet simulator. In *Vehicular Technology Conference, 2000. IEEE VTS-Fall VTC 2000. 52nd*, Band 2, Seiten 764–767 vol.2. 2000. doi:10.1109/VETECF.2000.887108.

[91] A. Qayyum, L. Viennot und A. Laouiti. Multipoint relaying for flooding broadcast messages in mobile wireless networks. In *HICSS. Proceedings of the 35th Annual Hawaii International Conference on System Sciences, 2002.*, Seiten 3866 – 3875. Hawaii, 2002.

[92] R. Rajaraman. Topology control and routing in ad hoc networks: a survey. *SIGACT News*, 33(2):60–73, 2002. ISSN 0163-5700. doi:10.1145/564585.564602.

[93] T. S. Rappaport. *Wireless Communications*. Prentice Hall, reprint. with corr. Auflage, 1999. ISBN 0-13-375536-3.

[94] H. Rinne. *Taschenbuch der Statistik*. Verlag Harri Deutsch, 3 Auflage, 2003.

[95] J. d. Rosnay. *The Macroscope: a New World Scientific System*. Harper & Row, 1979.

[96] K. Römer und F. Mattern. The Design Space of Wireless Sensor Networks. *IEEE Wireless Communications*, 11(6):54–61, 2004.

[97] S. Samsuri, R. Ahmad, M. Hussein und A. Rahim. Wireless System for Monitoring Environmental Variables of Rain Shelter House (RSH). In *CICSYN '09. First International Conference on Computational Intelligence, Communication Systems and Networks, 2009*, Seiten 119 –124. 2009. doi:10.1109/CICSYN.2009.65.

[98] T. Sarkar, Z. Ji, K. Kim, A. Medouri und M. Salazar Palma. A survey of various propagation models for mobile communication. *Antennas and Propagation Magazine, IEEE*, 45(3):51–82, 2003. ISSN 1045-9243. doi:10.1109/MAP.2003.1232163.

[99] ScatterWeb GmbH. ScatterNode – Das selbstkonfigurierende intelligente Funknetzwerk (Datenblatt). http://www.scatterweb.com, 2008.

[100] V. Shnayder, B.-r. Chen, K. Lorincz, T. R. F. Fulford Jones und M. Welsh. Sensor Networks for Medical Care. Tr-08-05, Division of Engineering and Applied Sciences, Harvard University, 2005.

[101] G. Simon, M. Maróti, A. Lédeczi, G. Balogh, B. Kusy, A. Nádas, G. Pap, J. Sallai und K. Frampton. Sensor network-based countersniper system. In *SenSys '04: Proceedings of the 2nd international conference on Embedded networked sensor systems*, Seiten 1–12. ACM, New York, NY, USA, 2004. ISBN 1-58113-879-2. doi:10.1145/1031495.1031497.

[102] M. K. Simon und M.-S. Alouini. *Digital Communication Over Fading Channels — A Unified Approach to Performance Analysis*. John Wiley & Sons, Inc., 2000.

[103] K. Sohrabi und B. M. a. J. Pottie. Near Ground Wideband Channel Measurement in 800 – 1000 MHz. In *Proceedings of the IEEE Vehicular Technology conference (VTC) '99*, Seiten 571–574. 1999.

[104] I. Spring. Zukunft braucht Visionen: Vorwerk Teppichwerke und Infineon revolutionieren den Teppichboden mit Thinking Carpet. http://www.innovations-report.de/html/berichte/innovative_produkte/bericht-35223.html, 2004.

[105] F. Stann, J. Heidemann, R. Shroff und M. Z. Murtaza. RBP: robust broadcast propagation in wireless networks. In *SenSys '06: Proceedings of the 4th international conference on Embedded networked sensor systems*, Seiten 85–98. ACM, New York, NY, USA, 2006. ISBN 1-59593-343-3. doi:10.1145/1182807. 1182817.

[106] I. Stojmenovic. Simulations in wireless sensor and ad hoc networks: matching and advancing models, metrics, and solutions. *Communications Magazine, IEEE*, 46(12):102–107, 2008. ISSN 0163-6804. doi:10.1109/MCOM.2008. 4689215.

[107] I. Stojmenovic, A. Nayak und J. Kuruvila. Design guidelines for routing protocols in ad hoc and sensor networks with a realistic physical layer. *Communications Magazine, IEEE*, 43(3):101–106, 2005. ISSN 0163-6804. doi: 10.1109/MCOM.2005.1404603.

[108] W. Su und M. Alzaghal. Channel propagation characteristics of wireless MICAz sensor nodes. *Ad Hoc Networks*, 7(6):1183 – 1193, 2009. ISSN 1570-8705. doi:10.1016/j.adhoc.2008.10.007.

[109] Y. Sun, O. Gurewitz, S. Du, L. Tang und D. B. Johnson. ADB: An Efficient Multihop Broadcast Protocol Based on Asynchronous Duty-Cycling in Wireless Sensor Networks. In *Proceedings of the 7th ACM Conference on Embedded Networked Sensor Systems (SenSys 2009)*, Seiten 43–56. Berkeley, California, USA, 2009.

[110] M. Takai, J. Martin und R. Bagrodia. Effects of wireless physical layer modeling in mobile ad hoc networks. In *MobiHoc '01: Proceedings of the 2nd ACM international symposium on Mobile ad hoc networking & computing*, Seiten 87–94. ACM, New York, NY, USA, 2001. ISBN 1-58113-428-2.

[111] V. Taliwal, D. Jiang, H. Mangold, C. Chen und R. Sengupta. Empirical determination of channel characteristics for DSRC vehicle-to-vehicle communication. In *VANET '04: Proceedings of the 1st ACM international workshop on Vehicular ad hoc networks*, Seiten 88–88. ACM Press, New York, NY, USA, 2004. ISBN 1-58113-922-5. doi:10.1145/1023875.1023890.

[112] Texas Instruments Incorporated. CC2500 — Low-Cost Low-Power 2.4 GHz RF Transceiver Rev. C. http://focus.ti.com/lit/ds/symlink/cc2500.pdf, 2009. SWRS040C,SWRS040.

[113] The TinyOS Working Group. TinyOS (Website). www.tinyos.net, accessed 2009.

[114] G. Tolle, J. Polastre, R. Szewczyk, D. Culler, N. Turner, K. Tu, S. Burgess, T. Dawson, P. Buonadonna, D. Gay und W. Hong. A macroscope in the redwoods. In *SenSys '05: Proceedings of the 3rd international conference on Embedded networked sensor systems*, Seiten 51–63. ACM, New York, NY, USA, 2005. ISBN 1-59593-054-X. doi:10.1145/1098918.1098925.

[115] G. T. Toussaint. The relative Neighbourhood graph of a finite planar set. *Pattern Recognition*, 12:261–268, 1980.

[116] D. Tse und P. Viswanath. *Fundamentals of wireless communication*. Cambridge University Press, Cambridge, 4. print. with corr. Auflage, 2008. ISBN 978-0-521-84527-4.

[117] A. Varga. OMNeT++. Verfügbar unter: http://www.omnetpp.org, 2006. Version 4.3b2.

[118] S. Verma, N. Chug und D. V. Gadre. Wireless Sensor Network for Crop Field Monitoring. *Test Conference, International*, 0:207–211, 2010. doi:http://doi.ieeecomputersociety.org/10.1109/ITC.2010.21.

[119] K. Weniger. *IP-Autokonfiguration in mobilen Ad-hoc-Netzwerken*. Doktorarbeit, Universität Karlsruhe (TH), 2004.

[120] K. Weniger und M. Zitterbart. Address Autoconfiguration in Mobile Ad Hoc Networks: Current Approaches and Future Directions. *IEEE Network*, 18(4):6 – 11, 2004.

[121] G. Whitman, K.-S. Kim und E. Niver. A theoretical model for radio signal attenuation inside buildings. *IEEE Transactions on Vehicular Technology*, 44(3):621–629, 1995. ISSN 0018-9545. doi:10.1109/25.406630.

[122] H. Xu und J. Garcia-Luna Aceves. Efficient broadcast for wireless ad hoc networks with a realistic physical layer. *Ad Hoc Networks*, 8(2):165 – 180, 2010. ISSN 1570-8705. doi:10.1016/j.adhoc.2009.06.003.

[123] W. Ye, J. Heidemann und D. Estrin. An energy-efficient MAC protocol for wireless sensor networks. In *INFOCOM 2002. Twenty-First Annual Joint Conference of the IEEE Computer and Communications Societies. Proceedings. IEEE*, Band 3, Seiten 1567–1576vol.3. New York, NY, USA, 2002. doi:10.1109/INFCOM.2002.1019408.

[124] W. Ye, J. Heidemann und D. Estrin. Medium access control with coordinated adaptive sleeping for wireless sensor networks. *IEEE/ACM Transactions on Networking*, 12(3):493–506, 2004. ISSN 1063-6692. doi:10.1109/TNET.2004.828953.

[125] J. Yick, B. Mukherjee und D. Ghosal. Wireless sensor network survey. *Computer Networks*, 52(12):2292 – 2330, 2008. ISSN 1389-1286. doi:10.1016/j. comnet.2008.04.002.

[126] J. Yin, G. Holland, T. ElBatt, F. Bai und H. Krishnan. DSRC Channel Fading Analysis from Empirical Measurement. In *Communications and Networking, First International Conference on (ChinaCom'06)*, Seiten 1–5. China, 2006. doi: 10.1109/CHINACOM.2006.344919.

[127] M. Z. Zamalloa, K. Seada, B. Krishnamachari und A. Helmy. Efficient geographic routing over lossy links in wireless sensor networks. *ACM Trans. Sen. Netw.*, 4(3):1–33, 2008. ISSN 1550-4859. doi:10.1145/1362542.1362543.

[128] Y. Zhang und A. Brown. Complex multipath effects in UWB communication channels. *Communications, IEE Proceedings-*, 153(1):120–126, 2006. ISSN 1350-2425. doi:10.1049/ip-com:20050057.

Stichwortverzeichnis